国家出版基金项目
"十二五"国家重点图书出版规划项目

孙中山全集

第三卷

文告 规章

尚明轩 主编

人民出版社

总 目 录

第一卷　专论
　　前言
　　凡例
　　目录
　　正文

第二卷　文集
　　凡例
　　目录
　　　论著
　　　传记与回忆
　　　序跋
　　　祭悼
　　　祝词
　　　其他
　　　译著
　　　遗嘱
　　正文

第三卷　文告　规章
　　凡例
　　目录
　　　文告
　　　通电
　　　启事（含声明、讣告等）
　　　其他
　　　规章
　　正文

第四卷　函札（上）
　　凡例
　　目录
　　正文

第五卷　函札（下）
　　凡例
　　目录
　　正文

第六卷　文电
　　凡例
　　目录
　　正文

第七卷　演说

凡例
目录
正文

第八卷　谈话
凡例
目录
正文

第九卷　公牍(上)
凡例
目录
正文

第十卷　公牍(中)
凡例
目录
正文

第十一卷　公牍(下)
凡例
目录
正文

第十二卷　人事任免(上)
凡例

　　　　　目录
　　　　　正文

第十三卷　人事任免（下）
　　　　　凡例
　　　　　目录
　　　　　正文

第十四卷　外文著述
　　　　　凡例
　　　　　目录
　　　　　正文

第十五卷　题词遗墨
　　　　　凡例
　　　　　目录
　　　　　正文

第十六卷　索引　传略
　　　　　凡例
　　　　　目录
　　　　　　索引
　　　　　　传略
　　　　　后记

凡　　例

一、本全集共收录孙中山现有著述11500余篇，按文体性质分类（含有多种性质的，据其主要倾向归类），依时间顺序编次，据类别和篇幅列卷。

二、日期与编次。底本有写作日期的，按原日期。无写作日期的，按最后发表日期，或通过考证予以判明；写作日期无从考证的，列于该类之末。著述日期统一采用公历，标于标题下方圆括号内。各卷原则上按时间顺序编次；卷内存在分类的，按各类时间顺序编次。

三、分类与列卷。根据类别和篇幅，分22类，列15卷：第一卷，专论（收录集中反映孙中山政治思想的5种著述）；第二卷，文集（含论著、传记与回忆、序跋、祭悼、祝词、译著、遗嘱等）；第三卷，文告规章（含文告、通电、启事、规章等）；第四、五卷，函札；第六卷，文电；第七卷，演说；第八卷，谈话；第九、十、十一卷，公牍；第十二、十三卷，人事任免；第十四卷，外文著述；第十五卷，题词遗墨。索引和传略单独列卷，为第十六卷。

四、底本的选择。优先采用原始文件、影印件和初刊本；充分吸收现有各种图书报刊的文献成果，如中国社会科学院近代史研究所中华民国史研究室、广东省社会科学院历史研究室（所）、中山大学历史系孙中山研究室合编《孙中山全集》（中华书局1981—1986年出版），秦孝仪主编《国父全集》（台北近代中国出版社1989年版）。发表在不同图书报刊的同内容文献,有歧义之处的,经考证后取其一说,其余在注释中简要介绍;诸说并存的,选择最佳版本;文字内容虽有出入但各具特色的,原则上选择底本来源较权威者为主文,其余作为"同题异文"附录于后。

五、标题。原有标题的,一般保留,个别编者酌改;原无标题的,编者酌拟。标题文字以国家现行文字规范为准。标题中的人名一律统一为现行惯称,文中不另做说明。

六、注释。每篇著述,文末均注明所据底本。文内酌加的注释,均为页下注。人物有多个字、号、别名的,地名有多种译法的,原则上在该卷首次出现时加注,其后不注。【　】内的文字,系编者为避免上下文表意脱节或缺省所加的说明。

七、校勘与标点。文内明显的错漏,编者均予以校勘:订正讹字,置于〔　〕内;增补脱字,置于〈　〉内;衍文加[　];有疑误、难以确定的,用〔?〕表示;字句残缺或难以辨认的,用□表示。校勘、考释和外文翻译等,部分吸收前人成果,本全集一般不做具体说明。标点符号原则上执行国家现行规范。底本无标点或有标点但与国家现行规范不符的,均重新标点。

八、本全集中文为简体字横排,底本的繁体、古体和异体字,原则上统一为简体字,特殊含义者例外。第十四卷"外文著述",参考秦孝仪主编《国父全集》(台北近代中国出版社1989年版)编排。全集中插图及题词遗墨,一般据底本影印;质量较差的,适当修版或据原图重新绘制。

九、受时代局限,有的著述中使用的词语及字词用法和个别观点在今天看来欠妥,但因是原文固有,均不做改动。

目 录

文 告

檀香山兴中会宣言(一八九四年十一月二十四日) …………………… 3
香港兴中会宣言(一八九五年二月十八日) ………………………… 4
丙午萍乡之役致革命军首领照会(一九〇七年一月十日) …………… 6
谕保皇会檄(一九〇七年四月二十五日) …………………………… 8
设立中国同盟会南洋支部通告(一九〇八年) ……………………… 12
三藩市中国同盟会布告(一九一一年七月) ………………………… 13
通告各国书(译文)(一九一一年十一月十六日) …………………… 14
　附录　对外宣言(一九一一年十月中旬) ………………………… 15
对外宣言稿(部分译文)(一九一一年十一月中旬) ………………… 16
中国同盟会本部宣言(一九一一年十二月二十四日) ………………… 16
　附录　中国同盟会中部总会宣言书(一九一一年七月三十一日) …… 18
中国同盟会意见书(一九一一年十二月三十日) …………………… 20
临时大总统宣言书(一九一二年一月一日) ………………………… 22
通告海陆军将士文(一九一二年一月一日) ………………………… 23
对外宣言书(译文)(一九一二年一月五日) ………………………… 25
劝告北军将士宣言书(一九一二年一月五日) ……………………… 28
布告国民消融意见蠲除畛域文(一九一二年二月十八日) …………… 29
答谢武汉各团体布告(一九一二年四月十一日) …………………… 29
通告粤中父老昆弟书(一九一二年四月) …………………………… 30

— 1 —

致英国国民书(译文)(一九一二年五月) ………………………………… 31
　　附录　同题异文 ………………………………………………… 32
通告美洲同志书(一九一二年七月二十五日) …………………………… 33
国民党宣言(一九一二年八月十三日) …………………………………… 34
宣布北上宗旨和政见(一九一二年八月中旬) …………………………… 37
国民党政见宣言(一九一三年四月) ……………………………………… 37
为宋案告外国政府与人民书(译文)(一九一三年五月二日) …………… 45
国民党议员发布对于大借款问题之通告(一九一三年六月) …………… 46
　　附录　国民党国会议员会对于大借款问题宣言书(一九一三年六月) … 48
告全体国民促令袁氏辞职宣言(一九一三年七月二十二日) …………… 51
讨袁告示(一九一四年五月) ……………………………………………… 51
讨袁檄文(一九一四年五月) ……………………………………………… 52
约束党员通告(一九一四年八月二十三日) ……………………………… 53
　　附录　约束党员规则四条 …………………………………………… 54
中华革命党成立通告(一九一四年九月一日) …………………………… 54
中华革命党为讨袁告同胞书(一九一四年十月) ………………………… 55
各埠洪门改组为中华革命党支部通告(一九一四年十一月) …………… 59
中华革命党本部同人答长崎柏文蔚等来函(一九一五年三月十日) …… 60
揭露中日交涉黑幕之通告(一九一五年五月四日) ……………………… 61
中华革命党本部通告(一九一六年二月二十五日) ……………………… 67
讨袁宣言(一九一六年五月九日) ………………………………………… 68
规复约法宣言(一九一六年六月九日) …………………………………… 70
中华革命党本部通告(一九一六年七月二十五日) ……………………… 72
就陆海军大元帅职答词(一九一七年九月一日) ………………………… 73
就大元帅职宣言(一九一七年九月一日) ………………………………… 73
就任海陆军大元帅布告(一九一七年九月十日) ………………………… 74
军政府布告中外书(一九一七年九月二十六日) ………………………… 75
明正段祺瑞乱国盗权罪通令(一九一七年十月三日) …………………… 75

纪念双十节布告(一九一七年十月九日) …… 78
军政府为香山东海十六沙护沙事宜布告(一九一七年十一月九日) …… 79
申张讨逆护法令(一九一七年十一月十八日) …… 80
纪念云南护国首义布告(一九一七年十二月二十四日) …… 81
元旦布告(一九一八年一月一日) …… 82
大元帅布告(一九一八年一月三日) …… 83
两广盐税收归军政府布告(一九一八年三月八日) …… 83
着各盐商应按向章向广东中国银行缴纳盐税布告
(一九一八年三月十七日) …… 84
公布取消北京政府擅定之公债条例等决议案令
(一九一八年三月十八日) …… 85
　　附录　取消北京非法政府擅定七年内国公债条例及发行办法
　　　　　议决案 …… 85
通告驻华各国公使书(一九一八年四月十七日) …… 86
大元帅辞职书(一九一八年五月七日) …… 89
留别粤中父老昆弟书(一九一八年五月二十一日) …… 90
与唐绍仪等发布军政府对内宣言书(一九一八年七月二十四日) …… 92
军政府对友邦之宣言书(一九一八年八月) …… 94
护法宣言(一九一九年五月二十八日) …… 97
与唐绍仪等移设军政府宣言(一九二〇年六月三日) …… 98
重申护法救国宣言(一九二〇年七月二十八日) …… 99
统一国民党译名通告(一九二〇年十一月十日) …… 100
与唐绍仪等发布建设方针宣言(一九二〇年十二月一日) …… 101
与唐绍仪等为粤军返粤平乱宣言(一九二〇年十二月六日) …… 101
慰劳诸将士宣言(一九二〇年十二月十日) …… 102
大总统定期就职公告(一九二一年四月二十二日) …… 102
就任大总统职宣言(一九二一年五月五日) …… 103
就任大总统职对外宣言(一九二一年五月五日) …… 104

— 3 —

否认非法公债之布告(一九二一年八月二十九日) …………… 105
就出席华盛顿太平洋会议代表资格的宣言(一九二一年九月五日) …… 106
为解决远东问题之前提宣言(一九二一年九月五日) …………… 107
对北京政府发行国库券的声明(一九二一年九月十四日) ………… 108
宣布徐世昌卖国奸谋令(一九二一年十二月十五日) …………… 108
宣布徐世昌梁士诒罪状通告(一九二二年一月九日) …………… 109
申讨徐世昌与日本协约的布告(一九二二年二月二十日) ………… 110
  附录 同题异文 ………………………………………… 110
北伐誓师词(一九二二年二月二十七日) ……………………… 111
关于奉直问题宣言(一九二二年三月十一日) ………………… 111
出师北伐紧急通告(一九二二年三月十一日) ………………… 112
就徐世昌退职对外宣言(一九二二年六月六日) ……………… 113
工兵计划宣言(一九二二年六月六日) ………………………… 114
讨逆宣言(一九二二年六月中旬) ……………………………… 116
就陈炯明兵变致民党同志书(一九二二年六月二十五日) ……… 116
宣布粤变始末及统一主张(一九二二年八月十五日) …………… 116
对外宣言(一九二二年八月十七日) …………………………… 119
  附录 孙逸仙宣言(译文)(一九二二年八月十七日) …… 121
致海外同志书(一九二二年九月十八日) ……………………… 123
对联俄联德外交密函的辨证(一九二二年九月二十九日) ……… 129
中国国民党宣言(一九二三年一月一日) ……………………… 131
实施新颁宣言党纲总章通告(一九二三年一月上旬) …………… 134
和平统一宣言(一九二三年一月二十六日) …………………… 135
孙文越飞联合宣言(一九二三年一月二十六日) ………………… 137
实行裁兵宣言(一九二三年二月二十四日) …………………… 138
中国国民党为临城事件致公使团通告(一九二三年五月二十四日) … 140
劝谕陈炯明军布告(一九二三年六月一日) …………………… 141
大本营布告二则(一九二三年六月上旬) ……………………… 141

要求列强撤销承认北京政府之对外宣言
（一九二三年六月二十九日）…………………………………… 142
中国国民党申讨曹锟贿选窃位宣言（一九二三年十月七日）………… 144
致列强宣言（一九二三年十月九日）…………………………………… 145
中国国民党改组宣言（一九二三年十一月二十五日）………………… 145
关于粤海关事件宣言（一九二三年十二月九日）……………………… 147
　　附录　同题异文 …………………………………………………… 148
致美国国民书（一九二三年十二月十七日）…………………………… 148
提交香港总督之宣言（一九二三年十二月二十一日）………………… 149
　　附录　同题异文 …………………………………………………… 150
关于海关问题之宣言（一九二三年十二月二十四日）………………… 150
关于建立反帝联合战线宣言（一九二四年一月六日）………………… 153
改造宣言（一九二四年一月中旬前）…………………………………… 154
致全党同志书（一九二四年三月二日）………………………………… 155
国民党上海执行部重要声明（一九二四年三月五日）………………… 158
任职党员须服从党义严守纪律通告（一九二四年三月十六日）……… 159
中国国民党重要通告（一九二四年三月十七日）……………………… 161
国民党致各界书（一九二四年三月二十八日）………………………… 161
中国国民党敬告国民书（一九二四年六月七日）……………………… 162
中国国民党为德发债票案宣言（一九二四年七月三日）……………… 163
中国国民党关于党务宣言（一九二四年七月七日）…………………… 165
中国国民党对于各国退还赔款宣言（一九二四年七月十日）………… 166
中国国民党对中俄协定宣言（一九二四年七月十四日）……………… 167
中国国民党对金佛郎案宣言（一九二四年七月三十一日）…………… 169
组织农民协会及农民自卫军宣言（一九二四年七月）………………… 170
中国国民党忠告日本国民宣言（一九二四年八月七日）……………… 172
中国国民党对广州罢市事件宣言（一九二四年八月二十九日）……… 174
为广州商团事件对外宣言（一九二四年九月一日）…………………… 177

附录　反对帝国主义干涉吾国内政之宣言(一九二四年九月)………… 179
讨伐曹锟吴佩孚令(一九二四年九月五日)……………………………… 180
告广东民众书(一九二四年九月五日)…………………………………… 181
中国国民党为九七国耻纪念宣言(一九二四年九月七日)……………… 182
率师北伐宣言(一九二四年九月九日)…………………………………… 187
告广东民众书(一九二四年九月十日)…………………………………… 187
为讨伐曹吴移师韶关布告(一九二四年九月十二日)…………………… 189
宣布《建国大纲》的宣言(一九二四年九月十六日)…………………… 189
中国国民党北伐宣言(一九二四年九月十八日)………………………… 190
制订《建国大纲》宣言(一九二四年九月二十四日)…………………… 192
告中国人民书(译文)(一九二四年十月十一日)……………………… 194
庆祝十月革命七周年纪念宣言(一九二四年十一月七日)……………… 194
北上宣言(一九二四年十一月十日)……………………………………… 196
对由京赴津欢迎的各界代表宣言(一九二四年十二月四日)…………… 199
关于国民党最小纲领之宣言(一九二四年十二月八日前)……………… 200
　附录　同题异文……………………………………………………………… 202
入京宣言(一九二四年十二月三十一日)………………………………… 205
为说明建国政府之任务昭告国人文(一九二四年)……………………… 205
中国国民党为决定不参加善后会议宣言(一九二五年二月二日)……… 207
中国国民党反对善后会议制定国民会议组织法宣言
　(一九二五年二月十日)…………………………………………………… 209
中国国民党对金佛郎案二次宣言(一九二五年二月十六日)…………… 209

通　电

临时大总统改历改元通电(一九一二年一月二日)……………………… 213
临时大总统禁止株连通电(一九一二年一月十四日)…………………… 213
中国同盟会本部全体大会通报(一九一二年三月三日)………………… 214

允袁世凯在北京就职通电(一九一二年三月六日) …………………… 214
宣布袁世凯宣誓就临时大总统职通电(一九一二年三月九日) ………… 215
致参议院等通电(一九一三年七月二十二日) …………………………… 216
对于时局通电(一九一七年十一月十八日) ……………………………… 217
通告全国各界主张和平尊重国会电(一九一八年二月二十二日) ……… 218
反对北京政府发行公债通电(一九一八年三月九日) …………………… 219
辞大元帅职通电(一九一八年五月四日) ………………………………… 220
辞大元帅职临行通电(一九一八年五月二十一日) ……………………… 222
南北和谈通电(一九二〇年七月下旬) …………………………………… 223
与唐绍仪等致护法各省各军通电(一九二〇年十一月) ………………… 224
讨伐陈炯明通电(一九二三年一月四日) ………………………………… 225
与唐继尧等对西南时局的通电(一九二三年四月十四日) ……………… 226
致各省各公署等组织通电(一九二四年十一月二十日) ………………… 227
自天津入京致各界通电(一九二四年十二月三十一日) ………………… 227

启事(含声明、讣告等)

声明告白(一八九三年七月二十五日) …………………………………… 231
中西药局启事(一八九三年八月一日) …………………………………… 231
    附录　行医广告(一八九三年九月二十六日) ………………………… 232
声明告白(一八九三年九月二十六日) …………………………………… 233
东西药局启事(一八九三年十二月二十五日) …………………………… 233
东西药局启事(一八九四年二月二十七日) ……………………………… 234
中国同盟会芝加古分会预祝中华民国成立大会布告
  (一九一一年十月十三日) …………………………………………… 235
与胡汉民等发起追悼粤中倡义死事诸烈士通告
  (一九一二年三月五日) ……………………………………………… 235
与黄兴等发起江皖烈士追悼会启(一九一二年三月上旬)　237

与黄兴等发起江皖倡义诸烈士追悼会通告

（一九一二年三月十五日） ················· 238

与黄兴等介绍梁重良西医士启事（一九一二年八月十八日） ········ 238

中国铁路总公司成立通告（一九一二年十一月） ············· 239

中国铁路总公司启事（一九一二年十二月二日） ············· 240

中国同盟会募集基本金公启（一九一二年） ··············· 240

介绍名医章来峰启事（一九一三年三月三十日） ············· 241

与黄兴等发起陈英士暨癸丑以来诸烈士追悼大会通告

（一九一六年八月三日） ···················· 242

启事一则（一九一六年九月十三日） ·················· 242

为防奸人冒签名字四出招摇启事（一九一六年十月二十四日） ······ 243

孙文启事（一九一六年十月二十五日） ················· 243

黄兴逝世启事（一九一六年十一月一日） ················ 244

黄兴逝世通告（一九一六年十一月一日） ················ 244

黄兴逝世讣闻（一九一六年十一月一日） ················ 245

主持黄兴丧务通启（一九一六年十二月二十六日） ············ 245

为黄兴丧事谢启（一九一六年十二月二十六日） ············· 246

　　附录　同题异文 ························ 246

与朱执信等发起募助李芣归葬费引（一九一七年二月） ·········· 246

为陈其美举殡讣告（一九一七年五月一日） ··············· 247

为报馆登载中山先生在粤演说多失本旨启事

（一九一七年八月一日） ···················· 248

否认军政府在沪销售公债启事（一九一八年一月十一日） ········· 248

中国人应协助美国红十字会之理由（一九一八年五月二日） ······· 249

与章炳麟等发起举行黄兴逝世两周年祭典启事

（一九一八年十月二十四日） ·················· 251

通告陈家鼎之母大殓日期文（一九一八年十月二十四日） ········· 251

军政府劝捐通启（一九一八年十一月八日） ··············· 252

黄兴逝世三周年公奠启事(一九一九年十月二十六日)………………… 253
林修梅逝世讣告(一九二一年十月十五日)……………………………… 253
致各国驻广州领事团通告(一九二二年六月三十日)…………………… 254
抵沪启事(一九二二年八月十五日)……………………………………… 254
沪寓秘书处就陈铭鉴等电的声明(一九二二年九月二十日)………… 254
  附录 报载孙中山九月十三日致曹锟吴佩孚电………………… 255
介绍日本名医高野太吉翁来沪启事(一九二二年十二月二十四日)…… 256
与杨庶堪等发起宫崎寅藏追悼大会启(一九二三年一月)…………… 257
  附录 宫崎寅藏追悼大会启…………………………………… 258
给广州税务司的照会(一九二三年十二月十八日)…………………… 259
给广州领事团的照会(一九二三年十二月十八日)…………………… 259
巴富罗夫追悼会讣告(一九二四年七月二十二日)…………………… 260
为伍廷芳纪念会劝捐引(一九二四年夏)……………………………… 260
抵沪启事(一九二四年十一月十八日)………………………………… 261
抵津启事(一九二四年十二月六日)…………………………………… 261
离津启事(一九二四年十二月三十日)………………………………… 262
入京启事(一九二五年一月一日)……………………………………… 262

其　　他

揭本生息赠药单(一八九二年十二月十八日)………………………… 265
中国商务公会股券(译文)(一八九五年一月二十二日)……………… 266
我们的计划与目标(译文)(一九〇一年三月二十五日)……………… 266
东京军事训练班誓词(一九〇三年秋)………………………………… 268
军需债券(一九〇四年一月)…………………………………………… 268
檀香山出生证证词(一九〇四年三月九日)…………………………… 269
  附录 檀香山出生证(一九〇四年三月十四日)……………… 270
自白书(译文)(一九〇四年四月十四日)……………………………… 270

中华民务兴利公司债券(一九〇五年十二月十一日) ……………… 271
中国革命政府债券(译文)(一九〇六年一月一日) ……………… 272
给池亨吉的证明书(译文)(一九〇七年十二月十二日) …………… 272
长堤会谈计划(一九一〇年三月十日至十四日) ………………… 273
在美国的声言(一九一一年十月十五日) ………………………… 275
革命进行计划(一九一一年十月二十日) ………………………… 276
抗议荷兰殖民政府虐待爪哇泗水华侨(一九一二年二月二十六日) …… 276
聘问废帝文(一九一二年二月二十七日) ………………………… 277
创办中国兴业公司应适用中国法律之理由
　(一九一三年四月十八日) …………………………………… 277
誓言书(一九一三年九月十三日) ………………………………… 278
关于满洲问题的方针(一九一四年一月二十七日) ……………… 278
告诫党员的训词(一九一五年二月一日) ………………………… 279
与宋庆龄婚姻誓约书(译文)(一九一五年十月二十五日) ………… 279
对组织政府的意见(一九一七年七月二十八日) ………………… 280
为伍廷芳应诉状所作证明书(一九二〇年五月二日) …………… 281
介绍徐季龙书例(一九二二年十一月二日) ……………………… 281
给潘学吟毕业证书(一九二四年十一月三十日) ………………… 282
辞谢临时执政府招待(一九二五年一月十三日) ………………… 283
改延中医治疗的意见(一九二五年二月中旬) …………………… 283
给贾伯涛卒业证书(一九二五年三月一日) ……………………… 284
请柬 ……………………………………………………………… 284
请柬 ……………………………………………………………… 284
请柬 ……………………………………………………………… 285

规　章

檀香山兴中会盟书(一八九四年十一月二十四日) ……………… 289

致公堂重订新章要义(一九〇五年二月四日)	289
旅欧中国留学生盟书及联系暗号(一九〇五年春)	300
中国同盟会总理盟书(一九〇五年七月三十日)	301
中国同盟会盟书及联系暗号(一九〇五年七月三十日)	301
中国同盟会总章(一九〇六年五月七日)	302
中国同盟会革命方略(一九〇六年秋冬间)	304
手批中国同盟会分会总章(一九〇八年秋)	325
中华革命党盟书(一九一〇年二月中旬)	327
洪门筹饷局缘起(一九一一年七月二十一日)	327
革命军筹饷约章(一九一一年七月二十一日)	329
中华民国金币票(一九一一年七月下旬)	330
临时大总统誓词(一九一二年一月一日)	330
中华民国军需公债(一九一二年二月二日)	331
南京临时政府与日商三井洋行借款续合同(一九一二年二月二日)	332
中国同盟会总章(一九一二年三月三日)	333
附录　中国同盟会总章草案	336
公布南京府官制(一九一二年三月十日)	340
南京府官制	340
颁行陆军补官任职及免官免职令(一九一二年三月十日)	343
陆军人员补官任职令草案	343
陆军官佐免官免职令草案	348
陆军官佐暂行补官简章	350
公布参议院议决临时约法(一九一二年三月十一日)	353
中华民国临时约法	354
批财政部呈(一九一二年三月十八日)	358
海外汇业银行条例	359
批财政部呈送兴农等银行则例文(一九一二年三月二十三日)	362
兴农银行则例	362

  农业银行则例 …………………………………………………… 368
  殖边银行则例 …………………………………………………… 373
公布参议院议决参议院法（一九一二年四月一日）……………… 376
  参议院法 ………………………………………………………… 377
国民党规约（一九一二年八月）…………………………………… 386
中华民国自由党简章（一九一二年夏）…………………………… 390
铁路总公司条例草案（一九一二年十二月十九日）……………… 393
  附录　中国铁路总公司条例草案 …………………………… 394
中国兴业公司计划书草案（一九一三年二月二十一日）………… 396
中国兴业公司发起书（一九一三年三月）………………………… 398
中华革命党总理誓约（一九一四年七月八日）…………………… 398
中华革命党总章（一九一四年七月八日）………………………… 399
党员自由储蓄救国金简章（一九一四年九月十五日）…………… 404
中华革命党革命方略（一九一四年）……………………………… 406
中华革命党债券（一九一五年十一月十三日）…………………… 484
中日组合规约（一九一七年六月十一日）………………………… 484
中华民国军政府组织大纲（一九一七年九月十一日前）………… 487
公布海陆军大元帅府组织条例令（一九一七年九月十一日）…… 488
  中华民国军政府海陆军大元帅府组织条例 ………………… 488
公布大元帅府秘书处组织条例令（一九一七年九月十七日）…… 490
  大元帅府秘书处组织条例 …………………………………… 490
公布特别军事会议条例令（一九一七年九月十七日）…………… 492
  大元帅府特别军事会议条例 ………………………………… 492
公布大元帅府参军处组织条例令（一九一七年九月十九日）…… 493
  大元帅府参军处组织条例 …………………………………… 493
军政府公报发行章程（一九一七年九月二十二日）……………… 495
公布军事内国公债条例令（一九一七年九月二十六日）………… 496
  军事内国公债条例 …………………………………………… 496

公布承购军事内国公债奖励条例令(一九一七年九月二十六日) ········ 497
　　承购军事内国公债[人员]奖励条例 ·············· 497
公布军政府公报条例令(一九一七年九月二十六日) ············ 498
　　军政府公报条例 ························ 499
公布陆军部组织条例令(一九一八年三月六日) ··············· 499
　　陆军部组织条例(附陆军部职员表) ·············· 500
公布陆军部练兵处条例令(一九一八年四月九日) ············· 506
　　陆军部练兵处条例(附陆军部练兵处职员表) ········ 506
公布大理院暂行章程令(一九一八年四月二十二日) ············ 508
　　大理院暂行章程 ························ 508
公布外交部组织条例令(一九一八年四月二十二日) ············ 509
　　外交部组织条例(附外交部职员表) ·············· 509
公布卫戍总司令部组织暂行条例令(一九一八年四月二十九日) ···· 511
　　卫戍总司令部组织暂行条例(附军政府卫戍总司令部职员表) ····· 512
中国国民党通告及规约(一九一九年十月十日) ··············· 513
中国国民党总章(一九二〇年十一月九日) ··················· 517
中国国民党总支部通则(一九二〇年十一月十九日) ············ 519
中国国民党海外支部通则(一九二〇年十一月十九日) ·········· 521
中国国民党规约(一九二〇年十一月十九日) ················· 525
关于文武职官宣誓案(一九二〇年十二月二十八日) ············ 528
颁布军政府内政部新官制令(一九二一年一月九日) ············ 528
　　内政部官制 ···························· 529
陆海军统率处条例(一九二一年三月十六日) ················· 532
颁布总统府财政委员会组织大纲令(一九二一年五月十六日) ···· 532
　　总统府财政委员会组织大纲 ················· 532
颁布总统府秘书处官制令(一九二一年五月十六日) ············ 533
　　总统府秘书处官制 ······················· 533
颁布总统府参军处官制令(一九二一年五月十六日) ············ 534

总统府参军处官制 ……………………………………………… 535
颁布总统府各处司官制通则令(一九二一年六月二十日) ……… 535
　　总统府各处司官制通则 ………………………………………… 535
颁布各部官制通则令(一九二一年六月二十三日) ……………… 536
　　各部官制通则 …………………………………………………… 536
颁布修正总统府财政委员会条例令(一九二一年六月二十三日) … 537
　　修正总统府财政委员会条例 …………………………………… 537
颁布总统府秘书处官制令(一九二一年六月二十三日) ………… 538
　　总统〈府〉秘书处官制 …………………………………………… 538
颁布侨工事务局暂行条例令(一九二一年六月二十五日) ……… 539
　　侨工事务局暂行条例 …………………………………………… 539
颁布财政部官制令(一九二一年六月二十五日) ………………… 540
　　财政部官制 ……………………………………………………… 540
颁布内务部官制令(一九二一年七月十五日) …………………… 541
　　内务部官制 ……………………………………………………… 541
颁布内务部矿务局官制令(一九二一年七月十五日) …………… 544
　　内务部矿务局官制 ……………………………………………… 544
核准公布大本营组织机构(一九二一年十月二十四日) ………… 545
公布军事会议条例令(一九二一年十二月十二日) ……………… 546
　　军事会议条例 …………………………………………………… 547
公布大本营条例令(一九二二年一月十六日) …………………… 548
　　大本营条例 ……………………………………………………… 548
大本营供给局条例(一九二二年一月二十三日) ………………… 550
颁布大本营管理战地地方民政条例令(一九二二年五月二十七日) … 551
　　大本营管理战地地方民政条例 ………………………………… 551
颁布大本营战地民政管理局组织条例令(一九二二年五月二十七日) …… 552
　　大本营战地民政管理局条例 …………………………………… 552
中国国民党党纲(一九二三年一月一日) ………………………… 553

中国国民党总章(一九二三年一月二日) …… 555
广州成都铁路金币借款合同(一九二三年四月十二日) …… 558
宣布西江临时戒严条例等令(一九二三年七月四日) …… 568
    西江沿岸警备区域临时戒严条例 …… 568
    西江船舶检查所组织条例 …… 569
    西江船舶检查所执行规则 …… 570
中国国民党海外总支部通则(一九二三年七月二十日) …… 570
中国国民党海外支部通则(一九二三年七月二十日) …… 571
大本营党务处条例(一九二三年八月十四日) …… 576
征收广东全省爆竹类印花税暂行章程(一九二三年九月十九日) …… 577
招商承办广东全省爆竹类印花税暂行章程
  (一九二三年九月十九日) …… 580
大本营筹饷总局组织办法(一九二三年十月三十日) …… 583
中国国民党总章(一九二四年一月二十八日) …… 584
关于发国民党党证之规定(一九二四年四月七日) …… 594
公布陆海军审计条例令(一九二四年四月二十日) …… 595
    陆海军审计条例 …… 595
照准农民协会章程(一九二四年六月二十四日) …… 597
    农民协会章程 …… 597
颁布军人宣誓词及条例令(一九二四年六月二十八日) …… 608
    军人宣誓词 …… 608
    军人宣誓条例 …… 608
军队点验条例(一九二四年七月七日) …… 609
大本营收解新币章程(一九二四年七月三十日) …… 611
公布中央银行条例令(一九二四年八月七日) …… 612
    中央银行条例 …… 612
中央银行公债条例(一九二四年八月十二日) …… 615
公布大学条例令(一九二四年八月十三日) …… 616

  大学条例 ·· 616
公布中央督察军组织条例令(一九二四年八月十三日) ·········· 617
  中央督察军组织条例 ······································ 617
公布考试院组织条例令(一九二四年八月二十六日) ············ 618
  考试院组织条例 ·· 618
公布考试条例及考试条例施行细则令(一九二四年八月二十六日) ······ 622
  考试条例 ·· 622
  考试条例施行细则 ·· 635
私铸治罪条例草案(一九二四年八月) ··························· 637
公布工会条例令(一九二四年十月一日) ························· 638
  工会条例 ·· 638
   附录 工会条例理由书 ······························ 641
大本营政治训练部组织大纲(一九二四年十月二日) ············· 642
公布赣南善后条例等令(一九二四年十月十日) ·················· 644
  赣南善后条例 ·· 644
  赣南善后会议暂行细则 ···································· 645
  江西地方暂行官吏任用条例 ································ 645
  赣南善后委员会各职员之职责及公费暂行细则 ············· 646
  赣南征发事宜细则 ·· 647
公布赣中善后条例暨其他三种细则令(一九二四年十二月四日) ········ 655
  赣中善后条例 ·· 655
  赣中善后会议暂行细则 ···································· 656
  赣中善后委员会各职员之职责及公费暂行细则 ············· 656
  赣中征发事宜细则 ·· 658

文　告

檀香山兴中会宣言①

（一八九四年十一月二十四日）②

中国积弱,非一日矣！上则因循苟且,粉饰虚张；下则蒙昧无知,鲜能远虑。近之辱国丧师,强藩压境,堂堂华夏,不齿于邻邦,文物冠裳,被轻于异族。有志之士,能无抚膺！夫以四百兆苍生之众,数万里土地之饶,固可发愤为雄,无敌于天下。乃以庸奴误国,涂〔荼〕毒苍生,一蹶不兴,如斯之极。方今强邻环列,虎视鹰瞵,久垂涎于中华五金之富、物产之饶。蚕食鲸吞,已效尤于接踵；瓜分豆剖,实堪虑于目前。有心人不禁大声疾呼,亟拯斯民于水火,切扶大厦之将倾。用特集会众以兴中,协贤豪而共济,抒此时艰,奠我中夏。仰诸同志,盍自勉旃！谨订规条,胪列如下③：

一、是会之设,专为振兴中华、维持国体起见。盖我中华受外国欺凌,已非一日,皆由内外隔绝,上下之情罔通,国体抑损而不知,子民受制而无告。苦厄日深,为害何极！兹特联络中外华人,创兴是会,以申民志,而扶国宗。

一、凡入会之人,每名捐会底银五元。另有义捐以助经费,随人惟力是视,务宜踊跃赴义。

一、本会公举正副主席各一位,正副文案各一位,管库一位,值理八位,差委二位,以专司理会中事务。

一、每逢礼拜四晚,本会集议一次。正副主席必要一位赴会,方能开议。

一、凡会中所收会底各银,必要由管库存贮妥当,或贮银行以备有事调

---

① 此件亦称《檀香山兴中会章程》。
② 所标日期为底本所载第一批兴中会员缴纳会底银的日期,陈少白称兴中会成立于是日。
③ 原文为"左",今依排版方式改为"下"。下同。

用。惟管库须有殷商二名担保，以昭郑重。

一、凡会中捐助各银，皆为帮助国家之用，在此外不得动支，以省浮费。如或会中偶遇别事，要用小费者，可由会友集议妥允，然后支给。

一、凡新入会者，须要会友一位引荐担保，方得准他入会。

一、凡会内所议各事，当照舍少从多之例而行，以昭公允。

一、凡以上所订规条，各友须要恪守。倘有善法，亦可随时当众议订加增，以臻完美。

据杨刚存《中国革命党在檀小史》，载郑东梦主编《檀山华侨》（檀山华侨编印社一九二九年版）

香港兴中会宣言①

（一八九五年二月十八日）

中国积弱，至今极矣！上则因循苟且，粉饰虚张；下则蒙昧无知，鲜能远虑。堂堂华国，不齿于列邦；济济衣冠，被轻于异族。有志之士，能不痛心！夫以四百兆人民之众，数万里土地之饶，本可发奋为雄，无敌于天下，乃以政治不修，纲维败坏，朝廷则鬻爵卖官，公行贿赂；官府则剥民刮地，暴过虎狼。盗贼横行，饥馑交集，哀鸿遍野，民不聊生。呜呼惨哉！方今强邻环列，虎视鹰瞵，久垂涎我中华五金之富、物产之多。蚕食鲸吞，已见效〈尤〉于踵接；瓜分豆剖，实堪虑于目前。呜呼危哉！有心者不禁大声疾呼，亟拯斯民于水火，切扶大厦之将倾，庶我子子孙孙，或免奴隶〈于〉他族。用特集志士以兴中，协贤豪而共济。仰诸同志，盍自勉旃！谨订章程，胪列如下：

一、会名宜正也　本会名曰兴中会，总会设在中国，分会散设各地。

二、本旨宜明也　本会之设，专为联络中外有志华人，讲求富强之学，以振兴中华、维持团体起见。盖中国今日政治日非，纲维日坏，强邻轻侮百姓，

---

① 此件亦称《香港兴中会章程》。今标题及时间均据秦孝仪主编《国父全集》。

其原因皆由众心不一,只图目前之私,不顾长久大局。不思中国一旦为人分裂,则子子孙孙世为奴隶,身家性命且不保乎!急莫急于此,私莫私于此,而举国愦愦,无人悟之,无人挽之,此祸岂能幸免?倘不及早维持,乘时发奋,则数千年声名文物之邦,累世代冠裳礼义之族,从以沦亡,由兹泯灭,是谁之咎?识时贤者,能无责乎?故特联络四方贤才志士,切实讲求当今富国强兵之学、化民成俗之经,力为推广,〈晓〉谕愚蒙,务使举国之人皆能通晓,联智愚为一心,合遐迩为一德,群策群力,投大遗艰,则中国虽危,庶可挽救。所谓"民为〔惟〕邦本,本固邦宁"也。

三、志向宜定也　本会拟办之事,务须利国益民者方能行之。如设报馆以开风气,立学校以育人材,兴大利以厚民生,除积弊以培国脉等事,皆当惟力是视,逐渐举行。以期上匡国家以臻隆治,下维黎庶以绝苛残,必使吾中国四百兆生民各得其所,方为满志。倘有藉端舞弊,结党行私,或畛域互分,彼此歧视,皆非本会志向,宜痛绝之,以昭大公,而杜流弊。

四、人员宜得也　本会按年公举办理员一次,务择品学兼优、才能通达者,推一人为总办,一人为帮办,一人为管库,一人为华文文案,一人为洋文文案,十人为董事,以司会中事务。凡举办一事,必齐集会员五人、董事十人,公议妥善,然后施行。

五、交友宜择也　本会收接会友,务要由旧会员二人荐引,经董事察其心地光明,确具忠义,有心爱戴中国,肯为其父母邦竭力,维持中国以臻强盛之地,然后由董事带之入会。必要当众自承其甘愿入会,一心一德,矢信矢忠,共挽中国危局;亲填名册,并即缴会底银五元,由总会发给凭照持执,以昭信守,是为会友。若各处支会,则由该处会员暂发收条,俟将会底银缴报总会,取到凭照,然后换交〔交换〕。

六、支会宜广也　四方有志之士,皆可仿照章程,随处自行立会。惟不能在一处地方分立两会,无论会友多至几何,皆须合而为一。又凡每处新立一会,至少须有会友十五人,方算成会。其成会之初,所有缴底、领照各事,必须托附近老会代为转达总会,待总会给照认妥,然后该支会方能与总会互通消息。

七、人才宜集也　本会需才孔亟，会友散处四方，自当随时随地，物色贤材。无论中外各国人士，倘有心益世，肯为中国尽力，皆得收入会中。待将来用人，各会可修书荐至总会，以资臂助。故今日广为搜集，乃为各会之职司也。

八、款项宜筹也　本会〈所〉办各事，事体重大，需款浩繁，故特设银会以资巨集〔集巨资〕，用济公家之急，兼为股友生财捷径，一举两得，诚善举也。各会友好义急公，自能惟力是视，集腋成裘，以助一臂。兹将办法节略于后：每股科银十元，认一股至万股，皆随各便。所科股银，由各处总办、管库代收，发给收条为据，将银暂存银行，待总会收股时，即汇寄至总会收入，给发收〈银〉会股票，由各处总办换交各友收存。开会之日，每股可收回本利百元。此于公私皆有裨益，各友咸具爱国之诚，当踊跃从事，比之捐顶子、买翎枝，有去无还，洵隔天壤。且十可报百，万可图亿，利莫大焉，机不可失也。

九、公所宜设也　各处支会当设一公所，为会员办公之处，及便各友时到叙谈，讲求兴中良法，讨论当今时事，考究各国政治，各抒己见，互进勉益〔互勉进益〕。不得在此博弈游戏，暨行一切无益之事。其经费由会友按数捐支。

十、变通宜善也　以上各款，为本会开办之大纲，各处支会自当仿为办理。至于详细节目，各有所宜，各处支会可随地变通，别立规条，务臻妥善。

据吴拯寰编《中山全书》（上海三民图书公司一九二五年初版）之《兴中会宣言》（附会章十则）

丙午萍乡之役致革命军首领照会

（一九〇七年一月十日）

建立中华共和国革命军大总统孙为照会事：照得本总统自提倡大义以来，专以驱除胡虏、恢复中华、建立民国、平均地权为宗旨。幸我海内外同胞,咸知满人为我汉族不共戴天之仇,各抱热诚,共张挞伐。或同盟起义,或歃血誓师,如风之行,如响斯应。本年十月南军树帜,率三湘子弟为天下先。大兵所至,箪食壶浆。具征人心思汉,天意厌胡,凡我同胞,际此尤为千载一时之机会。本总统历年奔走欧美诸洲,运动联合,现今如英、法、德、日、美等国,上至政府下至人民,均极倾心赞助,愿进东亚文明之幸福,而保全世界公共之和平。故本总统对于内地各同志会党,已具有实力者,一律照会通知,发给关防,以期义旗共举。本总统得调查部报告,闻贵军精养有素,蹈厉无前,如长江大河,必有一泻千里之势。本总统具大期望于贵军,贵军亦即负大责任于中国:替天行化,神武不杀之谓仁;伐罪吊民,温肃并行之谓道。凡大军所到之处,严禁侵犯奸淫,俾农工商贾各安其业。更严禁妨害外国人之生命、财产、教堂、商埠等,俾外人不得乘机至内地。学堂工厂,尤以极力保护,以应民心。军中人等,应知此举专以驱逐胡虏,收回主权,为同胞谋幸福起见,非以国家为一己私产者所比。为此合行照会贵军,厉兵秣马,速举义师。其应用军械,本总统自当源源接济,不致有匮。并给军事关防,以资信守。务期同心同德,以戡胡虏之命,而赞中华民国之功成。用伸大义,布告同胞,须至照会者:

上照会①

南洋淮扬等处革命总执法兼参议事萧

  计开

  军事关防一件

  黄帝纪元四千六百零四年,岁丙午十一月二十六日行。

(有照会南洋淮扬等处革命军都督刘公文一件,文与前同。)

据邹鲁编著《中国国民党史稿》(商务印书馆一九三八年版)

---

① 原文为"右",今依排版方式改为"上"。下同。

谕保皇会檄①

（一九〇七年四月二十五日）

天运丙午纪元四千六百零五年〇月〇日中华国民军政府檄曰：

尔保皇会，实汉奸康有为所建设。本以海外华侨，未明内事，而爱国之心未灭，故假名于满洲国主以相诱惑，其实借资行贿，为一己开复原官之地而已。前康有为始至美洲，旅资既尽，思藉训蒙以糊口，适坎拿大华侨欲设商会，问计于康有为，康因以保皇会变易之。是时海外之视内地，如隔十重云雾，其为康有为所愚弄，亦无足怪。然自戊戌以至今岁，已阅十年，彼满洲国主，生存如故，未闻日服毒剂，而藉康有为之一丸一散以救济之，尔保皇会诸人，亦可知其诈矣。人非至愚，空费资财以饱他人之欲壑，此何为者。康有为前以保皇为名，谓其君日日服玻璃粉，危在旦夕，至今十年，其言不验。且既言保皇，则不得不反对太后。彼满洲政府中有一人与康有为势不两立者，欲求开复原官，尚非容易，况国主之母，现在垂帘创政者乎？在康有为亦知此计至拙，不可久长，而见闻已熟，猝难更变，欲言皇不须保，则为自食前言，深恐同会中人，知其诡诈，此实无可如何之事。适会满洲政府昌言立宪，立宪之名，可以规定主权，而亦不与太后有碍，此正康有为所利用者。近日乃欲于保皇会上，附加国民宪政会之名称，恐见识未到者，又为彼辈愚弄，是用谆谆告诫，使尔辈自知之。尔保皇会中人，亦知康有为为何如人耶？前在广东以改削时文为业，自称圣人；后入北京，与翁同龢相识，摇唇鼓舌，大言时务，遂得翁同龢之保举，以工部主事，参预朝政。尔等知工部主事是何官阶，不过一六品司官而已。梁启超本一举人，赏加六品顶戴。此两人之官衔，不过如是。后在美洲，康、梁皆自称内阁大学士，尔等须知大学士者，乃宰相之别名，官阶一品，至贵至尊，其去主事、举人，真若云泥之隔，满洲政府

---

① 原题注：保皇会即新改之国民宪政会。

之制，从无以主事骤升大学士者。又大学士须从翰林出身，从无以举人为大学士者，此等规则，尔等或未深晓，但康有为生平诈伪无赖之事，尔等应亦略知一二矣。昔康有为初中举时，与人争为西樵局董。而旧例局董须用进士为之。乃与其人讼于潘衍桐前，有为不胜，怒夺局董钤记以归，潘衍桐怒，命取索缚之。今日之称大学士者，犹是昔时惯技，彼知尔辈愚蒙，冒此官衔，以相煽惑，尔等诚实商人，堕其术中，深可悲憨。试思康、梁二人若果是大学士，其官远在公使领事之上，何以康、梁到美洲时，公使领事不于车栈迎接耶？至梁启超至美国时，曾以银圆二百，买美国兵队之欢迎，此不过出钱雇工而已，凡有富人，皆可为之，尔等不应受其欺诳也。梁启超又用美国人福近卜为维新军大将军，无论康、梁二人，官阶甚小，本无遣将受钺之权；且大将军官位，尚在督抚之上，非奏明满洲国主，接奉上谕，断不能私相授受，今梁启超与福近卜，特立一合同而已，大将军非公司商贾之类，岂容以一纸合同为其证据乎！尔等昔在内地，当亦曾看戏矣，有头戴冕旒身穿祖服者出，群相指曰，此是皇帝，此是丞相，此是元帅，此是都督。及戏毕散场，此等皇帝、丞相、元帅、都督，不过一最贱之脚色而已。康、梁为此，与演戏何异。尔等若以保皇会捐，与犒赏优人一例，亦无不可，若信其可行实事，则未免大愚矣。又康有为初至香港，曾造一衣带诏，云其主遣有为出洋求救。尔等试思衣带诏之名，非出于三国演义耶？古今密诏不少，岂必皆在衣带，在康有为之意，以为尔等素未读书，惟三国演义，必曾一览，故借此名以相欺耳。幸而今日军装，皆用枪炮，若如五十年前之兵法，康有为亦可欺尔等曰：皇上曾赐我青龙偃月刀矣。日本伯爵胜海舟，曾问康有为云：忠义勤王，我所深爱，尔若以诏示我，我当为尔外援。康不能出衣带诏，胜海舟骂曰：吾以尔为忠臣，乃泥棒耳。南洋侨人邱炜菱，亦问康有为云：尔所言衣带诏，究竟何在？康不能答，但云：此是至宝至贵之物，若一出示，恐尔神魂失措，震惊而死。此等妄言，非视人为小儿耶？邱炜菱已悟康之欺己，而尔辈至死不悟，真所谓大愚不灵者。又康有为在南洋时，商人欲与一见，须行三跪九叩首礼，若拜盟称弟子者，出二百元为贽见，便可免礼。彼自谓以平等待人，今行此礼，所谓平等者何在？若康有为是天降圣人，如耶稣基督之例，又岂以二百银圆，可免跪拜乎？此等诈伪敛钱之术，稍有知识，不难窥破。试思保皇会之敛钱，复与此等何异？尔等挂名于保皇会中，何益于己身？何益于天下？不如施舍乞丐，救济孤穷，尚可称慈善事业也。康有为之诳尔等曰：皇帝至圣至仁，虽大彼得、华盛顿，不能望其项背，振兴中国，非光绪皇帝不可。尔等纳捐最多者，他日复辟以后，或为尚书，或为侍郎，或为总督，或为巡抚，皆可由我指名题请。尔等不知情伪，无端受其欺罔。不思所谓光绪皇帝者，若果仁圣，何以甲午一战，败于日本？当此时，尚未有太后训政之事，或战或和，皆由独断，而乃丧师蹙地，一败不振，亦何赖于仁圣乎。若彼所谓太后者，果欲废立，或欲囚之瀛台，何以庚子西迁之日，四顾无人，不能设法逃出，此尚可称仁圣否？若果仁圣，安有卖官鬻爵之事，则尔等以捐钱而思高位，必不可望。若但计捐资多寡，以为授官之差次者，是乃昏庸劣主所为，与科场关节，亦有何异。然则彼光绪皇帝，不过一贩卖举人之主试，而康有为者，为其居间过付而已。科场关节，犹未见有失信者，恐保皇会之关节，尚不能如科场之确实可凭也。试思庚子汉口之役，本唐才常为其主谋，康有为不过以资财相助耳，若康有为果欲保皇，应悉取所有，以助唐氏，乃先后所付，不过五万，唐才常败后，又为康之门人席卷而去，乃反借抚恤之名，为第二次募捐之举，毕竟汉口死事诸人之裔，曾得其半文酬谢否？康有为无信至此，而谓保皇会纳捐之券，遂可为尔等入官之文凭乎？况康有为少年之事，亦尔等所明知。前因狎妓饮酒，无资可偿，为妓所迫，追入轮船舢板之内，其人无赖至此，岂有一言足信。尔等商场贸易，尚须诚实可信者，方肯交割钱货，况国家大事耶？康有为前在印度，偶以资斧不继，求贷于梁启超，梁启超惟以二百元与之，后知电汇印度，非五百元不可，乃以五百元与之。康、梁师弟之间，名为亲若骨肉，犹且悭吝如是，若果得志，师弟尚视如仇敌，况捐资入会之人乎？尔等观康有为之前事，可以知康有为之用心，无论称为保皇，称为立宪，总之，假借虚名，以肥一己而已。前满洲派五大臣出洋考察政治，梁启超曾为端方办差，康有为亦与彼辈通信，又以所有交结京员，所费无算，凡在满洲朝廷者，已交口同声，称康、梁为忠臣义士，特不敢言之于西太后耳。无何，康所交通之太监，为袁世凯所发觉，见其书中密语，有尊皇废后之词，自此京员钳口，不敢一语及康有为，数年心力，败于一旦。试思康、梁所行之贿，果于何处得之？非保皇会之积款耶。保皇！保皇！保主事举人之原衔而已，于彼所谓皇者何与？于尔等保皇会员何与？尔辈身受其愚，一捐保皇，已不可悔，何必再捐国民立宪会耶？康、梁资财已尽，而又自悔保皇之名，复以立宪欺诈尔等，试思满洲国主，本非华人，乃一野蛮腥膻之鞑子耳。立宪者，规定君民之权限，使之各不相侵，何益于满洲鞑子。彼政府以民气不驯，群思革命，欲借立宪之名以消弭之。而行事正与立宪相反，凡所施为，适自便其鞑子专制而已，纵使康有为为满洲政府之一员，尚不能实行立宪，况海外孤臣流离失所者耶。康有为告尔等曰：今政府已预备立宪矣，此皆我保皇会倡导警觉之功。自今以后，我与尔辈，皆立宪时代之伟大政党也。欲成政党，不可无资财以为运用，故尔等当复倡捐，或开银行，或通航路，非专为贸易计也，当取其余赢以资政党也。尔等寄居异国，为白种所陵侮，乍闻斯语，岂不为之心动。不思满洲政府，以内忧外患之交迫，无可如何，而悬此虚名以期安靖，自不得不然之势。其能警觉倡导之者，皆内地绅士与留学归国之徒耳，于保皇会何与。绅士学生，未尝无实行立宪之意，乃满洲政府则反之，惟欲利用此名，以成八旗专制之势，故部院官制，纷纷改革，独无一语及于国会。内地绅士，明习法令，通晓政治，十倍尔等，尚不能得一议员之位，况尔等生长外洋，素与政界绝远者耶。或以财政艰难，不得不有求于尔等，要之，意在募捐，岂有权利与尔。尔等不信，试观南洋张振勋氏。张振勋之报效政府也，不为不多，然政府所以相酬者，惟一侍郎之虚衔，小小政权，尚不得与，名虽侍郎，其实不如一在任之巡检典史，他日报酬尔等，亦不过此，岂有议员政党之可期乎。须知满洲政府于官衔名位，原无爱惜，最爱惜者，乃是实职实权，若尔等有渴望立宪之心，彼政府正可因势利导，一二甘言，使尔心醉，倾家破产，所不惜焉。迟之又久，而议员卒不可望，政党卒不可成，尚书、侍郎之告身，仅取一醉，斯时追悔，亦无及已。尔等不望立宪则已，若望立宪，则尔等之资财，必有两次被人诈取。其第一次，即康有为；其第二次，即满洲政府。天下虽豪华挥洒之徒，饮食起居，日费万金而无所惜，若为人所诈取，能无邑邑于心乎？人亦有言，哑口吃黄连，说不出苦。尔等若信康有为之虚词,他日下场,必至此境,可逆料也。今当明示尔等,凡人当爱其国,亦当爱其故乡,此尔等所明知。今之满洲,非我同种,明亡以后,我中国已为满洲并吞,此皇非我之皇,此宪非我之宪。尔等果热心祖国,爱慕乡里,当驱逐满洲国主,使出北京,以我中国之人,自为民主自立之宪法,方得身为国民,免受外人逼迫,惟此一策可以救济中国,保卫身家,其余种种妖言,皆不足听,尔等迷途未远,速宜悔悟。我中华国民军政府,现已略具规模,尔等若知去就,亟应见机而作,若狐疑未决,认贼作父,他日革命成后,非但不加保护,仍当从重治罪。若云身在海外,可免刑诛,生为异域之人,死为异域之鬼,亦有何乐。尔等离乡最久者,不过三四十年,父老犹存,亲属尚在,祖宗坟墓,并未迁移,岂有不思返本者?若听信莠言,沉迷不悟,始则丧失资财,终则见摈祖国,幕府为尔代思,亦当流涕。特颁此檄,婉转晓谕,孰去孰就,尔自思之。此檄。

据《天讨》(《民报》临时增刊,一九〇七年四月二十五日,东京民报社发行)

设立中国同盟会南洋支部通告①

(一九〇八年)

启者:近年以来,南洋各处同志日多,各就所处结合团体,以实行宗旨,发展势力,真有蒸蒸日上之势,殊可庆慰。今在星加坡设立南洋支部,欲使南洋各处团体互相联络,以成统一。夫欲联络情谊,必以消息相通为主,消息通则情谊洽,情谊洽则协力相扶,同心共济,而党力滋伟,成事可望。故特定通信办法三条如下:

(一)今将各处团体通信住址开单寄览②,以后至少每二个月互相通信

---

① 此件分寄南洋各埠同盟会分会负责人,邓泽如仅为受件人之一。
② 各处住址名单,底本未影印。

一次。

（二）各处团体通信住址有移换时，须即通知南洋支部。

（三）以后如续有新立团体，即由南洋支部（支部长胡汉民）发信通知；各处接信后，即寄书新立之团体，贺其成立且勉励之。

以上三条，望留心照办，以团结同志之精神，广通各处之情谊，是所至嘱。此致

泽如同志兄鉴

弟孙文谨启

据邓泽如编《孙中山先生廿年来手札》（台北文海出版社一九六六年版）影印原件

三藩市中国同盟会布告[①]

（一九一一年七月）

崔通约近有为清领事报告之嫌疑，故本会机密，概不令伊预闻。而各会员心存忠厚，不即发布，冀伊悔悟悛改。乃彼不惟不自修省，反以佞诗登报，明攻本党，欲图破坏大局，立心至不可问。此等反覆之人，显背本党盟章，本会万难容忍，故将崔通约革出会外，以示薄惩。特此布告，俾众周知。

三藩市中国同盟会布告

据《伍平一先生革命言行录》（香港华美印刷所一九二〇年出版）

[①] 1911年7月，孙中山在美国三藩市（旧金山），因同盟会员崔通约常出入驻旧金山清领事馆作报告，与3月29日黄花岗之役事前泄漏机密有关，又因其题诗破坏筹饷，特召开同盟会紧急会议发布通告，并亲笔签交《少年中国晨报》刊布。

通告各国书（译文）

（一九一一年十一月十六日）①

我辈中华之国民也，愤满政府之残戾，用是特起雄师与孽种战，务祈推翻恶劣之政府，驱除暴戾，而建立共和国；与各友邦共结厚谊，使世界享和平之幸福，而人类跻于太平之境域，此余终日孜孜以求之者。今仅宣告微意如下：

一、满政府于我军起事以前与各国所有之条约，皆作为有效，至该政府倾覆之时为止。

二、于我军未起事以前，满政府所借之外债，一概承认偿还，决无改议，将来以海关税款抵赔。

三、满政府于我军未起事以前，关于各国之租界，一律保全。

四、居留中国之外人及其财产，担任切实保护。

五、满政府于我军起事以后与各国所订开之条约、租界及借款，一概永不承认。

六、各国如有助满政府以攻我军者，即视同敌人。

七、各国如有以军械供给满政府，一经查获，即行充公。

据上海《民立报》一九一一年十一月十六日《孙文通告各国书》（译自香港英文《南清早报》）

---

① 底本未注明时间。此书发表于孙中山访英期间（1911年11月11日至20日），今据上海《民立报》发表时间。

附录　对外宣言①

（一九一一年十月中旬）

在以孙中山名义发表的第二份宣言中②，阐明了中国革命党人在其活动中所要遵循的原则：

一、革命政府将承认条约中确定下来的外债数额、应付的利息以及预定的用途。

二、革命政府不承认清政府违反上述条款规定的、非国家急需的外债。

三、革命政府考虑到外国贷方的利益，要求各国代表预先通知曾向清政府贷款的资本家，及时取得革命政府对他们贷款事项的许可证。

四、革命政府要求各国代表告谕各该国领事、传教士及其他国民：革命政府将采取一切措施保护他们的生命和财产安全，违令者将受到军事法庭的制裁。

五、革命政府向各国代表重申：它将万分感谢予以帮助的一切国家，俟新政权建立，将力求与其建立友好邦交。

六、待联邦共和政体建立，中央政府将与各国签订新的贸易条约和建立友好邦交，消除一切误解与冲突事端。

在这个宣言中，对真正援助民国的国家，将给予种种优惠与荣誉。

据[俄]C.齐赫文斯基《孙中山的外交观点与实践（1905—1912）》，载《国外中国近代史研究》第四辑（中国社会科学出版社一九八三年版）

---

① 武昌起义后不久，各国驻京代表收到由旧金山邮出的革命党人宣言文本三份。此件为第二份宣言，与1911年11月16日上海《民立报》译载香港《南清早报》所刊《孙文通告各国书》的内容多所不同。今附录并存。

② 底本原注：宣言署名"孙文"。

对外宣言稿(部分译文)①

(一九一一年十一月中旬)

中国革命运动的目前情形,有如一片干枯的丛林,只需星星之火,就能引发为燎原之势。这星星之火就是我所希望得到的五十万英镑借款。

第三、关于革命领袖们的经济状况,我可以这样说,现在没有一个是富有的,虽然他们有些以前很富有。不过他们都十分富有才干,不比世界上任何其他革命人物逊色。

谨致崇高敬意　孙逸仙

据秦孝仪主编《国父全集》第二册(台北近代中国出版社一九八九年版)

中国同盟会本部宣言

(一九一一年十二月二十四日)

维我黄祖,桓桓武烈,戡定祸乱,实肇中邦,以遗孙子。有明之世,遭家不造,觏此闵凶。蕞尔建虏,包藏祸心,乘间窥隙,盗窃神器。沦衣冠于豕鹿,夷华胄为舆台,遍绿水青山,尽兽蹄鸟迹,盖吾族之不获见天日者二百六十余年。故老遗民如史可法、黄道周、倪元潞、顾炎武、黄宗羲、王夫之诸人,严春秋夷夏之防,抱冠带沉沦之隐,孤军一旅,修戈矛于同仇,下笔千言,传楮墨于来世。虽〔或〕遭屠杀,或被焚毁,中心未遂,先后殂落。而义声激

---

① 本篇文字是孙中山起草的中国临时大总统对外宣言英文手稿中最后一页,前面各页未发现。底本未注明时间,因此函残稿影印件与《我的回忆》同时发表于伦敦同期刊物上,函中说到拟筹款50万英镑一事在《我的回忆》中也曾提及,而试探筹这笔款的可能性是孙中山在伦敦期间的活动项目之一。据此,可推定本文为孙中山辛亥回国道经伦敦时所写,而酌定为1911年11月中旬。

越,流播人间,父老遗传,简在耳目。自延平以底金田,吾伯叔昆季诸姑姊妹,奉先烈遗志,报九世之仇,为争自由争人道而死者,实一千二百万人。於戏！烈矣。

吾等生当斯世,顾瞻身影,纡轸中肠？潸然雪涕,谨承先志,弗敢陨越。用是驰骤四方,以求同德,持民族、民权、民生三大旨,期实行其志。设同盟本部于日本东京,设支部于各省及欧洲、美洲、斐洲、澳洲、安南、暹罗、南洋群岛等处。凑其智能,以图大举,筚路蓝缕,于今八年。或刊报纸,以扬汉风；或遣偏师,以塞〔寒〕虏胆。而惠州之役、萍乡之役、镇南之役、广州之役,良材骏雄,前仆后继,断头决肠,维系牢狱,辗转人间,漂沦绝域者,何可指数！以死者愈繁,益用自励,日居月诸,走无停足。诚欲于颓波横流之中,拯同胞于沉溺；铁骑金枪之下,返大汉之山河。此物此志,宁有他哉！

念昔天亡索虏,人心思汉,朔风变楚,天下响应。智勇之士,其会如林,旬月之间,勘〔戡〕定东南大局。上而士夫,下而婴娩,皆知凌厉踔发,以求其友。云气飞扬,日月再现。虽将帅努力,士卒知方,而黄祖之灵,吾伯叔昆季诸姑姊妹,克念旧烈,实深赖之。惟元凶尚在,中夏未清,封豕长蛇,荐食上国,不去庆父,鲁难未已。有同胞未离鬼趣,怅燕南实惨人疴。吾等罔敢自弛,以逸时会,忧惕之念,造次不衰。盖惧马首徘徊,雄师已老,江山黯澹,汗血生凉。辄愿策其至愚,随伯叔昆季诸姑姊妹之后,长驱河朔,犁庭扫穴,以复我旧邦,建立民国,期得竟其始志。

或者不察,妄事猜二,用事谣喙〔诼〕。谓将矜伐旧绩,傲睨群伦,大执政权,而家天下。心有所蔽,故言失其道,说者盖未尝观远西历史者也。欧洲诸邦,无论政治革命、种族革命,当伏处之时,无不有少数愚夫,怀抱辛痛,集会结社,为之秘划,密云不雨,伏药遍地,迅雷乘之,乃易爆发,其理势使然。功成事遂,则散处朝市,或悠悠林野,各得其所,不闻有私政之事。盖天下公器,人权式尊,政之所繇,民实卑〔畀〕之。大道之行,不可以界,天命惟民,古训是则,东西宁有异哉？嗟乎！自建虏入关,礼乐沦失,腥膻之气,播被华夏。吾民熏习已久,斫夫本性,神智黕塞,大陆国风,所含已薄。而卑隘险谲嫉忮龌龊诸恶德,猕纶错纷,盘郁胶着于脑间,至不可脱拔,尚流染于神明苗裔,是东胡之罪,而吾民亟当湔洗者也。

方今民气昭苏,天心祚汉,逆胡摧灭,近在崇朝,与子同袍,能无奋起①!大风卷水,是旗门斩将之辰;清冽吹寒,正雪夜擒王之会。宝力灼角,骑大队而渡临洮;旗鼓纵横,驱胡雏而还长白。夜半惟闻刁斗,军中之号令森严;战场怒放奇葩,朔北之风云惨淡。此正志士鹰扬之日,雄夫振臂之时。伫看雪碛风高饮马长城之窟;不管天山草白,放牛戈壁之原。卸甲临风,饮八斗而不醉,行歌携手,同仇昵而无猜。流令闻于无穷,巍巍铜像;扬大声于尘海,泱泱乎大风。人道保其均衡,世〔宇〕宙增其福祉。乐天依命,德以之和,平等自由,法为之界。融融泄泄,其乐无极。吾伯叔昆季诸姑姊妹,赋气清明、宅志仁恺者,其亦动悽怆之感,捐其乖迕,而生同舟共济之念乎。用假文辞,谨宣其意如此。皇天后土,实共鉴之。

据上海《民立报》一九一一年十二月二十四日

附录　中国同盟会中部总会宣言书②

（一九一一年七月三十一日）③

现政府之不足以救中国,除丧心病狂之宪政党外,贩夫牧竖,皆能洞知,何况忧时之志士。故自同盟会提倡种族主义以来,革命之思潮,统政界、学界、军界以及工商界,皆大有人在。顾思想如是之发达,人才如是之众多,而势力犹然孱弱,不能战胜政府者,其故何哉? 有共同之宗旨,无共同之计划;有切实之人才,无切实之组织也。何以言之? 如章太炎、陶成章、刘光汉辈,已入党者也,或主分离,或事攻击,或为客犬,非无共同之计划有以致之乎? 而外此之出主入奴,与夫分援树党,各抱野心者,更不知凡几耳。如徐锡麟、

---

① 原文为"能□□□",今据《革命文牍类编》第六册同宣言补"无奋起"三字。
② 原稿影本系谭人凤手稿,见《中华民国开国五十年文献》第二编第一册《武昌首义》,惟缺宋教仁以次二十九人姓名。
③ 原稿无年月日,今据秦孝仪主编《国父全集》。

温生才、熊承基辈,未入党者也,一死安庆,一死广州,一死东三省,非无切实之组织有以致之乎?而外此之朝秦暮楚,与夫轻举暴动,枉抛生命者,更不知凡几耳。前之缺点病不合,推其弊,必将酿旧史之纷争;后之缺点病不通,推其弊,必致叹党员之寥落。前一缺点伏而未发,后一缺点则不自今日摧伤过半人才始。前精卫陷北京,南洋《中兴报》曾载有曰:跳来跳去只此数人。呜呼!有此二病,不从根本上解决,惟挟金钱主义,临时召募乌合之众,搀杂党中,冀侥幸以成事,岂可必之数哉!此吾党义师,所以屡起屡蹶,而至演最后之惨剧也。同人等激发于死者之义烈,各有奋心,留港月余,冀与主事诸公婉商善后补救策,乃一以气郁身死,一以事败心灰,一则宴处深居不能谋一面,于是群鸟兽散,满腔热血,悉付诸汪洋泡影中矣!虽然,党事者,党人之公责任也,有倚赖性,无责任心,何以对死友于地下?返沪诸同志,迫于情之不能自已,于是乎有同盟会中部总会之组织。定名"同盟会中部总会"者,奉东京本会为主体,认南部分会为友邦,而以中部别之,名义上自可无冲突也。总机关设于上海,取交通便利,可以联络各省,统筹办法也。各省设分部,收揽人才,分担责任,庶无顾此失彼之虑也。机关制取合议,救偏毗,防专制也。总理暂虚不设,留以待贤豪,收物望,有大人物出,当喜适如其分,不至鄙夷不屑就也。举义必由总部召集各分会决议,不得怀抱野心轻于发难,培元气,养实力也。总部对于各团体,相系相维,一秉信义,而牢笼诱骗之手段不得施也。各团体对于总部,同心同德,共造时机,而省界情感之故见,不可有也。组织之内容大概如是,海内同志其以为不谬,肯表同情赞助欤,党人幸甚,中国幸甚。宋教仁、陈其美、涂潜、邓道藩、陶咏南、陈勒生、史家麟、王葛庐、张仁鉴、潘祖彝、林琛、李洽、梁鉴、李光德、倪纬汉、范光启、姚志强、杨兆釜、吕志伊、江镜清、胡朝阳、章梓、张卓身、周日宣、曾杰、沈琨、谭人凤、谭毅君、陈道。

据中国国民党中央文化传播委员会党史馆藏一般档案 336/21

中国同盟会意见书

（一九一一年十二月三十日）[①]

本会以异族僭乱，天地黪黩，民不聊生，负澄清天下之任，使曩者朱明之绪无绝，太平之师不熸，则犹是汉家天下，政由己出，张弛自易。又群治之进，常视其民品之隆淤〔污〕以为之衡，故本会主义于民族之后，次之以民权、民生。三者之中，驱于时势，差有缓急；而所以缮美群治之道，则初无轻重大小之别，遗其一则俱敝，举其偏则两乖。吾党之责任盖不卒于民族主义，而实卒于民权、民生主义。前者为之始端，后者其究极也。八年以来，义声所感，智能辐辏，分会成者数十，吾党足迹遍于天下。武汉事兴，全国响应，匝月之间而恢复两都，东至于海，南及闽粤，风云泱动，天下昭苏。当此千载一遇之会，得驰骤其间，为主义效其忠，为社会尽其瘁，亦吾党穷欢极乐之时哉！

惟吾党之众，散处各地，或僻在边徼，或远居海隅，山川修阻，声气未达，意见不相统属，议论歧为万涂。贪夫败类乘其间隙，遂作莠言，以为簧鼓；汉奸满奴则复冒托虚声，混迹枢要。上者于临时政府组织之军〔际〕，其祸乃大著。此皆吾党气息隔阂，不能自为联系，致良恶无从而辨，薰莸同于一器。星星之火，可以燎原，其为害于本会者犹小，害于民国者乃大。则本会之造成灵敏机关，剔弃败类，图与吾军政府切实联络者，固今日之急务也。而汉阳复失，虏巢尚在，胜败之数，未能逆料。设一旦军心瓦解，民气销沉，当千钧一发之时，则冒锋镝、捐肝脑，为前驱以争其最后者，舍吾党其谁属？非好为此不祥之言以相惊恐，《书》不云乎：“两军对对〔峙〕，心哀者胜。”黯黯弱之民，见理不真，威信未固，无足恃耳。是吾党当亟为一致之行，操必死之决心，秣马厉兵于铁血中，而养其潜势力以为之后盾。巩固基础之道，舍是宁

① 时间据中华书局版《孙中山全集》。

有愈哉？若夫虎啸而谷应，风起而波涌，物类之善于感召，人亦则然。军兴以来，智勇之士，雄骏之伦，与时俱起。廊庙之上，战阵之中，所需正急。吾党宜益广其结纳，罗致硕人，以闳其力。惟必先自结合，以成坚固不破之群，势已厚集，则来附者自多；密阴之树，众鸟归之，大风之会，群音奏之，必然之势也。上述数事，其端至浅，不必深思远识之士而能知之。

是则本会之改造与吾党之联合，固逼于利害，忍而不能舍者。而吾党偏怯者流，乃唱为"革命事起，革命党消"之言，公然登诸报纸，至可怪也。此不特不明乎利害之势，于本会所持之主义而亦蔑之，是儒生阘茸之言，无一粲之值。言夫其事之起，则此晚近之世，吾党之起于各省者屡矣，又何待于今日？言夫其成功，则元凶未灭，如虎负嵎，成败未可预睹；曰成矣，而吾党之责任，岂遂终此乎？中心未遂，盟誓已寒，义士所不忍为。吾党固操民族主义者也。

夫聚人以为群，群之盛衰，则常视乎其群之人以为进退。国之群大于部落，亦犹是群也，故国之兴衰治乱，视其民而知焉。国之藉以胶固者，其力常在于民，主治者其末矣。脆弱之群，得贤明之元首，非不足以维持其态度于一时，然其敝也，则终至失其扶衰集散之力。西方之人，其心幻中有天国，庄严华妙而居之者皆天人，盖欲造神圣庄严之国，必有优美高尚之民，以无良民质则无良政治，无良政治则无良国。吾见夫人权颓敝者，其民多恭弱，祸害倚伏，无由而绝。国之与民因果相环，往往为常智之所忽，其端至微，毋可以语卤莽躁急者哉！则吾党所标三大主义，由民族而民权、民生者，进引〔行〕之时有先后，而欲造成圆满纯固之国家，以副其始志者，则必完全贯彻此三大主义而无遗。即吾党之责任，不卒之于民族主义，而卒之于民权、民生主义者，则固无庸疑也。外间谣诼有谓吾党将以天下为己私者，螯夫嫉媚之言，已宣言以匡其谬，并以使邦人诸友知吾党之真意，而祛其疑惑，引舆论为一途，亦吾党进〔行〕上不能已之事。

今者总理归来，本会因地之便，集居沪各省职员，开临时会议，举如上所说，请之总理相为讨论。谨因缘旧制，略事更变，定为暂行章程，以求适顺乎时势。俟民国成立，全局大定之后，再订开全体大会，改为最闳大之政党，仍其主义，别草新制，公布天下。於戏！昆仑之山，为黄河之源，浑浑万里，东入于海,中有伟大民族,代产英杰,以维其邦国;吾党义烈之士,对兹山河,雄心勃郁,其亦力任艰巨,以光吾国而发挥其种性乎!铜像巍巍,高出云际,令德声闻,流于无穷,吾党共勉之哉!

据上海《天铎报》一九一二年一月二日《同盟会本部改定暂行章程并意见书》

临时大总统宣言书①

(一九一二年一月一日)

中华民国缔造之始,而文以不德,膺临时大总统之任,夙夜戒惧,虑无以副国民之望。夫中国专制政治之毒,至二百余年来而滋甚,一旦以国民之力踣而去之,起事不过数旬,光复已十余行省,自有历史以来,成功未有如是之速也。国民以为于内无统一之机关,于外无对待之主体,建设之事,更不容缓,于是以组织临时政府之责相属。自推功让能之观念以言,文所不敢任也;自服务尽责之观念以言,则文所不敢辞也。是用黾勉从国民之后,能尽扫专制之流毒,确定共和,以达革命之宗旨,完国民之志愿,端在今日。敢披沥肝胆,为国民告:

国家之本,在于人民。合汉、满、蒙、回、藏诸地为一国,即合汉、满、蒙、回、藏诸族为一人。是曰民族之统一。

武汉首义,十数行省先后独立。所谓独立,对于清廷为脱离,对于各省为联合,蒙古、西藏意亦同此。行动既一,决无歧趋,枢机成于中央,斯经纬周于四至。是曰领土之统一。

血钟一鸣,义旗四起,拥甲带戈之士,遍于十余行省。虽编制或不一,号令或不齐,而目的所在则无不同。由共同之目的,以为共同之行动,整齐画一,夫岂其难。是曰军政之统一。

---

① 底本原标题为《中华民国大总统孙文宣言书》。

国家幅员辽阔,各省自有其风气所宜。前此清廷强以中央集权之法行之,遂其伪立宪之术。今者各省联合,互谋自治,此后行政期于中央政府与各省之关系,调剂得宜,大纲既挈,条目自举。是曰内治之统一。

满清时代藉立宪之名,行敛财之实,杂捐苛细,民不聊生。此后国家经费,取给于民,必期合于理财学理,而尤在改良社会经济组织,使人民知有生之乐。是曰财政之统一。

以上数者,为政务之方针,持此进行,庶无大过。若夫革命主义,为吾侪所昌言,万国所同喻。前此虽屡起屡踬,外人无不鉴其用心。八月以来,义旗飙发,诸友邦对之抱和平之望,持中立之态,而报纸及舆论尤每表其同情,邻谊之笃,良足深谢。临时政府成立以后,当尽文明国应尽之义务,以期享文明国应享之权利。满清时代辱国之举措与排外之心理,务一洗而去之;与我友邦益增睦谊,持和平主义,将使中国见重于国际社会,且将使世界渐趋于大同。循序以进,不为幸获。对外方针,实在于是。

夫民国新建,外交内政,百绪繁生。文自顾何人,而克胜此!然而临时之政府,革命时代之政府也。十余年来,从事于革命者,皆以诚挚纯洁之精神,战胜所遇之艰难。即使后此之艰难远逾于前日,而吾人惟保此革命之精神,一往而莫之能阻。必使中华民国之基础确定于大地,然后临时政府之职务始尽,而吾人始可告无罪于国民也。今以与我国民初相见之日,披布腹心,惟我四万万之同胞共鉴之。

大中华民国元年元旦

据广东省广州市博物馆藏原件

通告海陆军将士文

（一九一二年一月一日）

中华民国临时大总统孙文,敬告我全国海陆军将士:

盖闻捍族卫民者,军人之天职;朝乾夕惕者,君子之用心。自逆胡猾夏,盗据神州,奴使吾民,驱天下俊杰勇健之士而入卒伍,以固其专制自恣之谋,我军人之俯首戢耳,以听其鞭策者,亦既二百六十有余年,岂诚甘心为异族效命哉？势劫于积威,则本心之良能无由发见也。乃者义师起于武汉,旬月之间,天下响应。虽北寇崛强,困兽有犹斗之念；遗孽负固,瘐犬存反啮之心,赖诸将士之灵,力征经营,卒复旧都,保据天堑；民国新基,于是始奠。此不独历风霜,冒弹雨,致命疆场之士,其毅魄为可矜,即凡以一成一旅脱离满清之羁绁,以趋光复之旗下者,其有造于汉族,皆吾国四万万人所不能忘也。

旷观世界历史,其能成改革大业者,皆必有甲胄之士反戈内向,若土、若葡,其前例矣。吾军人伏处异族专制之下最久,慷慨激烈之气,蓄之也深,则其发之也速。同一军也,为汉战则奋,为满战则溃；同一舰也,为汉用则勇,为满用则怯。凡此攻城克敌之丰功,皆吾将士有勇知方之表证。内外觇国者,徒致叹于吾国成功之迅速,为从来所未有,文独有以知吾海陆军将士皆深明乎民族、民种之大义,故能一致进行,知死不避,以成此烈也。

文奔走海外垂二十年,心怀万端,百未偿一,赖国人之力得返故土,重睹汉仪。诸君子以北虏未灭,志切同仇,不以文为无似,责以临时大总统之任。文内顾菲材,惧无以当。顾观于吾陆海军将士之同心戮力,功成不居,而有以知共和民国之必将有成也。用敢勉策驽钝,以从吾人之后。愿吾海陆军将士,上下军人,共励初心,守之勿失。弗婴心小忿而酿阋墙之讥,弗藉口共和而昧服从之义,弗怠弛以遗远寇,弗骄矜以误事机,拥树民国,立于泰山磐石之安,则不独克尽军人之天职,而吾皇汉民族之精神,且发扬流衍于无极,文之望也。敢布腹心,惟共鉴之。

大中华民国元年元旦
中华民国临时大总统(印)

据中国国家博物馆藏原件

对外宣言书①（译文）

（一九一二年一月五日）

溯自满洲入主，据无上之威权，施非理之抑勒，裁制民权，抗违公意。我中华民国之智识上、道德上、生计上种种之进步，坐是迟缓不前。识者谓非实行革命，不足以荡涤旧污，振作新机。今幸义旗轩举，大局垂定，吾中华民国全体，用敢以推倒满清专制政府、建设共和民国，布告于我诸友邦。

易君主政体以共和，此非吾人徒逞一朝之愤也。天赋自由，萦想已夙，祈悠久之幸福，扫前途之障蔽，怀此微忱，久而莫达。今日之事，盖自然发生之结果，亦即吾民国公意所由正式发表者也。

盖吾中华民族和平守法，根于天性，非出于自卫之不得已，决不肯轻启战争。故自满清盗窃中国，于今二百六十有八年，其间虐政，罄竹难书，吾民族惟有隐忍受之。以倒悬之待解，求自由而企进步，亦尝为改革之要求，而终勉求所以和平解决之道，初不欲见流血之惨也。屡起屡蹶，卒难达吾人之目的，至于今日，实已忍无能忍。吾人鉴于天赋人权之万难放弃，神圣义务之不容不尽，是用诉之武力，冀脱吾人及世世子孙于万重羁轭。盖吾人之匍匐呻吟于此万重羁轭之下者，匪伊朝夕。今日之日，始于吾古国历史中，展光明灿烂之一页，自由幸福，照耀寰宇，不可谓非千载难得之盛会也。

满清政府之政策，质言之，一嫉视异种，自私自便，百折不变之虐政而已。吾人受之既久，迫而出于革命，亦固其所。所为摧陷旧制，建立新国，诚有所不得不然，谨为世界诸自由民族缕晰陈之。

当满清未窃神器之先，诸夏文明之邦，实许世界各国以交通往来，及宣布教旨之自由。马阁②之著述，大秦景教碑之纪载，斑斑可考也。有明失

---

① 原文为英文，由伍廷芳奉孙中山命用英文电报通告各国。经与上海《民立报》1912年1月7日所载同宣言参照校改。

② 马阁，即马可波罗。

政,满夷入主,本其狭隘之心胸,自私之僻见,设为种种政令,固闭自封,不令中土文明与世界各邦相接触,遂使神明之裔,日趋僿野,天赋知能,艰于发展,愚民自锢,此不独人道之魔障,抑亦文明各国之公敌,岂非罪大恶极,万死莫赎者欤!

不特此也,满清政府欲使多数汉人,永远屈伏于其专制之下,而彼得以拥有财富,封殖蕃育于其间。遂不恤贼害吾民,以图自利。宗支近系,时拥特权,多数平民,听其支配。且即民风习尚,满汉之间,亦必严至竣〔峻〕之障,用示区别,逆施倒行,以迄于今。又复征苛细不法之赋税,任意取求,迹邻掳劫。商埠而外,不许邻国以之通商,常税不足,更敛厘金以取益,阻国内商务之发展,妨殖产工业之繁兴。呜呼! 中土繁庶之邦,谁令天然富源迟迟不发,则满州〔洲〕政府不知奖护实业之过也。

至于用人行政,更无大公不易之常规。严刑竣〔峻〕制,惨无人理。任法吏之妄为,丝毫不加限制,人命呼吸,悬于法官之意旨;问其有罪无罪也,不依法律正当之行为,侵犯吾人神圣之权利。卖官鬻爵,政以贿成。凡此种种,更仆难数。任官授职,不问其才能之何若,而问其权势之有无。以此当政事之大任,几何其不误国哉!

近年以还,人民不胜专制之苦,亦时有改革政治之要求。满政府坚执锢见,一再不许,即万不得已而暂允所请,亦仅为违心之举,初非有令出必行之意。朝颁诏旨,夕即背之,玩弄吾民,已非一次。其于本国光荣,视同秦越,未尝有丝毫为国尽力之意。是以历年种种之挠败,不足激其羞耻之心,坐令吾国吾民遭世界之轻视,而彼殆无动于中〔衷〕焉。

吾人今欲涤除上述种种之罪恶,俾吾中华民国得世界各邦敦平等之睦谊,故不恤捐弃生命,以与是恶政府战,而别建一良好者以代之。犹恐世界各邦或昧于吾民睦邻之真旨,故将下列各条,披沥陈于各邦之前,我各邦倘〔尚〕垂鉴之。

(一)凡革命以前所有满政府与各国缔结之条约,民国均认为有效,至于条约期满而止。其缔结于革命起事以后者,则否。

(二)革命以前,满政府所借之外债及所承认之赔款,民国亦承认偿还之责,不变更其条件。其在革命军兴以后者,则否。其前泾〔经〕订借、事后过付者亦否认。

(三)凡革命以前满政府所让与各国国家或各国个人种种之权利,民国政府亦照旧尊重之。其在革命军与〔兴〕以后者,则否。

(四)凡各国人民之生命财产,在共和政府法权所及之域内,民国当一律尊重而保护之。

(五)吾人当竭尽心力,定为一定不易之宗旨,期建吾国家于坚定永久基础之上,务求适合于国力之发展。

(六)吾人必求所以增长国民之程度,保持其秩序,当立法之际,一以国民多数幸福为标准。

(七)凡满人安居乐业于民国法权之内者,民国当一视同仁,予以保护。

(八)吾人当更张法律,改订民、刑、商法及采矿规则;改良财政,蠲除工商各业种种之限制;并许国人以信教之自由。

抑吾人更有进者,民国与世界各国政府人民之交际,此后必益求辑睦。深望各国既表同意于先,更笃友谊于后,提携亲爱,视前有加;当民国改建、一切未备之时,务守镇静之态,以俟其成,且协助吾人,俾种种大计,终得底定。盖此改建之大业,固诸友邦当日所劝告吾民,而满政府未之能用者也。

吾中华民国全体,今布此和平善意之宣言书于世界,更深望吾国得列入公法所认国家团体之内,不徒享有种种之利益与特权,亦且与各国交相提挈,勉进世界文明于无穷〔无穷〕。盖当世最高最大之任务,实无过于此〈也〉。

中华民国临时大总统　孙文(签名)

据上海《天铎报》一九一二年一月六日《孙大总统对外宣言书》

劝告北军将士宣言书

（一九一二年一月五日）

民国光复，十有七省，义旗虽举，政体未立。凡对内对外诸问题，举非有统一之机关，无以达革新之目的。此临时政府所以不得不亟为组织者也。文以薄德，谬承公选，效忠服务，义不容辞，用是不揣绵薄，暂就临时之任，藉以维秩序而图进行。一俟民国〔国民〕会议举行之后，政体解决，大局略定，敬当逊位，以待贤明。区区此心，天日共鉴；凡我同胞，备闻此言。惟是和平虽有可望，战局尚未终结。凡我籍隶北军诸同胞，同是汉族，同为军人，举足重轻，动关大局。窃以为有不可不注意者数事，敢就鄙吝〔意〕，为我诸同胞正告之：

此次战事迁延，亦既数月，涂炭之惨，延亘各地。以满人窃位之私心，开汉族仇杀之惨祸，操戈同室，贻笑外人。我诸同胞不可不注意者，此其一。

古语云："民之所欲，天必从之。"是知民心之所趋，即国体之所由定也。今禹域三分，光复逾二，虽有孙吴之智，贲育之勇，亦讵能为满廷挽此既倒之狂澜乎？我诸同胞不可不注意者，此其二。

民国新成，时方多事，执干戈以卫社稷，正有志者建功树业之时。我诸同胞如不明烛几先，即时反正，他日若大功既定，效用无门，岂不可惜！我诸同胞不可不注意者，此其三。

要之，义师之起，应天顺人，扫专制之余威，登国民于衽席，此功此责，乃文与诸同胞共之者也。如其洞观大势，消释嫌疑，同举义旗，言归于好，行见南北无冲突之忧，国民蒙共和之福。国基一定，选贤任能，一秉至公。南北军人同为民国干城，决无歧视。我诸同胞当审斯义，早定方针，无再观望，以贻后日之**悔**。敢布腹心，唯图利之。

据《临时政府公报》第一号（南京一九一二年元月二十九日）

布告国民消融意见蠲除畛域文[①]

（一九一二年二月十八日）

各省都督、将军、巡抚、报馆：

大总统孙文布告：今中华民国已完全统一矣。中华民国之建设，专为拥护亿兆国民之自由权利，合汉、满、蒙、回、藏为一家，相与和衷共济，丕兴实业，促进教育，推广东球之商务，维持世界之和平，俾五洲列国益敦亲睦，于我视为唇齿兄弟之邦。因此敢告我国民，而今而后，务当消融意见，蠲除畛域，以营私为无利，以公益为当谋，增祖国之荣光，造后〔国〕民之幸福，文谨惓惓焉。

中华民国元年二月十八日

据上海《民立报》一九一二年二月二十日号外《孙大总统布告天下电》

答谢武汉各团体布告

（一九一二年四月十一日）

敬启者：

文此次薄游武汉，得与我首义诸君子暨父老昆弟相见，无任感幸！重承各团体厚意欢迎，尤所惭谢。本期稽留时日，得相与从容讨论此后之建设问题，只以粤事孔殷，函电交迫，势难久延，拟先回粤一行，再谋相见。此次各界各团体诸君盛意隆情，统此申谢。尚有函柬相邀，而以时间迫促，未获一一领教者，有负期望，实为歉甚，尚希鉴谅为盼。兹定于明日首途，谨此布告，并申谢悃。

据居正《梅川日记》（台北"中央文物供应社"一九五六年版）

---

① 此文与《临时政府公报》第二十号《大总统布告国民消融意见蠲除畛域文》内容同，经参校。

通告粤中父老昆弟书

（一九一二年四月）

在昔满人专制，国是日非，吾人感外界之激刺，惧中国之沦亡，奔走呼号，流离转徙，图谋改革，越十余年，屡经失败。迨武汉兴师，各省响应，复历几许艰难，糜几许血汗，乃幸而告成。方今南北统一，大局粗安，正吾人破坏告终，建设图始之时也。

就吾粤言，上年光复，兵不血刃，市不易廛，举动文明，中外称许。徒因民军云集，冲突频闻，复有王和顺辈者，包藏祸心，图谋不轨，以致行者戒途，居难安枕，此等状态，邦人诸友当能念之。幸而一举扑灭，于是得所藉手，以次第遣散民军，粤局于焉敉平，商民于焉复业，此亦见天不助逆，相我粤人，使吾人得以着手办事之良好机会也。

鄙人当返粤时，目睹夫城市依然，人民无恙，吾粤气象有日新之机，方以为慰。乃风闻有不逞无赖之徒，妄借扶正同盟会为名，及推举某某人为首领，散布谣言，谓将起第二次革命。此种无稽之言本不是〔足〕道，惟察其原因，此等风说，实由两种人而起：其一则无意识之人也，误会平权自由之说，以为革命功成，吾辈可以逾闲荡检，为所欲为，迨见政府偶加限制，不能任意胡行，于是互相诋毁，希冀一旦有事，得于扰攘之际，复行其鬼蜮之私，此一因也。其一则不得志之人也，当反正之初，淑慝未明，贤愚并进，如黄世颂者流，遂得恣肆于一时。迨军务渐平，是非大定，彼辈遂不得逞，乃从而多方煽惑，结党营私，冀人售其欺，而彼亦得于中取利，此又一因也。大约近日造谣之人，不出此两种。夫无意识而造谣者愚也，不得志而造谣者妄也。以非愚则妄之人，而作行险徼幸之事，欲望有成，殆无是理。且民国成立，实由多数志士牺牲〔牺牲〕生命财产构造而成，断非一二希荣谋利之徒，瞎进盲从之辈，行同盗贼，志图利禄者，所可同日而语。试更以革命二字论，具有真理，何等神圣。共和之国，只有改良政治之事，更无二次革命之可言。为此说者,其人之不学无术已可概见,稍有识者,必不受其愚。此鄙人深愿我父老兄弟,毋轻信此等乱言也。

虽然,尤有说者,鄙人抱三民主义,此次辞识〔职〕归来,实有无穷之希望于吾粤。思以我粤为一模范省,诚以我粤之地位之财力,与夫商情之洽固,民智之开通,使移其嚣张躁妄之陋习,好勇斗狠之浇风,萃其心思才力于一途,以振兴实业,谋国富强,不出数年,知必有效。若此而不思,日以谬妄觊觎之心,为犯上作乱之事,使商务凋残,民生疲敝而已,亦何赖焉?且多行不义,终必自毙,纵幸逃乎法网,亦不齿于乡评,彼即不为大局计,可不为一己计耶!是诚何心而乃忍为此?此鄙人所以复愿父诫其子,兄勉其弟,勿效此暴乱之行为也。

方今之时,外人尚未承认民国,则窥伺堪虑,满人或私结宗社,则隐忧未已。凡我同志,务宜万众一心,维持粤局,即所以保安全局,使他日民国史上,我粤得大光荣,此则鄙人所昕夕期之而馨香以祝者也。特此通告,其各鉴诸。

据吴砚云编《孙大总统书牍》(上海广益书局一九一二年版)

致英国国民书(译文)

(一九一二年五月)①

鸦片于中国,乃数十年来一大害也。其流毒之祸,视诸兵战、瘟疫、饥荒,有过之无不及者。方今共和成立,敝国人民无不热心赓续烟禁,急望其速底于成。鄙人解任之后,亦时常耿耿于禁烟问题,而反复深思之,知禁烟之第一要着,固在全国禁种;然如不于禁种之时同时禁卖,则禁种之令,极难施行。盖今日烟价倍增,倘复容人售卖,蚩蚩之农,必嗜利种烟。以中国幅

---

① 底本未标注具体发表日期,惟有"定于本月四号邮发",译者署名为"丁义华"。

员之广大,时局之多艰,不禁卖而禁种,甚非易易。故必禁卖禁运,非徒禁种一事,始可望其实行也。奈昨年中英订立鸦片新约,与禁卖禁运大有妨碍,使我国禁烟一政,陷于进退维谷荆天棘地之中,谅非贵国仁人志士之初心也。曩者贵国仁人志士协助敝国禁烟,感激之忱,久已铭诸肺腑。今复搦我仁德心、公义心,恳求贵国人士于我国更新之始,还我自由禁烟主权,俾吾人能划除此至酷至烈之毒物,而出我人民于孽海焉。余确信我国如有权以禁卖,其禁种一事,定能速具成功,故不惮代四百兆同胞,向大英国国民作此呼吁之求也。

据天津《大公报》一九一二年五月十一日《孙中山先生向英人要求自由禁烟主权》

附录 同题异文

鸦片为中国之巨害,其杀吾国民,甚于干戈、疠疫、饥馑之患。吾人今既建筑共和政体,切望扫除此毒,告成全功。予自引退临时总统之任后,对于此事,潜心推考,知今日最要紧之举,即在禁绝中国栽种罂粟。然非同时禁绝售卖鸦片,则禁种一事,极难施行。目下烟价高涨,利之所在,足诱起人栽种之心。且吾国幅员辽廓,若非禁绝售卖,势难停种,故必须将买卖鸦片悬为禁令,则禁种始能收效。兹因与贵国订有条约,碍难照行,予今敢请贵国于吾新国定基之初,更施无上之仁惠,停此不仁之贸易。予窃愿以人道与忠正之名义,恳贵国准许吾人在本国境内禁止售卖洋药、土药、害人毒品,并许悬为厉禁,则栽种自能即停,谨为全国同胞乞助于英国国民。

据上海《申报》一九一二年五月五日《译孙中山致伦敦报界书》

通告美洲同志书①

（一九一二年七月二十五日）

美洲各埠同志钧鉴：

　　文自去年归国以来，奔走国事，笺候久疏，屡承关怀垂问，感荷无极。诸公远处他邦，眷怀祖国，历读华翰，真挚之忱，溢于言表，钦佩实深。文自南京解职后，随即旋粤。奔波劳碌，两月有余，名为卸责，而事务之忙，不减在任之日。是以无只字陈于诸公之前，籍通契阔，良用歉然。所幸民国规模略已粗举，诚当事者从此和衷共济，大局不难日臻稳固。文近日携眷来沪，将有北京之行。容撤除他务，专力于民生实业根本问题，勉践素存宏愿。惟兹事体大，非集有力者，群策群力，端能提倡，难于为功。应如何进行之处，一俟规划妥善，通告同人，以求广益集思之效，当与诸公一商榷也。实业根本既定，民生事实方能发生，利国福民无逾于此。热诚如诸公当亦乐观厥成也，兹以儿女辈（孙科等）赴美留学之便，命其赍函，趋谒台端，稍舒积悃，聊代面陈。儿辈幼年远学，于事务多所未知，尚恳诸公时时提撕而指示之，俾得有所率循，尤为衔感。海天辽远，无任神依。专此。顺颂

台禧

　　诸维亮察不备。

孙文谨启　元年七月二十五
据《民国档案》季刊（一九八七年第四期）

---

①　时同盟会美洲总部在旧金山。

国民党宣言

（一九一二年八月十三日）

一国之政治，恒观其运用政治之中心势力以为推移。其中心势力强健而良善，其国之政治必灿然可观；其中心势力脆薄而恶劣，其国之政治必暗然无色。此消长倚伏之数，固不必论其国体之为君主共和，政体之为专制立宪，而无往不如是也。天相中国，帝制殄灭，既改国体为共和，变政体为立宪，然而共和立宪之国，其政治之中心势力，则不可不汇之于政党。

今夫国家之所以成立，盖不外乎国民之合成心力。其统治国家之权力，与夫左右此统治权力之人，亦恒存乎国民合成心力之主宰而纲维之。其在君主专制国，国民合成心力趋重于一阶级、一部分，故左右统治权力者，常为阀族、为官僚。其在共和立宪国，〈国〉民合成心力普遍于全部，故左右统治权力者，常为多数之国民。诚以共和立宪国者，法律上国家之主权在国民全体，实事上统治国家之机关，均由国民之意思构成之，国民为国家之主人翁，固不得不起而负此维持国家之责，间接以维持国民自身之安宁幸福也。

惟是国民合成心力之作用，非必能使国民人人皆直接发动之者。同此圆顶方趾之类，其思想知识能力不能一一相等伦者众矣。是故有优秀特出者焉，有寻常一般者焉。而优秀特出者，视寻常一般者恒为少数。虽在共和立宪国，其直接发动其合成心力之作用，而实际左右其统治权力者，亦恒在优秀特出之少数国民。在法律上，则由此少数优秀特出者，组织为议会与政府，以代表全部之国民。在实事上，则由此少数优秀特出者集合为政党，以领导全部之国民。而法律上议会与政府，又不过藉法力，俾其意思与行为，为正式有效之器械，其真能发纵指示为议会或政府之脑海者，则仍为实事上之政党也。是故政党在共和立宪国，实可谓为直接发动其合成心力作用之主体，亦可谓为实际左右其统治权力之机关。

且夫政党之为物，既非可苟焉以成，故与他种国家之他种中心势力同其趋向，非具有所谓强健而良善之条件，不足以达其目的。强健而良善之条件者非他，即巩固庞大之结合力，与有系统有条理真确不破之政见是也。苟具有巩固庞大之结合力，与有系统有条理真确不破之政见，壁垒既坚，旗帜亦明，自足以运用其国之政治，而贯彻国利民福之蕲向。进而组织政府，则成志同道合之政党内阁（责任内阁制之国，大总统常立于超然地位，故政党不必争大总统，而只在组织内阁）。以其所信之政见，举而措之裕如。退而在野，则使他党执政，而己处于监督之地，相摩相荡，而政治乃日有向上之机。是故政党政治，虽为政治之极则，而在国民主权之国，则未有不赖之为唯一之常轨者。其所以成为政治之中心势力者，实国家进化自然之理，势非如他之普通结社，可以若有若无焉者也。

今中国共和立宪之制肇兴久矣，举国喁喁望治，皆欲求所以建设新国家之术。然为问国中运用政治之中心势力，果何在乎？有识之士，皇然忧时，援引徒众，杂糅庞合，树帜立垒，号曰政党者亦众矣。然为问适于为运用政治之中心势力者谁乎？纵曰庶几将有近似者焉，然又为问能合于共和立宪国之原则，不以类似他种国家之他种中心势力杂乎其间，而无愧为共和立宪国运用政治之中心势力者谁乎？质而言之，中国虽号为共和立宪，而实无有强健良善之政党焉，为运用政治之中心势力而胜任愉快者。夫共和立宪国之政治，在理未有不以政党为其中心势力，而其共和立宪犹可信者，而今乃不然，则中国虽谓为无共和立宪国之实质焉可也。嗟乎！兴言及此，我国人其尚不知所以自反乎！我国人之有志从事于政党者，其尚不知所以自处之道乎！

囊者吾人痛帝政之专制也，共图摧去之，以有中国同盟会。比及破坏告终，建设之事不敢放置，爰易其内蕴，进而入于政党之林。时则俊士云起，天下风动，结社集会，以谈国家事者比比焉。吾人求治之心，急切莫待，于是不谋而合，投袂并起，又有统一共和党、国民公党、国民共进会、全国联合进行会①、共和实进会之组织。凡此诸党，蕲向所及，无非期以利国福民，以臻于强健良善之境。然而志愿虽宏，力行匪易，分道扬镳，艰于整肃。数月以来，略

---

① 该会于8月13日以后加入国民党，故后来的《国民党宣言》也加入该会的列名。

有发抒而不克奏齐一之功,用树广大之风声,所谓不适于为运用政治之中心势力者,吾诸党盖亦不免居其一焉,此吾人深自引责而不能一日安者。若不图改弦更张之策,为集中统一之谋,则是吾人放弃共和国民之天职,罪莫大焉。

且一国政党之兴,只宜二大对峙,不宜小群〔群小〕分立。方今群言淆乱,宇内云扰,吾人尤不敢不有以正之,示天下以范畴。四顾茫茫,此尤不得不以此遗大图艰之业,自相诏勉者耳。爰集众议,询谋佥同。继自今,吾中国同盟会、统一共和党、国民公党、国民共进会、全国联合进行会、共和实进会,相与合并为一,舍其旧而新是谋,以从事于民国建设之事,以蕲渐达于为共和立宪国之政治中心势力,且以求符于政党原则,成为大群,藉以引起一国只宜二大对峙之观念,俾其见诸实行。

共和之制,国民为国主体,吾党欲使人不忘斯义也,故颜其名曰国民党。党有宗旨,所以定众志,吾党以求完全共和立宪政治为志者也,故明其义曰巩固共和,实行平民政治。众志既定于内,不可不有所标帜于外,则党纲尚焉。故斟酌损益,义取适时,概列五事,以为揭橥,曰保持政治统一,将以建单一之国,行集中之制,便建设之事,纲举而目张也。曰发展地方自治,将以练国民之能力,养共和之基础,补中央之所未逮也。曰励行种族同化,将以发达国内平等文明,收道一同风之效也。曰采用民生政策,将以施行国家社会主义,保育国民生计,以国家权力,使一国经济之发达均衡而迅速也。曰维持国际平和,将以尊重外交之信义,维持均势之现状,以专力于内治也。凡此五者,纲领略备,若夫条目,则当与时因应,不克固定。

嗟乎!时难方殷,前途正远,继自今,吾党循序以进,悬的以赴,不务虚高,不涉旁歧,孜孜以吾党之信条为期,其于所谓巩固庞大之结合力,与有系统有条理真确不破之政见,庶几可以计程跻之欤!由是而之焉,则将来运用政治之中心势力,亦庶几可以归于政党之一途,而有以副乎共和立宪国之实质。世之君子,其亦有乐与从事者乎!是尤吾党之人所愿为执鞭者耳。

中华民国元年八月十三日

据中国国民党中央文化传播委员会党史馆藏一般档案 375/30

宣布北上宗旨和政见

（一九一二年八月中旬）

一、男女平权。二、大铁道计划。三、尊重议院。四、南北万不可分离。五、大局急求统一。六、报界宜造成健全政论。七、决不愿居政界，惟愿作自由国民。

据上海《民权报》一九一二年八月二十九日

国民党政见宣言

（一九一三年四月）

吾人曩者大革命之目的何在乎？曰推翻不良之政府，而建设良政治也。今革命之事毕矣，而革命之目的则尚未全达，是何也？不良之政府虽倒，而良政治之建设则未尝有也。故民国成立，已届年余，而政治之纷扰，无一定策划如故也。政治之污秽，无扫荡方法如故也。以若斯之政府，而欲求得良善之政治，既不可能，亦不可望矣。则吾人今日所负责任，当继是进行，以赴吾人大革命最终之目的，努力从事于良政治之建设，而慰国民望治之热心，则所不能辞也。

今有将倾覆之大厦焉，居者知危象之日著，非补罅救隙所可将事也，乃共谋破坏之，而为永固之建设，则其目的非仅在破坏之成功，而在永固之建设可知也。及至破坏既完，乃不复殚精竭虑，为永固建设，使第成形式，即为已足，风雨一至，其易倾覆，固无异于曩时也。此苟安之计，非求全之策也。而今日民国之现象则如是也。故吾人今后之进行，当觉悟于吾人目的之未达，本此现具之雏形，而为一木一石一椽一栋选择，坚筑基础，确定本干，则庶几大厦之建设乃完，而始不违破坏之本意也。

夫今日政治现象,既错乱而无头脑,而国民意思亦无统系条理之可寻,则建设良政治之第一步,首宜提纲絜领,发为政见,公布天下,本此纲领以为一致之进行,则事倍功半〔事半功倍〕之道矣。吾党此届选举,已占优胜,是国民所期望吾党者殷,而吾党所担负责任者重,爰举关于建设之大纲,以谋良政治之实现。吾党君子,其本此而奋励其进行焉。

一、对于政体之主张

(一)主张单一国制　单一国制与联邦国制,其性质之判别,尽人能知。而吾国今日之当采单一国制,已无研究之余地。临时约法已规定吾国为单一国制,将来宪法亦必采用单一国制,自不待言。惟今尚多有未能举单一制之实者,故吾党不特主张宪法止采用单一国制,并力谋实际上举单一国制之精神。此本党对于政体主张者一。

(二)主张责任内阁制　责任内阁制之精义,世之阐明者已多,无俟殚述。盖责任内阁制之要义,即总统不负责任,而内阁代总统对于议会负责任是也。今吾国之现行制,责任内阁制也。然有责任内阁制之名,而无责任内阁制之实,故政治因之不举。吾党主张将来宪法上仍采用责任内阁制,并主张正式政府由政党组织内阁,实行负责任。凡总统命令,不特须阁员副署,并须由内阁起草,使总统处于无责任之地位,以保其安全焉。此本党对于政体主张者二。

(三)主张省行政官由民选制以进于委任制　吾国省制,行之数百年,已成为一国政治上之重心。将来欲谋吾国政治之发达,仍不得不注重于省行政。省之行政长官,历来皆为委任制。将来地方制度,既不能不以省行政长官为官治行政之机关,则省行政长官须依旧采用委任制,亦事理之当然。惟各省自反正以来,其行政长官之都督,由地方人民选举,行之既久;其以下各机关,亦大都由地方主义而组织而任用者甚多,且军政财政上之关系,亦无不偏重于地方。若遽以中央委任之省行政长官临之,其无生疏捍格之弊者几希。甚或因是以生恶因于将来预定之委任制焉,亦未可知。故吾党主张以省长委任制为目的,而以暂行民选制为逐渐达到之手段。此本党对于政体主张者三。

(四)主张省为自治团体有列举立法权　在单一国制,立法权固当属诸中央,然中国地方辽阔,各省情形各异,不能不稍事变通,故各省除省长所掌之官治行政外,当有若干行政,必须以地方自治团体掌之,以为地方自治行政。此自治团体,对于此等行政有立法权,惟不得与中央立法相抵触。至于自治行政之范围,则当以与地方关系密切之积极行政为限,其目有六:(一)地方财政;(二)地方实业;(三)地方工程;(四)地方交通业;(五)地方学校;(六)慈善公益事业。皆明定法律,列举无遗,庶地方之权,得所保障。此本党对于政体之主张者四。

(五)主张国务总理由众议院推出　临时约法规定,国务员须得参议院同意。其事行之,多所窒碍,固亟宜修正者。然吾人既主张责任内阁制,即尤希望此制之实现。欲此制实现,则莫若明定宪法,国务总理由众议院推出。考英国为行责任内阁制之国,虽无明定国务总理由国会推出之宪法,然英宪法为不成文法,其习惯则英王所任命之国务总理,例为下院多数党之首领,不可移易,实不啻由下院推出,且不啻宪法中有此明文。盖必使国会占多数之政党,组织完全政党内阁,方举责任内阁之实;而完全政党内阁,则非采用此法,不能容易成立也。故吾党主张宪法中规定国务总理由众议院推出,以促责任内阁制之容易成立。其他国务员,则由总理组织之,不须国会同意。此本党对于政体主张者五。

一、对于政策之主张

(一)主张整理军政　今日处于武装和平之世,对外方面,军备亟须扩张。然扩张军备,当自整理军政始。盖扩张军备之举,须待诸三四年后,而今日入手方法,则在整理军政,军政整理有序,而后始有扩张可言也。整理军政方法——一曰划分军区:于行政区域之外,别划分全国为数大军区,独立处理军事,使军民分治,易于实行。一曰统一军制:今各省军队之编制,亦至不一,分歧错乱,非军事所宜。故当使全国军队,按一定之编制,俾军事归于统一。一曰裁汰冗兵:军备虽应扩张,而冗兵则不可不裁。盖兵备贵精,其操练不勤,老弱无用者,理宜一律裁尽也。冗兵既裁,然后于其强壮者,训练纯熟,使之成军,始可为扩张基础。一曰兴军事教育:欲扩张军备,则当求良好之将校,吾国今日将校人才,异常缺乏,故此数年中,亟宜振兴军事教育,以养成一般将校人才。一曰扩充兵工厂:吾国今日军备上最大缺点,则为器械不足。兵工厂只有数所,而制出品为数亦微,今日即欲扩张军备,然无器械,与徒手何异。故宜极力扩充兵工厂,先使器械丰富。此数者,皆本党整理军政之计划,而本党对于政策所主张者一。

（二）主张划分中央地方之行政　欲划分中央与地方之行政,须先明中央与地方之区别。中央为全国行政主体,即中央政府是也。地方为一区域之行政主体,而在中央下者,有二:(一)地方官治行政主体,即地方官;(二)地方自治行政主体,即地方自治团体。如是则可知,地方自治团体与地方官治主体之区别,即划分中央行政与地方行政,及中国宜采之制度,有三要义焉:一曰中央行政消极的多,地方行政积极的多也。一曰中央行政对外的多,地方行政对内的多也。一曰中央行政政务的多,地方行政业务的多也。既明乎是,则当知地方分权,本不问官治自治。今世人之所谓地方分权,皆指地方官治言,而地方分权,实与地方自治不同,吾人不重在地方分权,而重在地方自治也。本此定义,中央之行政权宜重,以政务之性质与便宜,分配于中央与地方,而中央则统括的,地方则列举的。故本党所主张之划分如下:

(一)中央行政由中央直接行之,其重要行政:曰军政(一行政、二事业);曰国家财政;曰外交;曰司法;曰重要产业行政(如矿政、渔政、路政、垦地);曰国营实业;曰国营交通业;曰国营工程;曰国立学校;曰国际商政(移民、通商、船政)①。

(二)地方行政分二种:一曰官治行政;一曰自治行政。官治行政,以中

---

① 原文"(移民、通商、船政)"在"曰国营实业"之上,今据黄季陆编《总理全集》改。

央法令委任地方许之,其重要行政:曰民政(警察、卫生、宗教、户口、田土行政);曰产业行政;曰教育行政。若自治行政,地方自行立法,其重要行政:曰地方财政;曰地方实业;曰地方交通业;曰地方工程,曰地方学校;曰慈善事业;曰公益事业。

此划分之大较也,而本党对于政策所主张者二。

(三)主张整理财政 中国财政,棼如乱丝,久言整理,而终无整理之望者,固由于不得其人,而亦以整理之非道也。整理财政之道若何?试约举之——一曰励行会计制度:订会计法,立会计机关,为严密之预算决算,并掌支纳,以尽祛浮滥之弊。一曰统一国库:现在国库,久不统一,宜将国家岁入悉统一于国库,于中央设总库,于地方设支库,他机关不得代其职权。一曰设立中央银行,集中纸币发行权:吸各地官银局,立一规模宏大之中央银行,复集中纸币发行权于中央银行;其私家银行及地方银行,不得发行纸币,使中央银行有支配全国金融界之能力。一曰整理公债:今日公债信用不坚,而利息则厚,且中央公债与地方公债,担负不清,尤非所宜。此后当酌量情形,其应归诸中央者,则中央完全担负之;其应归诸地方者,则地方完全担负之;其利息过重者,则换借之;其有公债之必要者,则新发之。一曰划定国费、地方费:今者何为国费?何为地方费?殊不明晰,宜按国家行政与地方行政之划分,地方自治经费为地方费,余者则皆为国费,属于中央统一于国库。一曰划定国税、地方税:此项划分,当依国费、地方费为标准,事实上宜为地方税者,则为地方费;事实上宜为国税者,则为国费。划分之后,有应增加新税者,有应裁去旧税者(如厘金之类),总以有利无害为前提。一曰改良币制、行虚金本位:中国币制,欲求实际达改良目的,当采金本位制,然事实上有所不许。盖中国金极少而银极多,若骤改金本位,则大宗废银,无可息纳,必蒙巨大之损失。莫若先采虚金本位,制定一定之价格,以为国际汇兑,国中仍以银币于〔为〕国币,使无生无意识之涨落,以渐期达于能行金本位之时代。此数者,皆本党整理财政之计划,而本党对于政策所主张者三。

(四)主张整理行政 整理行政最先之方法,而今后亟须本之进行,始可收整理之效者,约五大端——一曰划分中央与地方官之权限:从来中央与地方官权限,多不明晰。权限亟应划分,行政始可着手。若军政,若国家财政,若外交,若司法行政,若矿业行政,若拓植行政,若国际商业行政,若国有交通业,若国有实业,若国立学校,若国家工程等,宜为中央各部所直辖,或于各省特立机关掌之,地方官不复过问。若警察行政,若卫生行政,若户口行政,若田土行政,若宗教行政,若礼俗行政,若教育行政,若产业行政等,宜为省行政长官所掌,由中央以法令委任之。夫如是,中央与地方官之权限,乃可无虞其冲突。一曰汰冗员:现用人行政,大率为人择事,并非为事择人,故各机关冗员异常众多;故宜严定职掌,凡属冗员,务期汰除净尽而后已。一曰并闲署:现在财政支绌,多一机关即多一消费;然为便利政治进行,则机关固有不可不立者。惟闲署处于无用之地,可裁则裁,可并则并,以节国费。一曰励行官吏登庸考试:今日任用官吏,往往用违其学,或毫无学识,仅由私人吸引者,故政治日趋腐败;故宜励行官吏登庸考试,庶得各尽所长,而真才易得。一曰实行惩戒官吏失职:前此官吏之纵肆无忌,而今亦不免者,以官吏虽失职,而不能惩戒于其后也。故欲政治修明,非实行惩戒官吏失职不可。是二项均须专立考试及惩戒机关,而以法律为之保障,以免为官吏势力所摧残。此数者,皆本党整理行政之计划,而本党对于政策所主张者四。

(五)主张开发产业　中国今日苟欲图强,必先致富。以国内贫乏之状况,则目前最亟之举,莫若开发产业,第举首宜进行者数端——一曰兴办国有山林:中国有最大最佳之山林,政府不知保护兴办,弃材于地,坐失大宗利源;今农林既特设专部,则国有山林宜速兴办也。一曰治水:中国本农产国,然以人力不修,时遭水患,以致饥馑频闻,欲吾民元气之回复,农产物之发达,则为治水。一曰放垦荒地:以未辟荒地,放于人民,实行开垦,以尽地利。一曰振兴矿业:中国矿产,有十之八九尚未开掘,非民间实力有限,不能开掘,实政府保护不得其道,故今后宜持提倡或保护主张,使之振兴。一曰奖励仿造洋货工业:工业窳败,由来已久,其当奖励者,固不止一端,而仿造洋货工业,奖励必宜力;盖外货充塞,母财流出日多,故须亟提倡仿造,以为抵制也。一曰奖励输出品商业:今世界列强,皆以工商立国,商战日烈,吾国当其旋涡中,输入之额超过输出之额,不亟奖励输出品商业,行将坐毙。此数乾,皆本党开发产业之计划,而对于政策所主张者五。

（六）主张振兴民政　民政之事,当为中央委任地方办理,其振兴之道,可得而言——一曰整顿警察:警察为保持地方治安,须切实整顿,并普及于各地,使军队专事对外。一曰励行卫生:中国地方卫生,素不讲求,以致疠疫时起,民生不宁,故宜励行卫生,谋人民幸福。一曰厘正礼俗:社会之良否,系于体俗之隆污,故敝礼恶俗,亟宜厘正,以固社会根基。一曰调查户口:往日调查户口,多属敷衍,尚无确数,今后宜再行切实调查。一曰励行地方自治:国中地方自治向不发达,如地方自治范围中[国]地方学校、地方实业、地方财政、地方交通业等,均须励行。此数者,〈皆〉本党整理民政之计划,而本党对于政策所主张者六。

（七）主张兴办国有交通业　交通事业,其属于完全商办者无论已。若国有交通,则政府亟宜兴办,责无可辞。其应兴办者——一曰亟办国有铁道:铁道建筑,与实业固有极大关系,而于军事上、国防上亦属紧要,应酌量现状,审其缓急,亟办国有铁道。一曰整理电信、一曰扩充邮信:邮电二者,虽久举办,然或未完善,或未普及,故宜切实整理而扩充之。一曰兴办海外航业:列国皆谋于海上称雄,而我一蹶不振,不特海军之不足数,而外海航业亦极幼稚,故首宜振兴外海航业,以发达商务。一曰整理铁路会计:中国铁路会计,弊端丛生,欲尽蠲诸弊,宣使铁路会计机关独立,严立预算决算,并兴办交通银行。此数者,皆本党兴办国有交通业之计划,而本党对于政策所主张者七。

（八）主张振兴教育　教育为立国根本,振兴之道,不可稍缓。其今日所亟宜振兴者:一曰法政教育;一曰工商教育;一曰中学教育;一曰中小学师范教育;一曰女子教育。法政教育,所以使国民多得政法常识。工商教育,所以增进工商新知识,发达工商。中学教育,为小学之模范,大学之基础。中小学师范教育,所以为普及教育之第一步,而养成师范人才。女子教育,所以增进女子知识,发达女权。此数者,皆本党振兴教育之计划,而本党对于政策所主张者八。

（九）主张统一司法　司法为三权之一,亟宜统一。其今日统一方法——一曰划一司法制度:各省司法制度,并不一律,宜实行四级制,使各省归于统一;其未设裁判所地方,亦须增设。一曰养成法官律师:盖增设裁判所,则今法官尚形缺乏。宜一面养成法官,并设法保持法官地位,俾司法得以独立;一面养成律师,以保障人权。一曰改良监狱:中国监狱制度,极形野蛮;今宜采仿各文明国监狱制度,极力改良。此数者,皆本党统一司法之计划,而本党对于政策所主张者九。

(十)主张运用外交　当吾国之积弱,非善运用外交,不足以求存。然欲运用外交,非具世界之眼光,不足以尽其用。中国向来外交,无往而不失败。盖以不知国际上相互之关系,一遇外人之虚声恫喝,即惟有让步之一法,是诚可伤者也。外交微奥,有应时发生者,未可预定,亦难于说明。惟外交方针,则可约略言之——一曰联络素日亲厚之与国:今国于世界,孤立无助,实为危象,故必当联络素日亲厚之与国,或缔协约,或结同盟,或一国,或数国,俱为当时之妙用。一曰维持列国对我素持之主义:吾国现势,非致力对外之时,故宜维持列国对我素持之主义,使之相承不变,而得专心一意于内政之整理。此数者皆本党运用外交之计划,而本党对于政策所主张者十。

总上所述,皆本党所主张,提纲挈领,略得其凡。苟本是锐意进行,则良政治可期,国利民福之旨可达。国民若赞成吾党所陈之政见,则宜拥护吾党,以期实行吾党所抱之主张,惟国民审择之焉。兹第叙其概略,欲知其详,请俟专篇,其不过于重要之问题,亦不备述,非忽略也。

据上海《民立报》一九一三年四月二日至七日《宋遁初先生所草国民党大政见之露布》

为宋案告外国政府与人民书(译文)①

（一九一三年五月二日）

国民党领袖宋教仁在上海被谋杀一案，经政府派员彻查的结果，已证实北京政府牵涉在内，因而激起全民义愤，情势严重，使中国又复濒临最为剧烈而危险之危机的边缘。政府自知其罪责与暴行，与由此触发之全国人民悲愤不平之真实力量，以及其邪恶的背信行为，将可能导使其政权的崩溃，正不顾正在北京开会之国民代表之强烈反对，突然与五国银行团协议二千五百万磅之借款。政府此种独断与非法的行动，更加深了人民因宋案而起的义愤。目前人民的忿怒已达白热化阶段，剧烈的变动几乎是不可避免的要发生。的确，危机已变得如此严重，足可使广布全国的忿怒烟火余烬，随时爆发为剧烈的灾祸。从中华民国建立之日起，我即为国家的统一、和平、合作、繁荣而努力。我推荐袁世凯继任总统职务，乃鉴于当时情势已显示这样做法，可望促成国家的统一，并展开自由与繁荣的新纪元。自此以后，我尽我所能的力量去培植和平秩序，并使政府免除因革命而发生的烦扰。我热望保持共和国内的和平，但是如果财政家们供给北京政府以款项，使其可能用之于掀起战争以对抗人民的话，我的一切努力均将归于无效。中国在此际假若陷于战争，势必将可怕的灾难与痛苦加诸人民，何况中国人民目前正在开始恢复他们因革命而造成的商业脱节与其他各项之损失；他们为了建设这个共和国曾作重大的牺牲，现在他们更决心不惜任何牺牲的去保持他们的国家。如果中国人民为保持共和而被迫卷入生死存亡的战斗，不仅对广大民众加深了恐怖痛苦，而且所有外人在中国的利益，亦必将蒙受不利。如果北京政府缺乏财政，将有与人民间成立妥协的可能；反之，北京政

---

① 此书系孙中山函请康德黎代为发布者，函曰："伦敦哈利街（Harley Street）一百一十九号康德黎爵士：请为我将下面的请求（如文）提出于英国政府、国会、欧洲各国政府，并将之公诸[于]报端。孙逸仙。一九一三年五月二日。上海。"

府如获大量金钱的供应,那可能是恐怖的堕落与不幸的冲突。基于文明国奉为神圣的人道目的,我所以请求你们运用你们的影响力量,阻止银行家们供给北京政府以金钱,俾免使其发动战争。我请求所有以人类永久福利为怀抱的人们,在此紧急时期给予我道德的支持,以避免不必要的流血,并从绝对不应忍受的悲苦命运中维护我的同胞。

  据秦孝仪主编《国父全集》第二册(台北近代中国出版社一九八九年版)(转录罗家伦主编《国父年谱》,译自 *Neil Cantlie and George Seaver. Sir James Cantlie*, pp. 111-112)

国民党议员发布对于大借款问题之通告

(一九一三年六月)

国步艰难,大局岌岌,谣言蜂起,是非混淆,大借款问题尚未解决,奥国借款突然发生,宋案之主谋不明,蒙古之密约又出,军警逮捕议员,兵队干涉报馆,意所不料之事,一月以来层见叠出,荆天棘地,人人自危,法律既无,空言无补。然议员等不能不再四陈述者,深恐谣啄之兴,牵及大局,是非之乱,有损高明。即如大借款一事,国民党之主张有三:一、违法签约,决不承认;二、维持反对违法签约之表决案,以拥护立法高权;三、维持借款,必限制政府用途。励行监督财政之实,天经地义,可质鬼神。乃造谣者,谓可借题发挥,坐以反抗中央之罪,谓为某人主使,诬以竞争总统之名。夫借款之于总统,本绝不相关。地方诘责中央,亦事所恒有。政府借债,国民不敢过问,将来负担,果属之谁。监督财政,议院固有天职,必谓为人指使,何轻视议员乃尔。且政府违法,事已昭然。自实质上言,借款折扣,债权主体,外人监督,条件变更,今异于昔。自形式上言,未经总统提议,未经三读手续,未经正式通过。国会开幕,又不提交议员质问,总理及外交、财政两总长,忽尔请假。代理总理答复不明,只曰请其原谅。签约以后,舆论沸腾,政府只将合同咨送国会,调查照备案,自认曰手续欠缺。嗟我同胞,政府如此横蛮,即不纯以法理，亦当诉诸良心，蹂躏立法，过于前清，财政紊乱，贻害于来叶。谁生厉阶，谁为祸首，国人如曰可安，将来能无后悔。议员等对于违法签约，不能不反对者此也。违法既已昭然，反对本诸天职，故两院开议之始，对于此次违法签约，多数反对。乃事经表决，迟之十数日，竟不咨送政府，议长为议员所挟持，真理为谣言所掩蔽。议员等以为违法签约一事，维持借款又一事。外债积欠，非借款无以清还。中华民国之主权在民，凡募集公债，及国库有负担契约，必须经国会议决，载在约法，牢不可移。政府既曰请其原谅，夫所谓原谅者，非自认违法乎。又曰手续欠缺，夫手续欠缺，非显已违法乎。议员等本拥护主权之心，防履霜坚冰之渐，维持表决案，正所以拥护立法高权，赞成借款，即所以补救财政。以共和国之原则而论，凡契约不经主权机关议决，不能有效。虽取消原约于对外交涉，不无困难，而财政重案，加重人民负担，当然正式交议。在议员等有拥护立法之苦心，而政府岂别无可行之途径。恃威相逼，谣言惑众，果何为乎。议院等对于表决案不能不维持者此也。借款固所赞成，用途尤宜限制。一月以来，议员有收买之嫌，政府则挥金如土，金迷纸醉，试问钱从何来，民膏民脂，言之能不痛心。金钱势力日张，道德堕落，已达极点，然此犹曰一时一事之危险也，请更以过去之事实证之。北京政府成立已逾一年，行政无进行之方针，财政无一定之计划。海兰铁道，借款二千五百万法郎；克利斯浦借款一千万磅，奥国借款四百四十五万磅，比国一百万磅，各省协助中央及国民捐之收入，已不下六七百万。八厘公债，及六厘公债之收入，银行团之垫款，税关及铁路之收入，用途不明，决算无有，交通银行及中国银行，闻已亏空至数千万。政府所用以掩饰国人者，曰裁兵。试问由去岁至今，兵裁几何。各省得中央协助几何，危言动众，无账可稽。美其名曰裁兵，其实则加饷。今则不仅加饷已也，而且日益加兵。变幻奇离，莫知用意。夫所谓财政者，国家财政也，私人与政府之界不明，个人机关与国家机关之权限不别。今日添一顾问，明日加一秘书，少则三四百元，多则二三千元，名目繁多，漫无制限，试问此为国家机关乎？非国家机关，而可动用国家库帑乎？爱戴政府与爱戴个人不可混同，私人财政与国家财政，当规划明晰。夫而后有财政之可言，有监督之可望，然此犹曰已过去之事实也。更试以现在及将来证之,论监督财政之实,行政监督为国会,司法监督为审计院。威势所及,国会已退处无权。今之所谓审计处者,根诸命令而成,并无法律之规定。此等机关,不能独立,自用其财而自行监督,能乎不能。政府日用以声告国人者,曰地方不协济中央,曰财政不能统一。试问政府对于财政,果有无计划?行政权之分配不明,财政权之伸缩,自不能确定。地方以协助望政府,政府以穷困告地方,相处无法,以借款为唯一之目的。前之借款消耗,姑置不言,今之大借款,据合同附件,除偿还外债、整理盐务、裁撤军队外,行政经费,只能维持至九月。试问至九月以后,将如之何?去岁之预算,既不能实行,现今之预算,又未交议。国务员去职及请假者,已十之六七,国家既陷于无政府之状态,得此大宗借款,果谁负责任?群曰临时政府期间,不能不听其敷衍也。试问临时政府经过后,正式政府成立,将如之何?隐忍迁就,不顾后来。议员等虽赞度〔成〕借款,而预算决算必须交议,用途必须分明,此又不能不预为声明者也。国会成立,今已月余矣,机关停滞,不能进行,而蓄意破坏者,欲推翻前次之表决,甘使立法机关,被行政之机关蹂躏。国本动摇,言之心痛,敢伸鄙见,敬告国人。

据《国民月刊》第一卷第二号(一九一三年六月)《国民党国会议员会对于大借款问题宣言书》

附录　国民党国会议员会对于大借款问题宣言书①

（一九一三年六月）

自善后借款合同出现,政府违法签约之问题,于以发生。欲解决此违法签约之问题,当先考究前参议院是否确已通过此案。查前参议院议事录于此案有关系者,为去年九月十七日及十二月二十七日之议事录。九月十七

---

① 此与上篇为同一通告,今附录并存。

日议事录载,议长吴景濂因病请假,副议长汤化龙代理议长主席,宣告开秘密会议,封闭议场。请国务员说明财政案之理由,国务员登坛说理由,并就席答复议员之质问。主席声明此项条件,系政府报告之条件,并非政府提出之案,无会议之必要,请全院注意。讨论结果,俟政府筹有端绪正式提出后,再行会议。十二月二十七日议事录载,议长吴景濂主席,宣告开秘密会议。国务总理赵秉钧报告事件,休息时间已到,主席谘询全院停止休息,众赞同。财政总长周学熙报告事件。张耀曾、汪荣宝、刘彦等提议,对于本案特别条款之大体,须用表决。(是请表决其大体。)主席谘询全院,众赞同。(可见当时系报告,非交议。如系交议,则当然讨论,当然表决。何待张议员等之要求表决,又何待主席谘询全院,得众赞同,然后付表决耶。)第二款照原案,主席用举手表决法,多数可决。(现在所订合同第二款条文,已大有变更。)第五款照原案,汪荣宝提议本款能删最好,否则作为附件,万办不到,即照原案,附议在一人以上,主席用举手表决法,多数可决。(此可决系赞同汪议员之动机。)第六款照原案,主席用举手表决法,多数可决。第十四款照原案,主席用举手表决法,多数可决。第十七款照原案,主席用举手表决法,多数可决。主席谘询全院,其余普通条件,毋庸表决,众赞同。(此系赞同当日讨论大体时,无须将普通条件表决,非赞同其未经提出之原文。)主席宣告散会等语。可见去年九月十七日及十二月二十七日议事录,皆为政府报告之件,非政府提出之案。即十二月二十七日表决特别条款之大体,亦不过示政府以交涉之范围。盖非正式提出之案,即无所谓表决。故议事录中尚有本款能删最好,否则作为附件,万办不到,即照原案等游移之词。又有普通条件,毋庸表决之文,若为正式议案,断无有词涉游移之议决,亦断无有因其为普通条件,即毋庸表决。况利息折扣各要件,均在此普通条件中,如系通过议案,岂能以毋庸表决了之耶? 乃政府强谓参议院确已通过,并谓有议事录可证,究不知议事录中可证其确已通过者安在。以上所述,系据议事录而言。今再以约法及参议院法,并政府此次咨文,逐层辨别于下:

临时约法三十八条规定大总统提案权,则国务员并无提案权可知,况当日仅有周学熙报告借款情形说帖,则根本上不成为交议案者一也。说帖中声明将条件草稿撮要译印,恭候审决,仅附特别五条,并撮记合同大义一件,并无全文,则条文上不成为交议案者二也。又政府此次咨参、众两院文谓:周学熙奉大总统命令,到院提案,不用书面,而用口头。查财政要案,须经审查,须经三读会议决,是否可以口头提出,姑不具论,惟大总统当时并未将委任周学熙到院口头提案命令咨行到院,今何所根据而谓奉大总统命令可以口头提案耶?则口头上不成为交议者三也。(以上三项皆可证明其除报告外并未提交院议。)参议院法财政案,非经三读会不能议决。此案既无全文,则初读手续且未完全,遑论二读、三读。政府何能仅据报告时所表决之大体,即谓为全体通过耶?其未成为议决案者一。又约法第三十二条,参议院议决事件咨由临时大总统公布施行,试问前参议院有此项议决借款咨文否?其未成为议决案者二。又参议院通过案件,皆列入参议院议决案,并议决案日表之内,试问前参议院所刊之议决案及议决案日表中有此项借款案否?其未成为议决案者三。(以上三项又可证明其并未议决咨行。)综上六项观之,则前参议院确未通过此案,此次政府不交国会议决,擅行签字咨院查照备案,其为违背约法第十九条之规定,毫无疑义。迨两院提出质问,由代理总理段祺瑞出席众议院答复,承认手续未完备,请各议员原谅等语,则政府之自认有违法又毫无疑义,所以两院皆多数否决,绝不承认者,即为此也。

或谓反对政府违法签约即系反对借款,甚为造作种种诪罿言论,耸动听闻。不知处今日而言整理民国财政,借款为不可逃之事实,无论何人执政,不能拒绝借款,本党自前参议院时代,关于政府借款交议事件,无不曲予赞同,可为明证。假如政府于此次签约之先,提交院议,则本党曲予赞同之态度,仍无间曩昔,此次反对政府之违法签约,系为保障约法起见,有不得不争之势,非反对借款,此不能不明白宣示者一也。

或谓借款已成,不必责其交议,只可监其用途,不知政府此等擅断行为,已蔑视约法,若委曲迁就,财[则]政府将来无事不可以此为例,况附件所订用途,纯系国会之预算权,政府亦并蹂躏无余,立法机关已同虚设,更何能置喙其用途,此不能不明白宣示二也。

为今之计,虽有政府迅将合同提交议院,本党亦无不力予维持,俾底于成,否则本党惟有终始一致,不承认此违法之签约,但使共和制度一日尚存,则一日违法签约之合同即为无效,敢布区区,公诸国人。

据上海《民立报》一九一三年六月七、八日

告全体国民促令袁氏辞职宣言

(一九一三年七月二十二日)

当南北统一之际,仆推荐袁世凯于参议院,原望其开诚布公,尽忠民国,以慰四万万人之望。自是以来,仆于权利所在,则为引避,危疑之交,则为襄助。虽激昂之士,对于袁氏时有责言,仆之初衷未尝少易。不意"宋案"发生,袁氏阴谋一旦尽揭,仆于当时,已将反对袁氏之心,宣布天下,使袁氏果知公义自在,舆论难诬,尔时即应辞职,以谢国民。何图袁氏专为私谋,倒行不已,以致东南人民荷戈而逐,旬日之内相连并发。大势如此,国家安危,人民生死,胥系于袁氏一人之去留。为公仆者,不以国利民福为怀,反欲牺牲国家与人民,以争一己之位置,中华民国岂容开此先例。愿全体国民一致主张,令袁氏辞职,以息战祸,庶可以挽国危而慰民望。无任翘企之至。

据上海《民立报》一九一三年七月二十二日《孙中山先生宣言》

讨 袁 告 示[①]

(一九一四年五月)

讨袁军总司令孙文示

为袁贼窃权弄柄,专制皇帝一般:解散参众议院,临时约法推翻;削灭

[①] 1914年5月30日晚,袁政府警察在上海小沙渡地方破获革命党机关,逮捕党人陈乔荫、王锦山等,致使定于当夜发动的反袁起义被破坏。此件和下一件《讨袁檄文》,都是从被捕者身边搜出的。登载这两份文件的上海《生活日报》是革命党人所办。

司法独立,铲除自治机关;外债滥借滥用,苛税不惜民艰;惨杀报馆主笔,纵容侦探凶残;用兵名为剿匪,反令骚扰闾阎;暗杀起义元勋,阳为与己无干;任用一般狐狗,尽是前清大员;不念民生国计,惟知献媚取怜。民国人民为主,岂能袖手旁观! 为此申罪致讨,扫除专制凶顽,改革恶劣政治,恢复人命〔民〕主权。本军志在讨贼,与民毫不相关,同胞各安生业,慎勿惊扰不安。

民国三年五月　日
讨袁军总司令(印)
据上海《生活日报》一九一四年六月三日《孙文六言告示》

讨 袁 檄 文①

(一九一四年五月)

壬子之五〔二〕月,国民悯构兵之惨,许清室旧臣自新,竭诚志以临时政府付袁世凯,四海之内,莫不走相告曰:息兵安民,以事建设,是大仁大义举也。吾民既竭诚以望袁,今袁所报民者何如哉? 辛亥之役,深〔流〕血万里,人尽好生,何为而然? 苟知袁之暴戾更甚于清,则又何苦膏血万户,以博一人皇帝之雄哉! 所以宁死而不悔者,誓与共和相始终耳。

今袁背弃前盟,暴行帝制,解散自治会,而闾阎无安民矣;解散国会,而国家无正论矣;滥用公款,谋杀人才,而陷国家于危险之地位矣;假民党狱,而良懦多为无辜矣。有此四者,国无不亡! 国亡则民奴,独袁与二三附从之奸,尚可执挺衔璧,以保富贵耳。呜呼! 吾民何不幸,而委此国家生命于袁氏哉! 自袁为总统,野有饿莩,而都下之笙歌不撤;国多忧患,而效〔郊〕祀之典礼未忘。万户涕泪,一人冠冕,其心尚有"共和"二字存耶? 既妄〔忘〕共和,即称民贼。吾侪昔以大仁大义,铸此巨错,又焉敢不犯难,誓死戮此民

---

① 胡汉民编《总理全集》等书均作《讨袁宣言》,并将时间误植为1915年。

贼,以拯吾民。

今长江大河,万里以内,武汉京津,扼要诸军,皆已暗受旗帜,磨剑以待。一旦义旗起,呼声动天地。当以秦陇一军,出关北指;川楚一军,规划中原;闽粤旌旗横海,合齐鲁以捣京左。三军既兴,我将与诸君子扼扬子江口,定苏浙,以树东南之威。掣〔犁〕庭扫穴,共戮国贼,期可指日待焉。书曰:"民惟邦本,本固邦宁。"又曰:"纣有臣亿万,惟亿万心。予有臣三千,惟一心。"正义所至,何坚不破?愿与爱国之豪俊共图之!孙文檄文①。(印)

据上海《生活日报》一九一四年六月三日《孙文檄文》

约束党员通告

(一九一四年八月二十三日)

启者:

欧洲战祸,延及东亚,均势局破,国亡无日;外交稍失其宜,瓜分即有所借口,试问一般前清亡国官僚,岂堪扶此危局?此际稍有识者,莫不以革命为救国之唯一法门,又属革命之绝好机会。乃有一般侦探及政客者流,希图目前富贵,散布种种谣言,冒爱国之名,以淆群听;借对外之说,以惑邦人;复挟各种危险手段,以为恐陷之计;稍有不慎,既堕术中,终无以自拔也!凡我党员,素明大义,洞悉奸谋,谅不至为所惑。但当积极进行之日,允宜精神一致,息邪说,正人心,拒诐行,以张吾党堂堂正正之革命旗鼓,达吾党远大之目的。用特申明约束,通告我党诸君,并希各省支部每省迅举调查员二人,限三日内将所有在京党员姓名、住址,及有无违犯约束规则情事,造册报告本部,以便稽核为盼。

---

① 报载有"檄文"二字,胡汉民编《总理全集》无。

附录　约束党员规则四条

一、不得以个人自由意思行动,加入他之团体或集会;
二、不得受外界之摇动,有违背本党之行为;
三、不得以个人名义,发表违反党义之言论;
四、不得以违反党义之言论行动,煽惑本党同志。

中华民国三年八月二十三日　本部启

据《中央党务月刊》第四期(南京一九二八年十一月)"特载"

中华革命党成立通告

(一九一四年九月一日)

　　吾党自一次革命,国体与政体变更后,即以巩固共和,实行民权、民生两主义为己任。乃以"宋案"、借款之故,促起二次革命;不幸精神溃散,相继败走,扶桑三岛,遂为亡命客集中之地矣。谈及将来事业,意见纷歧,或缄口不谈革命,或期革命以十年,种种灰心,互相诟谇,二十年来之革命精神与革命团体,几于一蹶不振,言之不胜慨叹!

　　惟文主张急进,约束前人,激励后继,重新发起中华革命党,海内外同志立约宣誓,争先恐后。夏六月,开总理选举会,到者十八省,文当选为总理。七月八日,在日本筑地精养轩开本党成立会,文于是就总理之职,当众宣誓,公布中华革命党总章。自是之后,着意进行,本部组织于焉成立。用特通告海内外同志,自中华革命党成立之日,凡在国内所有之国民党本部、支部、交通部、分部被袁氏解散者,不能存在无论矣;所有海外之国民党,除在日本东京已宣告解散外,其余美洲、南洋各地未经解散者,希即一律改组为中华革命党。(党为秘密团体,与政党性质不同,凡在外国侨居者,仍可用国民党名义,内容、组织则更张之,即希注意。)均以履行总章第七条之手续书写誓约者,认为本党党员,协力同心,共图三次革命,迄于革命成功,宪法颁布,国基确定之际,皆由吾党负完全责任。

此次办法,务在正本清源:(一)迸〔屏〕斥官僚;(二)淘汰伪革命党。以收完全统一之效,不致如第一次革命时代,异党入据,以伪乱真。国内无论矣,即海外人士,亦须严加审别。非由我中华革命党支部、交通部特别选派及其承认介绍者,政府概不收纳,畀以政事,使保皇败类计无所施。

现在全欧战云密布,各国自顾不暇,无力及我。且世界金融机关已经紊乱,袁贼之财源既竭,饷糈自空。英雄有用武之地,正吾党努力建功之时。凡我同志务望担负责任,切实进行,黄龙痛饮,为日有期。

惟近有不写誓约,非中华革命〈党〉员,假国民党名义,蛊惑我真正热心同志,借端滋扰,日有所见,非力加调查而甄别之,则不足以固党基而定国是。此本部同人拳拳之意也。

中华革命党总理　孙　文
总务部长　陈其美
党务部长　居　正
军务部长　许崇智
政治部长　胡汉民

中华民国三年九月　　日

通讯处:日本东京市芝区南佐久间町一丁目三番地民国社。

英文通讯处:TO MIN KOH SHI No. 3 Minamisakumacho, Shibaku Tokio. Japan.

据中国国民党中央文化传播委员会党史馆藏环龙路档案12018

中华革命党为讨袁告同胞书

(一九一四年十月)

敬通告者:

吾人以极痛苦极惨淡之精神魄力,日夕哀告呼诉于国民之前,而举国犹半醒若睡者，岂国民之神经过于麻痹乎？殊不知天下真理原不易著，以吾民困苦于颠播震荡之旋涡中，亡国灭种之说，闻之者非一载；借款杀人之事，见之者非一端。人之道之，非不喻其理，人之纵之，非不明其祸，只以生命财产无法律之保障，干涉不可，监督不能，补救无术，付之缄默，于是乎舆论死矣，心理亡矣。而专制魔王遂乘此弱点，颠倒错乱，傀儡法律，压抑民情，以自诩一手遮天之手段，愈出愈奇，愈演愈剧，为彼子孙帝王万世之基业计，且将陷吾民于水火，沉沦万劫不解之苦境。呜呼毒矣！今请言其事：

夫国之有宪法，国家之根本法也。共和政体通例，只有宪法产生总统，并无总统产生宪法。袁氏无共和资格，惟以总统作皇帝观；当南京议和时，开宗明义之要求，居然列为条件。洎国会成立，财力威势并用，得遂先举总统后定宪法之成议。比总统就职，而宪法消沉，此根本上之谬误，谁致之而谁与之？吾民其可不察乎。且议定宪法，为国会之特权，前国会所制定之宪法草案，友邦宪法专门学者亦曾逐条讨论，毫无窒碍不适国情之点。乃袁氏为欲伸张无限之权力，而不愿受宪法上之拘束，于是藉口干涉，怂恿劫夺，迄不能动；乃加议员以作乱之名，全行放逐，甚至拘禁枪毙，待若巨盗。兵威宪祸，天下寒心，至此永无真实宪法之发生矣。呜虖！以吾民掷多少之头颅，流无量之热血，费无数之金钱，今欲换此区区十数条之明文而不可得，举国公论，其谓之何？况国会议员为全国人民之代表，既知以宪法为千秋万世立国之基，而能悉心制定，可谓无负人民之付托；袁氏以为逆己而逐之，是袁氏已无待人民之诚意也。至由中央政府指派数人，由中央政府令地方官厅指派数人，组织所谓政治会议；复由政治会议产出所谓约法会议。又由中央政府饬地方官厅，各指派数人齐集北京，赐以头衔曰约法议员；名其机关为造法机关，俨同正式国会，仰承袁氏意旨，转达袁氏命令，美其名曰修正之约法。又由袁政府指使约法会议，产出现在之所谓参政院。种种非驴非马机关名称，不过代政府受过分谤之傀儡而已。袁氏所以利用此掩耳盗铃之计者，不过对于外交上掩饰，而为借债之地步耳；岂有国家之真意存于其间乎？

逐民选之议员而用指派之议员，毁开国之约法而行钦定之约法，赝形意象，术能乱法，袁氏自谓可以长治久安。乃今者忽更出一种愚民政策，比之收买议员、干与宪法,其手段为尤阴挚者,即迅速筹备立法院是也。按各报所载,袁氏近任命进步党员王揖唐、王家襄等二十四名为总统府谘议官,给以旅费,派往全国各省、南洋各埠游说,其大旨在使人民洞悉当兵纳税之义务,而不参与政事;并使进步党增长对于人民之信用,以为扩张党势而占将来立法院议员之多数,以供政府之操纵,得以便宜制定宪法,使全国人民永远伏于大总统权力之下。其处心积虑诚不为不密矣;然而袁氏此举,特一前清缩短国会期限之故智耳。当满清末季,内政紊弛,外交疲柔,民困财尽,岌岌不可终日,举国妇孺知非革命不足以图存;于是我民军声威如元气浩瀚布濩两间,不可遏抑。满清执政处不得已之时,始出此姑息弥缝之计。今袁氏窃柄,以诈取,以术驭,以杀止乱,以力防民,以权利饵政客,以牢笼待将士,以金钱买军心,以资格取官僚,以命令代法律,以诡媚策外交;万机出自亲裁,庶政不由舆论,施展裕如,无民党之牵制,宜若可以有为矣。乃起视四境,国事日非,国运日促,天怒民怨,百喙莫解。不良政治,乃有革命健儿,伏尸流血,反为导线,株连没产,坚我决心。一年以来,大江南北,烽火数举,皖之六安,苏之通州,浙之温州、杭州,湘之衡州,赣之玉山等处,端倪稍露,即树风声。袁之所恃,自矜北旅,乃山东有龙口之役,山西有大同之役,河南有滑县之役,满州〔洲〕有本溪湖之役。足见国家前提,无分南北。其余若西蜀,若两粤,师凡十数处,袭地占城,穷于防御,此不过表面之大较者。其实革命种子散布全国,以大义相号召,以良心相呼应,以国利民福为前提;南八男儿,幽燕志士,巴蜀子弟,赣粤亡命,以及各省问题,莫不共戴黄灵,誓歼民贼。实力充裕,藏锋待时。欧战开幕,吾人着着进行。袁氏孤穷,祸生肘腋,指日誓师,克期举义,捣彼三海,传檄四方,专制魔王之末日,路易十六之前途,行见有以报我国民也。袁氏自知诈取术驭不足以维持秩序,今日调兵,明日戒严,财力一尽,上将无灵,犬奴丧气,天下之以诈取术驭者,诈亦有时而尽,术亦有时而穷。呜呼!袁氏之手段不过如是如是而已。使其肺腑果有见及国会必要之心,则当俯首以顺民意,决不致有当日解散之举。兹解散人民真正选举之国会,而复利用见利忘义之徒,筹备将来之立法院,其手续固无异指派,而其欲综揽大权,把持宪法,伪定明条,以永远陷吾民于悲境者,其心甚毒也。无论将来立法院即与政治会议、参政院同一傀儡作用,而就其苦心积虑,迫于革命风潮,出此愚民下策,谁谓吾同胞绝无聪明睿智之人,而不能烛奸察隐乎?呜呼!司马昭之心,路人皆知;袁氏之策未成,袁氏之心若揭,袁氏何尝多智哉!昔之论袁氏者曰:不学无术。今之论袁氏者曰:有手段,无道德。虽然,吾从前说。

闻之化学家之言曰:两素互有作用,化合必成特性,其所余者,名曰残滓。立宪国之有政党,所以养成多数者政治上之智识,而使人民有对于政治上之兴味,其主体作用,在掌握政权或左右政权者。若恣助君主酷焰,以为固宠希荣之地位,是谓妾妇之行。袁氏之政体,暴君政体也,寡头政体也;较之专制政体之解释,其程度犹有不逮。而民党之欲以武力破坏之者,实预料其不能达于完全法治也。故与袁氏立于对待之地位,而皆为有作用之元素,正在比量化合之强度也。惟御用党名为拥护中央,实则阿附袁氏,始则欲推倒民党以擅宠;比民党解散,各项会议诸得多数,而对于国家仍一无所建白,清夜扪心,其能免于残滓之讥乎?袁氏自知无力振兴中国,而日夕惕于革命军之天讨,乃御用党,犹希望将来立法院之议员,丧心病狂,为虎作伥,虽未读世界革命史,其亦将袁氏政史细心领略而识彼鸡肋之味乎?呜呼!政府不足恃,政党无足齿,英雄岂终无用武之地乎?盖闻豪杰之民,虽无文王犹兴,况二十世纪共和民主,岂容苟且图存而不思一振奋也?值此国运颠危,国权销丧,全球之龙斗方酣,中原之狮睡未醒,沉沙折戟,英雄抚髀肉以生悲;铁马金戈,大局随风潮而变态。愿我同胞,知困知穷,知奋知起,一鼓作气,凌厉无前,烛彼奸谋,声罪致讨,共树白日旌旗,扫除独夫凶焰。行者充役,居者助粮,重建共和,共襄义举。十年老马,愿效率途之用;千里骅骝,能成开道之功。薄海内外,无老无幼,无男无女,悉以革命为救亡第一要义,则吾人真正共和之目的能达,自不难组织代表民意机关,订定优良宪法,以为永远万世遵循之准则。立法院云乎哉?区区微意,尚祈公鉴。中华革命党本部启。三年十月□日自日本东京发。

据"中央改造委员会"党史史料编纂委员会编《总理全书》(台北一九五〇年至一九五二年出版)之六《宣言》

各埠洪门改组为中华革命党支部通告

（一九一四年十一月）①

□□□公鉴：

当民国纪元以前，我洪门以自由组织，继续活动，为国艰辛，垂数百年。辛亥一役，建〔鞑〕虏政权遂覆，种族目的完全已达。回顾秘密结社之时代，尚幸不负初衷，有志竟成，诸公伟力，诚不容没也。居未几，袁氏背约，窃国拥兵，帝制自雄，于是促成二次政治革命。不幸精神溃散，相继失败，一班景炎趋势之徒，平日附和革命者，尽行揭除面具，贼道戕义，为民贼作伥，故同胞同志枉遭惨戮者，日不胜纪，谓非国家法律沦亡，是非黑暗，当时未设保障人权之道乎？

兹袁氏天怒人怨，举国公认。文以天职所在，爰是集合同志，组织中华革命党。阅年以来，机关既备，进行亦有端倪。惟是此次组织与前不同，前此根本未备之经验，今必预防其覆辙，故总章十二条所载，首义党员悉隶为元勋公民，得参政执政之优先权利，纯为保障真正革命党而设，且足以鼓励当时之勇进，而表率后来之平准，渺兹微义，幸海内外同胞均能一律鉴及，故新进党员大率类以千万计。

我洪门当日主义，既已昭然若揭，而后此再接再厉，尤应协力并图。况政治革命与种族革命，性质既殊，难易自判。种族革命无妨多立秘密机关，以为分头并进之活动；政治革命则仗义执言，非以堂堂之阵，正正之旗，不足以耸国民之观听，而避外邻之干涉。今日无论各种团体，均已一体改并，万流汇源，实此意也。文忝属洪门一份子，以密切关系所在，意欲各埠洪门团体急起直追，共图革命事业，并全部填写誓约，加入中华革命党。其所存机

---

① 原件未署时间，今据罗家伦主编《国父年谱（增订本）》，中国国民党中央委员会党史史料编纂委员会 1969 年版。

关,外无论悬示何种通信名义,不妨悉仍其旧;其内部则一律援照总章、通则,改组中华革命党支部,以免消息隔阂,而收指臂相助之妙用。望诸公极力提倡国家主义,而破除门户各立之微嫌,迅速筹办致复,以便正式委任。倘天佑民国,完全之目的能达,则洪门之名誉事功将来益垂无穷矣。书不尽意,专此奉达。

孙文谨启

据中国国民党中央文化传播委员会党史馆藏环龙路档案 07563

中华革命党本部同人答长崎柏文蔚等来函①

（一九一五年三月十日）

……根本问题不解决,此等事乃无法对待。何者？不在其位,则虽表示何等态度,外人固蔑视之,抑勿论如何亦无裨益于事也。谬者几以为吾人强与夫己氏②附合,即可以抗御外侮,此说之非理,公等固灼见之矣。且亦知袁氏实为误国卖国之魁,设非急速去袁,则祸至无日！今之所见,惟日国耳,假如欧洲战争底定,必及于东亚问题。俎上之肉,挟均利均势之名义临之,庸得免耶？故吾人于此,惟有返其本而已。急持革命主义一致进行,然后安内攘外之实,可以言也。吾人但即前事以为例证：往者满清季年,旅、大、胶、广以次划割,扬子江、东三省、福建、云南、两广,以次为外人势力范围,人之无识者,鲜不曰"不可革命,革命即召瓜分",吾党乃力排之。排之而胜,革命思潮日益膨胀。革命骤起,各国乃坐视而不敢动。继此数年,革命党人所在执持政柄者,外人皆不敢轻侮。如烈武兄之在皖,鸦片烟交涉事件,若使官

---

① 中日交涉事起,有一些党人声言,可否暂停国内革命运动,以实行举国一致御侮政策。并有"请转告中山先生慎勿驱虎进狼"之言。"函电纷驰,答不胜答"。为此,孙中山乃发表意见,并命党务部发出中华革命党第八号通告,要求党员积极讨袁。柏文蔚,字烈武。

② 夫己氏,犹某甲、某乙,此指袁世凯。

僚派当之,其结果又将如何? 而彼人卒无奈烈武兄之强硬何也? 此一例也。

同时,粤省严禁士敏土石不能出口,英人大以为戚,由公使力争于北京,不能得,则请代粤捕逐黄士龙、王和顺为报偿,粤俱拒绝,至第二次革命失败,而袁氏遂以清远飞鼠岩石矿赠之英人矣。若此类不可枚举。可知能用真正之民气捍卫国家者,惟吾党为能。袁氏事事袭满清之故智,则外交上安得不蹈满清之后尘? 故革命正以救亡,并非空论。

至于昏昏者,是非不明,更矫诬其词,横相谤讟,此则两年以来已数见不鲜,吾辈何暇为此无聊之毁誉,自作辩难。就使如星台先生故事①,蹈海自明,亦未足使若辈之俱悟也。来日大难,急起疾追,犹恐不及,身家性命,吾曹早拼牺牲,则所望于此时,各消意见,为统一之进行,天下事尚可为耳。

据《中华革命党第八号通告》,载《中央党务月刊》第四期(南京一九二八年十一月)

揭露中日交涉黑幕之通告②

(一九一五年五月四日)

中日交涉经三月间之谈判,袁氏将允日本之大体要求。国人神经,如受痛刺,仿佛失其作用。袁氏又复多方舞弄,一面假顾全邦交之名,禁止排外之种种举动,一面又将关系地方驻屯军队,故意调动,以示为外交上最后之准备,令国人堕其术中,得便私图。若虽为石敬塘〔瑭〕、刘豫,而国人犹莫知其所以。彼党袁氏者,固应为袁氏怙恶,嫁祸于人。国人昧昧,吠影吠声,无足怪也。奈何平素以民党自命,本爱国为前提,号称聪明才智之士,有政

---

① 陈天华,字星台。1905年12月8日,因抗议日本政府文部省颁布"取缔清韩留日学生规则",愤而蹈海自杀。

② 此件由孙中山命党务部长居正(化名"东辟")执笔。《通告》即根据4月9日孙中山向党务部副部长谢持将中日交涉黑幕提示的要义,由居正执笔起草。是日,发出之《通告》,不但经孙中山裁可,而且由孙中山亲自向东京革命党人散发。日本警视厅于5月10日将此《通告》递交日本外务省。档案原文有若干错字和语句不通之处,为存原貌,未予更动。

治上智识者而亦不免为所扰惑,何不忍之甚也!

交涉之远因

先是,袁氏与早稻田大学总长大隈伯素有交谊,袁氏术得总统,即由伯荐有贺长雄博士为袁氏顾问。有贺氏就聘,即唱政权移转,由清帝委任,全权组织共和政府。又唱必须修改约法之设,连篇累牍。同时有早稻田大学教习浮田和民博士,亦引伸其说,为之鼓吹(该论见于三年正月《太阳杂志》)。袁氏心德之,以为改玉改步,得法律及学说上之依据,天下后世,无有议其非者。但恐吾党之乘时而起也,于是托青柳笃恒氏(早稻田大学干事,现为内阁秘书)窥探吾党之举动,得有所谓秘密,上书而宣布之(此事见于日本《中央新闻》)。洎大隈伯膺大命,组织内阁,袁氏闻之,喜而不寐,其机关报亦大表欢迎。未几,日本政府调日置益氏为中国公使。日置氏到北京,除照例谒见外,有一日晤面密谈数小时,他人鲜有知其内容,只知有如此如此而已。日置氏含命返国(时在去年十一月下旬)、面呈现内阁亦云如此如此。现内阁为个人交谊上起见,似无不可,但此事关系重大,不敢直承认其如此如此,于是请示于元老,而交涉之近因起矣。

交涉之近因

吾人须知日本元老对中国之意见:利用中国为帝国,而不愿中国为民国,故定对付中国之政策。若以中国仍复为帝国,恰合日本之国是,但日本亘于上下皆不信任袁氏,以袁氏称帝,则其狡诈百出,将不利于日本。然事实上袁氏已为一国之代表,又不能去亦谋诸他,故必使其如此如此,令为前将所谓大韩帝国相等,方可以挟制之,而不敢背日本。于是因现内阁之请示,留遂提出如此如此,交付现内阁。现内阁作成交涉案,交驻北京公使日置氏,日置氏提交于袁氏外交部(时在本年正月十八日)。外交部见之,大为错愕,请命于袁氏,袁氏嘱令秘密,但已成交涉案。二月二日开第一次全放〔体〕会议,在袁氏肘下之陆军部颇有所闻,初不知由袁氏惹起此段交涉,以为日本之无理要求,群起反对。交涉风声渐渐传播,袁氏各省将军及各种机关亦各电中央,表示反对,并请求宣布交涉之真相。经袁氏以遁辞手法,术之愚之,或从而压制之,而交涉真相仍任报纸之模糊影响,终在不明不白中。于是群疑满腹、众难塞胸。志行薄弱之党人惶恐无措,间有乘机降贼,捏造谣言见好于袁氏,诬蔑之矢遂集注于留东党人之一部。吁!是岂不明交涉真相之进款,抑亦不思之甚也。

交 涉 之 真 相

前所述如此如此者,须分甲、乙说明之。

(甲)袁氏当日本公使日置氏所密谈如此如此者,系袁氏对日要求,括言之约二条件:

第一,要求日本政府首先承认改共和国为君主国,并承认袁氏称帝。

第二,要求日本政府驱逐居留日本之革命党。

(乙)日本政府因袁氏要求,提出如此如此,外开或谓十一条,或云二十一条,或云细目有五十余条,其详不可得闻,大体约分数项如下:

第一条,以维持东亚之平和、增进中日两国亲善之交谊为目的者。

第一项,中国政府将来须承认德国于山东省之条约,或由其他各种方法获得享有一切之收利,移归日本。

第二项,中国政府无论如何之名义性质,不得以山东省内及沿岸之土地岛屿让渡或租借于第三国。

第三项,中国政府须许可日本由芝罘或由龙口,曷胶济铁道连结之铁道敷设权。

第四项,中国政府为贸易及外人居住,须速开放山东省内之重要都市为市场,但有待两国政府协权之地方应于别项条约协同决定。

第二条,关于中国从来承认日本于南满洲及东蒙古之特殊地位者。

第一项,两缔盟国须约定以旅顺、大连之租借期与南满洲铁道、安奉铁道共延长九十九年。

第二项,于南满洲及东内蒙古之日本臣民以贸易及制造为目的,而创设建筑物,或为农业、租借土地、或要求所有之特权,中国政府相当许可之。

第三项,日本臣民与南满洲及东蒙古自由旅行及居住,不论如何种类,凡从事商业及工业之权利,中国政府均当许可之。

第四项,中国政府于南满洲及东内蒙古,须许日本臣民以矿山采掘权,但是等矿山由两国政府协同决定之。

第五项,中国政府于下二项欲实行时,第一必先得日本之同意:

(一)南满洲及东内蒙古,以敷设铁道为目的征向第三国民借入款项。

(二)以南满洲及东内蒙古之地方税为担保而借款项。

第六项,中国政府以南满洲及东内蒙古之行政、财政及军事为目的,聘请顾问或雇佣教官,将第一项先向日本协议。

第七项,中国政府自本协约调印后九十九年间,吉长铁道之管理行政权归于日本。

第三条,鉴于日本出资者与汉冶萍会社之密切关系,且为增进两国共同之利益,中国政府须承认下例事项:

第一项,中国政府将来须同意以汉冶萍会社归两国合并组织,且先无日本之承认,不得单独处分该会社之全财产及权利,并不得使该会社自身为同样之处分。

第二项,中国政府无汉冶萍会社之承诺,不得以该会社所有附近之金矿山许他人采掘,且欲实行是等事件时,第一必经该会社之同意。

第四条,以确认中国之领土保全为目的者。

第一项,中国不得以沿岸之港湾岛屿割让或租借于第三国。

第五条

第一项,中国中央政府须雇佣有力之日本人为行政、财政、军事之顾问。

第二项,日本人于中国内地建设病院、教会学校,须许可其土地所有权。

第三项,中日两国政府当解决相互误解为生之事件。鉴于两国警察间屡起争议之事实,中国政府当以中国内地重要地方警察置诸中日两国协同行政之下，或于是等地方之中国警察署，以改良警察政务组织为目的，雇佣多数之日本人。

第四项，中国于全国使用之武器弹药，至少须由日本购入一半，或为日本协同设立武器工厂，其材料由日本购入，且须雇佣日本技师。

第五项，中国政府对于日本须与以武昌与九南铁道敷设权及筑港（包括船渠在内）诸权利归于日本人。又于该省需外资时，第一项与日本协议。

第六项，中国政府对于日本臣民，须与以中国内地传布佛教之权利。

更有一项，最是动□民之听，向足为乱中国亡中国之等大□者，则代平内乱是也。

顷者，又有新提案之交付，或云比前更酷，或云比前稍微让步，或云名义上为顾全袁政府体面，其实无稍变更（如在满土地所有权改为永代借地权是），总之，不离乎亡国者近是。

由甲、乙两方面要求对照，甲之要求于乙者甚简单，乙之所要求于甲者甚繁重。甲为个人谋权利，是灭厄国；乙则为国家谋〈权〉利，是亡我中国也。今揣袁氏本意，自信妨于日本之要求，不为已甚，且现内阁有缘，或不料日本本有是要求也。然夫人必自侮，而后人侮之。家必自毁，而后人毁〈之〉。国必自得〔伐〕，而后人伐之。向使袁氏愁所要求于日本，值欧战方兴之际，实行严守中立，必不与人以有衅求乘，且资假遣之使，吾恐号〔虢〕不亡而虞亦可以自得也。乃袁氏不出此，而先授人以隙，继许假置，复要求如此如此，引盗入室，是谁之罪欤？国人不信，曷不视交涉之前车。

交 涉 之 前

初，日本之欲议胶州也，其发来最后通牒尚曰以交还中国为目的而先引渡于日本，可见收发表之官样文章，尚不重目天中国。差见破坏得势也，故方来。进兵之先，有所谓"日支议定书"之发表，举国哗然，阿附袁氏者□党人通牒，当时所谓舆论莫不唾弃党人。不料素为反对党人之□呈时报，有谓日本成军以出，不为党人混迹云云。其意非为党人辨党，盖党人之地位无干当国家主□作用之资格,语为天〔无〕意识之□蔑,适否以见笑而自点耳。厥后,日兵自龙口上陆,□然战线,种种举动目无中国,袁氏外交不闻与之争论也。间有电袁力争此,则申令军旅勿妄动,教百姓勿恐慌而已。今之交涉,袁氏之态度仍如前也。日向国人言不损重权,其实主权早暗送也。国人独不鉴交涉之前车,责袁氏以发国,而反节外生枝,迁怒党人,是不明交涉关系,径属无意识之言动,不值识者一喙也矣!

交 涉 之 关 系

大凡国际交涉,纯由主权作用。甲国与乙国交涉,在甲国方面,必认乙有全权而始与之交涉,乙之视甲亦然。此次中日交涉不容第三者之干与,即第三者掌右国权而难〔欲〕干与此中交涉,且不可得(外间传闻美国干涉,其实不闻直接干与),须以无权无位之亡命党人乎?状〔犹〕记甲午之役,清国与日本议和,初派时荫桓来,日本以其者〔无〕全权,不是代表也,拒之。后派李鸿章来始开议。可见交涉之关系往以权位言者,党人亡命居东,日本政府视之,其无所谓也明吏〔矣〕,乃国人不明关,强加党人以吴三桂、李完用之名,吁!何共〔其〕拟不伦若是其悖也!国人亦知吴三桂、李完用所居之地位乎?吴三桂,明总兵也。李完用,韩宰相也。二人皆有权位上之凭借,故狡乎思逞,得因而利用之。设使吴三桂、李完用为一平民,或为亡命客,即难国家荣准其信也。今举一例,有一浪子本无家产,而难将他人家所有之财产凭空指卖于人,试问谁人肯为买主。家产且不能,况国权等乎?党人之不能干与交涉,此理至易明也。又有谓"党人不去日本,心迹终不能明,不免有多少关系",此说尤极幼稚,试问,党人亡命,随遇而安,日本可以居则居之,即如人言,党人果去日本干涉之乎?如去他国,他国与中国或又有交涉问题发生,党人又将安适之?总之,党人之所以主张革命者,以政治不良故,政治不见,即予外人以可乘之衅者,宋室式微,金人通处,秦桧执宋权,独立和说,岳飞诸将在外抗争,秦桧即而戮之。后世有为岳飞惜者,而不曰之秦桧固依然年忌也,今袁氏即秦桧之流亚也。国人之欲排外者或等于岳飞忠文,而不知袁之专心卖国,缪及国人,成悔将天〔无〕及矣。试劝〔观〕吾国历史,凡大奸大鹜、卖国求荣者,何异非窃有政柄在失为须为者乎?吾闻有匹夫而起革命者,未闻有匹夫而卖国者也。此等成近理由、即显事实,不待智而知了,乃国人犹昧昧然,无怪外人之欺我国人、詈我国人为未开化人种也!党人不欲多言,必后中日交涉之结果,袁事之变相,而国事陷于不可为,国人痛定思痛,始信党人之主张正大,主义昌明,则已晚矣!故党人于此际除力行革命,推翻袁氏恶劣政府外,无可以容喙之余地。凡属党人,深明斯旨,则吾国其庶几乎。

东辟谨启

据俞辛焞、王振锁编译《孙中山在日活动密录(1913.8—1916.4)》(南开大学出版社一九九〇年版)(转录日本外务省档案,一九一五年五月十日《关于孙文向东京革命党员散发檄文之事》第三一八号)

中华革命党本部通告

(一九一六年二月二十五日)①

通启者。自云、贵革命军首义以来,未及一旬,湘、桂、陕、甘、蜀、粤以及长江流域诸省处处动摇,几有登高一呼,众山响应之势。袁氏帝梦方酣,接此警告,如丧胆魂。一方面遣将调兵,由粤入川;一方面突尔发表,特派大使周自齐赴日,名为祝贺日皇即位大典,实则师石晋故智,欲以燕云十六州,换得儿皇帝荣称。据日本东京《朝日新闻》所载,袁政府提出帝制交换之条件凡六:(一)吉林、奉天两省司法权;(二)津浦铁道北段;(三)天津、山东沿海一带海岸线,一概让与日本管辖;(四)聘日本人为财政顾问;(五)聘日本人为军队教练官;(六)中国兵工厂中日两国合办。而所要求之交换者则为日本承认帝制,此项协议果使成立,帝制发生之日,即中国灭亡之日。"不

---

① 此件未署年月,据上海《民国日报》报道"昨日发出通告"列为2月25日。

去庆氏,鲁难未已。"故倒袁一举,自中国言,既所以息内乱;自东亚言,亦所以维和平。特于本月十五日阁议决定,对于袁氏特派大使各节,毅然拒绝,毫不游移。即此一端,足见拿翁放逐,犹存公道,中原革命,不少同情。刻下云、贵义师已达重庆,益州天府,早入势力范围;桂、粤、陕、甘、长江流域各省,亦已筹备成熟,待机即发。尚望内外同胞,各竭才力,尽匹夫之责,竟救亡之功,庶几直指燕云,荡涤瑕秽,不难计日以待也。事机迫切,特此通告。

> 据上海《民国日报》一九一六年二月二十六日《中华革命党本部于昨日发出通告》

讨 袁 宣 言

(一九一六年五月九日)

　　文自癸丑讨逆之师失败以还,不获亲承我父老昆弟之教诲者,于今三年矣。奸人窃柄,国论混淆,文于是时亦殊不乐以空言与国人相见。今海内嗫嗫有望治声矣,文虽不敏,固尝为父老昆弟所属役,复自颠沛不忘祖国者,则请继今一二为国人谈也。

　　文持三民主义廿有余年,先后与国人号呼奔走,期以达厥志。辛亥武昌首义,举国应之,五族共和,遂深注于四亿同胞之心目。文适被举为一时公仆,军书旁午,万端草创,文所靖献于国民者,固甚恨不能罄其悃忱。然国号改建,纪元维新,且本之真正民意,以颁布我民国约法,其基础不可谓不已大定。故清帝退位,南北统一,文乃辞职,介举袁氏于参议院。盖信其能服从大多数之民心,听义师之要求,以赞共和,则必能效忠民国,践履约法,而昭守其信誓也。当南北两方情志未孚时,文尝任调和,躬至北京,并有"愿袁氏十年为总统"之宣言。何期袁氏逆谋终不自掩,残杀善良,弁髦法律,坏社会之道德,夺人民之生计。文故主兴讨贼之师,所以维国法而伸正义,成败利钝所不计也。袁氏既挟金钱势力,肆用诈术,而逆迹未彰,国人鲜悟,以致五省挠败,而袁氏之恶,乃益逞矣。

文虽蛰居海外，而忧国之志未尝少衰。以为袁氏若存，国将不保；吾人既主讨贼，而一蹶不振，非只暴弃，其于谋国，亦至不忠。故亟图积极进行之计，辄与诸同志谋之。顾败丧之余，群思持重，缓进之说，十人而五。还视国中，则犹有信赖袁氏而策其后效者；有以为其锋不可犯，势惟与委蛇而徐图补救者；有但倖目前之和平，而不欲有决裂之举者。文以为此皆有所执持，而其心理上之弱点，则袁氏皆得而利用之，以逞其欲，此文期期所不敢认以为适道者也。袁氏果于是时解散国会，公然破毁我神圣庄严之约法，诸民权制度随以俱尽。文谓袁氏已有推翻民国及身为帝之谋，而莫之敢信。而亏节堕行、为伥为侦之败类，且稍稍出矣。文于是痛心疾首，决以一身奋斗，报我国家，乃遂组织中华革命党，为最严格之约束，将尽扫政治上、社会上之恶毒瑕秽，而后复纳之约宪之治。两年以来，已集合多数之同志，其入内地经营进行者，皆屡仆屡起，不惮举其个人之自由权利、生命财产而牺牲之，以冀奠我区夏。孤行其自信力，而不敢求知于人人，犹之辛亥以前之中国同盟会也。欧战既起，袁氏以为有隙可乘，不惜暴其逆谋，托始于筹安会，伪造民意，强迫劝进，一人称帝，天下骚然。志士仁人汗喘相告，而吾同志益愈奋励，冒死以进。滇、黔独立，文意豁然。至乃昔所不知，今皆竞义，德邻之乐，讵复可已。频年主持，益审非谬。

顾独居深念，以为袁氏怙恶，不俟其帝制之昭揭；保持民国，不徒以去袁为毕事。讨贼美举，尤当视其职志之究竟为何，其所表示尊重者为何，其策诸方来与建设根本者为何，而后乃有牺牲代价之可言，民国前途，始有攸赖。今独立诸省通电，皆已揭橥民国约法以为前提，而海内有志后援、研求国是者，亦皆以约法为衡量，文殊庆幸此尊重约法之表示，足证义军之举，为出于保卫民国之诚。袁氏破坏民国，自破坏约法始；义军维持民国，固当自维持约法始。是非顺逆，区以别矣。夫约法者，民国开创时国民真意之所发表，而实赖前此优秀之士，出无量代价以购得之者也。文与袁氏，无私人之怨，违反约法，则愿与国民共弃之。与独立诸省及反袁诸君子，无私人之惠，尊重约法，则愿与国民共助之。我国民亦既一致自爱其宝，而不为独夫民贼之所左右，则除恶务尽，对于袁氏必无有所姑息。以袁氏之诈力绝人，犹不能不与帝制同尽,则天下当不复有袭用其故智之人。

至袁氏今日,势已穷蹙,而犹徘徊观望,不肯自归于失败,此固由其素性贪利怙权,至死不悟。然见乎倡义者之有派别可寻,窃疑党争未弭,觊觎其猜忌自纷,而不能用全力以讨贼。殊不知阋墙御侮,浅人审其重轻,而况昔之政争已成陈迹。今主义既合,目的不殊,本其爱国之精神,相提携于事实,见仇者虽欲有所快,无能俾也。今日为众谋救国之日,决非群雄逐鹿之时,故除以武力取彼凶残外,凡百可本之约法,以为解决。共和之原,甚非野心妄人所得假借者也。文始意以为既已负完全破坏之责,故同时当负完全建设之责。今兹异情,则张皇补苴,收拾时局,当世固多贤者。苟其人依约法被举,而不由暴力诈术以攫取之,则固与国民所共承者也。民国元首,只有服务负责之可言,而非有安富尊荣之可慕,国民当共喻斯义。文之所持,凡皆以祈响真正之和平,故虽尝以身当天下之冲,而不自惜也。

文自束发受书,知忧国家,抱持民族、民权、民生三大主义,终始不替;所与游者,亦类为守死善道之士。民国成立,五族共和,方幸其目的之达。乃袁氏推翻民国,以一姓之尊而奴视五族,此所以认为公敌,义不反兵。今是非已大白于天下之人心,自宜猛厉进行,无遗一日纵敌之患,国贼既去,民国始可图安。若夫今后敷设之方,则当其事者所宜一切根据正确之民意,乃克有济。文自审立身行事,早为天下共见,末俗争夺权利之念,殆不待戒而己〔已〕除。惟忠于所信之主义,则初不为生死祸福而少有屈挠。袁氏未去,当与国民共任讨贼之事;袁氏既去,当与国民共荷监督之责,决不肯使谋危民国者复生于国内。唯父老昆弟察之。

据上海《民国日报》一九一六年五月九日《孙文宣言》

规复约法宣言

（一九一六年六月九日）

文归国,既以用兵之原为父老昆弟告曰:吾侪与袁氏非有私怨,为其坏约法,叛民国,是用讨之,以惩不义而奠我国家。今袁氏则既自毙矣,凡百罪孽,宜与首恶之身俱尽。继兹以往,其遂可以罢戢干戈与民休息耶?抑犹有所待耶?爱人以姑息,自偷遗患,有志者不为;而亿逆不信,薄视天下,失亦如之。此文所以不敢自安于缄默也。文生而笃爱和平,亦深察我大多数国民无有嗜杀好争之性,故辛壬之交,兵甲满地,彼是相持,几若敌国,而卒也以北方将帅赞成共和,使清帝退位,而战事以解。始义者不多其伐,继事者能共其劳,使无袁氏,则五年以还,吾民将不一见流血之祸矣。夫人类必至不平而后有争,挟群以争,尤必有其职志。其为国为公,则天下从之;其为己为私,则天下弃之。今兹独立诸省暨夫拔戟自成之军,揭橥约法,犯难而行,文敢表证其心理曰:是皆为国为家也,非权利也。至乃未独立之省区,牵制于事势,谋人军师不欲遽为转移,其心亦不无可谅。然今兹戎首已逝,既不能以独立诸省为非义而斗之,则亦宜有所以表示其为国非私之行动,俾坦然相与而无疑,庶几战争之祸可立止。

抑文非徒为一方之人言之也。自袁氏有心挠乱民国,恒谓民主必争,假是筹安行其篡逆。其实中国宜于民主,创制以来,为让非争,已昭证例。今若举国人遵由神圣之约法,泯绝内讧,洵可为百世之模范。其反是者,则国本替而祸不忍言。且昔觎国者之謷言,谓非袁莫能统一,即非袁中国且乱。前此正以袁氏大乱中国,今若袁死而民国因以底定,此尤我民族之光,中国之福也。袁氏凡百罪孽,皆由其以天下为私之一念而来。残暴专制,既无不为,而又以金钱诈术济之,以至于败。今求治无他,一言蔽之曰:反其道而已。庶事改良,或难骤举,至于规复约法,尊重民意机关,则惟一无二之方,无所用其踌躇者。于此时期,而犹有怙私怀伪不顾大局之流,则国人疾之,亦将如疾袁氏。吾辈固甚不愿见此不祥之人,至更遗吾国不祥之事也。董子曰:"正其谊不谋其利,明其道不计其功。"今弟卑之无甚高论,吾国人亦当知功利有其大者、远者,而不在一身之权位。盖亿兆人民系于国家,国家繁荣,则吾子子孙孙实利赖之,君子之泽,无过是者。若计量目前琐末得失,为穴中之暗斗,斯智者所窃笑。

吾国有六千年文明之历史,有四万万之民众,地大物博,人习勤劳,加以尚慈善、好平和、善服从之诸美德，苟能发挥而光大之，则民生日遂，国度日昌，可操左券而获。当民国初元，五族一家，由彼之时，咸致力于建设，推究成绩，必有可言。而袁氏一人为梗五岁，所由使人太息痛恨而不敢稍自暇逸者也。吾人为国，匪独除暴拨乱而反之正，则属有事权及夫一国优秀之分子之所任，于忧虞为国之际，悬绝大之希望于前途，则人人奋励激昂，勉进不已。所志既闳，而末俗苟偷之弊，乃真息矣。

文志在共和，终始不贰。曩昔以袁氏叛乱，故誓为民国翦灭巨凶，今兹障碍既除，我国人当能同德一心，共趋致治之正轨，文亦将尽国民一分子之义务，为献替之刍荛。若夫曩日宣言，所谓袁氏未去，当与国民共任讨贼之事；袁氏既去，当与国民共荷监督之责，不使谋危民国者复生于国内。则今犹是志，亦愿与国人共勉之也。

据上海《民国日报》一九一六年六月九日《孙文宣言（二）》

中华革命党本部通告

（一九一六年七月二十五日）

通启者：

奉总理孙先生谕："本党成立，实继癸丑革命而起，其重要目的在推翻专制，重造民国。迨袁贼自毙，黎大总统依法就职，因令各省党军停止进行。今约法规复，国会定期召集。破坏既终，建设方始，革命名义，已不复存，即一切党务亦应停止。将来如何改组，有何办法，应征求海内外各支、分部之意见。"为此通告贵支、分部，望各抒所见，以期折衷至善，无任感幸。

附呈孙先生五月九日宣言及六月九日宣言，并祈察照。

中华革命党本部谨启
中华民国五年七月二十五日

据上海《民国日报》一九一六年七月二十八日

就陆海军大元帅职答词[①]

（一九一七年九月一日）

文以不德,忝为共和先导。民国成立,六年于兹,而枭雄衅换,频烦〔繁〕不已。文不能救,自念无以对我邦人兄弟。今者叛督倡乱,权奸窃柄,国会解散,元首迁废,此诚勇夫志士发奋倡义之时也。而迁延数月,大兵未举,政府未立,内无以攘寇乱,外不足示友邦。文以国会诸君不释之故,不得不统摄军政。任职以后,唯当竭股肱之力,攘除奸凶,恢复约法,以竟元年未尽之责,雪数岁无功之耻。责任在躬,不敢有贰,诸所举措,亦唯国会诸君实匡救之。

孙文白

据《军政府公报》第一号（广州一九一七年九月十七日）
《大元帅答词》

就大元帅职宣言[②]

（一九一七年九月一日）

文谨受职,誓竭真诚,执行国会非常会议所授与之任务,勉副国会代表国民之期望,并告我邦人。谨言。

据《军政府公报》第一号（广州一九一七年九月十七日）
《大元帅就职宣言》

---

① 国会非常会议于8月31日通过《中华民国军政府组织大纲》,9月1日选举孙中山为中华民国海陆军大元帅,当日举行大元帅受印礼。孙中山即发表了就职答词和就职宣言。

② 国会非常会议致大元帅就职词中云:"约法未复,国权无主,则授大元帅临时统治之职。自视职始,其竭诚尽智,相我法纪,以返邦人于真正共和之域。国会非常会议愿与大元帅共勉之。"此就职宣言系相应之答词。

就任海陆军大元帅布告

（一九一七年九月十日）

　　昔胡清失道，人心思汉，文与海内志士，合谋征讨。武昌倡义，黄陂实为主帅。江南既定，共和初造，则南都武昌为中区焉。以虏运告终，授之袁氏。文虽自甘退让，而推荐非人，终于反噬。南方涂炭，元勋杀戮，国会解散，恣睢五稔。僭号称帝，实赖西南豪杰出师致讨。兵未渡江，元凶殂殒。黄陂以副贰之位，依法继任。然后知神器不可以力竞，民意不可以横诬也。徒以除恶未尽，权奸当道，帝孽纵而不治，元勋抑而不用。怏怏之威，上陵元首，诈取之谋，南暨吴蜀。侵约法宣战媾和之权，辱国会神圣立法之地。既被罢黜，嗾贼兴戎，以肇解散国会之祸。小腆乘之，应机复辟，民国根本，扫地无余。犹幸共和大义，浃于人心，举国同声，誓歼元恶。张绍曾、丁槐等实受黄陂密命，倡义讨逆。师期漏泄，为凶人所掩，乘间攘窃，饰功取威。既复屠胡，亦以是黜黄陂之命。数遣狙击，逼迫卧寝，纠合无赖，劫夺印玺，以自成伪政府。譬尔朱荣、高欢辈，互为首尾，盗取国柄，其罪均也。

　　文于是时，身在海隅，兵符不属，乃与海军总长程璧光、第一舰队司令林葆怿，共商大计。既遣兵轮赴秦皇岛，奉迎黄陂，亦不能致。犹谓人心思顺，必有投袂而起者。迁延旬月，寂然无闻。用是崎岖奔走，躬赴广州。所赖海军守正，南纪扶义，知民权之不可泯没，元首之不可弃遗，奸回篡窃之不可无对抗，国际交涉之不可无代表也。于是申请国会，集于斯地，间关开议，以文为海陆军大元帅，责以戡定内乱，恢复约法，奉迎元首之事。文忝为首建之人，谬膺澄清之责，敢谓神州之广，无有豪杰先我而起哉！徒以身与共和死生相系，黄陂为同建民国之人，于义犹一体也。生命伤而手足折，何痛如之！艰难之际，不敢以谦让自洁，即于六年九月十日就职。冀二三君子同德协力，共赴大义。文虽驽钝，犹当荷戈援袍，为士卒先，与天下共击破坏共和者。

　　据《军政府公报》第一号（广州一九一七年九月十七日）
　　《大元帅就职之布告》

军政府布告中外书

（一九一七年九月二十六日）

军政府为布告事：

查我国前因德国宣布潜艇战略，曾由政府提出抗议；抗议无效，复由政府国会之赞成，与德断绝邦交。未几，复以宣战案提出国会，请求国会同意；未及议决，不幸倪逆嗣冲等倡乱，国会中绝，致此项重案，至今未得合法之解决。迩者段祺瑞矫托大总统命令，擅组政府，对于德奥实行宣战，揆之国法，自属不合；按之事实，我国之与德奥，实已处于敌对地位。今军政府成立伊始，关于对外大计，亟宜决定，以利进行。当于本月十八日，具文咨询国会非常会议，应否承认对于德奥两国交战状态；旋经国会非常会议于本月二十二日开会议决，承认交战状态，具文答复前来。查解决内争与国际战争，本属两事，既经国会非常会议议决承认交战状态，本军政府自应依议执行，对于德奥两国，一式依据战时国际法规办理。特此布告中外，咸使闻知。

九月廿六日

据上海《民国日报》一九一七年十月五日《布告对德奥宣战》

明正段祺瑞乱国盗权罪通令

（一九一七年十月三日）

大元帅令：

洪惟我中华民国之成立，实成立于南京临时政府成立之日。而临时约法，则为临时政府成立之根据。循是以进，由临时政府而成为正式政府，其重要关键，则在由参议院而进于正式国会。故我友邦之承认，实自正式国会成立之日始。诚以正式国会成立之后，民国之主权已确定属于人民全体，而革命乃告厥成功,即团体始能卓立于国际之地位,而莫可摇动。更由是而求政治上之美善,则必由约法而进于宪法,且可由初次制定之宪法,而进于逐渐修正之宪法。苟循法治国进化之一定轨道,则民国六年以来,宪法早经公布,全国之安宁幸福,已可人人共享之矣!

孰意往者,袁世凯包藏祸心,既经本大元帅辞临时大总统之职,而被选为继任之人,乃敢蔑视立法机关,嗾使北京兵变,强参议院迁地以就之,意谓政权受之于亡清之授与,而非受之于我全国人民之委托。故虽号称共和,而心实不承认人民为主权者,无非自恃兵力,以为主权不难盗窃而得,卒敢叛国称帝,而身竟不旋踵而灭,主权之不可幸干,进化之不可抑遏,宜若全国晓然,而人心亦可悔祸矣!

乃段祺瑞阴贼险狠又过于袁世凯,以为除称帝外,无一不可师袁世凯之故智,而使主权潜移于一己者。故虽阳托反对帝制,而阴行反对约法。

自袁世凯死,黎大总统依法继任后,约法、国会为段祺瑞所弃绝而不得恢复者,行且一月,犹复嗾使法妖之徒,持约法不应恢复之说,其私心无非觊觎新任大总统之位,而欲以兵力劫持国民之选举。幸赖我海军将士之宣言,而其心始为之慑,谋始为之破,然其不承认人民主权自若也。故计段祺瑞自为国务总理,以迄于免职之日,无往而非倒行逆施,终欲借外交问题,以压倒国民,而行其武力专制之计划。呜呼!我中华民国一厄于袁世凯,再厄于段祺瑞,遂致完全成为武人专横之时代。

而唐末藩镇连兵之祸,再见于今日,民不聊生,国无宁岁,思之实堪痛心。谁实为之?皆彼武人不承认人民主权之一念为之也。须知国是既定,不容反抗。

昔在帝制专重君权,今改共和专尊民意。民意之不可抗,犹过于君权之莫敢违。皇皇国会,为全国人民之代表。国会曰可,即主权者之所可;国会曰否,即主权者之所否。行政机关及一般军人,惟有绝对服从,断无非法干涉之余地。

乃自袁世凯始作俑,而段祺瑞继其后,终致多数叛逆军人,动辄以约法国会不良为借口,其邪说由少数奸人,若梁启超、汤化龙辈为之谋,而其野心,则由不认人民主权阶之祸。

须知宪法非不可修正,必依制宪手续修正之;国会非不可解散,必依宪法规定解散之;新国会非不可召集,必于旧国会终了后召集之。夫如是,乃为遵循法治轨道之行为,国本安致动摇,政治得由退化耶!

不谓段祺瑞既以嗾使督军团,非法要求解散国会而被免职,志不获逞,通电煽乱。于是倪嗣冲首先倡逆称兵,以致群逆暴起,迫散国会。张勋因缘僭谋复辟,段祺瑞利用时机,逐张勋而自为总理,以恢复共和欺全国人。犹是武力专制之故态,而非法之伪政府,遂公然盘踞北京。两刺黎大总统以劫持之,使不得复位。呜呼!民国不亡,赖有我始终拥护约法,拥护国会,即拥护真共和之各省人民及海陆军耳。

我国民迫于救亡,因国会议员之被妨阻,不得已蹈他国之成规,开国会非常会议于广州,组织军政府。文不佞被举为大元帅,自顾首建共和,忝从厥后,不忍视民国之夭亡,曾于就职之日宣布誓词,此志谅已大白于全国。惟有以讨灭奸凶自矢,无事多言。

乃者伪政府忽有组织新国会及重开参议院之举,其悖谬殆无待深辩。试问此六年间,全国之讨灭帝制者凡三,见国是之定于共和,主权之属于人民,已不难家喻而户晓矣!乃伪政府犹复曰立法未善,又复一再以依约法为言,颠倒是非,狐埋狐搰,莫此为甚。借曰立法未善,不既有前者宪法会议,制定宪法以改善之乎!借曰国会分子未善,不既有将来第二次国会以改善之乎!凡此皆有宪法之成规,而为国会之所有事,乃伪政府对于未终了之国会,则遏抑之;对于已废止之参议院,则重开之。姑无论其是非如何,试问孰授之权,而敢于如是之僭妄!利于一己者,则曰约法应遵,不利于一己者,则曰立法未善。等法律于弁髦,视国事如儿戏,未有甚于此者也。推原其故,无非不认人民主权之结果。共和其名,专制其实。彼伪政府之言,直一帝制自为之口吻耳。张勋复辟之祸,是非不难立辨。而此辈阳托共和,阴行专制,且复口称约法者,真有莠言乱政之患,实为共和之蟊贼,人民之大憝,此而不讨,国何以存?此而不辩,义何由正?除自国会解散后,伪政府之一切命令概认为无效,已经国会非常会议宣言外,本大元帅特明正伪政府之罪,通令全国,并将数年来祸患之原,为我国人反复垂涕而言之。彼伪政府苟知大义难容,束身待罪,则委诸国法之审判,全国庶无糜烂,而厥罪或免加重。倘犹一意孤行,执迷反抗,则义师所指,誓当歼厥渠魁,不留余孽。我全国人民亦当共起,而拥护已完全享有之主权,人人以讨逆救国之义务自任。孰谓民国将亡,而约法、国会竟不复耶!

至于文者,除以讨灭伪政府,还我约法,还我国会,即还我人民主权为职志外,一俟奸囚殄灭,即当辞大元帅之职。惟上帝式临,此志不渝,谨以哀痛之言,告我全国邦人兄弟,实式图之。此令。

大元帅(印)
中华民国六年十月三日

据《军政府公报》第十号(广州一九一七年十月一日)《大元帅令》

纪念双十节布告

(一九一七年十月九日)①

昔炎德中微,建虏猾夏,肆其枭桀,鞭笞宇内。于是仁人志士,目击心伤,誓雪巨耻,奋戈挺兵,前仆继起。虽久蹙匪一,其欲发愤而致死于虏,一也。阅时既久,大谊益章,共和民治之旨,既深沦浃于齐民之心,而虏主昏骏,亦专倾侧媚外,割地丧权,以是海内汹汹,知非事驱除,则芸芸禹甸,易世以后,靡有孑遗。乃陵严威冒〔冒〕万难奋起,各城通都之间,饮丸履刃者,后先相望,虽有淫刑大罚,气不稍挠。是以辛亥八月,鄂渚首义,而海内群起应之。时不数旬,遂覆清祚,成功之速,振古未有。斯不惟天夺虏运,亦以诸先烈百折不挠之概,深有感于国人。正义既昌,势不反顾也。

民国既建,凛国步之艰难,念缔造之不易,以鄂渚首义为阳历十月十日,

---

① 此件所标时间系《军政府公报》第十二号出版日期。

因定以为国庆日。著之令典,以识不忘。然自六年以来,袁、段诸逆,迭为僭乱,民瘼莫苏,国本未安,即此国庆纪念,亦复岌岌飘摇,闇然无色,此亦国人所深痛也。

本岁国庆纪念之日,又为段逆僭据首都之时。文受讨逆之任,越在南疆,昕夕黾勉缅怀先烈,亦欲与我国民饮水思源,知民国缔造之由来。暨夫诸先烈之耿光伟业,为吾人所宜拳拳服膺,致其诚敬。于兹纪念大典,交相勖励,共纾卫国之忱,力荷建设之责,以保持此国庆日至于无穷。耀其辉光,树我中华民国丕〔丕〕基。前型不远,国难方遒,挟〔扶〕持光大,我邦人其念之哉!

据《军政府公报》第十二号(广州一九一七年十月九日)
《大元帅布告》

军政府为香山东海十六沙护沙事宜布告

(一九一七年十一月九日)

中华民国军政府布告第三号

为布告事。

据香山东海十六沙农民代表何升平等呈称:香山东海十六沙护沙事宜,民国三年已定为官督绅办,咨部立案。其第二次咨复部文谓:若归顺德绅办,难免争端,乃竟为顺绅攘窃权利,只知苛抽,不任保护,以致沙匪复炽,耕获难安,请将香山东海十六沙由农民自捐自卫,名为香山东海十六沙农民护沙自卫局,由政府委官督办,以符原案,计呈简章一扣等情,前来查核。该代表所陈各节,系遵照原案办理,所拟简章,亦尚妥协,该简章规定局董由各沙遴选公正沙董充当,该局常费照民国历年护沙捕费成案办理,另各按该沙田亩之多寡,照数拨出二成为该沙联防经费暨维持政府捐务,保护业户租项,维持各乡乡佣公益捐,各办法尤为公溥。除委任本府委员刘汉华充当督办外,合行布告东海十六沙业佃人等知悉,尔等须知香山东海十六沙农民护沙自卫局由农民自捐自卫,遵照原案实行官督,一切办法悉依定章,系为裕国便民起见,自此次布告之返,所有各业佃应纳之沙捐捕费等项,迅赴香山东海十六沙农民护沙自卫局缴纳,慎毋观望迟延,致干未便,切切。特此布告。

民国六年十一月九日

据中国国民党中央文化传播委员会党史馆藏一般档案 053/9

申张讨逆护法令

（一九一七年十一月十八日）

大元帅令

共和政治,以法律为纲维；民国军人,以护法为天职。故民国成立以后,至约法公布,国会成立,而国基始确定。即全国将士,亦知非拥护约法、国会,则国本动摇,险象立见。是以袁世凯蹂躏约法,毁弃国会,则国内将士群起讨之。诸叛督迫胁总统,解散国会；伪政府背反约法,组织非法参议院,则国内将士又群起讨之。举凡癸丑、乙卯以逮今兹之役,转战千里,伏尸相望,前仆后继,百死不悔者,何一非为护约法护国会而战。盖以国本苟摇,则危亡可跂。军人职在卫国护法,虽蒙大难赴锋镝,而义有所不忍避也。

此次叛督肇变,迫胁解散国会,继之以总统迁废,民国国统于此斩焉中绝。是以西南将士扶义而起,海军舰队援袍而兴,以为非恢复约法、国会,则有死无贰,誓不解兵。议员诸君,见义帜之飞翻,知民气之可用,乃相率南来,集合国会非常会议,组织军政府。于约法效力未完全恢复以前,由大元帅执行民国之行政权。

文以衰迈,膺兹艰巨,甚惧力弗能胜。然一念及我义军将士,拥卫约法、国会之热忱,不得不暂统治国权,以完未尽之责。受任之始,即以攘除奸凶,恢复约法自矢。苟约法国会一日不恢复,奸究一日不扫清,则文之任务一日未尽。

我义军将士,苟知军政府受国会之委托,于民国绝续之交,负维持国统之巨任,则尤不可不与军政府僇力同心,共靖国难。矧治军之道,力合则强,势涣则衰。苟当此艰难绝续之交,无同力一致之效,则号令不齐,部曲散殊,何恃以驱叛众清逆焰,而收折冲御侮之效耶!

今伪政府自知罪不容于民国,方百出其诡谋,冀死力抗义师,为万一之徼幸。若彼以其整,我以其散,或分树异军,矫别名号,欲自外于军政府,此则所谓欲强其支,而不惜弱其干,其极非至于自弱自杀而不已。是乃伪政府所闻之而快心,然甚非我义军将士,护约法国会之初志也。须知当此逆党方张,协以谋我之际,我义军责职未尽,艰危方殷。诸将士与军政府为同舟共济之时,非党同伐异之日,所望猛悟自觉互相告诫。军政府方与诸将士以诚信相见,共负靖国之责。

自今伊始,其各一德一心,合力讨逆,以克竟军政府与诸将士拥卫约法国会之大责。其犹有忘〔妄〕逞私图负固不率者,则是显逆义军讨逆护法之公意。军政府职权所在,亦惟有不得已垂涕征诛,与众弃之,国法所在,愿相诫以毋犯。谆谆之意,其共勉焉。此令。

大元帅(印)

中华民国六年十一月十八日

据《军政府公报》第二十五号(广州一九一七年十一月十九日)《大元帅令》

纪念云南护国首义布告

(一九一七年十二月二十四日)

大元帅布告

乙丙之交,逆袁叛国,谬称帝制,国人怵惕于淫威峻罔,敛首屏息,莫敢亢违,民国不绝如缕。时则滇中将帅,未忍坐视共和之沦胥,不辞以一隅之地,数万之卒,投袂而起;于四年十二月二十五日,传檄远近,宣告逆袁罪辜,提兵四出,转战半载,北趋巴蜀,东临粤海,绝肮洞膺,遗骸载道,而终不反顾,逆势始摇。国内师旅乃群起应之。逆袁以是穷蹙而死,支党消散,民国复定,再造之勋,于斯为大。嗣经国会决议,以云南首义之日为国庆日,岁岁庆祝,以志弗谖。本年十二月二十五日,适届二周。当兹飘摇之运,弥念匡复之功,凡我邦人,允宜一体庆祝,示欢愉之忱,凛惕厉之志,戮力同心,共靖国难。俾此光荣之纪念,与民国永永无极,有厚望焉。

中华民国六年十二月二十四日

据《军政府公报》第三十六号(广州一九一七年十二月二十四日)《大元帅布告》

元 旦 布 告

(一九一八年一月一日)

民国肇基,既越六稔,中更祸乱,颠覆者再。文自惭首建,未竟全功,每思往事,辄用危惧。现值建国七周之辰,又为各省义师于役护法之会。叹国难之频仍,哀民生之多艰,午夜徬徨,不遑宁处。

因思吾国昔为君主专制国家,因人而治,所谓一正君而天下定。数千年来,只求正君之道,不思长治之方。而君之正,不可数数见,故治常少,而乱常多,其弊极于清季。受当世列强法治潮流之激荡,遂益情见势绌,转觉数千年之旧国组织,尚未完备,海内贤豪相与病之。群谋更张,以备外竞,而辛亥之改革以成。

当是时,文以薄德,恭承国民委托之重,就职南京;莅任之初,即向国民宣誓,以南北统一为解职之期。迨清帝退位,统一告成,遂遵前言,退而下野。夫岂欲借此以鸣高,良以共和国家,首当守法。藐兹予躬,实欲为法治植其基耳。不谓辞让非人,终于反噬。《约法》毁灭,国会废弃,燃人治已死之灰,播专制未尽之毒。既已以天下自私,人之欲之,谁不如我。故僭窃继起,叛变屡作,国无宁日,以迄今兹。综过去六载之泯梦,何一非在上者弁髦法纪阶之厉。犹幸共和大义,深浃人心。西南豪杰,义旗屡举,卒使叛盗计不得逞。由是可知国法不容妄干,而人治断无由再复也。

方今各路义师,迭奏奇捷,歼除元恶,指顾可期。际兹新岁,凡我忠勇国民与海陆诸将,当益奋前功,速图勘定内乱,回复平和,使法治之效,与并世列强同轨。庶足以生存发展,保此民国亿万年无疆之庥,愿与国民共勉之。

据《军政府公报》第三十八号(广州一九一八年一月四日)
《中华民国七年元旦大元帅布告》

大元帅布告

(一九一八年一月三日)①

照得本军政府由国会非常会决议组织,以护法救国为目的。设立以来,迭遭不法官僚明沮暗挠,一切设施均被阻遏,救国大计,无由进行。每加晓谕,冥顽蔑悟,欲民国复安,法律有效,非先驱除此不法官僚不为功。海军、滇军,素深明护法之旨,与彼万不相容。粤军将士,弥爱共和;即在桂军,亦不乏明哲之士。当此机会,可共功名,仰该各军官长士兵,遵依密令,迅行进攻,破灭敌人。功成之后,懋赏有加;如或游移,必贻后悔。特此布告。

据上海《民国日报》一九一八年一月十五日《军政府大元帅布告》

两广盐税收归军政府布告

(一九一八年三月八日)

大元帅布告

照得盐税一项,向归中央直接收入。现在护法各省一致讨逆,与北京非

---

① 底本未署日期。按孙中山下令炮击广东督署事发生在1月3日夜,此件应为3日发布。

法政府完全脱离关系，广东为护法省分之一，惟盐税前此迄未收回。近查北京竟有将两广盐税拨给龙济光扰粤之用情事，是不啻任非法政府敛吾民之财，以供其残杀吾民也。本大元帅以护法讨逆为职志，是用痛心疾首。兹已将盐税一项收归军政府，以我商民之正供，充军府开支国会、海军及其他属中央范围由军府支出之用途，凡我全国，谅有同情。嗣后各盐商应缴盐税，仰仍按照向章，向广东中国银行缴纳。倘有奸商违抗命令，或故意延宕者，定予截缉严惩，不少宽贷。各该盐商具有爱国热忱，其各激发天良，一体遵照，毋得故违干咎。特此布告。

中华民国七年三月八日

据《军政府公报》第五十三号（广州一九一八年三月九日）《大元帅布告》

着各盐商应按向章向广东中国银行缴纳盐税布告

（一九一八年三月十七日）①

大元帅布告

照得盐税一项，归中央收入，近查北京非法政府有将两广盐税拨给龙济光之用，殊堪痛恨。现军政府已将盐税收入直接收回，以期统一财政而杜乱源。此后各盐商应缴盐税，仰仍按照向章，向广东中国银行缴纳，倘违抗命令，或故意延缴者，定行截缉惩办。仰各该盐商一体遵照办理，毋得故违干咎，特此布告。

据上海《民国日报》一九一八年三月十七日

---

① 所标时间为报纸刊出日期。

公布取消北京政府擅定之公债条例等决议案令

(一九一八年三月十八日)

大元帅令

国会非常会议议决:取消北京非法政府擅定七年内国公债条例及发行办法,兹公布之。此令。

大元帅(印)

中华民国七年三月十八日

附录　取消北京非法政府擅定七年内国公债条例及发行办法议决案

近闻北京非法政府,以偿还中交两行欠款、提高纸币价格为名,颁布七年内国公债条例,其债额为四千八百万元,六厘起息,以延期赔款为抵押。自本年一月起,每年抽签还本两次,五年还完。其债票只定万元、千元两种,其发行方法全由中交两行包揽。

综观条例有绝对不能承认者四点:

(一)违背约法。查约法第十九条:国会有议决公债之募集及国库有负担之契约之权。审此条立法之精神专防政府滥募公债,重累人民,苟未经国会议决,政府即无自由募债之权。其所以限制之者至严,今非法政府竟于摧残国会之余,擅募巨额之公债,显与约法第十九条违背。

(二)垄断发行。查前六厘公债及八厘公债之向例,均由公债局发行,分途劝募。今乃以归还中交两行欠款为词,全归两行承办,概不分售。且债票只有万元、千元两种,使小资本家无力购买。则四千八百万元之公债,全归三五银行关系人所垄断。既背公债之原则,复异屡届之成例。

(三)侵蚀国库。按中交两行纸币市场价格不过五折有余,今以四千八百万元之纸币,而故授包揽发行者从中渔利之机会,使其五年之中连本息坐享三千余万元之巨利。小民挟有数十百元纸币者,仍受折卖之痛苦,是徒损国库,而无补小民者也。

(四)欺罔商民。此次非法政府发行公债,美其名曰提高纸币价格。使非法政府果有维持纸币之诚心,应即筹备现金收回纸币,庶几价格有日高之望。即不然,使商民咸有购买债票之机会,市间争收纸币以购债票,犹可望价格之稍高。今则反是,非中交两行则无从购入,银行关系人贪求无厌,必竭其操纵之能。故抑币价以营巨利,其结果必至纸币价格有降而无升,名曰提高币价,谓非欺民乎?

国会对于非法政府之一切行为,本已概不承认,然亦何忍听其违法营私,侵币罔民,缄默而不言。兹由议员褚辅成等提出议案,于三月十五日开大会公议,同日开二读会、三读会,一致议决办法三条如下:

一、北京财政部所定之民国七年内国公债条例,即取消之。

二、中交两行或人民收受北京财政部所擅发之七年内国公债票,概作无效。

三、通告各省民政长官,所有应解赔款,克日停解,妥实存储,非俟依法政府成立,经国会议决用途,不得擅动。

据《军政府公报》第五十九号(广州一九一八年三月十九日)《大元帅令》

通告驻华各国公使书

(一九一八年四月十七日)

中华民国军政府为通告事:民国不幸,叛督称兵,陈师近畿,胁迫元首,于民国六年六月十二日遂以非法命令解散国会。继以复辟之变,黎大总统出走,而中华民国根据法律由国会组织之政府,忽焉中断。各省兴师讨逆,兵未及发,而段祺瑞乘机窃据北京,自称总理。黎大总统尚在北京,尚未向国会辞职,亦非不能视事,乃不迎之复位,而擅召冯国璋于南京,使以副总统而代理大总统。国之重器,私相授受,又不恢复非法解散之国会,而任意指派数十人傅会职权终止之临时参议院(参照临时约法第二十八条)壤〔坏〕法乱纪,予智自雄,泯泯棼棼,莫知底止。洵为袁世凯称帝以后,以武力乱国实行武人专制第二之奇变矣。

共和国之根本在法律,而法律之命脉在国会。中华民国元年《临时约法》(以后简称约法)为民国最高之法律,在宪法未施行以前,其效力与宪法等(参照约法第五十四条)。凡为民国之人,皆当遵守,无敢或违者也。按照临时约法,大总统无解散国会之职权,国会亦无可解散之规定。绳诸命令抵触法律,则命令无效之通例,六年六月十二日非法命令与约法抵触,当然无效。国会虽被阻遏,不能在北京继续开会,然国会之本体依然存在,此民国全国人民所认为应恢复国会原状之理由也。本届国会厥为民国第一次国会,中经袁世凯、段祺瑞两次以武力阻遏开会,不能行使职权,议员任期实未终止,此又国会继续开会仍应召集旧议员集会之理由也。

国人痛大法之陵替,惧民国之沦亡,一致要求取消非法解散国会之命令,俾国会继续开会,而国之大事,一依法律解决。乃北京非法政府置若罔闻,而非法之代理总统、非法之国务员、叛乱之督军团以及非法参预国政之私人,公然以北洋派号召,视民国为北洋派之私有,思以武力征服全国,非法缔结借外债及军火之契约(参照约法之第十九条四款、第三十五条),以逞其残杀国人之毒焰。乃对川、湘首先用兵,粤、桂、滇、黔不得已而起护法之军,宣布自主。海军第一舰队亦宣言:以恢复约法、恢复国会、惩办祸首三事为救国之要图。当是时,国无政治中心,护法讨逆之功莫由建立。于是,国会应广东省议会之请求,遂开非常会议于广州,于民国六年八月三十一日由国会非常会议公布中华民国军政府组织大纲,爰为自主各省组织一戡定叛乱、恢复临时约法之军政府(参照本大纲第一条)。

自时厥后,自主各省莫不宣言护法,川、湘逆〈军次〉①第荡平,其他各省,闻风倾向。凡我国内及国外之人,乃莫不晓然于护法战争之大义,而本军政府之职志,遂以大白。

北京非法政府曾不悔祸,虽长、岳之战,北方慕义军人不甘为私人效命,相率退却;又重以长江三督军之联名要求,暂免段祺瑞之职。而段祺瑞方且利用特殊之参战督办名义,阳托对外参战,实行对内用兵,不惜欺蒙协约各国,而自亏人格。乃冯国璋者,又思自树势力,一面以停战议和缓义军之进攻武汉;一面命令曹琨〔锟〕、张怀芝、张敬尧南下,积极备战,仇视义军,行同鬼蜮(参照冯国璋青电)。此和议之所以不终,而复出于战也。惟冯、段各具私心,遂生内讧,段派督军团会议再现,而张作霖、徐树铮领兵入关,自由行动。段派叛督之横暴,虽段莫能制。长此不振,民国将成为无法纪、无政府并无人道之国。一任不法之武人割据称雄,分崩离析,其将何以为国?今段祺瑞复任非法总理,逞忿岳、长,纵兵烧杀淫虏,绝无和议之可言。此则本军政府因护法而救国救民,不得已而用兵之苦衷,当为寰球所共谅者也。

国家不可一日无政府,国会非常会议鉴于现时暴力强据北京者为非法政府,是以有军政府之组织。故军政府于约法效力未恢复前,实为执行中华民国行政权之惟一政府(参照军政府组织大纲第三条);易言之,则为约法上行使统治权存亡继绝之机关(参照同大纲第十二条)。现在本军政府已继续行使昔时北京政府之职权,与昔时北京政府无异,并非新发生之别一建设。诚恐友邦各国尚未了解,自应即日通告友邦各国,并郑重声明:本军政府承认切实履行中华民国六年六月十二日国会解散前中华民国与各国所缔结之国际及其他一切条约,并承认各有约国人在中华民国内享有条约所许及依国法并成例准许之一切权利。惟北京非法政府违背约法而与各国缔结之一切契约、借款或其他允行之责任,本军政府概不承认。谨布于友邦各国驻华公使,请烦转达于各贵国政府,尚望维持正义,承认本军政府,共敦睦

---

① 据温世霖《段氏卖国记》(1919年10月版)校补。

谊,永固邦交,实所厚幸。谨此通告。

中华民国军政府海陆军大元帅　孙　文
署理外交总长　林　森

据《军政府公报》第七十五号(广州一九一八年四月二十三日)《大元帅通告驻华各国公使书》

大元帅辞职书①

（一九一八年五月七日）

　　大元帅以诚意向国会非常会议辞大元帅之职,所有辞职理由:一、从政治上观察。大凡立宪国政治家之进退,全视民意为依归,民意代表机关,即在国会。国会信任政府,则政府无论处于如何困难时际,当然求贯彻其主张政策锐意进行。国会不信任政府,除宪法上解散国会之规定外,政府当然辞职。况此次国会非常会议,系由黎大总统以违法解散而来,大元帅不忍国会之中断,民国之沦夷,奔走呼号,国人大为感动,于是海军有护法之宣言,广东有自主之宣告。大元帅冒险南下,请求广东省议会欢迎国会,国会议员不远千里,遂开非常会议于广东,是以有军政府之组织。大元帅受国会之付托,任职以来险阻艰难,备尝之矣,一意以拥护国会为职志,于是护法各省始晓然于国会之尊严,莫不以恢复国会为达护法之唯一目的。今国会非常会议既通过改组,虽改组内容尚未决定,大元帅认为不能贯彻其主张政策,只有服从国会洁身以退。此不能不辞职者一。

　　二、从法律上观察。原军政府改组大纲经国会非常会议议决,无修正之规定,今一旦骤然修正,当然与原大纲有变更,大元帅守法不能曲从,挽救无术,亦只出于辞职之一途,此不能不辞职者二。

---

① 1918年5月4日,孙中山辞大元帅职,并发出通电。7日国会非常会议开会,第一案为议大元帅辞职事件。居正代表孙中山出席,登台报告,宣读孙大元帅辞职书。

大元帅辞职以后,对于国会非常会议有绝大之希望。此次护法,非仅护法,即以救亡。欧战不息,某国利用此机,耽耽虎视,段祺瑞再出,欲假外援,不惜牺牲国家,灭我护法政府,及各省各军,以逞一时之欲。共同密约行将签字,近复由某国驻京公使南下,与某要人晤商,名为调和,实则压迫。大元帅绝对反对和议,即护法各省各军,如承受其调和,自然承认其共同密约,中华民国等〈于〉朝鲜。况自民国以来,误于和议者不止一次,尚不至亡国者,以仅内部争持,无外国之干涉也。今若以改组之故,本想联合,适得其反,由外人干涉议和,则是亡国之罪,国会不能不任其咎。所以深愿国会诸君,无论改组若何,仍本初志,勉励护法各省各军,践最初之宣言,拥护约法,勘定叛乱,国会与大总统完全得行使其职权,不但民国不亡,而共和政治,率由轨道,国民幸福,由此日臻,大元帅虽辞职,亦与荣施焉。

据上海《民国日报》一九一八年五月十五日《军政府改组之汇闻》

留别粤中父老昆弟书

（一九一八年五月二十一日）

文常闻国人之所以称吾粤者矣,以为粤据南海之形胜,襟带三江,天产至丰,地力至博,与海外交通最先。工商学子又往往航行万里,远适异国,履艰险,辟草莱,所以治贸迁而求学术者,莫不推粤,而从之步趋焉。虽然,此恒人之辞也。文则以为,吾粤之所以为全国重者,不在地形之便利,而在人民进取性之坚强;不在物质之进步,而在人民爱国心之勇猛。挽近几十年来,外怵于异国之侵陵,内鉴于满政之窳败,皇皇然有危亡之惧,乃悉力毕虑,期驱异族,建民治,为全国创。

自乙未以来,大小数十役,断首洞胸,后先相继,而终不反顾。海外侨胞亦复敝衣节食,罄其血汗之资,以扶义举。数国内革命之军,敢死之士,殆往往有吾粤志士从事其间,奋其义愤。辛亥一役,遂涤荡数千年专制之瑕秽,而建立民国,此则吾父老昆弟大有造于国者也。民国既造,吾父老昆弟念缔造之艰难,凛建设之不易,犹欲瘁其心志,进国家于郅治。顾以权邪柄国,良法美政遏绝不行,晦塞之象,剧于专制,此则吾父老昆弟所疾首太息,莫可如何,而亦文夙夜所引为深憾者也。

　　文去乡之日久矣,虽奔走国事之顷,每念桑梓之乡,钓游之地,斯须之间未尝去怀。颇闻数年以来,民生日以凋敝,物力日以艰难,风俗日以偷薄,寇盗日以充斥,疑以为传闻之过。迨客岁归来,目击所谓民政之不修,财力之支绌,风俗之淫靡,赌博之纵恣,掳人于郭内而不能禁,杀人于通衢而不能救,行旅相戒,动罹祸患,举全国所未有之恶德乱政无不备之,此真吾粤之深耻奇辱,而我父老昆弟所宜力为湔濯者也。夫以吾父老昆弟爱国如是其殷也,进取如是其强也,而独于桑梓之乡日听其窳败坠落而不一加拯救者,是则我父老昆弟爱国之心过厚,而爱国之责太重,故虽意不忘故乡,欲曲尽其维护之任,而力有所不能顾,暴力者乘之,遂肆其摧残劫剥而无以抗也。然国者乡之积也,爱国者亦必爱乡。

　　文以数十年奔走在外,未能为故乡有所尽力,夙夜耿耿,每用自愧。此一载来,虽处故乡,顾迫于护法之役,备历艰难,独任劳怨,绸缪补苴,心力交瘁,仍未暇有所助于父老昆弟也。今任务稍得息肩,方欲借此一漫游海外,略事休养,复我元气,俾异日得再效驽钝于我父老昆弟。临别惓惓,窃欲我父老昆弟深念夫爱国固吾人之天职,爱乡亦吾人义所不可废。吾人既负救国之责,而整治乡邦,亦宜引为己任。夙夜孳孳,而致力于所谓培养民力,增进民智,扶持风俗,发展自治,采人之所长,去我之所短,以发扬吾粤之光荣,永永为全国之仪型,以驰誉于世界。如是而我父老昆弟爱国之心乃可云尽,救国之责乃可完满而无憾。不然徒舍近而图远,譬之巨厦,第事粉饰外观,不知其内之蠹蚀,日积月累,必至栋摧梁崩而后已。此岂我父老昆弟所忍出也。

　　文行矣,翊卫桑梓,发扬光大,重劳我父老昆弟之虑划。溯回珠江,瞻望五岭,语长心重,不觉觍缕,区区之忱,维我父老昆弟共鉴之。

孙　文

据《中央党务月刊》第十四期(南京一九二九年九月)

与唐绍仪等发布军政府对内宣言书

（一九一八年七月二十四日）①

（衔略）中华民国七年五月十八日国会非常会议,既修正军政府组织大纲,绍仪、继尧、廷芳、文、葆怿、荣廷、春煊等,猥以庸愚,被选政务总裁。既宣布就职,建立军府,谨昭告于天下曰：

自民国肇基,约法斯缔,由约法产生国会。国会者,唯一之立法机关也。惟我国宪法,既未经正式宣布,则所应恪守者,唯此约法。约法无解散国会之条,解散之者,即为非法。惟若辈每以国会不良为借口,不知其中分子容或有不满人意者,然不得因此解散其机关。即如国家建官分职,不能尽决为奉公守法。然未闻因此咸取消其名义。行政且然,何况立法。顾前此艰难恢复之国会,何以再蹈解散覆辙,则以段祺瑞思假外交政策,专制国事,遂倒行逆施而不恤也。

盖自德人以潜艇封锁战略,加危害于中立国,我国对德问题,缘此而起。始则警告,继则绝交。当段祺瑞将绝交案提出国会时,赞成者居四分之三,是国会对德意见本与协约国取一致行动。及对德宣战案提出,段祺瑞深惧国会窥见其借外固权之隐衷,不待国会议决,嗾使党徒,号召无赖,围困国会,殴辱议员。于是,发生六年六月十二日挟迫解散国会之事,倪嗣冲首倡叛变之事,张勋乘机复辟之事。总统被逐,元凶恣睢,叛人之党,争冒功首,是非混淆,国法荡然。北廷遂得恣所欲为,悍然设非法之参议院,通过非法之国会组织及选举法。现又贿赂公行,选举非法之国会议员,是今之民国已名存而实亡矣。

夫国会解散以来,某等或奔走沪、粤,筹议护法；或料简军实,共靖国难。海军将士同具护法决心,程前总长率舰队南下。国会议员亦开非常会议于

---

① 此件未署月份,按:孙中山接受总裁职务是7月16日,据此推断此电当在7月。

广州,于中华民国六年八月三十一日公布军政府组织大纲,于是,护法大业始有所寄。其粤、桂、滇、黔、川、湘六省,咸知矢诚卫国。羽檄飞传,则三军感泣;义旗所指,则群奸褫魄。信人心之不死,国命之有托也。乃者国会已于本年六月十二日在广州开正式会议,议员陆续南下,法定人数,计日可足。而某适承负托,非使国会恢复、约法完全回其效力,不敢自荒厥职。曩者,某等念邦基新造,靡堪多难,屡有和平之提议,而所要求,又只恢复国会一事。惟北庭深闭固拒,绝无诚意。即最近庚电,声明如不签亡国之约,我即罢兵和平解决,而北廷务为粉饰之词,绝弃和平之议。

盖非法政府为段祺瑞擅据以来,借外债卖物产,擅结条款,滥购军械。假参加欧战之名,行残杀国民之实;且包买鸦片,破坏禁烟条约,纵容徐树铮擅杀陆建章,迹其怙恶罔利之行,纯为穷兵贼民之计。遂使北军所至,城市为墟。湖南长沙、株州〔洲〕各属,房屋遭焚毁,人民被屠戮,尤其明证。民心愤慨,誓扫凶逆。

粤、桂、滇、黔、川、湘六省,既早以拥护国会恢宏约法为职志,其闽、鄂、陕、豫、浙、赣诸省,或特起雄师,克复州郡;或阴谋附义,待时而动者,咸存见义勇为之心,具剪此朝食之慨,以此护法,安有不达者哉?然国家大政不得已而诉诸武力,诚可痛心。果北廷悔祸,宣布遵守约法,恢复国会,自可消除兵气,共维国本。

凡我国民,其见兹诚悃,一乃心力,为军政府后盾。民国不拔之基,实嘉赖之。特此通告,咸使闻知。

中华民国军政府政务总裁唐绍仪、唐继尧、伍廷芳、孙文、林葆怿、陆荣廷、岑春煊①。敬。

据上海《民国日报》一九一八年八月二日

---

① 岑春煊,字云阶,广西西林人,故亦称岑西林。

军政府对友邦之宣言书

(一九一八年八月)

　　中华民国军政府改组既成立,政务总裁谨宣言于我同盟国及诸友邦,俾知此次南北构兵之原始、护法之目的,与夫争端之所在,两方之曲直,以听世界之判决焉。此次构兵之总因则在段祺瑞及其北方武人派肆行其武力主义;而其近因则为以非法解散国会。溯自一九一七年二月德人采用无限制之潜艇政策,国际公法破灭无余,美国政府邀中立国筹对付之策。我中华民国,因此对德始而抗议,继而绝交。时主持其事者,为大总统黎元洪、国务总理段祺瑞、外交总长伍廷芳也。绝交事务,移交国会讨论,两院以大多数同意,几占四分之三,足见是时国会对于政府所持之外交政策,固表示一致之趋势也。曾无几时,对德宣战之议案,复提交国会,而疑窦乃丛起,谈者多以为北方武人派非与德宣战也,不过利用宣战之机会以扩张其势力耳。中国加入战争后,同盟国或将有财政军实及精神上种种协助,彼将不用对于德积极作战,惟将自私自利耳。果也,段氏于战案未决之际,召集各省督军会议于北京,其中如倪嗣冲者,其始对于与德绝交,且极力反对,一入都门,则居然为主战最力之人物,血诚之热,至于国会讨论战案之日,不惜贿买市井无赖,街社乞丐,包围议院,嚣喧喊呐,作主战之奋呼。议员中以反对战案著名者,辱之殴之,纷乱扰攘,自朝至暮。而负保护治安之警察,袖手傍〔旁〕观,莫敢谁何。大总统以为段氏信用已失,在此呼吸存亡之际,段氏不宜再当国政,下令免段氏职。段氏悻悻出京,即电告其党人,谓彼去职后,国家秩底〔序〕一概不负责。有此一电为之暗示,响应立生,于是要求复职之声,相继以起,宣告独立与中央脱离关系者,接踵而至。设立总参谋处,占领铁道,进兵首都,大乱掀翻,举国鼎沸。张勋者以主张复辟著名,又为北洋系内幕中之最有关系人物也。于此则貌为置身事外,翩翩然入京,自认为调人,调停于叛督及被困大总统之间。其调停之办法,则为解散国会,国会之不悦于持武力主义者,固各国之所同也。依吾国约法所载,大总统无解散国会之权,国会不特为立法之机关,依约法所赋予,亦当为制定宪法之机关,且其时所制之宪法,亦将告成矣。国会之组织,虽有不善,只能听其自行修正,他人无过问之权。惟此种之辩争,尽归无效。大总统黎公逼于武人之要求,因一时之软弱寡识,遂下解散国会之令。黎公之所以出此,冀有止流血之祸,而舒国家之忧。故虽经代理总理伍廷芳以去就争之,亦所不惜矣。张勋假国人之头衔,衔兵数千,拥入首都,一夜而复辟之祸作。奉其幼主,自居为议政大臣,以为既与北方武人有不轨之预谋,故有恃而无恐。然而张氏亦一旦为彼武人之牺牲。北方武人,乃亦反对复辟,屏弃张勋,段氏由马厂兴师,进逼京邑,仅经两小时,竟驱张勋于使馆之内。北京一隅俨然为段氏之征服地矣。段乃藉黎公之命复职总理,黎公亦引身而退。然段之复职无国会之同意,等于无效,黎公之退位亦未经正式之手续也。黎公既退,冯国璋遂入居代理大总统之位,计自非法解散国会,至于今日,阅十有三月。西南护法各省要求恢复国会,热心毅力曾不稍衰,彼盖深信国无法不足与立。彼又深信,共和国家之宪法,为一国最高之法,盖神圣不可侵犯焉。彼更深信,国会为吾国新成立之机关,即有修改之余地,亦须依法而修改,不能以武人凭借之长枪大戟以为威力者,而解散之。使非法解散而可忍受,则凡国中有长枪大戟附其背后者,便可自由改易国法,亦可自由废置政府,一惟其意旨之是听。彼武人之意旨,多便于一己,而不便于国家。护法同人,本此信仰,不惮烦劳,要求北京政府恢复国会亦既屡矣。北京政府惟一意孤行,召集临时参议院,其议员由其自由指派,且命之修改国会组织法及选举法焉。今日者,组织法及选举法居然告成,囊中国会之滑稽选举居然进行无碍。此等国会,固不能代表护法各省,即以彼北方诸省而论,亦何能代表之。彼之选举,纯然出于贿买及恐吓而已。忠告与要求既已无用,武人所知,惟有武力。护法同人,知非诉之武力,不足以达其目的,然犹不惜瘏口哓舌,使彼知护法之本旨,原无他求,不过恢复国会一事。苟国会朝下令恢复,护法同人夕可罢兵。此种要求,为惟一之正谊,显而易明,竟因此正谊之要求,使全国陷于战争之惨祸,果谁为之,而孰令致之乎。彼武人既无和平诚意,肆其武力,图以压服南方。征兵四出,而地方秩序蹂躏矣。敛财无节,而凡百建设废矣。尤其甚者,庚子赔款延其交付列强之意,原可感也,惟彼武人得此,更有以增兵购械,杀其热心护法之同胞。黩武穷兵,财源为竭,则又举债于外,卖矿山卖铁路曾无所吝惜焉。且夫鸦片流毒,在昔满清末祚,犹且著之国法,订为条约,犯者科以重刑,期有以禁绝。今之北京政府,公然自为鸦片行商,购之烟商,售诸邦人,冀于此可得大宗赢利,使鸦片之祸,绝而复活。其平时俦侣,位列将军,稍表同情于南方者,则百计诱之北上,不经法庭审判之手续,一瞬目而杀之于庭前,公诉词及罪状,死后乃由总统命令补述之,是尚成为何政体耶!段氏与外交部私订重大之盟约,加人民以无量无边之担负。既无国会予以承认,次凡国人之一切诘责,都所不顾,内容秘密,国人无得而过问焉。以吾国人口之众,物产之丰,今既参加战团,宜可以予协约国莫大之助力矣。然环顾今日之中国,所以助协约国绝无有也,是明明中国与协约国同盟,非所以厚同盟之援助。段氏将利用同盟之援助,助其武力政策之成功。北方诸省,隶属武力主义之下者,不死于兵戈,则死于厉疫,不死于厉疫,则死于饥荒,曾无得政府少许救助者。于以土匪蜂起,群盗满山,劫房谋杀之事,且及于外国人矣!此吾人所以绝对反对武力主义者也。普鲁士以武力主义鞭笞天下,明目张胆,人人得而见之。惟北京政府,戴共和民治之假面具,而行其武力主义,人且易受其欺,此吾护法同人之所以大张挞伐也。除我海军之一部分倡议护法外,我护法军奄有滇、黔、蜀、桂、粤五省之众,其他如湘、鄂、闽、赣、鲁、豫、秦、浙诸省,或占领州郡,或异军特起,或徐图响应,与我护法同人为一致之行动,所在而有。名义既正,势力日长,以此护法,安有不达其目的者哉。正式国会又同时召集于广州,此即一九一三年所选出而成立者。有此国会,列强即承认中国为共和国焉。今日名器犹存,故物无恙,足法定人数,依时间议,在指顾之间耳。国会同人,顺时势之要求,非使护法各省各军有一实力联合政府,不足以资因应。于本年五月十八日,开非常会议于广州,改组军政府,遂选出政务总裁七人,凡兹种种建设,为拥护约法也,为正谊人道也,非欲分裂中国也。由此可见吾人之图建树、彰挞伐,为置吾中国民治主义于万全。吾人之战,虽与联军异其地,而反对武力专制政策同其功也。吾人非不知列强希望吾国之早趋于和平,吾人希望和平之心,且比列强为益切,惟希望和平,亦有其道,若以和平期望于段氏及其党人,非使彼等豁然开眼不可。运和平之妙用,是在列强承认护法政府,经此一番承认,列强和平之愿望,庶几可以实现也欤。此为代表护法各省各军之诸总裁,贡献此悃款之忱于我诸友邦之前,而听世界公论之裁判。当兹军政府改组成立,并昭诸友邦予以承认焉。

据上海《民国日报》一九一八年八月二十二日

护 法 宣 言①

(一九一九年五月二十八日)

南北交战,已过二年,将士劳苦,人民涂炭。今者,两方将领已各有以救国为先之表示,无必以战争贯彻主张之意,而人民犹受因战争牺牲生命财产之苦。夫战争以求达目的,因致殃民,不得已也;无意于以战达目的,而徒以不和殃民,则大不可!今日为求救国,人民无不希望速得合法永久之和平,职是故也。而至今和议不成者,罪在不求之于国家组织之本根,而求之于个人权利之关系。

须知国内纷争,皆由大法不立。在法律,国会本不能解散。若不使国会复得完全自由行使其职权,则法律已失其力。根本先摇,枝叶何由救正?内乱何由永绝?况国家以外患而致艰危,一切有损主权危及国脉之条约,其订立本未经国会之同意,故亦惟恢复国会完全自由行使职权,始能解除之。盖订约、解约之权本在国会,擅订固属违法,不以未经国会同意为基础而言解约,亦无可解之理由。故和议初开,文即以恢复国会完全自由行使职权为唯一条件,必令此后南北两方蔑视合法国会之行动一切遏绝,凡与合法国会不相容之机关组织悉归消灭,则和平立谈可致,外患内忧皆不足虑也。国民对

---

① 当时,西南军阀操纵的广州军政府与北京的北洋军阀政府之间"南北议和"宣告破裂,此系孙中山在上海就时局问题发表的宣言。

我主张,多数赞许,乃不幸议和数月,竟无结果。今虽日言续议,理固无由可成,抑且外法律以言和平,其和平岂能永久,外患又何由可息哉?今日言和平救国之法,惟有恢复国会完全自由行使职权一途。

诸君虽处境不同,置籍于中华民国则一,栋折榱崩,岂能无惧。希以中华民国国民之资格,受此忠言,一致通电主张,共谋救国之业。苟使国会得恢复完全自由行使职权,永久合法之和平于焉可得,则文之至愿也。若有沮格此议以便其私者,则和平破坏之责,自有所归。尤望诸公以救国之本怀,捐弃猜嫌,与文共达此重新改造中华民国之目的。国步方艰,时不待人,苟且迁延,为厉滋大。诸公爱国,幸速图之!

孙　文

据吴拯寰编《孙中山全集》第四集(上海三民图书公司一九二七年版)《初次护法宣言》

与唐绍仪等移设军政府宣言

(一九二○年六月三日)

自政务总裁不足法定人数,而广州无政府;自参、众两院同时他徙,而广州无国会。虽其残余之众,滥用名义,呼啸俦侣,然岂能掩天下耳目?即使极其诈术与暴力所至,亦终不出于两广。而两广人民之心理,初不因此而淹没,况云南、贵州、四川固随靖国联军总副司令为进止;闽南、湘南、湘西、鄂西、陕西各处护法区域亦守义而弗渝,以理以势,皆明白如此。固知护法团体,决不因一二人之构乱而涣散也。

慨自政务会议成立以来,徒因一二人所把持,论战则惟知拥兵通敌,论和则惟知攘利分肥,以秘密济其私,以专擅逞其欲,遂有所谓五条办法者,护法宗旨,久已为所牺牲。犹且假护法之名,行害民之实。烟苗遍地,赌馆满街,吮人民之膏血,以饱骄兵悍将之欲,军行所至,淫掠焚杀,乡里为墟,非惟国法所不容,直人类所不齿。文等辱与同列,委曲周旋,冀得一当,而终于忍无可忍,夫岂得已。惟既受国民付托之重,自当同心戮力,扫除危难,贯彻主张。兹已共同决议,移设军府。绍仪当受任议和总代表之始,以人心厌乱,外患孔殷,为永久和平计,对北方提出和议八条,尤以宣布密约及声明军事协定自始无效为要义;今继续任务,俟北方答复,相度进行。廷芳兼长外交、财政,去粤之际,所余关款,妥为管理,以充正当用途,其未收者,亦当妥为交涉。文与继尧倡率将士,共济艰难,苟有利于国家,惟力是视。谨共同宣言:

自今以后,西南护法各省区、各军,仍属军政府之共同组织。对于北方继续言和,仍以上海为议和地点,由议和总代表准备开议。其广州现在假托名义之机关,已自外于军政府,其一切命令、行动及与北方私行接洽之事,并抵押借款,概属无效。所有西南盐余及关余各款,均应交于本军政府。在军政府移设未完备以前,一切事宜委托议和总代表分别接洽办理。希北方接受此宣言后,了然于西南公意所在,赓续和议,庶几国难救平,大局早日解决。文等不胜厚望,惟我友邦及国人共鉴之。

孙文　唐绍仪　伍廷芳　唐继尧　六月三日

据《军政府公报》一九二〇年十二月四日"布告"光字第一号《四总裁第一次宣言》

重申护法救国宣言

（一九二〇年七月二十八日）

北京徐菊人先生、萨鼎铭先生①,云南褚慧僧议长②、转参众两院诸公,各省省议会、督军、省长鉴:

西南义师之起,原以护法救国为职志。故无论南北,苟与护法救国主义相容者,友之;苟与护法救国主义相反者,仇之。此文等所以有六月三日之

---

① 萨鼎铭,即萨镇冰,时正代理北京政府国务总理。
② 褚慧僧,即褚辅成,国会参议院议长,时国会部分议员移往云南开会。

宣言,冀国民与友邦了然于是非邪正之所在也。宣言书发表后,北方通电赞成者,只有段祺瑞及其部曲等。而段祺瑞漾日答复宣言之电,悔祸之心,露于言表。文等本以护法救国为标,故和议条件,注重于取消中日二十一条,及宣布民国六年六月十二日非法命令之无效;在和议未赓续前,须先宣布废止中日军事协定以示决心,始有和之可言。于是北京边防处,遂有决定废止中日军事协定之寒电;而对于二十一条之废止,亦有承认之表示。由是言之,彼方既有改变外交政策、不计后此利害之决心,则和议当然有续开之期。乃北方内讧,由是而起,合法和议,为之顿挫。

文等持〔特〕本国民公意,用再宣言:无论北方内讧如何结束,无论当局者为何派何人,惟我西南护法救国主张,必始终贯彻。北方果有希望统一诚意,必须首先废止中日军事协定,并有宣布废止中日二十一条之表示,然后和议乃可赓续,而国本乃不至动摇。倘有违背护法救国主张,复假借名义以谋个人权利者,不问南北、不问派别,当与国民共讨之! 特此宣言。

孙文、唐绍仪、伍廷芳、唐继尧。俭。

据上海《民国日报》一九二〇年七月二十九日《四总裁重申护法救国宗旨》

统一国民党译名通告

（一九二〇年十一月十日）

本党自成立以来,国外各部曾经以国民党名义向各该地政府注册,但其所用英文名称,各处未能一律,殊多不便。兹特规定英文译音,并译意式如下：The Kuo Min Tang（Chinese Nationalist Party）。至他国文,则只译作 Kuo Min Tang。自此规定通告之后,仰各总支部、各支分部一体遵用,以免纷歧,此布。

中华民国九年十一月十日
孙文启

据《中央党务月刊》第五期(南京一九二八年十二月)"特载"《总理划一本党译名通告》

与唐绍仪等发布建设方针宣言

（一九二〇年十二月一日）

各省省长、总司令、督军、省议会、各团体、各报馆均鉴：

文等前因北方军阀毁法祸国，乃在粤建立护法政府。中经奸人扰乱，致阻进行。兹则障碍既除，建设伊始，谨为宣言以告国人曰：

民国成立，于今九年，始以袁世凯称帝，继以督军团叛国，张勋复辟，祸乱相寻，建设事业，百未一举。今当以护法诸省为基础，励行地方自治，普及平民教育，利便交通，发展实业，统筹民食，刷新吏治，整理财政，废督裁兵，进国家于富强，谋社会之康乐。共和政治，民为主体，同心协作，有厚望焉。

孙文　唐绍仪　伍廷芳　唐继尧　东（印）

据《军政府公报》一九二〇年十二月四日"布告"光字第一号

与唐绍仪等为粤军返粤平乱宣言

（一九二〇年十二月六日）

三年以来，本政府欲以和平之方法，使毁法卖国之人厌乱悔祸，对内必使法律之效力胜武力，对外必使卖国条件悉行废弃，俾建设事业得以具〔俱〕举，是以停战言和。乃岑春煊等与北方暗中勾结，各谋私利，本政府乃令粤军返粤，将内乱之人，悉行驱除。

今再宣言曰：北方频年行动，最有害于国者三：一、利用军阀，盗窃政权；二、以善后赈灾等为名，欲欺骗新银行团，而得未经民承认之借款，擅加国民之负担；三、宣布伪统一，自认非法，而又以无国法上地位之机关，擅令各省举行伪国会选举。凡此三者，苟有其一，已足破坏和平，陷国家于危境。本政府仍盼北方速行屏除军阀，停止借款，取消伪令，庶可相见以诚，继续和会,为正当之解决,以副人民之希望。

孙文　唐绍仪　伍廷芳　唐继尧

据《军政府公报》一九二〇年十二月六日"布告"光字第二号《四总裁第六次宣言》

慰劳诸将士宣言

（一九二〇年十二月十日）

　　自护法战争以来,诸将士转战前敌,既逾三年,劳苦甚矣!共和既达,付托非人,军阀盗魁,乘之而起,遂致政治不良,社会退化,武人积富万亿,人民困苦死亡,无所告诉。文等与民国关系至深,乃亲见其败坏至于如此,宁不痛心?两广受盗祸尤深,遂至官开赌博,暴敛横征,竭百姓之膏脂,供贼酋之挥霍。今幸赖诸将士之力,恢复全粤。尤望继续奋斗,肃清贼巢,使两省人民重睹天日,从此改良政治,发展生计,以南方诸省为民国巩固基础,诸将士之功勋,诚永世不朽矣!

据上海《民国日报》一九二〇年十二月十九日《军政府慰劳将士宣言》

大总统定期就职公告

（一九二一年四月二十二日）

　　广州参众两院各总裁、陈总司令兼省长、省议会,各省总司令、省长、省议会、各团体、各报馆鉴:奉孙率总裁谕:准国会非常会议议决中华民国政府组织大纲,并依大纲第二条,选出孙文为中华民国大总统。兹定于五月五日在广州就职,应由秘书厅先行通告等因,特电奉闻,军政府秘书厅。养。

据上海《民国日报》一九二一年四月三十日

就任大总统职宣言

（一九二一年五月五日）

文受国会付托之重，膺中华民国大总统之选，兹当就职，谨布所怀，以告国人。

前清末季，文既愤异族之专政，国权之日落，乃以民族、民权、民生三主义提倡革命；赖国人之力，满清覆亡。文喜共和告成，战争可息，慨然辞总统职，以政权让袁世凯，而自尽力于铁路事业。不谓知人不明，民国遂从此多事，帝制议起，舆论哗然。虽洪宪旋覆，而余孽尚存，军阀专擅，道德坠地，政治日窳，四分五裂，不可收拾，以至于今。文既为致力于创造民国之人，国会代表民意，复责文以勘乱图治。大义所在，其何敢辞？

窃维破坏建设，其事非有后先，政制不良，则致治无术。集权专制，为自满清以来之秕政。今欲解决中央与地方永久之纠纷，惟有使各省人民完成自治，自定省宪法，自选省长。中央分权于各省，各省分权于各县，庶几既分离之民国，复以自治主义相结合，以归于统一，不必穷兵黩武，徒苦人民。至于重要经济事业，则由中央积极担任。发展实业，保护平民，凡我中华民国之人民，不使受生计压迫之痛苦。对于外交，由中央负责，根本民意，讲信修睦，维持国际平等地位，保障远东永久和平。

际兹拨乱返治之始，事业万端。所望全国人才，各尽所能，协力合作，共谋国家文化之进步。文誓竭志尽诚以救民国，破除障碍，促成统一，巩固共和基础。凡我国人，幸共鉴之。

孙　文

据上海《民国日报》一九二一年五月十二日《大总统就职宣言》

就任大总统职对外宣言

（一九二一年五月五日）

四年以来，爱国之士讨伐军阀及卖国贼，无非为护法主义及国家生存计。此不能名为南北之争，实共和主义〈与〉军阀主义宣战，爱国者与祸国者宣战而已。

北方人民对于南方宗旨，固表示同情，观其历次所行运动及抵抗，与南方同一宗旨，此其明证矣。北京政府对于名义上受其管辖之省份，亦失其统治之权力，一任军阀之劫夺人民，荼毒地方。北京政府反须听军阀之命令，而军阀且因争权而互斗。近彼派中竟有大逆不道，与俄国帝党联络攻陷库伦者。前北京政府内部空虚，呈倾覆之势，外人之占据，且骎骎由北而南，中国之为国，正处于最危险之地焉。自一千九百十七年六月，非法解散国会，北京已无合法政府存在，虽有新选举法制造新国会之成立，均无法律之根据。凡〈此〉种种行为之不合法，竟由徐世昌自行承认。去年十月，彼曾命令行新选举，不依新选举法而依旧选举法。然而新选举法者，徐氏地位之根据也；旧选举法者，与徐世昌地位不相容者也。是已自称总统者，已自认其名分之不正矣。

际此时期，国家生命如此危险，北京又无合法能行使职权之政府。国会为全国各省、各区惟一合法代表机关，因是组织政府，举文为中华民国大总统。文为建设民国之人，不能坐视民国处危急之秋，自惜其力，不加援手。一千九百十一年，文曾被选为大总统，执政未久，旋即辞职。当时用意，在促成南北之统一。今决意殚竭能力，忠诚奉职，俾我国民咸获满意焉。

举文为大总统之国会，固代表完全国〈家〉、不分南北者。是以文之第一职务，在统一民国各省、各区，置诸进步的、修明的政府管理之下。列强及其人民依条约、契约及成例，正当取得之合法权利，当尊重之。今图最大之利源，或为天然，或为工艺，必悉与开发，则全世界经此数年大战损耗之后，亦可因此获有裨益。诸所措施,抱开放门户主义,欢迎外国之资本及技术。南方各省既处良好政府之下,享受正直的、建设的政治而益发达。深仗〔信〕其他各省,不久即脱离军阀之羁勒、腐败之政治,而奉由本政府之主义。于是渴想之统一,即可成为事实矣。文责任虽重,然以北京政府之不合法及无能力,自信尚能达其目的。

北京政府已不为国人所公认,彼之幸存,不过据有历古建立之国都,因而得外国之承认。一千九百一十三年,国会组织之民国政府,曾经友邦之承认。本政府亦为此国会〈所〉组织者,应请各友邦政府援此先例,承认为中华民国惟一之政府。本政府当局绝无挟私图利之见,咸怀竭力为国之心。其所代表之主义,民国而得生存,且得在国际上占有其应有之地位,则其主义终必优胜。主义维何?曰自由,曰法治,曰公益。

孙　文

据上海《民国日报》一九二一年五月十二日《大总统对外宣言译文》

否认非法公债之布告

（一九二一年八月二十九日）

自民国六年国会被非法解散以后,伪廷所发各种公债,迭经国会及前军政府声明否认在案。乃伪总统徐世昌日暮途穷,倒行逆施,竟敢以伪令发行民国十年公债,逼迫各地商会认销。查徐世昌伪总统资格,自伪国会解散后,已不复存在,早为中外所共弃,似此弁髦国法,横征暴敛,言之殊深痛恨。

近年水旱濒仍,干戈未息,田野荒芜,庐舍荡析,憔悴亦已极矣。嗟此喘息未定之孑遗,何堪再受不道之掊克。兹特布告国人,须知伪廷徐世昌命令所发行之民国十年公债,及其余一切之公债,未经合法国会通过者,均属无效。将来统一之后,政府不负偿还之责,中外人民其一致拒绝,勿得受愚购认,或代为募集,致干法纪,而受损失,以副本大总统轸念民生,整师纲纪之至意。

中华民国十年八月二十九日

据上海《民国日报》一九二一年九月六日《大总统否认非法公债之布告》

就出席华盛顿太平洋会议代表资格的宣言①

（一九二一年九月五日）

欧战告终,太平洋及远东为世界视线之焦点。美国大总统发起华盛顿会议,以图解决太平洋及远东各问题,柬请吾国与会。夫远东问题,实以中国为枢纽,而中日"二十一条",高徐、顺济、满、蒙四路密约,及其他秘密协约,制我死命,夺我主权,不废弃之,国将不国。追原祸始,此种条约,实缔结于徐世昌及其党徒之手。以手订祸国条约之人,膺解决远东问题之任,狐埋狐搰,必无所幸。况徐世昌之地位,产生于非法国会,自其去年布告旧法新选,其所取得之伪资格亦已丧失无余。故徐世昌对于中国问题,以道德言,以法律言,均无发言之余地,更无派遣代表之资格。绝非假借纸上政治统一,而可以盗权妄为者。

本政府职权,由法律所赋予,为中华民国正式政府。向来对外交涉,均系秉诸公道,故周旋国际,绝对不受何种束缚。本大总统谨代表政府及中华民国国民郑重宣言:将来华盛顿会议,苟非本政府所派之代表列席与会,则关于中国之议决案,概不承认,亦不发生效力。凡我友邦及我国民,幸共鉴之。

中华民国十年九月五日

据《广东群报》一九二一年九月六日《大总统否认伪廷对外资格宣言》

---

① 美国总统哈定倡议在华盛顿召开太平洋问题会议,并于7月10日正式邀请英、法、日、意等国参加。8月13日,美国政府又邀请北京政府派代表出席。16日北京政府复文赞同派代表参加。为此,孙中山发表宣言,表明态度。

为解决远东问题之前提宣言[①]

（一九二一年九月五日）

余为正式总统之中华民国政府，苟非脱出"二十一条"中日秘密条约，及因日本之利益，而由徐世昌政府缔结或让与及其他让步之政策之羁绊，太平洋及远东问题，可断言决不能解决。至其他问题，抑又其末矣。夫如前记之威吓政策之遂行，乃举中国富源置诸日本支配之下。中国而欲脱此羁绊，必由不受他国拘束之广东正式政府送代表于会议。徐世昌及其政府，已十分为日本所束缚，十分与日本妥协，彼为与"二十一条"协约关系而误交涉，及丧失国权之内阁国务总理，彼与彼之政府一[已]缔结一九一八年之中日密约及其他非法交涉，以中国之富源，伴日本之侵略政策，而提供开发。彼为违反宪法而组织之国会所选出之总统，其国会则又因彼而为非法国会，至昨秋遂不能不被解散矣。广东政府，因为绝对不受外国拘束之正式政府，故苟非由广东政府派遣之代表，列席会议，关于中国之决议，一切无效。[②]

据上海《民国日报》一九二一年九月九日（引日本通信社广东电）

[①] 本文似于1921年9月5日发布。

[②] 关于此宣言，广东总统府公报局，更加以注释："美国之军备，因直接与日本之军阀多少有关系。故美国以日本之军备增减为标准，而有决定军费之支出之必要，此第一须注意者。夫日本帝国主义之直接目的，因在支配中国，故自然有充实军备之必要，此证诸二十一条中日军协定，一九一八年之中日密约，及其他北京政府有责任之对日交涉而可明。日本之宣传家，虽附以日本欲求过剩人口之排泄地于中国，及受工业原料之供给于中国，为绝对必要之理由，然苟就日本于中国，欲于军略上之中心点，为政略的殖民之意味而言，则中国关内各地人口已见过剩，关外如满蒙地方，则气候极寒，于真意义之日本殖民，非常不适。若更就其工业原料之供给而言，则依普通商贸易之经路而受供给，岂不易易。然则日本欲谋支配中国之目的，岂不明在其中乎。盖其大方针，不外欲以中国人力及富源，由彼制御之，次又制御太平洋，再次又迫澳洲及美国因日本移民而解放之耳。北京政府乃欲以有力之巡阅使数名，使之维持，不知此等巡阅使，皆在受日本之好意与援助之张作霖支配之下，故日本之此等政策，苟集中于北京之间，则无论如何之代表，欲适当提出中国问题于会议，断断不能。"

对北京政府发行国库券的声明

（一九二一年九月十四日）

伪庭徐世昌所发行民国十年公债，及其他未经国会通过之一切公债，业经本大总统布告否认在案。

近复查得徐世昌于去年以来，秘密发行国库券，由伪财政部交付不法武人及京内外官僚，私向中外银行以低价抵押现金，供给军费、行政费；发出额数，漫无限制。查徐世昌假窃名号，恣行不义，政令不行，度支匮绝，乃复发行国库券，为变相之借款。似此假政府之名，行穿窬之技，破坏国家财政，增重人民负担，言之殊堪痛恨。

本大总统不忍使国人汗血之资，徒饱伪庭贪官污吏之囊橐。兹特布告中外人民，须知伪庭徐世昌命令伪财政部所发行之国库券，纯系徐世昌及其党羽非法增加国库负担之行为，概属无效。将来政府统一之后，不负清理偿还之责。中外人民，务各转相劝告，一致拒绝；勿得收受行使，自招损失，以副本大总统轸念民生、维护国库之至意。

中华民国十年九月十四日

据《广东群报》一九二一年九月十五日《大总统之布告》

宣布徐世昌卖国奸谋令

（一九二一年十二月十五日）

山东问题，徐世昌久欲与日本直接交涉，只因国民监视綦严，不敢肆行己意。今竟借华盛顿会议，派遣代表赴美，以英、美两国代表劝告为词，悍然与日本直接交涉而无所忌惮。似此甘心卖国，挟外力以压国民，实属罪不容诛！本大总统以救国讨贼为己任，除对外竭力主张无条件收回山东一切权利、废除二十一条款外,特宣布徐世昌及其党羽卖国奸谋。凡我国民,其共起诛之,毋后!

民国十年十二月十五日

据上海《民国日报》一九二一年十二月二十三日《大总统命令》

宣布徐世昌梁士诒罪状通告

（一九二二年一月九日）

民国肇造,于今十一年矣。祸乱相寻,民无宁息,推原祸始,实由帝制与复辟之余孽,未能根本芟夷;谁生厉阶,至今为梗？此本大总统所日夜引为深忧,而亦国人亟当警觉者也。

徐世昌以洪宪之枢臣,复辟之领袖,居心煽乱,曲尽其能。卒至群督叛〔法〕称兵,奸宄乘机复辟;武夫构怨,天下骚然,乃复窃据北庭〔廷〕,僭称总统。数年之间,靡恶不作。其卖国殃民之罪,迭经本大总统明令宣布;中外舆论,亦起攻之。假使徐世昌稍具天良,必能外怵国交,内惭民意,幡然悔悟,束身归罪,使国事易底于敉平。不图包藏祸心,变本加厉,近更伪令梁士诒为伪国务总理,同时有伪代表在华盛顿与日本代表秘密商妥山东事件,急谋向日本借款之事。

查梁士诒本帝制罪魁之一,民国八年,曾经明令通缉;去年谋扰乱西南,又经本大总统令行通缉在案。似此国法不容之人,徐世昌竟敢于全国鼎沸之时,公然使柄伪政而无所忌惮,复不恤牺牲山东问题,为借款之交换品。

大盗窃国,群凶弹冠。徐世昌及其党羽,倾覆民国之阴谋,暴露已无余蕴。凡我中华民国国民,必能视听不淆,明辨黑白。即北庭〔廷〕文武官吏,亦不乏爱国忧时之士,见微知著之人。其速奋兴,共锄国贼;有依违观望之心,必贻谋国不忠之悔。本大总统受国民付托之重,念共和缔造之艰,戡乱建设,不敢告劳,愿与天下共诛危害民国者,特举徐世昌及其党羽之罪状,宣布中外,咸使闻知。

据上海《民国日报》一九二二年一月十一日《本社专电》

申讨徐世昌与日本协约的布告

（一九二二年二月二十日）①

华盛顿会议,徐世昌伪令代表参与。经本大总统郑重宣言,苟非本政府所派之代表列席与会,则关于中国之议决案概不承认,亦不发生效力等语。

乃徐世昌阴谋日亟,对于山东问题竟授意伪代表与日本直接交涉,举国愤争,悍然不恤。近与日本协定条件,背叛民意,丧失利权,危祸国家,惟恐不速,似此怙恶不悛,实为国民公敌。

本大总统维护国脉,杜绝奸谋,特将徐世昌罪恶再为揭布,凡我国民当洞知徐世昌窃位数年,秽德昭著,万目睽睽。历年争持之山东问题尚敢倒行逆施,专欲祸国,若再贻姑息,势必益恣诡谋。偕亡无日,讨贼救国,愿与国民急起图之。

据长沙《大公报》一九二二年三月八日《北伐声中之粤讯》

附录　同题异文

华盛顿会议,徐世昌所派伪代表与日本协定条件,违叛民意,丧失权利,甘为国民公敌。特将徐世昌罪恶再行揭布,若再姑息,势必益恣诡谋,偕亡无日,讨贼救国,愿与国民益起图之。

据上海《民国日报》一九二二年二月二十一日本社专电

---

① 此件未署日期,据上海《民国日报》1922 年 2 月 21 日在"本社专电"内以《大总统昨日布告》为题对此布告作了简介,故此件发于 2 月 20 日。

北伐誓师词①

（一九二二年二月二十七日）

民国存亡，同胞祸福，革命成败，自身忧乐，在此一举。救国救民，为公为私，惟有奋斗，万众一心，有进无退。

据上海《民国日报》一九二二年三月二日本社专电

关于奉直问题宣言

（一九二二年三月十一日）

（一）北伐不能因奉直两系有代表而不积极前行，正式政府仍必执行为国讨贼之权。

（二）对奉直两方原无意见，如实心为国家起见，宜服从正式政府命令，移兵为政府作前驱，不得专顾个人军权地盘。

（三）正式政府置最高民权政治于军权之上，将来中国废去军阀盘据各省为地盘之习，还权之地方人民，奉直宜首为之倡。

（四）旧国会解决中国纷乱政局，使中国成一永久宪法上之国家政府，巩固国基。

（五）正式政府对中国责任，为一劳永逸之计，态度光明，以国家为重者为国友，争私人权利者为国仇。从前交换结合之习，皆认国家在后，私人在前，长此相沿，何以对国家人民，亦不必多此用兵一举。故西南决不苟且结

---

① 此系孙中山在桂林南教场粤军北伐誓师典礼上颁布的誓词。据5月10日《广东群报》报导，孙中山在5月6日抵韶关后亦集合当地驻军，用同一誓词，在北伐誓师仪式上宣读。

合,致蹈从前覆辙。

> 据上海《民国日报》一九二二年三月十七日《大总统宣言节略》

出师北伐紧急通告

（一九二二年三月十一日）

照得民国肇造,十有一年,内治不修,外患日亟,政变纷乘,民生凋敝。徐逆窃权僭号,国人尤所痛心;近且引用帝孽,互相狼狈,卖国鬻路,甘丧主权,驱人民于水深火热之中,置国家于累卵覆巢之地。全国志士,引为深忧。

本大元帅上体国势,下察舆情,非扫除元凶,不足于清障碍,非发扬民治,不足于应潮流。是以数月于兹,筹定方略,搜讨军实;本百折不回之志,作一劳永逸之图,业经成立大本营分处办事,各专责成。其兵站一部,及所管征发夫役输送事项,尤赖地方官绅互相为理。动员在即,筹备宜先,行将自桂出发,取道长岳,会师武汉,直抵幽燕。凡所经县境地方官厅,对于兵站所需夫役、品物等项,务宜联合绅耆,协同妥办,毋得稍存诿卸,致碍进行。各该部队,则向兵站处核实领给,照章支配,勿许再向民间搜求,致兹纷扰。

本大元帅负国民付托之重,尽拨乱反正之责,誓达统一之目的,期奠国基于巩固。望尔百官人民,共体此意,戮力同心,其在事出力有劳足录者,得予从优叙奖;其临事规避或竟抗违者,查明分别惩罚。除将夫役征发令另案公布外,尔地方官人民等,各宜激发热诚,分担义务。本大元帅有厚望焉。

> 据上海《民国日报》一九二二年三月二十日《大总统出师北伐通告》

就徐世昌退职对外宣言①

（一九二二年六月六日）

  自徐世昌退职，统一全国机关之国会，其恢复之前途，业除去最初之障碍。溯自黎元洪于一千九百十七年非法解散国会，全国政治即呈分裂之象。迨徐世昌于一千九百十八年非法就任总统，分离乃益以加甚。更因徐继续在位之结果，政府遂尔解体，国家之威信，因亦堕落至往日未有之程度。夫政象至于如是，缔约各邦亦不能全辞其咎。政府对于各邦，曾屡次提出警告及抗议，请各邦勿承认徐为中国之总统，而各邦不顾。在此种情形下之承认，直无异于干涉中国内政。如徐因此乃得提支在外人管理下，而非由外国承认不得支取之国税余额，更取得向外国订借外债之地位。苟无此等税收及外债，徐之总统或仅可任四星期，何至竟至四年之久！

  予今以中国事实上、法律上唯一政府行政首领之资格，谨宣言于条约国：请于现在中国内争之时，重申不干涉中国内政之宣言，并请对于此语之精神及字面同一尊重。要知现在中国之内争，为全国改造之一事实，吾人今日正从事于改造中国旧生活之事业，而使之适合于政治及经济的环境。欲此种改造须成为真正之改造，则惟有任中国人民自己求之，列强固不可加以干涉。假使列强现承认北京之伪新总统，则其行动仍为干涉中国内政，其结果将更劣于承认徐世昌也。

大总统（印）
外交总长伍廷芳副署

据上海《民国日报》一九二二年六月十三日《总统对外宣言与谈话》

---

① 1922年6月2日，徐世昌在直系军阀曹锟、吴佩孚等的胁迫下，辞去大总统职务，退往天津，孙中山就此向全国发表宣言。

工兵计划宣言

（一九二二年六月六日）

溯自民国六年，武人称兵，国会被非法解散，构成大乱。本大总统受国民付托之重，统率陆海军将士以护法戡乱，致力所在，务扫除不法之武力，俾国会得以自由行使职权。本斯主旨，遂有七八年正式国会及宪法会议之集会，十年正式政府之成立。乃跋扈之武人，怙恶不悛，纠众顽抗，以致干戈相寻，生民涂炭。而倒行逆施者，遂至窃盗名器，不恤卖国以求一逞。坐是分崩离析，以迄于今。国力之凋残，民生之颓敝，岌然不可终日。言念及此，可为疾首。

比年以来，北方握兵秉政之人，有痛悟国难、赞同护法戡乱之主张者，本大总统无不乐与开诚相见，以图共济。惟徐世昌及其党羽则弄兵如故，残民有加。本大总统之毅然兴师讨贼，以期贯彻护法戡乱之职志。顷闻徐世昌业已潜逃，直军诸将亦有表示服从国会之事，此诚所谓无悖于护法戡乱之主张，可为嘉慰者也。

六年以来，战事延长，是非莫定，直至今日，法之不可毁，始大白于天下。用兵数载，得此效果，国内问题，似可平和解决。惟现在北方拥有重兵而能操纵北京政权者，厥惟直军。若直军诚意护法，则从此兵不血刃，而国是可定。否则，徐世昌虽已潜逃，而直军犹无悔祸诚意，则祸变之来，不知伊于胡底！惩前毖后，洵不可忽，用布悃幅，以告国人。

夫欲约法之效力不坠，在使国会得自由行使其职权，在扫除一切不法之武力。否则，国会之行使职权，不但徒托空言，抑且供人利用，苟求已乱，适以长乱。故欲使今日以后，国会有自由行使其职权，不再受非法之蹂躏，第一当惩办祸国罪魁，第二当保障国会安全。盖数年以来，丁壮涂肝脑，老弱死沟壑，均此辈所构成；此而不惩，则人何惮而不为恶？此首当申儆于国人者也。祸首既惩，则乱法之武力，无自发生，故军队之安置，宜为要图。军兴以来，兵额较前增至倍蓰，此等兵士来自民间，为不法武力所驱使，非其本意，一旦裁汰，使之骤失所业，亦所未安。宜以次悉改为工兵，统率编制，一切如旧，收其武器，与以工具，每日作工约六小时至八小时，先修治道路，次及其他工事。工兵月饷，较现时倍加，将弁月饷百元以上者加五，其百元以下者加倍。此外则其工作所生产之纯利，以一半归于国家，以一半归于工兵，论人数均分，无自差等。如此则一转移间，易战事为工事，兵不失业，无铤而走险之虑，工事日繁，有生产发达之象。然后善收外资，投之实业，以起积年之疲弊，谋社会之繁荣。转危为安，悉系于此。现有兵数，既以次悉改为工兵，征集爱国之士，编制国军，定为义务，两年一易，其兵额以二十万人至三十万人为止。此法既行，即有不逞之徒，亦无武力以为□□〈之衅〉①，毁法之祸，可不再作。国家机关，依照法令行使职权，无能妨阻之者，然后政治乃可入新轨道，而国家乃有长治久安之望也。

今者直军诸将既能知毁法之为非而忏悔之，犹当知护法之为是而服从之。数年以来，国内战争，乃护法与毁法战争，绝非南北战争。苟北方武人赞同护法，即此共同携手，以济时艰。故直军诸将为表示诚意，服从护法起见，应首先将所部半数，由政府改为工兵，留待停战条件。其余半数，留待与全国军队同时以次改编。直军诸将如能履行此项条件，本大总统当立饬全国罢兵，恢复和平，共谋建设。若进退失据，惟知假借名义以涂饰耳目，则岂惟无悔祸之诚，且益长诪张为幻之习。本大总统深念民国以前〔来〕祸乱之由，在于姑息养奸，决为国民一扫凶残，务使护法戡乱之主张完全贯彻，责任始尽。惟我公忠体国之人民，深喻斯旨。为此布告，咸使闻知。

据上海《民国日报》一九二二年六月十一日《大总统虞日宣言》，参校北京《益世报》一九二二年六月十四日《孙中山对直宣言之原文》

---

① "之衅"二字，原文为"□□"，今据胡汉民编《总理全集》补。

讨 逆 宣 言①

（一九二二年六月中旬）

余已召回江西北伐军之一部，北伐军在江西节节胜利，以对付陈炯明及其叛军，此次之变，乃以极恶之奸叛情形为之。

据上海《申报》一九二二年六月二十六日《西报纪广州之变局》

就陈炯明兵变致民党同志书②

（一九二二年六月二十五日）

"此次陈炯明勾连外贼摧残中国，乘我不备，于十五日夜来省城"。又云"我不能存在，即民党不能存在，民党不能存在，则'共和'二字亦将消灭。愿大家从我一言，誓与陈炯明一战而后了，万无调和之余地。我并希望大家勿以势力问题转而助陈"等语。

据长沙《大公报》一九二二年七月三日《粤局又见紧张》

宣布粤变始末及统一主张

（一九二二年八月十五日）

六年以来，国内战事，为护法与非法之争。文不忍艰难创造之民国，瘝于非法者之手，倡率同志，奋斗不息。中间变故迭起，护法事业，蹉跎数载，

---

① 此件系西报记者采访时，在陈友仁处见到孙中山宣言的一部分。
② 报载："据粤讯云：孙中山败出广州后，于二十五日曾发出宣言书，略谓：'此次……'"，故此件是内容大意。

未有成就,而民国政府,遂以虚悬。国会知非行权无以济变,故开非常会议,以建立政府之大任,属之于文。文为贯彻护法计,受而不辞。就职以来,激厉将士,出师北向,以与非法者战。最近数月,赣中告捷,军势远振,而北军将士,复于此时为尊重护法之表示。文以为北军将士,有此表示,则可使分崩离析之局,归于统一,故有六月六日之宣言,愿与北军将士提携,以谋统一之进行。

不图六月十六日护法首都,突遭兵变,政府毁于炮火,国会遂以流离,出征诸君,远在赣中。文仅率军舰仓卒应变,而陆地尽为变兵所据,四面环攻,益以炮垒水雷,进袭不已。文受国会付托之重,护法责任,系于一身,决不屈于暴力,以失所守。故冒险犯难,孤力坚持,至于两月之久,变兵卒不得逞。而军舰力竭,株守省河,于事无济。故以靖乱之任,付之各处援师,而自来上海,与国人共谋统一之进行。

回念两月以来,文武将佐,相从患难,伤亡枕藉。故外交总长伍廷芳,为国元老,忧劳之余,竟以身殉,尤深怆恻!文之不德,统驭无方,以至变生肘腋,咎无可辞。自兵变以后,已不能行使职权,当向国会辞职,而国会流离颠沛之余,未能集会,无从提出。

至于此次兵变,文实不知其所由起。据兵变主谋陈炯明及诸从乱者所称说,其辞皆支离不可究诘。谓护法告成,文当下野耶?六月六日,文对于统一计划,已有宣言,为天下所共见。文受国会付托之重,虽北军将士有尊重护法之表示,犹必当审察其是非与诚伪,为国家谋长治久安之道,岂有率尔弃职而去之理?陈炯明于政府中为内务总长、陆军总长,至兵变时,犹为陆军总长,果有请文下野之意,何妨建议,建议无效,与文脱离,犹将谅之。乃兵变以前,默无所言,事后始为此说,其为饰辞,肺肝如见。按当日事实,陈炯明于六月十五日已出次石龙,嗾使第二师于昏夜发难,枪击不已,继以发炮,继以纵火,务使政府成为煨烬,而置文于死地。盖第二师士兵皆为湘籍,其所深疾,果使谋杀事成,即将归罪,以自掩其谋而兼去其患。乃文能出险,不如所期,始造为请文下野之言。观其于文在军舰时,所上手书,称大总统如故,可证其欲盖弥彰!已谓陈炯明以免职而修怨,叶举等以饬回防地而谋生变耶？无论以怨望而谋不轨，为法所不容，即以事实言之，文于昨年十月率师次于桂林，属陈炯明以后方接济之任，陈炯明不惟断绝接济，且从而阻挠。文待至四月之杪，始不得已改道出师，于陈炯明呈请辞职之时，犹念其前劳，不忍暴其罪状，仍留陆军总长之任，慰勉有加，待之岂云过苛？叶举等所部，已指定肇、阳、罗、高、雷、钦、廉、梧州、郁林一带为其防地，乃辄率所部，进驻省垣，骚扰万状，前敌军心，因以动摇，饬之回防，讵云激变，可知凡此种种，亦非本怀。徒以平日处心积虑，惟知割据，以便私图，于国事非其所恤，故始而阻挠出师，终而阴谋盘踞，不惜倒行逆施，以求一逞。诚所谓苟患失之，无所不至者。

且即使陈炯明之对于文积不能平，至于倒戈，则所欲得而甘心者，文一人之生命而已，与人民何与？乃自六月十六日以后，纵兵淫掠，使广州省会人民之生命财产，悉受蹂躏，至今不戢。且纵其凶锋，及于北江各处，近省各县，所至洗劫一空，人民何辜，遭此荼毒，言之痛心！向来不法军队，于攻城得地之后，为暴于一时，已犯天下之大不韪。今则肆虐亘于两月，护法以来，各省虽有因不幸而遭兵燹，未有如广东今日所处之酷者。北军之加兵于西南，军纪虽弛，有时犹识忌惮。龙济光、陆荣廷驻军广东，虽尝以骚扰失民心，犹未敢公然纵掠。而此次变兵，则悍然为之。闻其致此之由，以主谋者诱兵为变时，兵怵于乱贼之名，惮不敢应。主谋者窘迫无术，乃以事成纵掠为条件，兵始从之为乱。似此煽扬凶德，泯没人道，文偶闻野蛮部落，为此等事，犹深恶而痛绝之；不图为此者即出于同国之人，且出于所统率之军队，可胜愤慨！文夙以陈炯明久附同志，愿为国事驰驱，故以军事全权付托。今者甘心作乱，纵兵殃民，一至于此，文之任用非人，诚不能辞国人之责备者也。此次兵变，主谋及诸从乱者所为，不惟自绝于同国，且自绝于人类，为国法计，固当诛此罪人；为人道计，亦当去此蟊贼。凡有血气，当群起以攻，绝其本根，勿使滋蔓。否则流毒所播，效尤踵起，国事愈不可为矣！

以上所述，为广州兵变始末。至于国事，则护法问题，当以合法国会自由集会，行使职权，为达到目的。如此，则非常之局自当收束，继此以往，当为民国谋长治久安之道。文于六月六日宣言中所陈工兵计划,自信为救时良药。其他如国民经济问题,则当发展实业,以厚民生,务使家给人足,俾得休养生息于竞争之世。如政治问题,则当尊重自治,以发舒民力。惟自治者全国人民有共治、共享之谓,非军阀托自治之名,阴行割据所得而借口。凡此荦荦诸端,皆建国之最大方略,文当悉其能力,以求贯彻。自维奔走革命三十余年,创立民国,实所躬亲。今当本此资格,以为民国尽力,凡忠于民国者则引为友,不忠于民国者则引为敌。义之所在,并力以赴,危难非所顾,威力非所畏,务完成中华民国之建设,俾国民皆蒙福利,责任始尽。耿耿此诚,惟国人共鉴之!

孙文　民国十一年八月十五日

据重庆《国民公报》一九二二年八月十六日

对 外 宣 言

(一九二二年八月十七日)①

自一九一七年国会遭非法解散,政局纷扰,统一发生问题。护法同人,均以国会不恢复,统一即难实现。五年以来,此项主张,屡为北方军阀所反对;但彼等卒因此而失败,又因失败而始采纳护法之主义,以谋统一。本年六月六日,余以彼等既有觉悟,改变态度,特发出宣言,表示欢迎,并与伍廷芳商议之后,又多请北方军界要人,交换恢复统一意见。

正值护法政府与北政府双方着手正式会议统一之时,陈炯明突于六月十六日(离我发表宣言仅十日)袭攻广州,蹂躏政府,致陷政局于不可收拾。伍博士卒因统一无望,致以身殉,诚可哀也!陈炯明何以当吾辈正与北京商议统一之际,竟谋叛乱?余实不能作充分之答复。在余对国人宣言之中,陈

---

① 此系宣言概略,《国民公报》发表时未标日期。据英国伦敦国家档案局藏英国外交部档案英文原函影印件《孙逸仙宣言》(Statement By Dr. Sun Yat-sen),此宣言系8月17日发于上海,英文《孙逸仙宣言》的中译文今作为附录收入。

炯明此项举动,余已极力表示之矣。陈炯明知余此番与北京会议,六年之争执可望解决,统一亦可实现,又知伍博士被召为北京政府总理,实为南北统一之先声。倘统一实现,于其恢复广州地位之前,则其夺取广东与破坏统一之计划,决难实现。其欲以广东为封建区域,即为其此番变乱之目的。余观其长粤政策,即知其欲将广东建设小邦,推而行于他省,以贯彻其封建主义。余以广东为广东人之广东,非陈炯明个人之广东,颇不直其所为,故不得已始有本年四月免其官职之举,今更证明余昔日之观察毫无错误也。

陈炯明此次变乱之结果,致使余与北方领袖两月来不能进行统一之会商。余明知粤局不能解决,即不能北上商议国是,故以先解决粤局为余之天职。但余现已来沪,实因上海为全国中心,与各方面领袖接洽统一,比较广东颇为便利,此为余来沪之目的也。但余认统一而不和平,其危机更大。今国会恢复,政治上可谓统一矣,而今回〔恢〕复和平与幸福,则又必有保障焉。

今举余对于和平统一之计划如下:

(一)凡共和国公民,均当服从国会。即余个人亦当按照余在宪法上之地位,应行尊重国会之决议。

(二)中国军阀须根本推倒,如督军兵权不能解除,与余在六月六日宣言中所主张之工兵计划,不能实行,则全国和平,终难达到。

(三)发展文明,非仅关于财富一方面(即物质文明),并负谋人民之幸福与安全(精神文明)。所谓世界大国,其福民往往多于富民,余信欲到此项目的,非发展中国实业不可,此节已详见余之《中国国际发展》著作中。

(四)改造中国政治制度,以各区域为平民政府单位之一基础。此层虽近似革命,然乡村政治,古时已发现于中国。余之目的,即将来为一区域内之乡村组织,成为地方自治之单位。此点已有人反对,盖彼等欲主张以一省为地方自治单位,各省政府均采联省主义。余信联省制度,可以推倒中央集权,分为许多小邦,亦为改造中国之一法。

据重庆《国民公报》一九二二年九月十日《孙中山对外宣言之概略》

附录　孙逸仙宣言(译文)

（一九二二年八月十七日）

　　一九一七年国会遭非法解散,中国政治呈现分裂局面,从而产生了重新统一的问题。宪政论者认为,如不重新召开国会则不能重新实现国家统一。五年多来,这一主张遭到北军领袖们的抵制。但由于他们无一合法的国会,根本无法统治中国,所以才不得不接受宪政论者关于重新统一的主张。

　　今年六月六日,我曾发表宣言,欢迎那些对强行解散国会应负主要责任,并在历时五年的内战中企图压制护法运动的人这种态度上的明显转变。经与我的尊敬的同事和贤明的顾问伍廷芳博士协商,我敦请北军领袖们以肯定而客观的言词表明他们接受宪政论者的主张。正值我的政府同北方就此问题采取步骤开始正式谈判之际,六月十六日,即我发表上述宣言之后十日,陈炯明竟企图在广州谋杀我,并颠覆了政府（他也是其成员之一）,而且在实质上招致了中国一位重要政治人物的死亡。这里我所指的就是伍廷芳博士。他因忧劳而死,因愤恨这一背叛行为而死,正是这一行为毁灭了他重见中国统一的希望。他临死前给国家的电报非常清楚地表明了这一点。

　　为什么陈炯明在他的领袖和他效忠的政府行政首脑正开始进行必将导致中国重新统一的谈判时,突然发动兵变呢?对这个问题,我尚不能做全面的回答以供外国人士参考。这真是人类的一个可憎可恨的行为,依我看,它在那些不了解中国道德力量源泉的人们眼中,将降低我们中国人的人格。我在一份向同胞发表的宣言中,已对陈炯明的行为做了比我在这里所能够做的或愿意做的较更全面的剖析。但我还要在这里补充几句。陈炯明本知道开始举行的谈判必将导致国家在六年灾难性的纷争和冲突之后重新实现政治统一,他也知道伍廷芳博士已被邀请在北京领导一个政府,而且还知道,这一邀请首先就已为我的政府同北方军政领袖进一步举行实质性的谈判奠定基础。然而,他也知道,如果在他未重新获得在广东的统治地位之前实现重新统一,那么不论在任何统一方案中,他都不能实现保证将广东作为他的战利品的计划。他急欲将广东变成一个封建领地。这就是他要发动兵变的原因。

我对陈炯明的政策的理解是,他要当广东省的统治者。这一理解使我怀疑,他已回复了封建的观念,将中国变成为一由许多小国或诸侯组成的松散国家,这种国家将首先在他统治下的广东省获得具体的体现。正是这种判断才使我认识到,他统治广东的企图就是要假借把它建成为一个"模范省",和实现所谓"广东人的广东"的要求的名义,使它脱离其他各省而独立。我现在可以明言,正是这一怀疑才在一定程度上促使我于今年四月解除他陆军总长之外的一切高级职务。他的现在的行为证明,我对他的意图的理解是完全正确的。

由于陈炯明的兵变,我两个月来不能继续进行谈判,以实现国家的重新统一。我曾认为,我应先设法结束广东的战争局面,然后再去北方参加解决更重要的国家问题。但是现在,我不得不先把广东问题搁置下来,这是因为我继续留在这里不如去一中心地区更重要些,在那里我将有可能为实现中国的重新统一而会见国家的其他领袖,或本人,或他们任命的代表。这就是我前来上海的原因。

然而,我要强调指出,不采取和平的办法,要想达到统一,那完全是幻想。尽管有效地恢复国会的职权意味着国家政治的重新统一,但要保证国家的和平和福利,只能靠:

(一)共和国的每个公民都愿意服从国会。我在这里再次重申,我愿意遵守国会关于我的宪法地位的决定。

(二)彻底消灭造成国家一切混乱的主要根源——军阀主义,如不取消督军的军队而代之以工兵,中国将永无宁日。

(三)慎重地开发中国广大的天然和其他资源。开发资源不仅仅是为了富有,而更重要的是为了我国人民的满足和幸福。我认为一个国家的伟大,不在于它的人民富有,而在于它的人民幸福。我相信,如能按照我在《中国的国际发展》一书中提出的路线发展我国实业,这一目标大都可以达到。

（四）在以县为民治政府的基本单位的基础上改革我国政治制度。这一点看来十分革命，其实不然。自古以来，中国就有乡村自治的存在。我的建议，其目的在于将一个县的全部农村组成为一个地方自治的基本单位，以利于提高政治效率和管理效率。在这一点上，我既反对那些热衷于把省作为地方自治基本单位的人，也反对那些提倡将联邦制的原则应用于各省的政府的人。我极力主张地方自治，但也极力认为，在现在条件下的中国，联邦制将起离心力的作用，它最终只能导致我国分裂成为许多小的国家，让无原则的猜忌和敌视来决定它们之间的相互关系。中国是一个统一的国家，这一点已牢牢地印在我国的历史意识之中，正是这种意识才使我们能作为一个国家而被保存下来，尽管它过去遇到了许多破坏的力量，而联邦制则必将削弱这种意识。

孙逸仙
一九二二年八月十七日于上海

据关一球寄赠伦敦国家档案局藏英国外文部档案英文原函影印件《孙逸仙宣言》(Statement By Dr. Sun Yat-sen)（马宁译）

致海外同志书

（一九二二年九月十八日）

同志公鉴：

文于八月十三日抵沪，曾致海外同志一电，并于十五日发表宣言，想已鉴及。兹再以事变始末及将来计划，为同志述之。

此次陈炯明叛变，非惟文与诸同志所不及料，亦天下之人所不及料。盖以陈炯明之性质而论，其坚忍耐劳，自有过人之处；然对于国事常存私心，且城府深严，不以诚待人，则早为文与诸同志所瞩及。顾以为人各有短长，但当绳之以大公,感之以至诚,未尝不可为用;即使偶有差池,亦何至于决裂,更不虞其阴毒凶狠至此也。以陈炯明与文之关系而论,相从革命以来,十有余年,虽元、二之际,阴谋左计,稍露端倪;及六年乱作,陈炯明来沪相见,自陈悃愊,再效驰驱,文遂尽忘前嫌,复与共事。嗣是广州处困,闽疆转战,久同艰苦;回粤之役,相倚尤深。方期戮力中原,以酬夙志,乃出师甫捷,而祸患生于肘腋,干戈起于肺腑,不但国事为所败坏,党义为所摧残,文与诸同志为所牺牲,即其本身人格信用亦因以丧失无余。果何所乐而为此?此诚所谓别有肺肠,不可以常理推测者也!

溯民国九年之秋,我海内外同志所以不惜出其死力,以达到粤军回粤之目的者,良以频年祸乱,不但民国建设尚未完成,即护法责任亦未终了,故欲得粤为根据地,群策群力,以成戡乱之功,完护法之愿。乃陈炯明自回粤后,对国事则有馁气,对粤事则怀私心。其所主张,以为今之所务,惟在保境息民,并窥测四邻军阀意旨,联防互保,以免受兵,如此退可据粤,进可合诸利害相同之军阀,把持国事,可不烦用兵而国内自定。文再三切戒,譬之人身,未有心腹溃烂而四肢能得完好者,国既不保,吾粤一隅何能独保?且既欲保境,则须养兵,所谓养兵以保境,无异谓扫境内以养兵,民疲负担,如何能息?民疲其筋力以负担兵费,犹尚不给,则一切建设无从开始,所谓模范省者,徒托空言。一省如此,已为一省之害,各省如此,更为各省之害,所谓联省自治,又徒托空言。谋国不以诚意,未有不误国者。况各省军阀利害安能相同,而伪中央政府又操纵挑拨于其间,祸在俄顷,何可不顾?保境息民,亦为幻想。凡此所言,陈炯明虽无以难,而终未肯信;直至桂军发难,边隅震惊,始知晏安酖毒之不诬。文以为自此以后,庶几可期其恢复勇气,以戮力进行矣,故仍命诸同志于政治上、军事上悉力助之。俾桂事早平,国难亦得以早赴。不图陈炯明于破敌之后,故态复萌,昔惟欲据粤以自固,今更欲兼桂以自益,北伐大计,漠然不顾。文乃自统诸军以当此任,以完戡乱护法之夙志。此文率师北伐以前与陈炯明相处之大略也。

当文率北伐诸军次于桂林,以为陈炯明虽不肯自赴前敌,后方接济当不容辞,初不意其阴蓄异谋,务欲陷我于绝地。自去年十月以至于今年四月,半载有余,种种异谋,始渐发觉:其一,文自桂林出师,必经湖南,而陈炯明诱惑湖南当局,多方阻遏,使不得前,其函电多为文所得。其二,诸军出发以来,以十三旅之众,而行军费及军械子弹从未接济;滇、黔诸军受中央直辖者,并伙食亦靳而不与,屡次电促,曾不一诺。综此二者,一为阻我前进,一为绝我归路。文所以能在桂林拮据支持半载有余者,全恃临行借提广东省银行纸币二百万,为陈炯明所未及知,得以暂维军用。及粮饷告绝,按〔接〕济不至,北伐诸军,不为流寇,则为饿殍,计无所出,始有改道出师之举。

四月之杪,文率北伐诸军,回次梧州,其本意在解决后方接济问题而已。及陈炯明辞职而去,文初以为感〔憾〕,盖犹以君子之心度之,以为陈炯明将让我独行其志,故悫然舍去也。文虽不得陈炯明为助,但使不为梗,亦已无憾;然又念其前功,不忍其悫然舍去,于是电报、信使不绝于道,所反复说明者,但使对于大计不生异同,必当倚畀如故。陈炯明于此,亦愿留陆军总长之职,并称稍事休息,再效力行间。当时有人建议,陈炯明狼子野心,不可复信,北伐诸军宜留粤缓发,先清内患,再图中原。卒以此次目的,在于改道出师,而奉直战事方炽,北方人民水深火热,若按兵不发,坐视成败,则与拥兵自卫者果何以异?遂决出师江西,悉命诸军集中韶州,以大本营设于韶州。文于五月六日亲临誓师,李烈钧、许崇智、朱培德、李福林、黄大伟、梁鸿楷诸将遂各率所部,向江西前进。

叶举等所率援桂之粤军,在北伐诸军改道以前,已有撤回之议。及陈炯明在惠州与文电报相商,委任叶举为粤桂边防督办,令率所部,分驻肇、阳、罗、高、雷、钦廉、梧州、郁林一带。及北伐诸军已入江西,大庾岭已发生战事,叶举等遂率所部五十余营突至省垣,广州卫戍总司令魏邦平力不能制。在叶举等各有防地,乃不俟命令,自由移动,罪已无可逭。然前敌战事方亟,后方空虚,若有骚乱,前方军心必因以动摇。文为镇静人心计,乃晓叶举等以大义,令加入北伐,共竟全功。叶举等则以要求陈炯明复出,规复粤军总司令为请。文以粤军总司令部已并入陆军部,陈炯明现为陆军总长,有管理之责,初拟令率所部自当一面,故以中路联军总司令相属;旋以陈炯明不欲出战,而欲以地方善后自任,乃命以陆军总长办理两广军务,所有两广地方军队悉归节制调遣。陈炯明来电,愿竭能力,以副委任,并称已催叶举等部迅回防地,且言叶举等部必无不轨行动,愿以生命人格为保证。然叶举等部则逗遛〔留〕省垣如故。财政部供给饷糈,从无歧视,犹以饷索为名,操纵金融,致纸币低跌,人心恐慌。且不戢所部,横行无忌,举动诡异,叛状渐露。文以省垣镇摄无人,乃于六月一日留胡汉民守韶州大本营,自率卫士径至省垣,仍驻总统府,示前敌诸军以省垣无恙,安心前进。而前敌诸军捷报迭至,赣南诸县以次攻克,陈光远兵破溃略尽。屈指师期,克赣州后进取吉安,拔南昌,至九江,不逾一月;文将亲率海军舰队至上海,入长江,与陆军会于九江,以北定中原。乃命汪精卫至上海,料量此事。

其时,北方将士已有尊重护法之表示,不妨碍国会开会于北京,文对之因有六月六日之宣言。北方将士若能依此宣言,则以商订停战条件为第一步,以实行统一为第二步,戡乱护法之主张可以完全达到,六年以来之祸乱可以归于平复。江西战事如此,北方将士表示又如此,苟无六月十六日之变,则政府无恙,无论为和为战,定能贯彻所期也。

六月十六日之变,文于事前二小时得林直勉、林拯民报告,于叛军逻弋之中,由间道出总统府,至海珠。甫登军舰,而叛军已围攻总统府,步枪与机关枪交作,继以煤油焚天桥,以大炮毁粤秀楼,卫士死伤枕藉,总统府遂成灰烬。首事者洪兆麟所统之第二师,指挥者叶举,主谋者陈炯明也。总统府既毁,所属各机关咸被抢劫。财政部次长廖仲恺,事前一日被诱往拘禁于石龙;财政部所存帑项及案卷部据,掳掠都尽。国会议员悉数被逐,并掠其行李。总统府所属各职员,或劫或杀。南洋华侨及联义社员,亦被惨杀。复纵兵淫掠,商廛民居,横罹蹂躏。军士掠得物品,于街市公然发卖。繁盛之广州市,一旦萧条。广州自明末以来二百七十余年,无此劫也!五年逐龙济光之役,九年逐莫荣新之役,皆未闻有此,而陈炯明悍然为之,倒行逆施,乃至于此!

文既登兵舰,集合舰队将士,勉以讨贼。目击省垣惨罹兵燹,且闻叛军已由粤汉铁路往袭韶关,乃命舰队先发炮,攻击在省叛军,以示正义之不屈,政府威信之犹在。发炮后始还驻黄埔,以俟北伐诸军之旋师来援,水陆并进，以歼叛军。此为当日决定之计划，而文久驻兵舰之所由也。

其时，虎门要塞已落叛军之手，惟长洲要塞司令马伯麟能坚守，与舰队相犄角，合以海军陆战队及新招诸民军，为数虽少，尚能牵制叛军兵力，使不能尽聚于北江，以御北伐诸军之归来。故叛军必欲得此而甘心，一欲终置文于死地，一欲以死力攻下长洲，使舰队失陆地以为依据也。相持二旬有余，叛军终不得逞。而舰队中竟有一部分将士受其运动，使海圻、海琛、肇和三大舰驶出战线，长洲要塞孤悬受敌，遂以不守。文乃率余舰驶进省河，沿途受炮垒轰击，僚属将士皆有死伤，所驻永丰舰亦被弹洞穿，然以奋斗不馁之结果，竟于七月十日进至白鹅潭。此役也，以兵舰数艘，处叛军四集环攻之中，不惟不退，且能进至省河，以慑叛军之胆，而壮义士之气，中外观听亦为之耸。海防司令陈策等更分率兵舰及民军，往袭江门等处，以牵制叛军兵力；事虽未就，而诸将士之忠勇劳苦，诚可念也。

北伐诸军未闻变以前，已攻克赣州，进至吉安。陈光远既逃，蔡成勋亦不敢进，南昌省城指顾可得。然北伐诸军入赣州后，搜得陈光远致其部将电报，已尽悉陈炯明谋叛事实。盖陈炯明坚嘱陈光远固守赣州，以扼北伐诸军之前进，而己则将率兵以袭北伐诸军之后，故陈光远据此以严饬所部死守以待也。北伐诸军将领见此等电报，已知陈炯明蓄谋凶险，祸在必发。及胡汉民自韶州驰至，告以六月十六日变乱消息，军心激昂。许崇智、李福林、朱培德即日决议，旋师讨贼，黄大伟继归，李烈钧留守赣南，以为后方屏蔽。惟梁鸿楷所部第一师于议决之后，潜归惠州与陈炯明合。第一师为邓仲元所手创，入赣之役，与许崇智等部共同作战，乃闻变之后，始而踌躇不决，终乃甘心从逆，仲元之目为不瞑矣。许、李、朱、黄诸部自南雄、始兴进至韶州，七月九日开始与贼剧战，复分兵出翁源，湘军陈嘉祐所部亦来助战。前后二旬有余，其始军锋甚锐，屡挫贼势，贼恇扰欲退者屡矣。然贼据粤汉铁路，运输利便，且凭借坚城以为顽抗，而西江等处响应之师不以时应，使贼得倾注全省兵力，以萃于韶州、翁源一带，与北伐诸军搏。北伐诸军饷弹不继，兵额死伤者无可补充，犹力战不屈。直至蔡成勋、沈鸿英之兵自后掩至，李烈钧所部赣军与敌众寡悬殊，至于挠败。于是许、李、黄、陈等部首尾受敌，无可再战。

许、李、黄等部退至赣东，朱、陈等部退至湘边。此次北伐诸军自五月初至八月初旬，凡三阅月中，始而由粤入赣，与陈光远之敌兵战，继而由赣回粤，与陈炯明之叛军战，曾无一日之休息，不但久战而疲，即远道之劳殆已非人所堪，其坚苦卓绝，洵足为革命军人之模楷！而陈炯明辈，以欲遂其把持盘踞之欲，至不惜勾通敌人，以夹击其十余年同患难共死生之袍泽，廉耻道义扫地以尽矣！

文率诸舰自黄埔进至白鹅潭后，贼以水雷狙击永丰舰不得逞，又欲以炮击沙面酿成国际交涉不得遂。诸舰虽孤悬河上，无陆地以相依倚，无可进展；然以为北伐诸军果得进至省城附近，则水陆夹击，仍非无望，故坚忍以待之。自六月十六日至八月九日，历五十余日之久，舰中将吏虽极疲劳，意志弥厉。及闻北伐诸军已由始兴、南雄分道退却，知陆路援绝，株守无济，文始率将吏离舰，乘英国兵舰至港，转乘商轮赴沪。

文于八月十三日抵沪，十五日发表宣言，进行方针大略已具，撷其要旨，不外数端：其一，文任用非人，变生肘腋，致北伐大计功败垂成，当引咎辞职。其二，对陈炯明所率叛军当扫灭之，毋使以祸粤者祸国。其三，护法事业，当以合法国会完全自由行使职权为究竟。其四，关于民国之统一与建设，当实行工兵计划，发展实业，尊重自治。至文个人，以创立民国者之资格，终其身为民国尽力，无间于在位在野。凡此荦荦诸端，凡我同志所宜深喻者也。

近据报告，许崇智、李福林、黄大伟等部现在赣东者有众万余人，朱培德、陈嘉祐等部现在湖南者亦有众万余人，服装饷糈固待补充，而军力未失，士气至厉，疲劳恢复，不难再举。黄明堂在高、雷、钦、廉举兵讨贼，以为响应，迟不及事，退至桂境。而两粤同志军队蓄志杀贼、待时而动者，为数尤多。陈炯明叛党祸国，纵兵殃民，罪恶贯盈，难稽显戮。凡我同志，但当踔厉奋发，努力不懈，粤难平定，为期必不远也。

至于国事，北方将士既有尊重护法之表示，援洁己以进之义，开与人为善之诚，理所当尔。各方面使者来见，一切言论，悉取公开，但以主义相切磋，则举凡营私垄断之言，悉无自而入。若能以同力合作之结果，俾护法事业完全无憾，则数年血争，卒能导民国入于法治之途，庶几牺牲不为徒劳，而吾党报国之忱亦得以少慰。至于以息事宁人为借口,而枉道以求合,吾党之士所不屑为,无俟言也。

于此犹有言者:文率同志为民国而奋斗垂三十年,中间出死入生,失败之数不可偻指,顾失败之惨酷未有甚于此役者。盖历次失败虽原因不一,而其究竟则为失败于敌人。此役则敌人已为我屈,所代敌人而兴者,乃为十余年卵翼之陈炯明,且其阴毒凶狠,凡敌人所不忍为者,皆为之而无恤,此不但国之不幸,抑亦人心世道之忧也。迹其致此之由,始则虑文北伐若有蹉跌,累及于己,故务立异以求自全。充此一念,遂冒天下之大不韪而不恤,其心虽鸷,其胆则怯。顾革命党人常以国民之前锋自任,当其一往直前之际,前敌未可料,后援亦未可必,其所自任者,本至险而至难,苟无坚确之操,则中道溃去,或半途离畔,亦事所恒有。数年以来,护法事业蹉跎未就,与于此役者,苟稍存畏难苟安之意,鲜有不失其所守者。特陈炯明之厚颜反噬,以求自全,为仅见耳。然疾风然后知劲草,盘根错节然后辨利器。凡我同志,此时尤当艰贞蒙难,最后之胜利终归于最后之努力者,此则文所期望者也。余不一一。此候
公安

孙文谨启　十一年九月十八日

据李睦仙等编《陈炯明叛国史》附录《孙总统致海外同志书》(《新福建报》经理部一九二二年版)

对联俄联德外交密函的辨证①

（一九二二年九月二十九日）②

孙君对于用斜体所作之数字(译者按:指港报中依布尔什维克理想一

---

① 此文系上海孙中山秘书处就陈炯明公布孙中山在广州任大总统期间有关联俄联德外交文件的辨正。该密函原刊于香港《电信报》,上海《民国日报》载有译文。孙中山从当时形势出发,确有与俄、德合作的计划。联德计划,因故未能实行。联俄外交,则自1921年年底孙中山在桂林会见共产国际代表马林之后,加紧进行。否认密函内容的真实性,可能是出于策略上的考虑。

② 最初发表日期不明,现据《孙中山对于报载外交密函的辨正》报导推定。

语)最为注意。彼认此数字乃一愚而妄之说词。孙君以为,诬彼之词载于一南方某著名方面之机关报,本无答复必要,但有不能已于言者。何以云该报之说为愚?因谓中国已存有产生俄国布尔什维克主义的事情之同一历史及经济情形,决无人能真信之故。何以云该报之言为妄?因孙君从未计划,且从未想及变中国为一共产主义国家之故。试阅彼所著《中国之国际发展》一书,即可知彼实抱有欲切实发展及利用中国莫可限量之天产,必须外国资本及技术合力提携之见解,极为强固,且彼曾屡次向美国、英国及其他方面招请此等合作。

孙君特别提及德国及俄国。据彼之意,德国之解除军备及取消在中国之治外法权,就中国方面而论,业已使彼(指德)自处于非侵略国之列。

孙君又以为,自苏维埃俄罗斯崛起后,中国从前政治独立及领土完整之最大危机之一已经消除。苏维埃政府苟一日继续固守其非侵略政策,中国即一日无所惧于俄罗斯。

孙君熟思审虑,以为中国在其目下革新之阶段中,极需要以对等及完全主权国待诸列强之赞助。彼信德国及俄国现已情形变迁,政治改更,中国能以对等之条件与之周旋。故彼赞成一种与彼两强更加亲善为目的之政策。彼以为此种政策,最利于一非帝制及非顽强之中国。孙君最主要之考虑,即在于是。彼或被谥为亲德或亲布尔什维克,此种怨毒之词,虽曾不幸阻碍许多他人尽其严正而真实爱国爱同胞之责任,但殊不足以吓孙君。

孙君最后述及某种信稿,即彼知为陈炯明以一种显然目的而使其揭布于香港者。孙君谓:彼为护法政府首领时所为之任何行动或事情,彼除向国会外,并无任何解释之义务。但若谓前指之信稿证明彼曾谋根据布尔什维克理想缔立中德俄同盟,则彼以为应阅信件之中文原稿。现拟将此等函件译成可信之英文供众览。然即就陈炯明机关报所登颇劣之英译文观之,其诬诋之辞,亦属无据,徒见其为宣传作用而已。

> 据重庆《国民公报》一九二二年十月二十四日《孙宅秘书处辨正外交密函》

中国国民党宣言①

（一九二三年一月一日）

中国之所以革命,与革命之所以成功,原因虽繁,约而言之,不外历史之留遗,与时代之进化而已。盖以言民族,有史以来,其始以一民族成一国家,其继乃与他民族糅合搏聚以成一大民族。民族之种类愈多,国家之版图亦随之愈广。以言民权,则民为邦本之义,深入于人心,四千余年残贼之独夫,鲜能逃民众之斧钺。以言民生,则不患寡而患不均之说,由学理演为事实,求治者以摧抑豪强为能事,以杜绝兼并为盛德,贫富之隔,未甚悬殊。凡此三者,历史之留遗,所以浸渍而繁滋者,至丰且厚,此吾人所以能自立于世界者也。然民族无平等之结合,民权无确立之制度,民生无均衡之组织,故革命战争循环不已,盛衰起伏,视为固然,而末由睹长治久安之效。近世以来,革命思潮,磅礴于欧,渐渍于美,波荡于东亚。所谓民族主义、民权主义、民生主义,乃由磨砻而愈进于光明,由增益而愈趋于完美。此世界所同,而非一隅所能外者。我国当此,亦不能不激励奋发,于革命史上开一新纪元矣。

本党总理孙先生文,内审中国之情势,外察世界之潮流,兼收众长,益以新创,乃以三民主义为立国之本原,五权宪法为制度之纲领,俾民治臻于极轨,国基安于磐石;且以跻于有进而无退,一治而不复乱之域焉。夫革命之内容既异于前代,革命之手段亦因以不同。前代革命虽起于民众,及其成功,则取独夫而代之,不复与民众为伍。今日革命则立于民众之地位,而为之向导,所关切者民众之利害,所发抒者民众之情感。于民众之未喻,则劳心焦思,瘏口哓音,以申儆之;且不恤排万难,冒万险,以身为之先。及其既喻,则相与戮力,锲而不舍,务蕲于成而后已。故革命事业由民众发之,亦由

---

① 1922年9月4日,孙中山在上海召开改进国民党的会议,随即指定有共产党人参加的九人改进案起草委员会,推定宣言起草人。此宣言即为改进国民党而发。

民众成之。本此宗旨，爰有兴中会之组织，事业非常，顿遭挫折。继以时势之推移，人心之感动，志于革命者，乃如水之随地而涌，于是更扩而为同盟会。党员遍于各省，而弥漫于海外；主义之宣传与实行，前仆后继，枕藉相望，党员为主义而流之血，殆足以涤尽赤县之腥膻矣。清廷既覆，民国肇兴，以为破坏已终，建设方始，宪政实施，宜有政党，故国民党因以成立。中更癸丑之变，痛邦基未固，国难方殷，复有中华革命党之改组，集合同志，努力与卖国称帝者为敌。及帝制既踣，革命之进行于以停止。既而武人毁法倡乱，国内汹汹，连兵数载，未获宁息。同人感于主义之未贯彻，责任之无旁贷，乃更组织中国国民党，以与全国人士共谋完成民国建设之大业，而期无负初衷焉。盖吾党名称虽有因革，规则虽有损益，而主义则始终一贯，无或稍改。

溯自兴中会以至于今，垂三十年，吾党为国致力，虽稍稍有所成就，而挫折亦至多。顾所成就者，为主义之成就；而所挫折者，则非主义之挫折，特进行之偶然颠踬而已。民国以前，吾党本主义以建立民国；民国以后，则本主义以捍卫民国。前此数年，为民国与非民国之争；最近数年，为法与非法之争。反对者所挟持之力非不甚强，然卒于一蹶而不能复振。盖其所施为者，违反国情，悖逆时势，有以使然也。然亦惟反对者之梗阻与中立者之观望，遂致民国之建设事业，进行迟滞，三民主义尚未能完全实现，五权宪法亦未得制定施行，此吾党所为旁皇不可终日者。抚已有之成效，既不敢不自勉，思现存之缺憾，又不敢不自奋，则惟有夙夜黾勉，前进不已，以求最后之成功已耳！所谓成功者，非一人一党之谓，乃中华民国由阽危而巩固、而发扬光大之谓也。本党同人爰据斯旨，依三民、五权之原则，对国家建设计划及现所采用之政策，谨依次陈述于国民之前。

一、前清专制，持其"宁赠朋友，不与家奴"之政策，屡牺牲我民族之权利，与各国立不平等之条约。至今清廷虽覆，而我竟陷于为列强殖民地之地位矣。故吾党所持之民族主义，消极的为除去民族间之不平等，积极的为团结国内各民族，完成一大中华民族。欧战以还，民族自决之义，日愈昌明，吾人当仍本此精神，内以促全国民族之进化，外以谋世界民族之平等。其大要如下：

甲、励行教育普及，增进全国民族之文化。

乙、力图改正条约,恢复我国国际上自由平等之地位。

二、现行代议制度已成民权之弩末,阶级选举易为少数所操纵。欲践民权之真义,爰有下列之主张:

甲、实行普选制度,废除以资产为标准之阶级选举。

乙、以人民集会或总投票之方式,直接行使创制、复决、罢免各权。

丙、确定人民有集会、结社、言论、出版、居住、信仰之绝对自由权。

三、欧美经济之患在不均,不均则争;中国之患在贫,贫则宜开发富源以富之。惟富而不均,则仍不免于争,故思患预防,宜以欧美为鉴,力谋社会经济之均等发展,及关于社会经济一切问题,同时图适当之解决。其纲领如下:

甲、由国家规定土地法、使用土地法及地价税法。在一定时期以后,私人之土地所有权,不得超过法定限度。私人所有土地,由地主估报价值于国家,国家就价征税,并于必要时,得依报价收买之。

乙、铁路、矿山、森林、水利及其他大规模之工商业,应属于全民者,由国家设立机关经营管理之,并得由工人参与一部分之管理权。

丙、清查户口,整理耕地,调正粮食之产销,以谋民食之均足。

丁、改良币制,以实货为交易之中准,并订定税法,整理国债,以保全国经济之安宁。

戊、制定工人保护法,以改良劳动者之生活状况,徐谋劳资间地位之平等。

己、确认妇女与男子地位之平等,并扶助其均等的发展。

庚、改良农村组织,增进农人生活,徐谋地主佃户间地位之平等。

同人所计虑,尚有不止于是者。上所陈述,特其厓略,其余国家重大事项,将依本党规程,就专任委员研究之结果,继续就商于邦人君子。谨此宣言。

中国国民党本部
中华民国十二年正月一日

据上海《民国日报》增刊一九二三年一月一日《中国国民党宣言》

实施新颁宣言党纲总章通告

（一九二三年一月上旬）①

敬启者：

本党宣言业于本年一月一日宣布，其党纲及总章同于翌日宣布。国内各支部筹备处、各通讯处，国外各总支部、各支部、各分部、各通讯处自接到此项宣言、党纲、总章之日起，即发生效力；民国九年十一月公布之中国国民党总章及规约，即行废止。

次入党手续，誓约改为愿书，国内外各部处以后对于新进党员，应按照总章所规定之愿书式办理；所有从前由本部颁发之空白誓约，或由各部处自行印用之空白誓约，于愿书行用之后，一律作为废纸，由各部处自行销毁。

复次，本部此后事务，悉由中央干部执行，现已着手组织，不日宣布。国内外各部处职员，在任期中照常服务，各项新通则未颁布之前，一切规程，仍照海外总支部通则、海外支分部通则及通讯处通则办理，不得纷更，特此通告。

中国国民党总理　孙　文
总务部部长　居　正
党务部部长　谢　持
财政部部长　杨庶堪
宣传部部长　张　继

据中国国民党中央文化传播委员会党史馆藏一般档案 415/21

---

① 此件未署日期，据通告中有"本党宣言业于本年一月一日宣布"，该通告刊于1923年1月10日出版的《中国国民党本部公报》第一卷第一号，故本通告发布日期当在1月上旬。

和平统一宣言

（一九二三年一月二十六日）

北京黎宋卿先生、张敬舆先生、冯焕章先生、天津段芝泉先生、奉天张雨亭先生、保定曹仲珊先生、洛阳吴子玉先生、南京齐抚万先生、杭州卢子嘉先生①、并各省农工商学各界及各报馆转全国国民公鉴：

　　文于往年八月十五日发表宣言，对于国事，主张使护法问题完全解决，以和平方法促成统一；对于粤事，主张讨伐叛国祸粤之陈炯明，以申国法，而靖粤难。今者，讨贼诸军已逐去陈逆而戡定粤局，则障碍既除，建设斯易。文于抚辑将士及绥靖地方外，当竭尽心力以敦促和平统一之进行，并务以求达护法事业之圆满结束。如是，庶几六年以来之血战，卒得导民国于法治之途，凡诸为国牺牲者，可得代价而少慰，而此分崩离析之局，亦卒得归于统一，文始获与国人雍容讨论以图治。

　　惟旷观全国，以北京政府尚未纯践合法之涂辙，故犹多独立自主省分，北京命令不能逮及，统一之业仍属无期。迴〔回〕忆年来南北纷争，兵灾迭见，市廛骚扰，闾里为墟，盗匪乘隙，纵横靡忌，百业凋残，老弱转徙，人民颠连困苦之情状，怵目恫心。文窃以为谋国之道，苟非变出非常，万不获已，不宜轻假兵戎，重为民困。前者西南起义，特因护法之故，不得已而用兵。至于今日，则各方渐有觉悟，信使往来，力求谅解，较之昔时已为进步。曩者法统之复，亦可为时局一大转捩，诚得西南护法诸省监护匡助，以底于成，此时之中国当已入于法治之轨。徒以陈逆叛变，护法政府中断，而北京政府所为，遂致任情而未及彻底。且以毁法之徒，谬托于恢复法统，国会纠纷，及今未解。而于人民所渴望之裁兵、废督诸大端，反言行相违，不复稍应其求，而增兵备战之息，乃嚣且尘上。不知兵日益增，政日益弊，长此不悛，匪特求治

---

① 指北京政府总统黎元洪、署理国务总理兼陆军总长张绍曾、陆军检阅使冯玉祥、前国务总理段祺瑞、奉天督军张作霖、直隶督军曹锟、两湖巡阅使吴佩孚、江苏督军齐燮元、浙江督军卢永祥。

无期,助乱速祸,实未知所止。

今之大病,固在执政柄兵者未有尊重法律之诚心,而国中实力诸派利害不同,莫相调剂,亦其致此之缘故。试举今日国内势力彼此不相摄属者,辜较计之,可别为四:一曰直系,二曰奉系,三曰皖系,四曰西南护法诸省。此四派之实际利害,果以何冲突,亦自难言。然使四派互相提携,互相了解,开诚布公,使卒归一致,而皆以守法奉公引为天职,则统一之实不难立见。文今为救国危亡计,拟以和平之方法,图统一之效果,期以〔与〕四派相周旋,以调节其利害。在统一未成以前,四派暂时划疆自守,各不相侵,内部之事,各不干涉,先守和平之约,以企统一之成。倘蒙各派领袖谅解斯言,文当誓竭绵薄,尽其力所能及,必使和平统一期于实现。而和平之要,首在裁兵;未有张皇武力,滥行招募,而可谄言和平以恬人者。诚知兵多之足以乱国祸民,则减之惟恐不速,不容借端推诿,以黩武之私衷,为强国之瞽论。各派首领不乏明达,见义勇为,当仁不让,其间当大有人在也。

当此〔世〕谬说,有谓须俟统一后始可议及裁兵者。此未免为怙乱之谈。何者?兵不裁则无和平,无和平则难统一。盖拥兵以言政而政紊,拥兵以言法而法戢。强权盛则公理衰,武力张则文治弛。此必至之期,国人所身受而语焉能详者也。不裁兵而言和平,犹挟刃以谈揖让;不和平而言统一,犹视斗争为求友好。愚者且窃然嗤之,而况并世之贤豪,岂复昧此,而谓国人可欺耶!然此非徒责难之谈、堕空之论,其裁兵办法,可以坐言起行者,文筹之已审,其纲要有三:一、本化兵为工之旨,先裁全国现有兵数之半。二、各派首领赞成后,全体签名,敦请一友邦为佐理,筹划裁兵方法及经费。三、裁兵借款,其用途除法定监督机关外,另由债权人并全国农工商学报各团体各举一人监督之。其详细条目,则由专员妥订,诸公朝赞,则多可商诸施行。此在诸公一转念间,而国民将咸拜嘉赐;文亦当率西南诸将,敬从诸公之后,不敢有避。

统一成,而后一切兴革乃有可言,财政、实业、教育诸端,始获次第为理,国民意志方与以自由发舒,而不为强力所蔽障。其为统一,则永久而非一时,精神而非形式,国人同奋于法律范围之内,而无特殊势力之可虞。盖兵者所以防国,而非私卫及假以窃权之具也。能如是,乃真民治,重符共和盛轨,以与列强共跻于平等之域,百世实利赖之。不然者,民岩可畏,不戢自焚。文爱国若命,将不忍坐视沦胥,弗图振救。诸公之明,当不复令至此。语曰:"人之好善,敦不如我。"诸公当代人贤,谋国有素,其一聆鄙言而决然许之、毅然行之乎？此实诚悃之忠言,期代人民呼吁,而冀诸公相与为实践,以矫虚与委蛇之失,而塞河清难俟之机〔讥〕也。敬布区区,愿闻明教！

孙　文

民国十二年一月二十六日发于上海

据上海《民国日报》一九二三年一月二十六日《孙中山先生和平统一宣言》

孙文越飞联合宣言①

（一九二三年一月二十六日）

孙逸仙博士与苏俄派至中国特命全权大使越飞授权发表下记宣言。在越君留上海时,与孙逸仙博士为数度之谈话,关于中俄间关系,披沥其许多意见,对以下各点,尤为注意。

一、孙逸仙博士以为共产组织,甚至苏维埃制度,事实均不能引用于中国。因中国并无使此项共产制度或苏维埃制度可以成功之情况也。此项见解,越飞君完全同感。且以为中国最要最急之问题,乃在民国的统一之成功,与完全国家的独立之获得。关于此项大事业,越飞君并确告孙博士,中国当得俄国国民最挚热之同情,且可以俄国援助为依赖也。

二、为明了此等地位起见,孙逸仙博士要求越飞君再度切实声明一九二〇年九月二十七日俄国对中国通牒列举之原则。越飞君比向孙博士重行宣言,即俄国政府准备且愿意根据俄国抛弃帝政时代中俄条约(连同中东铁路等合同在内)之基础,另行开始中俄交涉。

---

① 1923年1月16日,苏俄驻华特命全权大使越飞赴上海与孙中山谈判。签订宣言后,孙中山又派廖仲恺赴日本与越飞继续会谈有关中俄联合、共同反帝具体事宜。

三、因承认全部中东铁路问题,只能于适当之中俄会议解决,故孙逸仙博士以为现在中东铁路之管理,事实上现在只能维持现况;且与越飞同意,现行铁路管理法,只能由中俄两政府不加成见,以双方实际之利益与权利,权时改组。同时,孙逸仙博士以为此点应与张作霖将军商洽。

四、越飞君正式向孙博士宣称(此点孙自以为满意):俄国现政府决无亦从无意思与目的,在外蒙古实施帝国主义之政策,或使其与中国分立,孙博士因此以为俄国军队不必立时由外蒙撤退,缘为中国实际利益与必要计,中国北京现政府无力防止因俄兵撤退后白俄反对赤俄阴谋与抵抗行为之发生,以及酿成较现在尤为严重之局面。

越飞君与孙博士以最亲挚有礼之情形相别,彼将于离日本之际,再来中国南部,然后赴北京。

一九二三年一月二十六日
孙逸仙　越飞签字于上海

据《外交月报》第二卷第一期(一九三三年一月十五日)
《孙越宣言全文与国共联合》

实行裁兵宣言

(一九二三年二月二十四日)

北京参众两院议员及护法议员诸先生、黎宋卿先生、张敬舆先生、冯焕章先生、王亮畴先生、各部总次长、天津段芝泉先生、奉天张雨亭先生、保定曹仲珊先生、洛阳吴子玉先生、杭州卢子嘉先生、南京齐抚万先生、上海岑西林先生、何茂如先生、章太炎先生、蔡子民先生、南通张季直先生、成都刘禹九先生、熊锦帆先生、云南唐蓂赓先生、湖南赵夷午先生、贵州袁鼎卿先生、南宁林莆田先生①,各省省议会、省长、督军、总司令、各师旅团长,并各省教

---

① 受电人依次为:黎元洪、张绍曾、冯玉祥、王宠惠、段祺瑞、张作霖、曹锟、吴佩孚、卢永祥、齐燮元、岑春煊、何丰林、章太炎、蔡元培、张謇、刘成勋、熊克武、唐继尧、赵恒惕、袁祖铭、林俊廷。

育会、商会、工会、农会、各法团及各报馆均鉴：文曩在上海，于一月二十六日宣言和平统一及裁兵纲要，并列举国内实力诸派，冀共提携，推诚相与，以酬国人殷殷望治之盛心。其后迭奉芝泉、雨亭、子嘉、宋卿、敬舆诸公先后复电，均荷赞同。文亦以叛陈既讨，统一可期，虽滇、桂、粤、湘诸将及人民代表屡电吁请还粤主持，文仍迟回，思以其时为谋和平统一良好机会；又以沪上交通便利，各方接洽亦最适宜，故陈去已将弥月，而文之返粤固尚未有期也。不图以统筹全国之殷，致小失抚宁一方之雅。江防司令部会议之变，哄动一时。黠者妄思从而利用，间文心膂，飞短流长，以惑蔽国人耳目，以致黎、张南下代表因而中止，其为浅薄已可慨叹。文之谋国，岂或以一隅胜负生其得失也。而直系诸将，据有国内武力之一，乃独于文裁兵主张，久付暗默怀疑之端，亦无表示。报纸所传，竟谓洛吴对于自治诸省，均欲以武力削平。以平昔信使往还，推之当世诸贤，不容独有此迷梦。贤者固不可测，文于今日犹未忍遽以不肖之心待之，而深冀其有最终之一悟也。抑文诚信尚未孚于国人，致令此唯一救国之谟，或反疑为相对责难之举。藉非然者，何推之浙卢、奉张而准，而于举国人心厌乱之时，复有一二军阀，逆此潮流而趋，而邻于悍然不顾一切也？以文与西南护法诸将，讨贼伐暴之初志，固有大梗，何难重整义师与相周旋。顾国人苦兵久矣，频年牺牲已为至巨，而代价复渺然不可必得。文诚思之心悸，万不获已，唯有先行裁兵以为国倡。古人言："请自隗始。"以是之故，断然回粤，决裁粤兵之半，以昭示天下。文兹于今月二十一日，重莅广州矣。于抚辑将士绥靖地方外，首期践文裁兵之言，同时复从事建设以与吾民更始，庶几文十数年来苦心经营之建国方略，一一征诸实现。以吾地广人众之中华民国，卒与列强共跻于平等大同之域，共和幸福，乃非虚语。天相中国，能进而推之西南诸省，以暨全国，其为闷愿，岂胜企仰。然一隅之与全国，渐进之与顿改，其图功之利钝，收效之速缓，昭然未可同日而语，称铢而计。故文之愚，尤以统一为能立供国民以福利，遂不惜举当世所矜之武力，以为攘窃权利之具者，躬自减削，以导国人。亦冀拥节诸公翻然憬悟，知今日而言图治，舍裁兵实无二途。文倡于前，诸公继之，吾民馨香之祷，岂有涯涘？若必恃暴力以压国人，横决之来，殊可危惧。诸公之明,当不出此。披沥陈言,鹄候裁教。孙文。敬。

据大本营秘书处编《陆海军大元帅大本营公报》第一号（广州一九二三年三月九日）《大元帅敬日通电全国》

中国国民党为临城事件致公使团通告

（一九二三年五月二十四日）

　　北京驻华领袖公使并转各公使钧鉴:此次临城劫案,固完全由于北京政府及其所任命之巡阅使督军之溺职所致,而根本原因,则在不能裁兵与统一。本党总理孙中山先生前曾代表本党及西南各省迭发警告,倡议裁兵,并派遣使者,冀与北政府及其将吏协商一切,讵北政府仍悍然扩张军备!孙先生曾主张用和平方法促成统一,而北政府与其将吏,反以穷兵黩武相号召!征诸全国国民所屡次呼吁,及四川福建广东等省痛遭北兵蹂躏之事实,即可证其不诬。因不裁兵不统一之故,以致兵愈多,匪愈炽,国家分裂,地方糜烂,吾人民被其害者不知凡几,今更波及外国人士矣!彼僭窃之北京政府及其将吏,溺职肇祸,固属责无旁贷;惟本党负有改进国家责任,对于贵公使及曾有被难人民之友邦,实应深致歉忱。犹有进者:北京僭名窃位之徒,已为国民所共弃,现在其所以苟延残喘者,无非仅赖诸友邦之尚予承认而已。以如此不克尽责之政府,而使其存在,徒足以延长中国之内乱;各友邦对之,竟仍予以维持,直不啻无意中干预中国之内政也!今吾人以最诚恳之意志,希望各友邦对于北京政府之承认立予撤消,并予中国人民以另行建设全国公认之政府机会。

中国国民党
一九二三年五月二十四日

据《本党为临城事件致公使团电》,载《中央党务月刊》第五期（南京一九二八年十二月）

劝谕陈炯明军布告①

（一九二三年六月一日）

我军攻惠，伐罪吊民。陈逆凶顽，天讨天申。胁从罔治，咸与自新。本大元帅，出师亲征；东西会攻，海陆并进。大军所至，纪律严明，对我良民，保护维殷。去逆效顺，毋入迷津。

六月一日

据上海《民国日报》一九二三年六月十二日《孙总统赴前线督战》

大本营布告二则②

（一九二三年六月上旬）③

一

一、纠集党羽，阻挠义师者，杀无赦。

一、故造谣言，煽惑军心者，杀无赦。

一、无故放枪，暗中助逆者，杀无赦。

一、侦探军情，私报敌人者，杀无赦。

一、报告敌情，查明确实者，赏给二等奖章。

---

① 此系孙中山赴东江前线督战时发出的布告。

② 5月30日至6月13日，孙中山亲至东江前线督战，为重申战地军纪，拟就布告两道印发前线各军张贴。

③ 参照上海《民国日报》有关报道，时间酌定为6月上旬。

一、引导义师,攻克城池者,赏给一等奖章。

一、集合民团,截击敌军者,分别重赏。

一、执获敌械,来营呈缴者,分别重赏。

二

一、临阵退缩者枪毙。

一、不服命令者枪毙。

一、私通敌人者枪毙。

一、奸淫妇女者枪毙。

一、掳掠财物者枪毙。

一、无故杀人者枪毙。

一、私离队伍者枪毙。

一、强买强卖者重罚。

一、骚扰民居者重罚。

一、拉夫索贿者重罚。

据上海《民国日报》一九二三年六月十二日《孙总统亲赴前线督战》

要求列强撤销承认北京政府之对外宣言①

(一九二三年六月二十九日)

比年以来,军阀肆祸,中国骚然,人民受害,水深火热,情状之惨,殆难言罄。临城劫车一案,外人诧为奇闻,吾民则司空见惯,类此之案,且未可更〔仆〕数。试观临城四周百英里以内,北方军阀奄有五省之地,拥有五十万

---

① 本宣言于6月26日由孙中山主持讨论并由伍朝枢用英文拟定。

之兵,而尚出此巨案,其祸国殃民,颠顶偾事,为何如耶?

一年以来,北方政状之滑稽,有甚儿戏。所谓总统、总理、阁员者,爱之则呼之使来,恶之则挥之使去,一举一措,惟意所欲,以营其私利,填其欲壑,其败坏纲纪,任性妄为,为何如耶?吾民对此万恶之军阀,靡不异口同声表示厌恶。喁喁之望,厥惟南北统一,与地方和平。

文熟察国民心理,以为今日救国之道,莫急于裁无用之兵,而立一统一强有力之政府。故于去岁建议招集军政各方领袖,会议救国方案,如裁撤全国过量之兵,使操生产工作也;组织一能得各省拥护而又能行使职权之开明的、进步的、民治的政府也;规定中央及各省建设程序也;解决有关于将来之和平幸福及中央与各省之权限分配各政治问题也。凡此诸端,北方军阀虽不敢昌言反对,而暗中阻挠,藉词推诿,无所不用其极。盖上列各案实行,则彼辈失其凭借挟持之具,故与彼辈谋裁兵,无异与虎谋皮也。不宁惟是,彼辈迷信其武力主义,近且资助叛将,遣派军队以扰乱粤、川、闽诸省,其蔑视国民公意,彰明较著矣。然则彼辈果何所恃耶?亦因其蟠踞历代中央政府所在地,藉得列强之承认耳。北京政府职权不行,责任不属,法律事实两无可言,国民视之有如无物。然而列强尚承认之,得无存一慰情胜无之思,以为国际交涉之地乎?列强承认北庭,即不啻予北庭以精神上、物质上之援助,彼辈遂藉为荼毒吾民之资,否则北庭不可以一朝居,可断言也。列强固声言不干中国内政者,按之事实,竟强置全国否认之政府于吾民之上矣。华盛频〔顿〕会议固决议给中国以完满之机会,使得自由发展,并维持一有力之政府者,竟妨碍之,使不能实现矣。战争延长,秩序紊乱,即列强之商务亦受巨大之损失矣。凡此种种,列强或未计及欤?即以交涉言之,承认北庭,于列强使馆亦无何等便利。盖北庭不能行使职权,有事仍须与各该省交涉,始克了结,虽有政府如无也。溯满清既倒,民国肇兴,列强未承认民国之期凡二十月,国际交涉无不便之感也。使北庭无列强之承认,则彼军阀辈威信扫地,饷源无出,其必赞成裁兵统一无疑。比者北庭轩然大波,陷于无政府状态,各派惟知互争虚荣,正宜保留承认,待有能代表全国而又为各省拥戴之政府产出,然后再予承认。吾民无他望,惟愿列强不干内政,严守条约,同谋列强之利益而已,列强其留意焉。

中华民国十二年六月二十九日
大元帅　孙　文
外交部长　伍朝枢

据大本营秘书处编《陆海军大元帅大本营公报》第十九号（广州一九二三年七月十三日）《大元帅对外宣言》

中国国民党申讨曹锟贿选窃位宣言

（一九二三年十月七日）

　　本党建国方略,及护法以来勘〔戡〕乱讨贼之主张,屡经宣揭,凡我国人当已闻知。乃者曹锟跋扈,怙恶不悛,竟于本年十月五日勾结罔利无耻之吴景濂等,贿赂公行,戢法窃位,几举我中华民国之纪纲道义,扫荡无遗！此而不讨,国何以立？本党特再郑重宣言,誓奋一贯之精神,伸大义于天下,为国家存正义,为国民作先锋。务使积年混秽恶浊之秽政,悉摧陷而廓〔廓〕清之,取彼凶残,纳民轨物,庶在位无奸慝之行,政治有清明之望。更有进者,本党主张之民权主义,为直接民权。国民除选举权外,并有创制权、复决权及罢免权,庶足以制裁议会之专恣,即于现行代议制之流弊,亦能为根本之刷新。

　　又五权宪法中之考试、监察二权,既有以杜倖进于前,复有以惩溺职于后,尚安有崇拜金钱、丧失人格之贿选！此尤民国百年之大计,本党愿携〔竭〕无上之真诚,以与国民努力建设者也。呜呼！来日大难,忧心孔殷,兴亡有责,不尽欲言。邦人君子,其慎思而善处之。

中国国民党
中华民国十二年十月七日

据《本党曹锟贿选窃位宣言》,载《中央党务月刊》第五期（南京一九二八年十二月）

致列强宣言

（一九二三年十月九日）

关于北京日前举行之所谓总统选举会，余须特别唤起列强之注意者，即举国反对曹锟为中国总统是也。曹氏目不识丁，未受教育，今之反对及否认其总统者，不独因其为一千九百十二年二月间劫掠北京之人，又不独因其为临城案直、鲁、豫最高级军官之负责人，而实因其选举之种种非法与贿赂情形，玷辱有教化之国家太甚也。历史中污秽事迹甚多，而从未有此次争夺权位无耻之甚者，国民若默认此种行为，则不复能自号为有人格之国家以生存于世界，所以中国人民全体视曹锟之选举为僭窃叛逆之行为，必予以抗拒而惩伐之。吾国民此种决心，不日即有具体之表示，由足以代表人民之各首领，联合组织一中央政府。余今请列强与其驻京之代表，避免足使僭窃者可作为国际承认或赞助之任何行动。若列强果承认曹锟，则将延长中国内乱与纷扰，使吾民对于破坏国家纪纲道德之行为，不得伸其真确之意志矣。

孙　文
中华民国十二年十月九日

据大本营秘书处编《陆海军大元帅大本营公报》第三十三号（广州一九二三年十月十九日）《大元帅致列强宣言》

中国国民党改组宣言[①]

（一九二三年十一月二十五日）

吾党组织，自革命同盟会以至中国国民党，由秘密的团体而为公开的政

[①] 此宣言由孙中山任命组成的中国国民党临时中央执行委员会起草。

党,其历史上之经过垂二十年,其奋斗之生涯,落落大者,见于辛亥三月广州之役,同年十月武汉之役,癸丑以往倒袁诸役,丙辰以往护法诸役。党之精英,以个人或团体为主义而捐生命者,不可胜算,当之者摧,撄之者折。其志行之坚,牺牲之大,国中无二。然综十数年已往之成绩而计效程功,不得不自认为失败。满清鼎革,继有袁氏;洪宪堕废,乃生无数专制一方之小朝廷。军阀横行,政客流毒,党人附逆,议员卖身,有如深山蔓草,烧而益生,黄河浊波,激而益溷,使国人遂疑革命不足以致治,吾民族不足以有为。此则目前情形无可为讳者也。

  窃以中国今日政治不修,经济破产,瓦解土崩之势已兆,贫困剥削之病已深。欲起沉疴,必赖乎有主义、有组织、有训练之政治团体,本其历史的使命,依民众之热望,为之指导奋斗,而达其所抱政治上之目的。否则民众蠕蠕,不知所向,惟有陷为军阀之牛马、外国经济的帝国主义之牺牲而已。国中政党,言之可羞:暮楚朝秦,宗旨靡定;权利是猎,臣妾可为。凡此派流,不足齿数。而吾党本其三民主义而奋斗者历有年所,中间虽迭更称号,然宗旨主义未尝或离。顾其所以久而不能成功者,则以组织未备、训练未周之故。夫意志不明,运用不灵,虽有大军,无以取胜。吾党有见于此,本其自知之明,自决之勇,发为改组之宣言,以示其必要。先由总理委任九人,组织临时中央执行委员会,以始其事;行将召集海内外全党代表会议,以资讨论。关于党纲章程之草定,务求主义详明,政策切实,而符民众所渴望。而于组织训练之点,则务使上下沟通,有指臂之用;分子淘汰,去恶留良。吾党奋斗之成功,将系乎此,愿与同志共勉之!

据《中国国民党周刊》第一期(广州一九二三年十一月二十五日)

关于粤海关事件宣言

（一九二三年十二月九日）①

余于本年二月间回粤时，决计实行改造事业。乃直系利用北京政府为傀儡，以金钱武力肆行捣乱，侵略粤省，致余之改造工作未能实行。直系之破坏政策，苟彼一日能用被发放之剩余国家收入（译者按：即指抵押外债以外之余款②），以充此政策之费用，必一日继续厉行之，此乃显然也。此等剩余国家收入，现多解交北京，供直系利益之用。但其中有一部分，为余之政府辖境内之关税，倘将其保留，代为裨益粤省人民之用途，则直系即无从染指。今欲粤省得享和平秩序，以后粤省关税解交直系之举，必须停止。本政府因此意在行使其固有之权，管理支配此等税款；并要求总税务司及广州税务司，于中国东部所收关税，足够应付关税所抵押之外债时，保留本政府辖境内所收一切关税，供本政府拨用。彼等均为中国政府之公仆，对于粤省，自在本政府节制下，并应服从其命令也。至列强对于此事，绝无干涉之权。因在本政府辖境以外之各埠税关，每年所收税款，除抵当所押外债之外，尚有剩余数百万元，于外债抵当，毫无妨碍也。中国对外条约中，从未有一约许列强全体的单独的有权干涉中国海关（完全为一中国政府机关），于中国并不拖欠关税所抵外债之时。且列强固亦承认关税余款之处置及使用，乃纯为中国内政问题也。至于目下关税半归列强管理之办法，本非为任何条约所特许，实纯系列强所为之一种约外举动，此乃无可讳言者。利用此款，以武力捣乱余之乡土，列强在情理上亦应加以反对。兹更有声明者，本政府愿担任：倘中国他处关税收入不足应付对外债务时，本政府当依其所收关税，随时酌量抵补。

> 据上海《民国日报》一九二三年十二月十三日《大元帅对粤海关事件之宣言》

---

① 原报载无具体日期，现据1923年12月13日北京《益世报》所载，定为9日。
② 按语系上海《民国日报》编者所加。

附录　同题异文

各国在广东举办事业或在广东发生难问题时，必对于北京政府交涉，且必对于广东政府亦提出交涉。而我广东政府对此特置交涉使，然北京政府对于此等事，毫未支付薪俸，而在广东所收之海关税金全部归北京政府之收入，如此之不公平，乃各国承认与不承认问题以外之不公平也。余对于此不公平屡抗议于外交团，而外交团并不容认。故余欲正当实行受入此项入款矣，现广东政府事实上在今日已独立，各国亦对于在广东所起之难问题与广东政府交涉，故与各国有关系之税金一部，当然应交与广东政府，即使离开承认广东政府问题，亦宁非当然之事乎？

据长沙《大公报》一九二三年十二月二十五日《孙中山将宣布广东为自由港》

致美国国民书

（一九二三年十二月十七日）

美国国民朋友们：

当我们开始发动革命、以推翻专制腐败政府并在中国建立共和国之时，就以美国为鼓舞者和榜样。我们曾热切期望能有一位美国的拉法叶特①同我们一起为这一正义事业而战斗。然而，在我们为自由而奋斗的这第十二个年头，来到的不是拉斐特，而是一美国舰队司令率领较他国更多的军舰驶入我国领海，妄图共同压垮我们，以消灭中国的共和国。难道华盛顿和林肯

---

① 拉法叶特（Marie-Joseph Motier La Fayette. 1757—1834），旧译拉斐德或辣斐德。法国资产阶级革命家，曾参加北美独立战争。

的祖国竟断然抛弃了其对自由的崇高信仰,从一解放者而蜕化成一为自由而斗争的人民的压迫者吗?我们不能相信这一点,并希望你们舰队的官兵在炮击我们之前认真考虑这个问题,尽管他们的炮口已对准广州这一未设防的城市。

他们为什么要炮击我们呢?是因为我们提出了合理的要求,即经扣除由全国关税偿付外债的适当份额之后,我们有权在本政府辖境内征收关税,这是任何政府都拥有的权利,因为尽人皆知,这项税收理应属于我们。我们要像你们祖先之将茶叶倒入波士顿港湾、以阻止税收落入英国国库一样,竭力阻止此款落入敌手,用以购置武器屠杀我们。

你们目前的当权者或许竭力阻止中国的自由事业,不让这人类的自由事业得到别处的慷慨援助。但是,如果美国海军在本政府辖境内强行征收关税,而使北京的卖国贼和军阀势焰更张,这实是一种罪恶和永洗不掉的耻辱。

孙逸仙
一九二三年十二月十七日于广州

据关一球寄赠伦敦国家档案局藏《香港日报》一九二三年十二月二十日《孙逸仙博士致美国国民书》(段云章译,马宁校)

提交香港总督之宣言

(一九二三年十二月二十一日)①

外舰集于广州港内,以保护徒有虚名互争之权利,殊欠正当。盖彼等实际乃助北京政府以其志愿强加于广州政府也。孙中山政府已于十二月十九日命中国海关总税务司保留广州及下开各地之关税,及将一九二〇年三月

---

① 此件所标时间系广州发电日期。孙中山提交香港总督之宣言未见全文。

后所欠之关余全行缴还,如不遵从此命,则广州政府拟另任海关人员。各国在条约上无干涉此举之权之理由。

据上海《民国日报》一九二三年十二月二十三日

附录 同题异文

孙文声称:各国不应麇集军舰于广州港内,假托保护名义上所当争执之权利,但于事实上援助北京政府,施其所愿欲于粤政府。孙文政府已于本月十九日谕令总税务司将粤政府辖境内所征收之关税,扣留于广州及以后所指定之其他地方,并将一九二〇年三月以后未交之关余完全缴还。倘此谕令未经遵行,粤政府当即另派税关人员。彼等自应奉命切实执行政府之公务。该宣言又辩称:各国均无条约上权利以干涉此等行政上之寻常行为。

据北京《晨报》一九二三年十二月二十三日《孙文截留关税事件难解决》

关于海关问题之宣言

(一九二三年十二月二十四日)

(一)中国海关实一中国国家机关,所有收入,为国税之一部分。海关税收,按辛丑条约,作为拳匪赔款及别项外债之抵押,除偿还此种债务本息外,所余之款,则为关余。

(二)此项关余,平时系交与北京中央政府,迨民国六年,因北京政府非法解散国会,并发生其他之种种叛国行为,护法政府遂以成立,于民国八年分得关余一部分,即百分之十三点七也。

(三)此份关余,按月交与护法政府,共有六次。迨民国九年三月,政府内部分裂,因而暂停交付,以后此间政府曾经迭催照旧付款。复于本年九月五日照会北京公使团,以关余之处分,全属中国内政问题,非列强之权限所能及,各国对于关税之关系,仅还付以关税作抵之各外债而已。用特商请公使团,饬令银行委员会,立将关余交与总税务司,由总税务司摊分与本政府,且须拨还民国九年三月以后西南应得之积存关余。

(四)九月二十八日外交团简单电复,谓本政府照会正在考虑中,迨历三阅月之久,仍无切实答复。本月三日,外交团忽来一电,谓近闻本政府不俟使团答复九月五日之照会,拟径行迫胁收管广州税关,此种干涉税关之举动,使团断难承认,倘若竟然为此,当以相当之强硬手段对付。

(五)本月五日本政府答称,中国海关始终为中国国家机关,本政府辖境内各海关,自应遵守本政府命令。且关税之汇交北京,不啻资助其战费,以肆其侵略政策。本政府今欲令税关官吏,以后不得将此款交与北京,应截留为本〈地〉方之用,且声明并无干涉税关及迫胁收管海关行政之意。此乃完全中国内政问题,无与列强之事。本政府静候三月,未得答复,而公使团竟责备本政府不应急迫从事,殊失情理之平。然本政府为尊重使团之表示及证明本政府之谦让精神起见,仍复延期两星期,不作如何举动,以再待使团之解决。

(六)本月十四日接到公使团由北京十一日电达详细考虑之答复,声称根据辛丑条约,列强对于关税,只有还付以关税作抵之各外债本息,及该约第六条所订之赔款本息之优先权,而无处分关余之权。

(七)使团复文,尤证明本政府所持之理由甚为正当,而从前所有对于本政府的举动之怀疑,亦可冰释。盖关余之处分,本政府与列强既同认为中国内政问题,则本政府于所争收关余一事,仅须与总税务司交涉而已。即使北京政府不服,可以武力阻止本政府收取关余,而列强借保护其尚未确定之权利为名,集军舰于省河,实无异帮助北京政府,以压制本政府,诚不平之甚也。

(八)按以上情形,则本政府之应如何措施,显而易见。北京政府系属非法,且为全国所弃,当然无权处分本政府辖境内之关税余款。故本政府今日已经饬令总税务司:(甲)在本政府辖境内,各关税收,除按比例摊扣还付以关税作抵之各外债及赔款外,其余应妥为保管,听候本政府命令交付。(乙)并将民国九年三月以后,所欠本政府应得之积存关余,照数归还。

(九)总税务司倘不遵命令,本政府当另委能忠于职务之人为税关官吏,以免税务之废弛中断。苟因此而秩序有所紊乱,亦由总税务司之不允协助本政府管理各关税之所致也。

(十)关于此问题,尚有道德上与法律上两要点,须略为声叙。就法律上言之,外债与赔款系以关税作抵押,非以海关屋宇及税关一切有形的产业作抵押。如遇必要时,本政府改委税关官吏,列强按诸条约,亦无干预其行使职务之权。且全国关税之收入,除本政府辖境内之收入以外,仍不下数千万,足以还付外债而有余,毫无疑义。列强明此,更无干预之理,是则关税官吏之更动,亦不致有危及外债之虞矣。

(十一)就道德上而言,列强对于关税之关系,多因庚子赔款而发生也。查此系一种罚款性质,施诸战败之国家,在欧战以前则有之,今查世界各种条约上并无此种罚款。即以凡尔赛之约而论,亦未尝征取罚款,只要德国赔补修建费而已。况今日英、法、美、日列强对于庚子赔款,各皆有意退还中国,用诸有益于中国事业乎!

(十二)至于北京政府历年所发行国内公债,内有直接间接为侵略南方及为贿赂选举总统之费用者。民国十年,北京政府厘定整理内债案,以关余、盐余与烟酒税作基金,且委总税务司为保管人。十二月十一日公使团之答复本政府文内,亦谓此种债务之清还,与使团无关,因事前并未曾与之商榷也。本政府对于北京整理内债案,无论就道德法律方面而言,当然不能认为有效。盖就法律上言之,自民国六年以来,始终认为北京政府为非法,其一切行为当然不能承认。就道德上言之,何可济〔赍〕盗以粮,其理至明。若人民因本政府收取关余,恐影响内债基金,是亦过虑。盖按北京整理内债案,尚有盐余、烟酒税作抵,北京政府果按该案条例办理,基金决不致摇动也。

据胡汉民编《总理全集》第二集(上海民智书局一九三○年版)

关于建立反帝联合战线宣言

(一九二四年一月六日)①

世界弱小民族听者、兄弟、姊妹：

我等同在弱小民族之中，我等当共同奋斗，反抗帝国主义国家之掠夺与压迫。帝国主义国家形成帝国主义联合战线，不但为压制中国自由运动及国民运动而奋斗，亦不但为压制亚洲弱小民族自由运动及国民运动而奋斗，且亦为压迫世界弱小民族自由运动及国民运动而奋斗。帝国主义之英、美、法、日、意，各皆坚心毅力，与中国少部分著名的封建督军、破产的官僚、投机的政客此三种人形成中国之军阀政客，买卖中国矣。彼等又助力反革命派完成地方封建政治矣。彼等又将把持革命政府所应有之关余，束缚革命政府手足，使不能为人民谋利益、反抗军阀而奋斗矣。彼等又以前所以压迫汝等之方法压迫中国之革命派矣。彼等又接济杀工人、杀学生、杀代表、封报馆及不利于民之事，无所不为之北京政府，以金钱枪械延长中国内乱之生命矣。彼等又口头和平，实则暗里挑战矣。彼等又将"亲善"之假面具打得粉碎矣。彼等又伸出野心之手矣。彼等又掠夺矣。

广州政府现正与帝国主义国家相见。非以和平态度，而以剧烈态度。美、英、日、法、意之战舰已驻广州省河，武装示威，汝等为中国正义而奋斗之时期已到矣！

起！起！速起！形成反帝国主义联合战线！

据北京《晨报》一九二四年一月八日《形成反帝国主义联合战线》

---

① 原文未署日期。按北京《晨报》1924 年 1 月 8 日《形成反帝国主义联合战线》云"孙文……复于前日发表宣言"，今据此酌定时间。

改 造 宣 言

(一九二四年一月中旬前)①

长河大江,波波相续,自古迄今,无或间息,川流所汇,终入于海;或遇礁石,则奔腾激越而超过之,不以障碍而阻其途,纡其道也,浩浩荡荡,一泻千里,或变急湍,或成平流,因地而异其状,因时而呈其态,此水之性也。物性如此,人性亦然,群众心理,对于国家必有附丽,其所同趋之目的,即为众意之所在,本此众意加以组织,而政党成焉,此立宪国家之产物也。

民国建立,肇自吾党,乃阅十有二年,军阀、官僚、政客朋比为奸,播弄政潮,无时或已,以致内乱频仍,政变迭起,国几不国,行将见吾党艰难缔造之功,为之断丧殆尽。时局至此,势非改造不可,而吾党则肩负此改造之重责者也。然政党者,政党政治之所由成,政党政府之缩影也。本总理以"以党治国"之主旨宣示国人,亦既有日,惟完成此旨非先从事于本党之改造不可。

溯本党自成立以来,垂三十载,秘密、公开不一其期,兴中、同盟不一其号,自然有其变者,有其不变者。变者,其组织;不变者,其精神也。今日之中国国民党本由于中华革命党蜕化而成,亦既十年于兹矣,五年一小变,十年一大变,而变之速且剧者,尤莫此十年。若洪宪帝制一变而有宣统复辟,再变而有武人弄兵、解散国会,今则藩镇割据之局成矣,国家法纪,荡然无存,国乌乎立,此政治上之剧变也。北洋军阀拥兵一百三十余万,争地以战,血膏原野,全国财富不足以供军费,则巧立名目,四出借款,卒至罗掘俱穷,金融大乱,救济无术,此经济之上剧变也。民生憔悴,社会骚然,生产能力几

---

① 原件无时间,文中有"民国建立,肇自吾党,乃阅十有二年""溯本党自成立以来,垂三十载"及"中国国民党本由于中华革命党蜕化而成,亦既十年于兹"等语,又有"改造一事关系殊重,非召集全国党员代表会议不足以见党意之所在,故定为最短期间举行之",故此宣言时间应在1924年1月中旬国民党一大开幕之前。

全消失,实业不兴,游民日众,归纳之途,非兵则匪,全国破产在眉睫间,此社会上之剧变也。民六以还,法统隳坏,窃位干政,视为固然,乃彼小竖惟知自利,统治乏力,国权土崩,共管之说,嚣然尘上,华会利益,且将取消,此国际上之剧变也。统此四者而观察之,时局变坏至此已极,从事改造,岂徒空言?夫吾党以革命为宗旨者也,非重革命之精神,断不足以救今日之国变,然非有严密之组织,亦断无可以刷新革命之精神。为其然也,故吾党适应一时代之环境,即须有一时代之党制,此则今度改造所由来也,语其要旨:

(一)曰了解主义。主义为党之命脉,亦一党之精神所寄,以党治国,换而言之,则以实施主义于全国之谓也,党员于此而不了解,遑言普及国人。

(二)曰提出党纲。有良好之主义,尤须有明了之党纲,建一议、立一法、行一政均须有所根据而后设施,然后国人乃能共喻,国民心理将由此养成之。

(三)曰训练党员。党之组织其能称为完善者,必党员人人能在党之组织下为有秩序之活动,现在组织多失于松懈,无复一致协进之可能,参政能力、群众运动非经训练,不能为功。

(四)曰征求党意。集多数人之意而成公意,集合全党之公意即成党意。

改造一事关系殊重,非召集全国党员代表会议不足以见党意之所在,故定于最短期间举行之,此为改造之相手方,苟由此相手方而达此度之改造目的,则党治而国亦治矣,吾党诸子宜共勉之。

据中国国民党中央文化传播委员会党史馆藏一般档案 415/221

致全党同志书

(一九二四年三月二日)

同志均鉴:

本党此次改组之原因,曾经本总理在大会宣布明白,兹复撮言其要。

本党前此注名党籍之党员,为数二十余万,同志不为不多;然按之实际,则除在册籍上载有姓名外,实不知党员在于何所。以故党员虽多,毫无活动,衡量党力,更属微渺。夫所贵乎有党者,盖在集合国民力能活动之分子结为团体,在一主义之下为一致之奋斗。故其要义,一在有主义,二在有团结,三在有训练。而欲求主义之鲜明,团结之坚实,训练之整齐,则不得不先揭三民主义之真解,而萃力于基本之组织。此次新章所订之组织方法,其意义即在从下层构造而上,使一党之功用,自横面言,党员时时得有团结之机会,人人得以分担责任而奋斗;自纵面言,各级机关完全建筑于全体党员之上,而不似往时之空洞无物,全体党员亦得依各级机关之指挥,而集中势力,不似往时之一盘散沙。此种办法,在能自由办党之地,固易获效;即在不能自由办党之地,亦殊有活动之可能,本党之决心改组以此。

抑党人之入党,固为实行主义而来;然既为实行,则对于主义,自不能以模糊的认识为了事,须透彻了解于主义之全蕴乃可。吾党主义,析言之固为民族、民权、民生;至其致用,实是一个整的,而非三个分的。不过因时机之关系,有时仅实现其一部,而未能施及全体。如往者萃全力以排满,似吾党主义专在民族,而不知吾党之实行民族主义,即欲以实现民权、民生两主义。且民族主义亦不止推翻满清而已,凡夫一切帝国主义之侵略,悉当祛除解放,使中华民族与世界所有各民族同立于自由平等之地,而后可告完成。顾欲臻此,即非以三民主义整个的进行不可。推类言之,则欲达民权、民生两目的,亦不能置民族主义于不顾。辛亥革命后,民权谓可见端,然未几即有袁氏篡夺。袁氏所以敢冒犯不韪,则以有外国帝国主义为之后援,遂致十年大乱,不能平治。此则民族主义不行为之因。至于民权、民生更不暇顾。欧战发生而后,各国社会党乘机勃发,俄国共产党竟一举成功,而我国青年乃亦感乎民生问题之不得不急为解决,于是社会之研究运动,始发轫于民间。然此即吾党所欢迎而引为同调者也。夫吾国之革命在前,俄国之革命在后。俄乃以六年之短期,划除根深蒂固之专制阶级,战胜其四围之帝国主义之恶魔,且以其势力振发全世界被压迫民众之奋斗精神。而吾党自辛亥迄今,垂十三年,国内军阀官僚之横暴,日甚一日;国外帝国资本主义之侵凌,日迫一日。以视乎俄,瞠乎其后,则俄诚足为吾党借镜之资,而亦当引为吾国互助之友。盖以言主义,则彼此均能吻合;以言国情,则彼此有若弟兄。数年前予曾有联俄主张,国人不察,骇为险着。曾几何时,英、意已联翩承认俄国,美国舆论亦极怂恿其政府毋持偏见。足见潮流所至,莫能抵御。本党先几,于兹可证。夫以资本称雄之国,尚复尔尔,则我之为他人殖民地者尚何所忌避,而惧与努力图谋解放被压迫民族之俄国提携乎?毋亦不思之甚矣。

顾有好造谣生事者,谓本党改组后,已变为共产党。此种谰言,非出诸敌人破坏之行为,即属于毫无意识之疑虑。欲明真象,则本党之宣言、政纲具在,覆按可知。本党之民生主义,早以平均地权、节制资本两方案著于党纲。自始至终,未尝增减。至若进行之有缓急,分量之有轻重,此则时势之推迁,而非根本之改变。故为上说者,不特不知本党之主义,并未识本党之历史,亦徒见其谬妄而已。

至于社会主义青年团之加入本党,在前年陈炯明叛变,本党经一度顿挫后,彼等认为共同革命,非有极大之结合,事不克举,故欣然同趋一致,以期有益于革命之实行。本总理受之在前,党人即不应议之于后。来者不拒,所以昭吾党之量能容物,而开将来继续奋斗之长途。吾党之新机于是乎在。彼此既志同道合,则团体以内无新旧分子之别。在党言党,唯有视能否为本党、为主义负责奋斗而定其优劣耳。

以上种种,略明大要。其详则具载于演讲录中。切愿诸同志祛除臆惑,协力刷新,以达吾党远大之目的。本总理有厚望焉。

孙　文

据《总理致海内外同志训词》,载《中国国民党周刊》第十期(广州一九二四年三月二日)

国民党上海执行部重要声明

(一九二四年三月五日)

上海新闻报二月二十九日载有(粤政党提倡共产中之政潮)一节(尚有他报亦载有类似之访函),其中所言,多非事实。自近年国内政治日益黑暗,民生日愈憔悴,于是有革新思想者,以革命势力不可分裂,咸欲服膺三民主义,扩大国民运动,以改革中国。而共产党党员乃有分别以个人资格加入国民党者,此今年全国代表大会以前事也。大会中间,旧日党员有问共产主义与民生主义异同奚若者,孙总理出席讲演,申明民生主义为解决人民生计问题,而函义至广,共产主义当然与解决人民生计问题之旨不相违异,不过为民生学说之一种耳,故以共产主义为违背民生主义者谬也,以民生主义为即共产主义者亦谬也。此视国民党从来所标举之党纲与政策,即可知其与共产主义之异同,若观此次宣言,则尤足了解。经总理演说之后,新旧党员亦俱无疑义,惟外间不明真相,多所传说,不谓国民党赤色化,即谓国民党分裂。不知国民党之主义,依然是三民主义,其解释明了,具见宣言,有目共睹,赤化何来?至同为党员,向同一之目标而行动,实无何人与何人亲洽或疏远之可言。其对于一种问题,于未决议时,意见不同,有所争执,此亦政党会议时之当有事,何足深怪。推原谣诼之所由始,在大会改组前后,香港反对国民党之报纸,即已有之。然大会不禁旁听,有会议记录次第发表,如具体的考察国民党此一两月内之言动,即可知一切诬捏之非是。兹更将报载各点,择要声明如次:(一)谓新党章有准党员跨党之例,按国民党党章凡八十六条,并无此种规定。(二)谓胡汉民、汪精卫、廖仲恺、戴季陶诸人加入共产党,羌无事实,胡等具在沪粤,不可诬也。(三)谓中央执行委员共产党占半数。二十四委员中只有一、二人系自共产党员加入国民党者,余则多为十年来之旧党员,党内外宜共知之。(四)谓"国民党加入共产党""总理忽然倡共产主义""谢英伯、冯自由等要求脱党""盐运使赵士北劝中山不可加入共产党,否则赵须脱党",按国民党党员现无加入共产党者,国民党更不待论,该函既云国民党已加入共产党,总理又提共产主义,又云胡、汪、廖、邹等相携加入共产党,随意捏造,不自觉其矛盾,至赵士觐(访函赵士北,当是赵士觐之讹,赵士北乃大理院长,非盐运使也)无向总理之劝告,赵与谢等俱无脱党之说,悉属传言错误,此外更有谓中央委员会丁惟汾、覃振系军人者,又有谓本党现尚设有之评议部者,只可以笑话目之。总之国民党之惟一职任,在领导全国国民作反抗军阀及帝国主义之运动,鉴于历年之失败,欲重新整齐其纪律,坚强其组织,以应全国国民革命之需要。所有宣言章程及今后一切行动,均有明文及事实可为表证,全国各界,静以察之可也。中国国民党上海执行部启。

据《广州民国日报》一九二四年三月十六日

任职党员须服从党义严守纪律通告

(一九二四年三月十六日)

为通告事:本党自革命同盟会以来,历三十余年之奋斗,苦心孤诣,百折不挠,立志不可谓不专,用力不可谓不勤。然时至今日,核其成功,仍若是之鲜者,固由于其始之组织未密,训练未周所致。然而一般党员对于党与个人之关系,容有未能彻底了解,亦是重要原因之一也。兹重为我一般同志剀切言之。

夫结合多数之同志以成党,即应集中权力于党,以约束多数之同志。故凡属党员,只有服从党之行动,而无党员个人之自由。只有以本身之能力贡献于党,以达党之目的;断不能反藉党之能力,以谋党员个人之活动。盖党之成功,即党员个人之成功。若各自藉党以求党员个人之成功,其结果必令党受莫大之损失,而总归于失败,是以在党员个人亦无成功之可言。故牺牲党员个人之自由,即所以保障党之自由,集合多数党员之能力,而成党之能力,即为一党成功之张本。反是,未有不归于失败。

党与个人之关系既如上述,因此凡属党员之任职于党政府下之军政、民政、财政各机关者,无论任职之大小,皆须明了本身之置身仕途,乃为希望达到党之目的而从政,非为希望达到个人之目的而从政。若误认为希望达到个人之目的而从政,根本上既发生矛盾,则操之无本,措亦乖宜,且不啻于党中自树一敌,其损害何可胜道!各同志当知本党万不能牺牲一党,以满足个人欲望;故任职之党员,比之一般党员须格外绝对服从党义。一经入党,则个人行动,一切皆范畴于党的行动。谨守本党政策,以博得多数人民之信仰,而本党基础乃赖之巩固。兹为策励各同志益加奋勉起见,标明三义,俾有遵循。若夫防制逾越,则有本党纪律在焉。

第一,严守本党主义。本党第一次全国代表大会宣言,已证明实行三民主义为中国唯一生路。本党总理历次演讲,对此曾加以郑重阐明。各同志之任职于党政府之下者,对于主义之宣传与运用,须加倍努力,使本党成为革命民众之根据。

第二,实行本党策略。本党所定对外政策凡七事,对内政策凡十六事,既条张目举,准备实行,任职党员,握有权位,当奋全力以赴之,庶几代表本党行动,以饫群众所望。

第三,与民众同甘苦。革命期间,须先有所牺牲,以为取得成功之代价。今日党政府下之民众,其所牺牲者甚巨;然而不稍形畔者,盖期望于本党良殷也。任职党员,当如何刻苦自励,以慰藉民众;其有纵恣骄横、尊养而优处者,已为民众所弃,甚焉者,藉党营私,务充一己欲壑,固不独腾谤民岩,而使本党失去信用于民众;徒供彼一人为府怨之具,此尤为本党所不容者矣。

止〔上〕述三义,所以促各同志之醒悟。各同志须知本党此次改组动机,原欲令本党成一有组织、有权威之党,以负荷国民革命之重大使命。若是,则端赖各同志为党努力,以党的成功赅括个人的成功。不然,步骤之不整齐者如故,叫嚣隳突而莫衷一是者如故。是则本党之改组为多事,同志之入党为别有所图,甚非本党总理毅然改组之所望也。愿与各同志共勉之!

中国国民党中央执行委员会
中华民国十三年三月十六日

据《中国国民党周刊》第十三期(广州一九二四年三月二十三日)

中国国民党重要通告

（一九二四年三月十七日）

（通告第二十三号）为通告事：现奉总理面谕，本党改组后所有各种组织，皆照本党总章办理，凡以前所有冠以"中国国民党"字样等团体，而总章未有规定者，均应即日取消，以后如有组织此项团体之必要时，应由所在地之最高党部直接组织，并指挥之。凡属党员，不得假借名义，自由行动，如敢故违，应即执行纪律，从严惩办，以肃党纪。等因奉此，为此通告各地同志。如在本通告未发出以前，所有"中国国民党某某"等团体，一律即行取消，以后不得任意设立此项团体，以破坏总章，特此通告。

据《广州民国日报》一九二四年三月十八日

国民党致各界书[①]

（一九二四年三月二十八日）

本党为救国之政党，为中国之主权而奋斗，为青年国民之利益而奋斗，为全体国民脱离军阀压迫外国帝国主义压迫而奋斗。革命的青年国民为中国唯一之希望，当在本党旗帜之下，为中国之主权，为青年国民之利益，为全体国民之利益而奋斗，当为本党之前锋，当干青年之事业。土耳其之复兴，出于土耳其青年之奋斗；俄国之复兴，出于俄国青年之奋斗；中国之复兴，当亦出于中国青年之奋斗。农民之生活，五十年来日见苦痛，蚕丝之出产，日受外人之操纵，非收回我国之主权，农民之生活愈趋愈苦，城市无容身之地，乡村无养身之地。中国不革命，农民方面实无"发财"机会，农民不参加革

---

① 北京《顺天时报》于4月13日亦刊出同文。

命,不能速发财机会之来。工人失业日多,实业不发展,不但不做工不得食,且无机会做工。中国实业之发展,须待革命之成功,工人当参加革命,以促其成功。工人为本党之基础,本党之奋斗,乃为发展实业而奋斗,为工人利益而奋斗,工人当与本党共同奋斗。商务日见零落,外货日见充斥,此非一时之现象,乃永久之现象,革命不成功,则此现象将长此不灭。本党为主权而奋斗,即为保护国民贸易而奋斗,商人实为本党之主力军,商人当与本党共同奋斗,本党革命成功之日,即商务发展之日。

据《广州民国日报》一九二四年三月二十八日

中国国民党敬告国民书

(一九二四年六月七日)

中国国民党自开第一次全国代表大会以来,宣言章程,公布于世。察宣言之内容,则中国国民党之主义,及其最小限度之政纲,可以明了。察章程之内容,则中国国民党之组织,及其进行方法,亦可以明了。以今日中国之现状,苟无适宜之主义与政纲,何由能收转危为安之效,苟无组织有纪律之政党,以期主义与政纲之贯彻,则亦何由实行。凡我国民,苟读本党之宣言与章程,必能信为救国之唯一方法。乃旬日以来,汉口既发生党狱,藉口传过激主义,捕去刘芬、杨德甫、许白昊等数人。北京亦有捕拿张国焘等数人之事。本党宣言及章程,性质公开,与所谓过激主义,绝非同物,人所共见,无从厚诬。本党党员为主义而活动,亦绝无轨外之行为,可以供人罗织。军阀之出此,无非本其盗憎主人之意,知国民苟为国事而奋起,则彼之违法乱纪,必将无所逃罪,故敢悍然对于国民之前驱,而加以妨害,且不恤加以诬蔑,以期阻止国民之进行。本党党员入党之始,已决以此身为主义之牺牲,夫何淫威之足恤。惟我国民,当知军阀此举,非仅向中国国民党而挑战,乃向中国国民而挑战,盖今日军阀心目中之大敌,实为国民,本党党员特为国民之前驱而已。本党党员以国民之前驱自任,前仆后继,猛进而不已。适足以发扬国民之勇气,与固结国民之决心。中国今日受军阀之蹂躏,固无一片干净土。而本党与国民相依为命,国民之痛苦,适足以激发本党党员之忘身奋斗。在中国以内,无时无地,不为主义与政纲之宣传,即亦无时无地,不与军阀为敌,经一次之挫折,得一次之进步,必蕲于成功而后已。凡我国民,实式凭之。

据《广州民国日报》一九二四年六月八日

中国国民党为德发债票案宣言

（一九二四年七月三日）

比年以来,北洋军阀盘据北京,盗窃政府名义,以遂其卖国殃民之欲。本党为保护国家及人民利益计,一面宣言所有伪北京政府之行为,概不承认;一面对于伪北京政府声罪致讨,务使城狐社鼠,无所凭借。耿耿此志,凡我国民,当所共喻。最近所传德发债票案,据本党调查观察之结果,仍不外伪北京政府卖国殃民之一种行为,用抉真相,以告国人,惟垂察焉。

我国在欧洲战争及对德宣战期内所受各种损失,应由德国赔偿者,据册报总数为一万二千二百余万元,而参战军费一万零五十余万元尚不在内。其间如间接损失,赔偿标准等等问题,虽尚有讨论之必要,然此事关于赔偿国家及国民损失,且为数之巨以万万计。其关系既甚重大,其姓〔性〕质又无须秘密。伪北京政府果无舞法作弊之意存于其间,当即以此案完全公开,以求适当之解决。乃伪北京政府办理此案,绝端诡秘:其始惟以曹锟嬖人李彦青独司其事,并其所奴蓄之伪国务院亦不使闻知;其继则伪国务院承伺曹锟嬖人李彦青意旨,相与上下其手,并其所傀儡之伪国会亦不使参与,因以惹起伪国务院间之倾轧,与伪国会间之喧阗。从来罪恶起于黑暗,以不应秘密之事而付诸秘密,其包藏罪恶不难推见。况据其所传此项赔偿方法,除曾由德国政府交纳现款四百万元外,并由德国政府将其所收集之津浦、湖广铁路债票及到期息票,暨善后到期息票约四千余万元交付中国,作为赔偿之一部分,暨扣除中国政府对德债务约四千万元,为数与册报总数相差甚巨。况债票价格及对德债务,在未清查以前,何由知其真额?此案既为国家及国民利益所关,庸可听伪北京政府为所欲为,以一手掩尽天下耳目耶!

以上所言,犹专意于赔偿方法,至于赔偿之用途,尤有当为国民所注意者。案庚子赔款对德部分为数一万零八百万元早已退还,而退还之后作何用途,至今无人过问;德国对我赔款曾交现洋四百万元作何用途,至今亦无人过问。此次债票总数为四千余万元,据上海新闻报六月十八日载伪国务院致吴佩孚、齐燮元等寒电,内称德发债票解决经过,该款如无意外,即可收回现款四千余万,现经国务会议议决,由财政部体察情形,开列支配清单,提交两院云云。北京伪政府甘为军阀鹰犬,以残虐国民,久为历年昭著之事实。以国家及国民利益所关之事,付之彼辈,其为危险宁可思议!必与庚子对德赔款,及前次德国对我赔款四百万元,同葬送于黑暗罪恶之中,不特无以弥补国民之损失,且适以增加国民之负担已耳。况寒电所传,犹为表面之语,据近日各报所载,伪北京政府已与各省军阀协定分赃计划,数目分配,灿然已备。然则此四千余万之赔款用途,小则饱军阀之私囊,以供无餍之欲,大则以之为摧残异己之用,其结果适足以增长内乱,蔓延兵祸,此不独本党所极端否认,亦国民所同声反抗,抑亦有友谊关系诸国所不能坐视者也。

综之,伪北京政府对于德发债票案,其办理经过之诡秘,方法之糊混,用途之叵测,皆足以构成其卖国殃民之罪状。本党对伪北京政府早已不屑与言,惟我国民对此利益所关,危机所伏之德发债票案,实不宜漠视。本党以为全国以内,各国民团体,如省议会、教育会、商会、农会、工会等,宜及时奋起,对于此案,一致主张应共同组织合议机关,直接处理一切,办理务使公开,方法务使正当,用途务使其有裨于民生国计。庶几国家及国民利益,不致为少数军阀垄断以尽,其他与此案有相类之性质者,如金佛郎案,如各国退还庚子赔款案,国民亦当以同一态度而处理之。若犹疑不决,或少尝辄止,则国民不啻自暴其弱点,终必为军阀所乘。在军阀固得以纵其卖国殃民之欲,而国民亦不能辞姑息养奸之诮。是非利害,惟国民知所从事焉。

据中国国民党中央文化传播委员会党史馆藏一般档案1.3/2.3

中国国民党关于党务宣言

（一九二四年七月七日）

吾党自提倡革命运动以来,内审本国之国情,外按世界之趋势,几经斟酌,始确定三民主义为中国革命运动中唯一之根据。三民主义之革命,为中国革命运动中唯一之途径,而最适合于中国之国情及环境,奋斗既久,信守弥笃。惟以向者组织未善,运用之际,效力遂减。本年全国代表大会,即根据吾党固有之三民主义,而改善其组织运用之方法,俾革命事业得以早成。同时又以中国现在之大多数人民,皆陷于压迫痛苦之中,则革命之基础,自以联合全民共同奋斗,始能益显其效力。故凡有革命勇决之心,及信仰三民主义者,不问其平日属何派别,本党无不推诚延纳,许其加入,态度本极明显。

惟数月以来,党内党外间多误会。以为已加入本党之共产派党人,其言论行动尚有分道而驰之倾向。于是反对派得借此而肆其挑拨,同志间遂由怀疑而发生隔阂。社会群众之莫明真相者,更觉无所适从,减少其对革命运动之同情及赞助。此种情状,若不亟事矫正及补救,恐直接影响于党务之进行者,间接亦影响于全民革命之发展,关系实至深且巨。中央执行委员会,负有指导党务及解释党义之责任。兹为解免党内外之误会及隔阂起见,不能不再为郑重之声明;即本党既负有中国革命之使命,即有集中全国革命分子之必要。故对于规范党员,不问其平日属何派别,惟以其言论行动能否一依本党之主义政纲及党章为断。如有违背者,本党必予以严重之制裁,以整肃纪律。同时又为谋慎重的及周密的解决起见,特呈请总理,在短期内召集中央执行委员会全体委员会议,以期讨论周详,妥筹解决。仍望我诸同志在此时期中继续努力,本革命之精神,为主义而奋斗,屏除疑惑,奋励进行,以静待全体委员会议之解决,俾革命工作不致中顿。此则本委员会同人殷殷相企者也。特此宣言。

据中国国民党中央文化传播委员会党史馆藏一般档案
1.3/2.3

中国国民党对于各国退还赔款宣言

(一九二四年七月十日)

庚子之役,赔款四百五十兆两,分三十九年摊付本息,合计九百兆两有奇。比者英、俄、美、日等国,均以退还赔款见告,他如法、比等国,亦有退还之议,盛意良可感谢。退款之数目不一,综而计之,凡数万万元,使不幸而落于军阀官僚之手,则中饱私囊,或败坏政治,或助长内乱已耳。是各国退还赔款,不独不能造福于吾民,反以祸吾民,岂各国之本意哉!夫庚子赔款,取诸全国四百兆人民者也,故本党主张今之退款,应举而措诸为四百兆人民谋幸福之教育事业,此本党全国代表大会所列之政纲也。数月以来,国中舆论对此主张,多表赞同,足见公道在人,无间南北。

惟最近竟有持异议者,以为退款筑路、导淮,或办其他实业,岂不直接有益于人民,或再以筑路、导淮及其他实业之收入以兴学,似属一举两得。殊不知筑路、导淮,工艰事巨,其收效恒在十年二十年以后。必俟筑路、导淮之收效而始议兴学,不知俟至何时。况京汉、津浦等路每年赢利何啻数千万,曾有些须用之于兴学否耶?惟见军阀任意截留,以为其招兵买马,荼毒吾民之具耳。欲以退款筑路、导淮等说,直是自欺欺人之谈,吾人惩前毖后,决不为所绐也。

且实业为生利之营业,可以借款兴办,外人以有利可图,亦乐于投资。教育则不然。吾国兴学垂数十年矣,然多具形式而乏精神,有空名而无实际。欲求一规模宏敞,设备完全,名实相副者,环顾国中,殆不数观。此其故不一端,而经费缺乏则其惟一之致命伤也。军兴以还,此弊尤著,教育命脉久已奄奄一息,不绝如缕矣。维持现状,已觉万难,改善扩充,云胡可望。今何幸得各国退还之款,为学界馈贫之粮,揆诸情理,名至正而言至顺。

若夫教育用途,非一言所能尽,应由教育团体组织一审定用途委员会,调查设计,假以全权,积极进行,务合适应潮流、振兴文化之旨,并应由教育团体组织一保管退款委员会,对于退款严格保管。一分一文不得移作别用,以免军阀、官僚穷兵侵蚀之弊。至于收入支出,务取公开,理所当然,无待赘述。凡此种种,本党熟思审处,一秉至公。福国利民,胥赖乎是。邦人君子,幸采择焉。

据中国国民党中央文化传播委员会党史馆藏一般档案 1.3/2.3

中国国民党对中俄协定宣言

(一九二四年七月十四日)

本党领有历史的使命,为中国之独立与自由而奋斗。三十年来,努力欲使中国脱离次殖民地之地位,以与各国平等共存于世界。本年第一次全国代表大会宣言,确定政纲,其对外政策第一条:一切不平等条约,如外人租借地、领事裁判权、外人管理关税权,以及外人在中国境内行使一切政治的权力,侵害中国主权者,皆当取消,重订双方平等互尊主权之条约。第二条:凡自愿放弃一切特权之国家,及愿废止破坏中国主权之条约者,中国皆得认为最惠国。本此对外政策,以与各国周旋,强御非所畏,艰难非所恤。

俄国自革命以来,君主专制时代之帝国主义已根本摧破,故对于中国尝明白表示自愿放弃一切特权,及废止破坏中国主权之条约。倘使当时北京政府不为非法之军阀官僚所窃据,则必能代表民意,开诚相见,新约早成,邦交早复。无如此辈军阀官僚,惟知把持政府以遂其私,国事非其所恤。且对于俄国革命真相,既熟视无睹;对于各国对俄态度,复首鼠两端。故对于俄国所提议,竟茫然昧然,不知所措。以致与国家及国民利益极有关系之中、俄交涉,竟无从进行。蹉跎荏苒,以至今年春间,始有协定成立之讯,而又因当事者间嫉妒之私,忽然停顿,必待当事者私人间嫉妒既已平复,协定方得成立。其儿戏国事,一致〔至〕于此。夫中俄协定之成立,其中俄国对于中国放弃其从来获得之特权,及废止从来破坏中国主权之条约,皆俄国根据其革命主义所自愿抛弃,绝非伪北京政府所交涉而获得,此皆经过之事实,国人所共喻者。

故就中俄协定而论,对于俄国一方面,国人诚当感其正义与友谊。盖自数十年来,中国与外国所结条约,皆陷于侵害中国主权及利益之厄境,固由中国当局愚弱所致,亦由列强怀抱实行帝国主义实使之然。

此次中俄协定,则能适合于双方平等互尊主权之原则。故当协定将成,俄国驻广州代表鲍罗庭君,自北京致电本党总理,称此协定之精神实准依本党政纲之对外政策,洵非虚语也。对于北京伪政府,一方面则虽其目前盗窃名器,未为国民所掊击以去,犹处于国际间被承认之地位,因得以承受此中俄协定,惟此协定在北京伪政府存在期内,决无实行之希望。盖北京伪政府惟知谄事列强,仰其鼻息,以偷生苟活,欲责以保持国家主权,及维护国民利益,不特非其所能为,亦非其所愿闻。如此,则实行中俄协定尚何能望?证以近事,对俄使馆之交还,惟懦无能,不敢有所主张。对于庚子赔款之退还,全国舆论,皆主张全数拨作教育经费,而彼独奉承军阀颐指,巧立导淮、筑路诸名目,谋攫此款以饱私囊,至于悍然违反民意而不恤!凡此皆足证明欲实行中俄协定,非具有决心努力致中国于独立自由者,必不能负荷,北京伪政府徒足为实行中俄协定之阻梗而已。然则俄国此次与北京伪政府成立协定,与其谓俄国承认不能代表公理及民意之北京伪政府,以增进其国际的地位,无宁谓北京伪政府得俄国之承认,愈足以暴其恶劣于国民及世界也!

故本党以为,国民关于中俄协定,对俄一方面当感其厚意。此后两国人民益当互相了解,以共同努力于互尊主权,互助利益之途。对北京伪政府一方面,当知名器之不可久假,大任之不可虚悬,此后益当以国民之力锄而去之。本党总理在中俄协定未签字前,曾对于广州通讯社员有所解答,关于此义,已极明显。当时党员尚有陷于观察未周之谬误者,而国民对于中俄协定亦不免仍其膜视之常态,与放弃责任之故智,皆非所宜。本党有指导党员实行政纲之责,有主张正论为国民向导之责。故秉承总理意旨,发此宣言。

据中国国民党中央文化传播委员会党史馆藏一般档案 1.3/2.3

中国国民党对金佛郎案宣言

（一九二四年七月三十一日）

近据报载,北京伪政府与法国政府,将根据去岁协定,以解决金佛郎案。查此案喧传日久,已成国民注意之问题。其中是非利害,所关甚巨,列举如下：

一、自法理上观察　辛丑和约有"用金偿付"之规定,并有"金债"字样,为法国政府要求付金佛郎之理由。然一九〇五年之换文,法国政府已经自己择定依汇兑时价付款,历来行之未改,久成惯例,何至今日乃忽要求付金佛郎。此在法国政府方面,已无理由足据。且法国政府既于国内发布明令,禁止本国通货有金纸之差别,是法国法律上已明明承认法国通货金纸同等。今于我国赔款则必欲索取现金,而拒绝收用其本国通行之纸币,其于事理尤不可通。

二、自财政上观察　赔款改付金佛郎,国民之损失若干未可预计。盖将来佛郎价格诚不必绝无高涨之事,然若照目前汇价,则金纸之差已至四倍。未识以何理由,而使国民增加如许之负担。

三、自政治上观察　数年以来,北京伪政府倒行逆施,蠹国自肥,罪状累累,指不胜屈。金佛郎案适予以敛财之机会,其结果徒以延长战祸,重苦吾民,此尤应绝对反对者。论者或以为协定上已指定以赔款之一部分,拨作教育经费,此于吾国有利。殊不知此一部分之赔款,若落于北京伪政府之手,欲其还诸教育经费,又安可得?况此仅为一部分,其他部分将何从究诘?论者或又以为协定解决,于关税问题有密切之关系。殊不知金佛郎案虽如法国政府意以解决,关税问题未必即蒙影响。即令关税会议因此开会,关税特别附加税因此增加,而关税根本问题为梗如故,于国民经济无所裨益,徒使北京伪政府攫钱益多,为恶益肆,此所谓藉寇兵赍盗粮者也。

根据以上种种理由,本党主张从根本上反对金佛郎案,勿使北京伪政府得所凭借,以纵其祸国殃民之欲。尤望国民知名器之不可久假,太阿之不可倒持,速以全体国民之力,锄北京伪政府而去之,庶内政整理,而外交亦无虞丛脞。图存之道,惟在于是。谨此宣言。

据中国国民党中央文化传播委员会党史馆藏一般档案1.3/2.3

组织农民协会及农民自卫军宣言

(一九二四年七月)

本政府为代表全国民之利益,贯彻三民主义,实行国民革命。故在革命期间,本政府有督促全国民,加入国民革命运动之使命。而其特别之任务,尤在于督促占全国民百分之八十的农民使之加入国民革命运动。

中国自开国以来,以农业经济为立国之基础。自国际帝国资本主义侵略以来,农业经济之上层建筑物,小商店、家庭手工业等,皆为之破坏净尽,而代以外国之大工厂、大商店,输进外国货物于全国各商埠市场,而吸收中国之现金;同时又以关税政策,阻碍中国国内出产品之输出,使中国产业界陷于萎靡不振之状态。而对于居中国出产品最大宗之农产品,更日见零落衰微,故农产品之价格,平均几不能保持原状。一切物价突飞增涨,农民以有限之收入,应生活程度无限之增高,结果收入不敷支出,使自耕农、佃农相继沦落而为兵匪流氓,贫困日甚,骚扰日多,中国国家根本遂以摇动。而国际帝国主义者,欲达其以经济灭亡中国之目的,复笼络北洋军阀,以延长中国之战祸,北洋军阀,更借此勾结国际帝国主义,企图以武力统一中国,而完成其万家业之野心。十数年来,兵灾遍于全国,一切军费负担,无非直接间接取之于农民,于是农民益陷于水深火热。而乡绅之把持乡政,为富不仁者之重利盘剥,贪官污吏横征暴敛,盗贼土匪之焚杀掳掠,无时不闻,祸国殃民一至于此。

本政府根据农民目前所受之痛苦,认为应督促一般农民之自觉,引导其团结于国民革命旗帜之下,为全国国民一大联合之奋斗。兹对农民运动有应为规定者如下:

一、农民欲达到解除上述种种压迫,应即时组织农民协会。此种农民协会之性质,为不受任何拘束完全独立之团体。

二、农民协会在目前战争过渡期间之重要工作,为防御土匪兵灾起见,特许其在一定计划之下,组织农民自卫军。其办法如下:

(一)得按照军队纪律及义务军办法组织之。(二)非农民协会会员,不得加入为农民自卫军。(三)农民自卫军得解除村中非会员之武装。(四)农民自卫军当受政府之绝对的监督,但政府不得以农民自卫军充作别种攻击非本村直接防御行动之用。

三、农民协会与其各级中之各部,均有警告、控告,以及管理地税之征收及解决地税问题(如平均问题、分任问题、交付问题、额外征收问题等)。但无直接行政之权。在控告时,村农民协会及区农民协会得控告于区官署,县农民协会得控告于县官署,省农民协会得控告于省长,全国农民协会得控告于大元帅,他如向军事长官控告,亦得按此程序行之。至于各农民协会(村、区、县、省)各该地之官厅有问题不能解决时,该农民协会应请托其较高一级之农民协会,与其所在地方官厅解决之。

四、各级农民协会及农民自卫军有使用农旗之特许权。农旗之制式,为青天白日满地红之国旗,复于红幅上绘一犁,旗之正幅上另备一黄幡,上书中华民国某省某县某区某村农民协会字样。

五、各村中之农民协会为基本组织,每一村农民协会须有十六岁以上之会员二十人以上方能成立。如人民入会之时,有下列条款之一者,皆得拒绝

其为会员:

(一)有田地百亩以上者。(二)以重利盘剥农民者。(三)为宗教宣教师者,如神甫、牧师、僧、道、尼、巫等类。(四)受外国帝国主义操纵者。(五)吸食鸦片及嗜赌者。

六、各级农民协会之组织,对于契约承受财产等贸易,均得享有法律保护权。

七、农民协会对于横暴官吏,有请求罢免之特权。但此等请求,如反抗行政官、司法官或军官个人等,必须经过会员全体大会四分之三之通过,地方或中央审查委员会之审查始能执行。审查委员会之主席为检察官,委员为农民协会代表二人,工会、教育会、商会、国民党代表各一人。此审查委员会之判决,应由政府机关执行之。

八、农民协会得派代表至各地方或中央政府之各机关之农务会议,讨论各种之农业问题,如整理水利、救济灾荒、信托贷款及农民教育等。

九、农民协会之章程,须根据三民主义,由会员自己定之。

以上所举均为中国农民目前所应努力之点,亦为农民运动所应注意之点。本政府唯有根据正义,作切实之辅助,及诚恳之指导,使我全国农民从痛苦压迫之中,达于自治自立之地位,以完成三民主义之工作,特此宣言。

据《广州民国日报》一九二四年七月十五日《政府对农民运动宣言》

中国国民党忠告日本国民宣言

(一九二四年八月七日)

迩来迭据驻日华侨联合国暨华侨团体及个人报告:日本自去岁震灾而后,强用种种方法实行取缔华工入境。内务省所发布之命令,对于劳动者入境之限制已极苛酷,而东京、横滨、神户、长崎、门司各海岸警察,复将内务省命令所指之劳动者,变更其界说,扩大其范围,竟将厨师、理发师、裁缝师等,悉数纳入,屡次拒绝登岸,遣送归国,或被拘留。本年三月间,神户兵库县厅外事课复订苛例八条,关于华侨商店之店员及雇主所雇之佣人,入国之际,应具身许引受书,其中规定非常严酷。则取缔不止于华工,华商亦在限制之列。推此以往,势必至日本境内无华侨之足迹然后已。迭经本党政府向日本当局据理力争,本国各团体亦群起以谋对待。依日本当局及实业团体所解答,不外以震灾为理由,并声明所限制者不仅华人,对于各国人亦无例外。因是蹉跎,未获解决。本党于此有欲为日本国民忠告者,去岁震灾,在日本国民诚为非常之损失。而各国人民侨居日本者,亦同蒙其害。揆之患难相共之情,则震灾以后,汲汲于排斥少数入境之外国人民,于日本国民物质的方面为益甚微,而于各国人民感情的方面,则所损实巨,诚非计之得者。且此种对于劳动者之限制,虽曰不专为华工,而揆之事实,则无异专为华工而设。盖欧美之劳动者,以习俗及工价之关系,恒不愿远至日本从事劳动。故此种限制,对于欧美实为不感痛痒,所身受其害者,特华工而已。日本国民于震灾之际,曾有虐杀华工情事。今又以震灾为口实,禁止华工入境,则吾国人民感情的方面所受印象,当较各国人民为尤深。日本国民之侨于中国者,以劳动者占多数,若吾国以同样之手段为报复,未识日本国民对之又将如何?凡此皆本党所蕲日本国民之反省者也。抑有进者,日本国民对于美国新订移民法律,举国一致表示反抗,岂不以人种之限制,非人道主义所宜尔。今日本以其不愿受之于美国者,施之于中国,即使美国不反唇相稽〔讥〕,而揆之"己所不欲,勿施于人"之义,日本国民将何以自解乎?况美国之移民法律,仅以施诸不同种不同文之国,其对于同种同文之国,初不如是。而日本之苛例,乃专以施诸同种同文之中国,宁不为美国所笑乎!日本朝野感于美国之移民法律,方盛倡亚洲人种大团结之论,亚洲人种闻而感动。良以日本维新以来政治学术着着进步,实足为亚洲人种之先导。今日以前,亚洲人种对于日本所以不能挟同情而反挟疑虑者,以日本恃一日之长,以凌轹同种,豆箕〔萁〕相煎,较异种为尤烈耳!故一闻日本将舍弃其同种相残之政策,而努力于亚洲人种之大团结,则莫不悠然生其属望,而中国人民为尤然。然一证之日本排斥华工之事实,则不能不有疑于日本所倡亚洲人种大团结之论为别有作用,或绝无诚意。故本党以为日本国民而果欲实行亚洲人种大团结之抱负者,则不可不留意于此,毋以小而失大也。中国与日本壤地密接,历史上精神物质之关系至深且切,论其情谊,俨如兄弟。迩来感受人种间歧视之影响,两国人民方将相与努力以谋亲善,本党认此为东亚大势之转机,故对于足为此转机之阻梗者,不能不思有以消除之。故对于日本国民进此忠告。惟明察焉。

据中国国民党中央文化传播委员会党史馆藏一般档案
1.3/2.3

中国国民党对广州罢市事件宣言

（一九二四年八月二十九日）

连日以来,广州一部分商民运动罢市。本党对于国民各种运动,均有指导矫正之责任,爰举所见,为党员告,且为国民告,俾知所从事焉。广州商民对罢市运动,其心理之灼然可见者如下：

（一）坚决为罢市之主张者。

（二）坚决为不罢市之主张者。

（三）对于罢市与否本无主张,但牢守其"有千年街坊,无千年政府"之格言,俯仰随人,在罢市之环境中,则随而罢市；在不罢市之环境中,则随而不罢市。

（四）本不主张罢市,但为罢市运动所胁迫,不得已而为之。例如某公司因开业之故,为人提取储金,惧而停业。某茶居因开业之故,为人纠众滋扰,惧而停业。

以上四种,以第三第四两种为最大多数。商民平日对于国事无研究、无主张,乃至对于切近本身利害之事,亦复持此态度,深为可慨。对于此两种心理,惟有促其觉悟一己与社会之关系,因而以渐增进其决心与勇气。

第二种坚决为反对罢市之主张,在商民中为次多数,证之河南全体反对

罢市,及广州东南北马路街市之商店,较罢市者为多,可以概见。其反对罢市之理由如下:

(一)灼知商团中有少数败类,如陈廉伯、陈恭受其人及其党羽,有破坏政府之阴谋,故反对此阴谋,而同情于政府。

(二)即于以上阴谋尚无所知,而就于此次输运军械事件,据政府所宣布,则此入口之军械手续不合,固无待言。时日不符,枪式各异,更滋疑窦,而藉端渔利,黑幕又在在发觉。商团对于以上各点,虽有答辩,而无理由,陈廉伯致许崇浩〔灏〕书,尤不能掩其作伪之形迹,故对于政府之扣留查办,认为当然。

(三)即使认商团之答辩为有理由,然政府当查办期内,尚未解决,则不能即出于要挟政府之行动。

据此,则商民中有坚决为不罢市之主张者,其理由至为正当,宜与以赞助,使其普遍。顾此次坚决为不罢市主张者,于理论一方面固为明澈,而于实行一方面则尚不免于薄弱。既无勇猛贯彻其所主张之志气,亦无与反对者奋斗之决心,此为国民向来之弱点,宜有以提撕矫正之。

第一种坚决为罢市之主张者,在商民中居最少数。而其原因则比较复杂,兹分析之如下:

(一)陈廉伯、陈恭受暨其党羽,对于政府欲乘隙破坏,对于商民欲藉端渔利。一旦发觉,舍造谣生事,别无他法以自掩其罪恶。

(二)商团中其他份子,虽未与陈廉伯、陈恭受之阴谋,然中于客气,为顾商团体面,遂不恤反抗政府。

(三)商团中其他份子,于此次扣留军械之理由及其内容皆未遑过问,但知主张军械为商团所自购,政府予以扣留,则不恤反抗政府。

(四)商民对于累年战事负担加重,其希望和平,不恤苟且姑息,较之往时,尤为急切。因之对于积极革命之政府,意向每致相左。

(五)最近二三年来,在军事区域以内,或因军纪不修,或因土匪滋扰,商民感其苦痛,故亟求自卫。今闻政府扣留军械,以为政府既不能卫民,又不许人民自卫,故其愤怨遂不可遏。

以上五者，以第一项人为中坚，而其他四项适以供其利用。第一项人之用心行事，完全为帝国主义及北洋军阀之附属物，与本党之救国主义极端不相容。欲使中国脱离次殖民地之地位，而造成独立的国家，则此等人在所必除。此非理论所能感动，亦非弥缝苟且之术所能相安于无事，此当诉诸国民之决心，而在党员尤为义无反顾者也。第二、三两项人，其理由至为薄弱，可以姑置。至第四、五两项人则是代表一部分畸形之商民心理。盖其平日只求有利于商业，国事在所不问，而国事之影响于商业亦在所不问。故既缺为国牺牲之精神，亦忘苟且姑息之大害。试回溯民国二年之际，龙济光率兵入粤，此等人则相与鸣炮欢迎。陈景华遇害，此等人又相与鸣炮以示得意。然曾几何时，而龙济光之为暴于粤，又大惹商民之怨咨。凡此种种，有如循环，迷而不复，可为慨叹！

本党总理孙先生之救国精神与救国主义，三十余年来，渐为吾人所认识。今者广州政治上、军事上不良之现状，决非主义本身所招致，乃不能实行主义有以使然。孙先生一方面尽力于破敌，以扫除主义之障碍，一方面大声疾呼，唤醒国民，俾共同努力于主义之进行。良以广州今日尚未能实行主义时代，仅仅为实行主义之准备时代，以准备条件之未具备，而訾议主义之不能实行固谬，訾议及主义之本身则尤谬。商民既对于广州现状而感苦痛，当知此苦痛为孙先生与广州人民所同受，且欲努力为广州人民解除。广州人民能解除此苦痛，则舍协助孙先生实无他策。不此之务，而徒对于政府表示失望，遂于不知不觉之际，致为反对政府者所利用，此诚可为痛惜者也。党员于此应努力说明，使一般国民咸喻此旨，庶几此等商民亦可祛其成见，以明本党主义之真相。

于此犹有言者，近来发见"政治定国军"一种宣言，不署负责任者之名氏，等于匿名揭帖，本无足论。有谓为商团军一部分人所为者，亦姑不必究。但就其宣言而寻绎之，不能不叹国人政治识力之幼稚。对于今日政治之现象而求救济，当有系统的研究，确立主义，整列政纲，然后可以有为。断非枝枝节节举行一二有利于某种阶级之事件即可以奏功。国人挟此见解与政治相周旋，无怪政治之无起色。本党于此愈感宣传之必要。

最后犹有言者,此次广州罢市运动,以一部分之商民为限,其他商民或坚决反对,或意思不明,已如上述。此犹专就商民阶级言之耳,至于工人阶级、农民阶级,其反对罢市之态度,则更为鲜明。一部分之商民对此或存疑忌,或更因以发生误会。须知本党为代表各阶级之利益而奋斗,对于工人、农人两阶级,素与其他阶级平等同视。惩之世界无论何国,莫不以保护工农利益为当务之急。此为人道计,为社会经济计,皆所必然,何所用其疑忌。至于实行共产云云,则本党主义政纲其在,无从误会。若有意挑拨以资利用,亦适见其心劳日拙而已。党员于此,尤宜以各阶级共同尽力于国民革命之必要,昭示国民。

以上所述,盖欲指陈凡一事件之发生,必分析其原因,乃能明其真相,而施以指导或矫正。愿国民于此留意,凡我党员更宜本此意旨,努力宣传毋忽!

中国国民党中央执行委员会
中华民国十三年八月二十九日

据《对于广州罢市事件之宣言》,载《中国国民党周刊》第三十七期(广州一九二四年九月七日)

为广州商团事件对外宣言

(一九二四年九月一日)

自广州汇丰银行买办①开始公然叛抗我政府后,我即怀疑他的叛国行动是得到英国帝国主义支持的。但我看到工党在英国登台执政,因而迟疑不能深信这一点,该党在其会议上和政纲中,曾屡次表示对被压迫民族的同情。工党政府既已政权在手,我仍希望他们至少会以抛弃从前使中国饱受祸害和屈辱的老一套炮舰政策之举,来证实其表白。也希望他们在中国开

---

① 广州汇丰银行买办,指陈廉伯。

创一个国际公正的时代,国际公正一般被认为是英国工党政治理想的原则。

八月二十九日,英国总领事向我政府发来紧急公文①,声称沙面领事团"抗议对一个无防御城市开火的野蛮行动",公文最后几行的威胁语气无异于宣战:

"现接英国(驻粤)海军长官通知,云他已奉香港海军司令之令,如果中国当局向城内开火,则所有可动用的英国海军部队将立即采取行动来对付他们。"

我政府坚决驳斥关于它可能犯有"对一个无防御城市开火的野蛮行动"之说,因为我政府不得已而采取行动者,仅为广州之一部分,即西关郊区,该处乃陈廉伯武装叛乱之基地。上述无耻之说,与星加坡之屠杀事件及阿姆利则②、埃及、爱尔兰等地的残杀行为出自同一帮人,这是帝国主义伪君子的典型,在我国,情形亦如是,我仅须指出英国最近在万县的暴行。这个无防御的城市,是在我国两位同胞牺牲之后,才得仅免英国海军炮击之祸的。为满足帝国主义者的凶残,这两位同胞未经审讯而立即被处决。

如今在广州河面,英国海军又发出要炮轰另一中国城市当局的威胁,莫非以为对一个孱弱、不统一的国家,可以如此逞凶肆虐而不受惩罚!我看出在英国帝国主义的这项挑战中,还有更深远、更险恶的用意。从十二年多的时间里,帝国主义列强一贯给予反革命以外交、精神上的支持并给以数以百万计的善后及其他名目的借款可以明白,对帝国主义的行动,除了是摧毁以我为首的国民党政府的蓄谋而外,不可能有别的看法。因为此间就有一场反对我政府的公开叛乱,其首领是英帝国主义在华最有势力的机构的一名受到信任的代理人,而一个所谓的英国工党政府则威胁要打倒广州的中国当局,如果它采取唯一有效的行动方式来对付意图推翻它的叛乱行动的话。

帝国主义企图加以摧毁的这个国民党政府是什么呢?它是我国唯一的力求保持革命精神使之不致完全灭绝的执政团体,是抗击反革命的唯一中

---

① 该公文由英国驻广州总领事贾尔斯(B. Giles)送到陆海军大元帅大本营外交部广东特派交涉员傅秉常。

② 阿姆利则(Amritsar),印度旁遮普省一城市。

心。所以英国的大炮对准着它。

曾有一个时期,其时要办的是推翻满洲征服者;而扫除完成革命历史任务的主要障碍——帝国主义对中国的干涉,以此为其议事日程的时期已经到来。

孙逸仙
一九二四年九月一日于广州

据香港《孖剌西报》(The Hongkong Daily Press) 一九二四年九月五日《孙逸仙与"英帝国主义":"时候已经到来"》(Sun Yat-sen and "Impesialist England":"The Time is Come")英文影印件(陈斯骏译,金应熙、吴开斌校)

附录　反对帝国主义干涉吾国内政之宣言[①]

（一九二四年九月）

自广州汇丰银行买办陈廉伯反叛政府逆谋发见之始,余即疑其此种反国民运动,必有英国帝国主义为之后盾。然尚未敢深信此说,以英国现为工党主政,而工党固尝于其党员会议及政纲中,屡有同情于被压迫民族之宣言者也。故余仍望以工党政府既获政权,必将履行其主义,至少亦能放弃向来为祸而屈辱中国之炮舰政策,而能在此邦辟一国际信义之新纪元,以实践其政治理想也。

吾人今乃知其真相矣。八月二十九日英国总领事对吾政府通牒,言沙面领事团抗议对无防卫都市开火之残暴举动,并为下列之强横态度,且近似宣战之通告曰:"本总领事现接到驻粤英国海军军官来讯,谓经奉香港舰队司令命令,如遇中国当道有向城市开火之时,英国海军即以全力对待之。"

吾政府否认对无防卫都市有开火之残暴举动。盖广州市中政府有用武力镇压之必要者,只有为陈廉伯叛党所作为根据地之西关一隅之地。然此

[①] 此文与《为广州商团事件对外宣言》略有不同,今并存。

不名誉之诬语,乃出诸星加坡残杀案之主使者,及屡施暴政予印度、埃及、爱尔兰者之口,则可知帝国主义者之伪妄矣。即在我国最近发生之万县案而论,须牺牲我国民之未经审判而斩首者二人,始得免于受英国海军炮击之祸。则又可知帝国主义者之残暴为如何矣。

今英国海军在广州河面又有轰击中国政府之威吓,岂非以我国现当分崩衰弱,得以横行无忌耶。然余对于帝国主义之英国此种挑战行为,尚有更深远之见解。即对于帝国主义诸强于此十二年来授与反革命者之外交上精神上及数万万之借款之援助,不能不信此种帝国主义的举动,实欲以之摧残国民党之政府而已。盖此次之叛乱,指挥之者为英国帝国主义在中国最有势力之机关之职员。而英国之所谓工党政府者,乃以轰击恐吓中国政府,使不能以威力平乱,以维持其存在者也。

帝国主义所欲摧残之国民党政府究为何物乎,盖此实今日中国唯一之革命团体,反抗反革命运动之中心势力。惟其然也,故英国乃以炮指之。

吾人前此革命之口号曰排满,至今日吾人之口号当改为推翻帝国主义者之干涉,以排除革命成功之最大障碍。

据《大元帅反对帝国主义者干涉吾国内政之宣言》,载《中国国民党周刊》第三十七期(广州一九二四年九月七日)

讨伐曹锟吴佩孚令

(一九二四年九月五日)

大元帅令

去岁曹琨〔锟〕斁法行贿,渎乱选举,僭窃名器,自知倒行逆施,为大义所不容,乃与吴佩孚同恶相济,以卖国所得,为穷兵黩武之用,藉以摧残正类,消除异己,流毒川闽,四海同愤。近复嗾其鹰犬,窜突浙江,东南富庶,横罹锋镝。似此穷凶极恶,诚邦家之大憝,国民之公仇。比年以来,分崩离析之祸烈矣。探其乱本,皆由此等狐鼠凭借城社,遂使神州鼎沸,生民邱墟。

本大元帅夙以讨贼戡乱为职志。十年之秋,视师桂林;十一年之夏,出师江右,所欲为国民翦此蟊贼。不图宵小窃发,师行顿挫,遂不得不从事于扫除内孽,绥辑乱余。今者烽燧虽未靖于东江,而大战之机已发于东南,渐及东北,不能不权其缓急轻重。古人有言:"豺狼当道,安问狐狸。"故遂克日移师北指,与天下共讨曹、吴诸贼。此战酝酿于去岁之秋,而爆发于今日,各方并举,无所谓南北之分,只有顺逆之辨。凡卖国殃民,多行不义者,悉不期而附于曹、吴诸贼;反之,抱持主义,以澄清天下自任者,亦必不期而趋集于义师旗帜之下。民国存亡,决于此战。其间绝无中立之地,亦绝无可以旁观之人。凡我各省将帅,平时薄物细故,悉当弃置,集其精力,从事破贼。露布一到,即当克期会师。凡我全国人民,应破除为〔苟〕安姑息之见,激厉〔励〕勇气,为国牺牲。军民同心,以当大敌。务使曹、吴诸贼次第伏法,尽摧军阀,实现民治。十三年来丧乱之局,于兹敉平;百年治安大计,从此开始,永奠和平,力致富强,有厚望焉。布告天下,咸使闻知。

(中华民国陆海军大元帅之印)

中华民国十三年九月五日

据大本营秘书处编《陆海军大元帅大本营公报》第二十五号(广州一九二四年九月十日)

告广东民众书

(一九二四年九月五日)

本大元帅于去岁之春,重莅广州,北望中原,国本未宁,危机四布,而肘腋之地,伏莽纵横,乘隙思逞。始欲动之以大义,结之以忠信。故唱呼统一之议,以期消弭战祸,扶植民本。不图北方跋扈武人曹锟、吴佩孚,方欲穷兵黩武,摧锄异己,以遂其僭窃之谋;乃勾结我叛兵,调唆我新附,资以饷械,嗾其变乱,遂使百粤重罹兵燹。北江群寇,蜂拥而至。东江叛兵,登时蠢动,西江南路,亦跳梁并随。当此之时,以一隅之地,拒四面之敌,赖此将士之戮力,人民之同心。兵锋所指,群贼崩溃。广州根本之地,危而复安。在将士劳于征战,喘息不遑;在人民疲于负担,筋力竭敝。然革命军不挠不屈之精神,已渐为海内所认识矣。曹、吴诸贼既不获逞于粤,日暮途远,姑窃名器自娱。于是有斁法行贿、渎乱选举之事。反对之声,遍于全国。正义公理,本足以褫奸宄之魄。然天讨未申,元凶稽逞,转足以坚其盗憯主人之念。湖南讨贼军入定湘中,四川讨贼军规复重庆。形势甫展,而大功未就。曹、吴诸贼,乃益无忌惮,既吮血于福建,遂磨牙于浙江,因以有东南之战事。逆料此战事,且将由东南而渐及于东北。去岁贿选时代所酝酿之大战,至此已一发而不可遏。以全国言,一切变乱之原动力,在于曹、吴,其他小丑,不过依附以求生存。苟能锄去曹、吴,则乱源自息。以广东言,浙江、上海,实为广东之藩篱。假使曹、吴得逞志于浙江、上海,则广东将有噬脐之祸。故救浙江、上海,亦即以存粤。职此之故,本大元帅已明令诸将一致北向讨贼,并克日移大本营于韶州,以资统率。当与诸军会师长江,饮马黄河,以定中原。其后方留守之事,责诸有司。去岁以来,百粤人民供备军费,负担繁重。用兵之际,吏治财政动受牵掣,所以苦吾父老兄弟者甚至。然存正统于将绝,树革命之模型。吾父老子弟所有造于国者亦甚大。当此全国鼎沸之日,吾父老子弟尤当蹈厉奋发,为民前驱,扫除军阀,实现民治,在此一举,其勉旃毋怠。

据上海《民国日报》一九二四年九月十一日

中国国民党为九七国耻纪念宣言

(一九二四年九月七日)

什么叫做九七国耻纪念日?

因为这一日是辛丑和约签字的一日。

辛丑和约签字何以是国耻纪念呢?

试看看辛丑和约的内容。他的内容无一不是丧权辱国的条件,其尤重大的是下列几个条件：

（一）中国允付赔款海关银四万万五千万两于各国。

（二）各国在北京划定公使馆境界，在公使馆境界内完全由公使管理。为保护公使馆，各国得设置护卫兵。

（三）中国政府要将大沽炮台，及有碍北京至海滨间交通之各炮台一律削平。

（四）中国政府承认各国占领黄村、郎〔廊〕坊、杨村、天津、军粮城、塘沽、芦台、唐山、昌黎、滦州、秦皇岛、山海关等处，以保北京至海滨无断绝交通之虞。

以上四项，第一项使我中国人民负担屈辱的赔款，不但物质上此重大负担至今未能清偿，成为中国民穷财尽之原因，而精神上使我中国人民的人格至今未能昭雪。第二项不但使北京丧失一部分之土地主权，而且各国得驻兵于北京。第三项使北京至海滨间，中国不得为军事防御之设备，各国可以随时进兵，直达北京，如入无人之境。第四项则北京附近一带要地，完全在各国控制之下。有了第三、四各项，所以辛丑以后，北京便低头受制于各国，没了一些抵抗的力量。所以北京政府中人，对于各国，宛如牛犊，听人穿鼻，媚外不知耻，卖国亦无所顾忌。唉！你说是国耻不是？你说是应该纪念不是？

有人说道："辛丑和约由于庚子八国联军入京，而八国联军入京由于义和团事件。"这话不错，只是我要问的，义和团事件何以发生呢？

中国自有历史以来，以和平为民族之特性。有时不幸遇着他民族的侵略，才不得已而抵抗。例如殷以前之荤粥，周之狎狁，汉之匈奴，都因为他无故扰边，才出兵征伐。又如东晋之五胡，北宋之女真，或则分裂中国，或则将中国抢去了大半，才要合中国人来驱除他。又如南宋末之蒙古，明末之满洲，并吞中国，才要合中国人来光复。我们根据历史，可以确确实实的说，如果别人不欺负中国，中国决不欺负别人的。再拿一个例来说，印度和中国的交通，自东汉时代已经开始，彼此以和平相往来，做学问思想的交换。彼此何等互相钦敬，互相爱慕，何尝有些微的冲突。更可以证明中国的民族性是和平的,不是空言,是可以将历史的事实来说明的。然则义和团事件何以发生呢?

我们要答这一问,先要知道现时所谓列强,他对于美洲的红人是怎样?对于非洲的黑人是怎样?对于澳洲的棕色人是怎样?对于亚洲的印度人是怎样?世界上五大洲的土地,被他改换了三大洲有半的颜色。五大人种,被他剪灭或奴隶了三大人种有半。我们想想,中国能在例外吗?能得他格外的矜恕、格外的礼遇吗?自从鸦片战争以来,我们的藩属安南、缅甸等等次第被他割去,我们的海口胶州湾、旅顺、大连湾、威海卫、广州湾、九龙等等次第被他抢去,各省势力范围次第被他划定。到了前清光绪二十四年的时候,瓜分中国的论调,可谓到了极盛的时代了。怎怪得两年之后,便发生义和团事件呢!

以上所说,还单指政治上武力上的侵略,至于经济上财政上的侵略,还要利害十倍,以至万倍。自从鸦片战争以来,强迫中国定了种种不平等的条件,领事裁判权啊,租借地啊,税关权啊,已筑就了经济上财政上侵略的基础。于是大发挥其对于殖民地之策略,将中国做成他的商场,源源不绝的销售商品,一方面又将中国的土地出产及人民劳力,来满足他掠夺原料,榨取劳力的欲望。这样绝人生计灭人种族的政策,在美、非、澳诸洲都是百发百中的,不怕中国会逃到那里去。那时候的中国人民虽然还没有[有]明白透了他的灭种政策,只是生计的压迫一日紧似一日,不由得不害怕,不由得不着急。这也是义和团事件发生的重要原因啊!除了以上两项之外,还有宗教的侵略。他们用政治力经济力来耗夺中国人的物质还不算,又用宗教力来耗夺中国人的精神。一班神甫牧师倚仗着他们的国力,包庇教民,干与词讼,欺压吃教以外的人,无所不至,受其虐者饮心刺骨。这也是义和团事件发生的重要原因啊!如此说来,我们对于"义和团事件何以发生"的一问,可以无疑无贰的答道:"是因为帝国主义逼着他发生的。"我们也承认义和团观察既有错误,方法更为笨劣。须知我们所反对的不是外国,是外国的帝国主义。外国之持帝国主义者,固是我们的敌人,外国之不持帝国主义,或已抛弃帝国主义者,便是我们的朋友。怎好不分别清楚,笼统的说排外呢?

所以说他观察错误。帝国主义者的势力,岂是舞大刀练拳头所能打破的,所以说他方法笨劣。他还有一个极大的错误,想倚靠满洲来驱逐洋人,贸贸然的揭起"扶清灭洋"的旗帜。遂致为满洲所利用,徒然牺牲了无数的精神物质,却唤不起国民的自觉,真是一件可痛惜的事情。这些地方我们不为义和团掩饰的。

然而拿义和团的人格,与庚子辛丑以后一班媚外的巧宦和卖国的奸贼比较起来,真是天渊之隔。可怪他们还笑义和团野蛮。哼!义和团若是野蛮,他们连猴子也赶不上。

庚子辛丑以后,中国人的脾气,被帝国主义者认识清楚了些,知道一味的强硬手段还不济事,必须用些柔和方法,才能将爱和平讲礼貌的中国人压伏得住。所以政治上武力上的侵略便放松了些,经济上财政上的侵略却加紧起来。从前对于中国官吏是一味的恃蛮逞强,如今不然了,留心的寻着一个傀儡,颠之倒之,无不如意。既不必生气,又用不着费力,真是得心应手。皇太极说得好:"朕得洪承畴犹水母之得虾。"这个秘诀竟被帝国主义者抄了去。从前只用这方法对于中国官吏,渐渐的竟适用于一般社会了。说也奇怪,瓜分说起,唤醒了中国无数热血的人;共管说起,竟会大家都不甚理会。看见了中国人如此的麻木,不能不惊讶帝国主义者的大成功。十三年来,帝国主义者对于中国有一件鲠心的事,便是中国忽然成了中华民国,有一班革命党,要实行他的革命主义,将中华民国造成在世界上独立自由的地位。帝国主义者对之,自然是眼中钉,肉中刺了。这个原因,说来却甚简单,帝国主义者,要将中国来做他的殖民地,革命党要将中国造成在世界上独立自由的地位,这不是和他利益正正的冲突么?他如何容得过。所以立定主意,利用中国一般官僚武人来做他的傀儡,对付革命党。试看看有民国二年袁世凯和革命党作战,便有五国银行团的大借款。有民国六年冯国璋和革命党作战,便有日本的大借款。近年有曹琨〔锟〕、吴佩孚和革命党作战,便有无数零星杂凑的大小借款。现时国民革命的口号是"打倒军阀,打倒帝国主义",其实拆穿西洋景,军阀便是帝国主义的傀儡,帝国主义便是军阀的牵线。十三年来,自袁世凯以至曹锟、吴佩孚先后傀儡登场,一个傀儡扑了下去，又一个傀儡矗了起来。傀儡所以如此层出不穷，是有人在后台牵线的缘故。

以上所说，都是辛丑条约的前因后果。有了以前种种，才会发生辛丑条约，发生了辛丑条约，才会有以后种种。我们今日纪念国耻，并不是痛定思痛，乃是在痛愈深创愈巨的时候，追究痛创的来源。我们今日纪念国耻，并不是专从过去着想，乃是从现在及将来着想。所以纪念国耻的目的，在于昭雪国耻。不然，那就不是国耻纪念会，简直是国耻追悼会了。这还有什么意义呢！

我们既然要雪耻，则有千万要注意的两件事：一是认清对象，如今站在我们面前，压在我们头上的，是帝国主义，以上所说已极明白；二是慎选方法，帝国主义的势力如今还是不可向迩，我们要打倒帝国主义，必须有全盘的计划准备，决不是轻举妄动所可以奏效，也不是侥幸尝试所可以成功。要达到打倒帝国主义之目的，至少限度，我们必须针锋相对，确立一种主义，并严定实行主义的步骤，纠合大多数的人民，固结一个牢不可破的团体，方才能将打倒帝国主义的责任负荷起来。不然，中国人民依然一盘散沙似的，只有永永给帝国主义之践踏，还能说什么打倒帝国主义呢？

因此，我们不能不介绍中国国民党的主义与政纲于大多数的同胞。这是雪耻的唯一方法，我们努力于雪耻，才不辜负今日的国耻纪念。

中国国民党中央执行委员会

中华民国十三年九月七日

据《中国国民党周刊》第三十八期（广州一九二四年九月十四日）

率师北伐宣言①

（一九二四年九月九日）

迩年以来，国事日亟，军事日繁，骄兵悍将为暴于民，贪官污吏因缘为利，致人民生命财产无所保障。今者曹、吴黩武浙江，蹂躏东南完善之区。本大元帅统率各军，提师北伐。以粤政付之粤人，实行自治。

据长沙《大公报》一九二四年九月十八日《快信摘要》

告广东民众书

（一九二四年九月十日）

最近数十年来，中国受列强帝国主义之侵略，渐沦于次殖民地。而满洲政府仍牢守其民族之特权阶级，与君主之专制政治。中国人民虽欲自救，其道无由。文乃率导同志，致力革命，以肇建中华民国，尔来十有三年矣。原革命之目的，在实现民有、民治、民享之国家，以独立自由于大地之上。此与帝国主义，如水火之不相容。故帝国主义遂与军阀互相勾结，以为反动。军阀既有帝国主义为之后援，乃悍然蔑视国民，破坏民国，而无所忌惮。革命党人与之为殊死战，而大多数人民仍守其不问国事之习，坐视不为之所，于是革命党人往往势孤而至于蹉跌。十三年来革命所以未能成功，其端实系于此。广东与革命关系最深，其革命担负亦最重。元年以来，国事未宁，广东人民亦不能得一日之安。九年之冬，粤军返旆，宜若得所藉手，以完革命之志事，而曾不须臾，典兵者已为北洋军阀所勾引，遂以有十一年六月之叛乱。至十二年正月，借滇、桂诸军之力，仅得讨平；然余孽犹蜂聚于东江，新

---

① 此系报载摘要。

附复反侧于肘腋。曹琨〔锟〕、吴佩孚遂乘间抵隙,嗾赣军入寇北江一带,西江南路亦同时啸起,广州一隅几成坐困。文率诸军四围冲击,虽所向摧破,莫能为患,然转输供亿,苦我广东父老昆弟至矣。军事既殷,军需自繁,罗掘多方,犹不能给,于是病民之诸捐杂税,繁然并起,其结果人民生活受其牵掣,物价日腾,生事日艰。夫革命为全国人民之责任,而广东人民所负担为独多,此已足致广东人民之不平矣。而间有骄兵悍将,不修军纪,为暴于民,贪官污吏,托名筹饷,因缘为利。驯致人民之生命、自由、财产无所保障,交通为之断绝,廛市为之凋败〔敝〕。此尤足令广东人民叹息痛恨,而革命政府所由徨徬夙夜,莫知所措者也。广东人民身受痛苦,对于革命政府渐形失望,而在商民为尤然。殊不知革命主义为一事,革命进行方法又为一事。革命主义,革命政府始终尽力以求贯彻;革命进行方法,则革命政府不惮因应环境以求适宜。广东今日此等现状,乃革命进行方法未善,有以使然,于革命主义无与。若以现状之未善,而谤及于主义之本身,以反对革命政府之存在,则革命政府为拥护其主义计,不得不谋压此等反对企图,而使之消灭。三十余年来,文与诸同志实行革命主义,不恤与举世为敌,微特满洲政府之淫威,不足撄吾怀抱;即举世之讪笑咒诅,以大逆无道等等恶名相加,亦夷然不以为意。此广东人民所尤稔知者也。故为广东人民计,为商民计,莫若拥护革命政府实行革命主义,同时与革命政府协商改善革命之进行方法。盖前此大病,在人民守其不问国事之习,不与革命政府合作;而革命政府为存在计,不得不以强力取资于人民,政府与人民之间遂生隔膜。今者革命政府不恤改弦更张,以求与人民合作,特郑重明白宣布如下:

(一)在最短时期内悉调各军,实行北伐。

(二)以广东付之广东人民,实行自治,广州市政厅克日改组,市长付之民选,以为全省自治之先导。

(三)现在一切苛杂捐税悉数蠲除,由民选官吏另订税则。

以上三者,革命政府已决心实行。广东人民当知关于革命之进行方法,革命政府不难徇人民之意向,从事改组。惟我广东人民对于革命之主义,当以热诚扶助革命政府,使之早日实现,庶几政府人民同心同德,以当大敌。

十三年来革命未就之绪,于以告成,中华民国实嘉赖之。

据《北伐进行中之煌煌帅令——实现民治》,载《中国国民党周刊》第三十九期

为讨伐曹吴移师韶关布告

(一九二四年九月十二日)①

大元帅布告。自曹、吴以武力统一,叛国干纪,侵扰闽粤,蹂躏川湘,抗奉天入关之师,以成非法贿选之罪,近复无故称兵犯浙,荼毒东南,宇内骚然,神人共恫。本大元帅怵于生灵之痛苦,国是之沦胥,思惟救亡必先讨贼,主义所在,夙夜是图,今当逆焰披猖,邦人嫉愤,本吊民伐罪之志,慰救灾恤邻之心,奖帅三军,共张北伐。大本营即日移驻韶关,躬亲麾驭,愿与海内同志,南北义师,攘除奸凶,戡定大难,誓于有众,咸使闻知。此布。

据中国国民党中央文化传播委员会党史馆藏一般档案053/1

宣布《建国大纲》的宣言

(一九二四年九月十六日)

辛亥革命以至今日,中国所得者仅为中华民国之称。中国国际上、政治经济上,所谓国民的利益者毫无若何进行。本质的革命事业由主义与建设两者相需而成,今后革命仅有社会运动,无待用力以从事于建设也。(同时并宣布国民政府建设大纲二十五条)

据北京《晨报》一九二四年九月二十九日《孙文又高谈建国大纲》

---

① 原抄件无日期,据内容推断系1924年9月12日,移大本营于韶关,孙中山亲往督师时所公布。

中国国民党北伐宣言[①]

（一九二四年九月十八日）

　　国民革命之目的，在造成独立自由之国家，以拥护国家及民众之利益。辛亥之役，推倒君主专制政体暨满州〔洲〕征服阶级，本已得所藉手，以从事于目的之贯彻。假使吾党当时能根据于国家及民众之利益，以肃清反革命势力，则十三年来政治根本当已确定，国民经济、教育莘莘诸端，当已积极进行。革命之目的纵未能完全达到，然不失正鹄，以日跻于光明，则有断然者。

　　原夫反革命之发生，实继承专制时代之思想，对内牺牲民众利益，对外牺牲国家利益，以保持其过去时代之地位。观于袁世凯之称帝，张勋之复辟，冯国璋、徐世昌之毁法，曹琨〔锟〕、吴佩孚之窃位盗国，十三年来连属不绝，可知其分子虽有新陈代谢，而其传统思想则始终如一。此等反革命之恶势力，以北京为巢窟，而流毒被于各省。间有号称为革命分子，而其根本思想初非根据于国家及民众之利益者，则往往志操不定，受其吸引，与之同腐，以酿成今日分崩离析之局。此其可为太息痛恨者矣！

　　反革命之恶势力所以存在，实由帝国主义卵翼之使然。证之民国二年之际，袁世凯将欲摧残革命党，以遂其帝制自为之欲，则有五国银行团大借款于此时成立，以二万万五千万元供其战费。自时厥后，历冯国璋、徐世昌诸人，凡一度用兵于国内以摧残异己，则必有一度之大借款以资其挥霍。及乎最近，曹锟、吴佩孚加兵于东南，则久悬不决之金佛郎案即决定成立。由此种种，可知十三年来之战祸，直接受自军阀，间接受自帝国主义，明明白白，无可疑者。

　　今者，浙江友军为反抗曹锟、吴佩孚而战，奉天亦将出于同样之决心与行动，革命政府已下明令出师北向，与天下共讨曹锟、吴佩孚诸贼。于此有当郑

[①] 9月18日，孙中山以中国国民党的名义发表此宣言。

重为国民告且为友军告者：此战之目的不在覆灭曹、吴，尤在曹、吴覆灭之后，永无同样继起之人，以持续反对革命之恶势力；换言之，此战之目的不仅在推倒军阀，尤在推倒军阀所赖以生存之帝国主义。盖必如是，然后反革命之根株乃得永绝，中国乃能脱离次殖民地之地位，以造成自由独立之国家也。

中国国民党之最终目的在于三民主义，本党之职任即为实行主义而奋斗。故敢谨告于国民及友军曰：吾人颠覆军阀之后，必将要求现时必需之各种具体条件之实现，以为实行最终目的三民主义之初步。此次爆发之国内战争，本党因反对军阀而参加之，其职任首在战胜之后，以革命政府之权力扫荡反革命之恶势力，使人民得解放而谋自治，尤在对外代表国家利益，要求从新审订一切不平等之条约，即取消此等条约中所定之一切特权，而重订双方平等互尊主权之条约，以消灭帝国主义在中国之势力。盖必先令中国出此不平等之国际地位，然后下列之具体目的方有实现之可能也。

一、中国蹈于国际平等地位以后，国民经济及一切生产力方得充分发展。

二、实业之发展，使农村经济得以改良，而劳动农民之生计有改善之可能。

三、生产力之充分发展，使工人阶级之生活状况，得因其团结力之增长而有改善之机会。

四、农工业之发达，使人民之购买力增加，商业始有繁盛之动机。

五、文化及教育等问题，至此方不落于空谈。彼经济之发展，使智识能力之需要日增，而国家富力之增殖，可使文化事业及教育之经费易于筹措，一切智识阶级之失学问题、失业问题，方有解决之端绪。

六、中国之法律，更因不平等条约之废除，而能普及于全国领土，实行于一切租界，然后阴谋破坏之反革命势力无所凭借。

凡此一切，当能造成巩固之经济基础，以统一全国，实现真正之民权制度，以谋平民群众之幸福。故国民处此战争之时，尤宜急起而反抗军阀，求此最少限度之政纲实现，以为实行三民主义之第一步。

十三年九月十八日

据《中国国民党周刊》第四十期（广州一九二四年九月二十八日）

制订《建国大纲》宣言

（一九二四年九月二十四日）

自辛亥革命以至于今日，所获得者仅中华民国之名。国家利益方面，既未能使中国进于国际平等地位；国民利益方面，则政治经济荦荦诸端无所进步；而分崩离析之祸，且与日俱深。穷其至此之由，与所以救济之道，诚今日当务之急也。夫革命之目的，在于实行三民主义。而三民主义之实行，必有其方法与步骤。三民主义能及影响于人民，俾人民蒙其幸福与否，端在其实行之方法与步骤如何。文有见于此，故于辛亥革命以前，一方面提倡三民主义，一方面规定实行主义之方法与步骤。分革命、建设为军政、训政、宪政三时期，期于循序渐进，以完成革命之工作。辛亥革命以前，每起一次革命，即以主义与建设程序宣布于天下，以期同志暨国民之相与了解。辛亥之役，数月以内即推倒四千余年之君主专制政体，暨二百六十余年之满洲征服阶级，其破坏之力不可谓不巨。然至于今日，三民主义之实行犹茫乎未有端绪者，则以破坏之后，初未尝依预定之程序以为建设也。盖不经军政时代，则反革命之势力无繇扫荡，而革命之主义亦无由宣传于群众，以得其同情与信仰，不经训政时代，则大多数之人民久经束缚，虽骤被解放，初不了知其活动之方式，非墨守其放弃责任之故习，即为人利用陷于反革命而不自知。前者之大病在革命之破坏不能了彻，后者之大病在革命之建设不能进行。辛亥之役，汲汲于制定临时约法，以为可以奠民国之基础，而不知乃适得其反。论者见《临时约法》施行之后，不能有益于民国，甚至并《临时约法》之本身效力亦已消失无余，则纷纷然议《临时约法》之未善，且斤斤然从事于宪法之制定，以为藉此可以救《临时约法》之穷。曾不知症结所在，非由于《临时约法》之未善，乃由于未经军政、训政两时期，而即入于宪政。试观元年《临时约法》颁布以后，反革命之势力，不惟不因以消灭，反得凭借之以肆其恶，终且取《临时约法》而毁之。而大多数人民对于《临时约法》，初未曾计及其于本身利害何若,闻有毁法者不加怒,闻有护法者亦不加喜。可知未经军政、训政两时期,《临时约法》决不能发生效力。夫元年以后,所恃以维持民国者,惟有《临时约法》。而《临时约法》之无效如此,则纲纪荡然,祸乱相寻,又何足怪!本政府有鉴于此,以为今后之革命,当赓续辛亥未完之绪,而力矫其失。即今后之革命,不但当用力于破坏,尤当用力于建设,且当规定其不可逾越之程序。爰本此意,制定《国民政府建国大纲》二十五条,以为今后革命之典型。建国大纲第一条至第四条,宣布革命之主义及其内容。第五条以下,则为实行之方法与步骤。其在第六、七两条,标明军政时期之宗旨,务扫除反革命之势力,宣传革命之主义。其在第八条至第十八条标明训政时期之宗旨,务指导人民从事于革命建设之进行。先以县为自治之单位,于一县之内,努力于除旧布新,以深植人民权力之基本,然后扩而充之,以及于省。如是则所谓自治,始为真正之人民自治,异于伪托自治之名,以行其割据之实者。而地方自治已成,则国家组织始臻完密,人民亦可本其地方上之政治训练以与闻国政矣。其在第十九条以下,则由训政递嬗于宪政所必备之条件与程序。综括言之,则建国大纲者,以扫除障碍为开始,以完成建设为依归。所谓本末先后,秩然不紊者也。夫革命为非常之破坏,故不可无非常之建设以继之。积十三年痛苦之经验,当知所谓人民权利与人民幸福,当务其实,不当徒袭其名。傥能依建国大纲以行,则军政时代已能肃清反侧,训政时代已能扶植民治。虽无宪政之名,而人民所得权利与幸福,已非借口宪法而行专政者所可同日而语。且由此以至宪政时期,所历者皆为坦途,无颠蹶之虑。为民国计,为国民计,莫善于此。本政府郑重宣布:今后革命势力所及之地,凡秉承本政府之号令者,即当以实行建国大纲为唯一之职任。

据《中国国民党周刊》第四十期(广州一九二四年九月二十八日)

告中国人民书①（译文）

（一九二四年十月十一日）

你们不要忘记,在自由的俄国发出了这样的号召:"禁止干涉中国"。欧洲的资本家对于这句口号,也许采取一种讥刺的态度,他们会想着,这句口号是没有什么用的,因为苏联距离中国很远。但不管怎样,从莫斯科传出的口号,是不存在着距离的,它闪电似地传遍了全世界,在每一个劳动者的心中得到了回响。我们知道苏联的同情,对于自由解放了的土耳其战胜其敌人的胜利,是起了怎样的作用。这种同情,比大炮更可靠。我们知道,苏联永不会站在不义的事情的一边。假使说,苏联支持我们,那就是说,真理是在支持我们,而真理是不可能不胜利的,是不可能不战胜暴力的。

据[苏]亚历山大·科冈《苏联和中国》,载《时代》杂志第一八一期（北泉译）

庆祝十月革命七周年纪念宣言

（一九二四年十一月七日）

一九一七年的苏俄今日是革命大告成功之日,于今已是七年了。我们在国民革命的进程中,对此友邦的光荣纪念日,深感有重大之意义,为此意义,我们承认有庆祝之必要。

十月革命之成功,不独是苏俄革命的成功,并且是国际革命的开幕;不独是苏俄民族的解放,并且是国际民族的解放起点。俄国以前的革命,只有一种,就是政治革命;政治革命,革来革去,不过变一变政体之形式,口头上

---

① 此件无法觅得原文,系自俄文译出。——译者

名为争自由、争独立，其实是为帝国主义者所欺骗。无论是法国革命、美国革命都是如此，最时髦的"德谟克拉西"，何尝不是为少数资本家说法。直到俄国革命以后，才有一种革命，就是经济革命，把旧经济组织完全拆台，实行集产政策，发达国家的大企业，使无产者也解除经济之压迫。这种经济革命是普遍的，为全民利益的，和从前政治革命为少数人的、偏枯的，大相悬绝，这是人类真正的平等表现。因此之故，我们要纪念苏俄革命成功，这是庆祝之第一个意义。

俄国未革命之前，国际间只有两种国家，就是压迫人的国家和被人压迫之国家，前者是帝国主义的列强，后者是失了独立能力的弱小民族。直到俄国革命之后，才多一种国家，就是不压迫人也不被人压迫的国家，自己民族解放了，还不安乐，竟抱"己欲立而立人"之宏愿，来扶助弱小民族。要扶助弱小民族了，就公然的反对国际帝国主义。事实告诉我们，土耳其的独立，他的凯末尔将军，得到苏俄不少的帮助。前月俄人仗义执言，在莫斯科举行"制止侵略中国"大会，揭露各国帝国主义在华的假面具，这是何等爽快，何种热肠的现象。他们已经看破，如果要扶助中国，首先须消灭在中国之各国资本主义，这是国民革命必由之路。因此之故，我们要纪念苏俄革命成功，这是庆祝之第二个意义。

任何民族、任何阶级，对于真正的自由平等与独立之要求，都是一致的。所以我们都应该同情于庆祝苏俄革命成功的纪念，并且应该联合战线，向压迫人的国家攻击，以实现国际革命之成功。

据上海《民国日报》一九二四年十一月十四日《广州庆祝十月革命盛况》

北 上 宣 言①

（一九二四年十一月十日）

　　本年九月十八日，本党对于出师北伐之目的，曾有宣言。其主要之意义，以为国民革命之目的，在造成独立自由之国家，以拥护国家及民众之利益。此种目的，与帝国主义欲使中国永为其殖民地者，绝对不能相容。故辛亥之役，吾人虽能推倒满洲政府，曾不须臾，帝国主义者已勾结军阀，以与国民革命为敌，务以阻止国民革命目的之进行。十三年来，军阀本身有新陈代谢，而其性质作用，则自袁世凯以至于曹锟、吴佩孚，如出一辙。故北伐之目的，不仅在覆灭曹吴，尤在曹吴覆灭之后，永无同样继起之人。换言之，北伐之目的，不仅在推倒军阀，尤在推倒军阀所赖以生存之帝国主义。盖必如是，然后国民革命之目的，乃得以扫除障碍之故而活泼进行也。

　　国民革命之目的，在造成独立自由之国家，以拥护国家及民众之利益，其内容为何，本党第一次全国代表大会宣言已详述之。盖以民族、民权、民生三主义为基本，而因应时势，列举救济方法，以为最少限度之政纲。语其大要，对外政策：一方在取消一切不平等之条约及特权；一方在变更外债之性质，使列强不能利用此种外债，以致中国坐困于次殖民地之地位。对内政策：在划定中央与省之权限，使国家统一与省自治，各遂其发达而不相妨碍；同时确定县为自治单位，以深植民权之基础；且当以全力保障人民之自由，辅助农工商实业团体之发达，谋经济、教育状况之改善。盖对外之政策果得实现，则帝国主义在中国之势力归于消灭，国家之独立自由可保；对内政策果得实现，则军阀不致死灰复燃，民治之基础莫能摇动。此敢信于中国之现状，实为对症之良药也。

---

　　① 孙中山于11月13日离粤北上，与冯玉祥等讨论国事。这是行前三天在广州发表的宣言。

北伐目的宣言,根据此旨,且为之说明其顺序:"(一)中国跻于国际平等地位以后,国民经济及一切生产力方得充分发展。(二)实业之发展,使农村经济得以改良,而劳动农民之生计有改善之可能。(三)生产力之充分发展,使工人阶级之生活状况,得因其团结力之增长,而有改善之机会。(四)农工业之发达,使人民之购买力增加,商业始有繁盛之动机。(五)文化及教育等问题,至此方不落于空谈。以经济之发展,使智识能力之需要日增,而国家富力之增殖,可使文化事业及教育之经费易于筹措;一切智识阶级之失业问题、失学问题,方有解决之端绪。(六)中国之法律,更因不平等条约之废除,而能普及于全国领土;一切租界皆已废除,然后阴谋破坏之反革命势力无所凭借。"① 以上诸端,凡属国民,不别其为实业家、为农民、为工人、为学界,皆无不感其切要,而共同奋斗,以蕲其实现者也。

国民革命之目的,其内容具如此。十三年来,帝国主义与军阀互相勾结,以为其进行之障碍,遂使此等关系民国存亡、国民生死之荦荦诸端,无由实现。为谋目的之到达,不得不从事于障碍之扫除,此北伐之举所以不容已也。

自北伐目的宣布以后,本党旗帜下之军队在广东者,次第集中北江,以入江西。而本党复从种种方面指示国民,以帝国主义所援助之军阀虽怀挟其武力统一之梦想,而其失败终为不能免之事实。今者吴佩孚之失败,足以证明本党判断之不谬矣。

军阀所挟持之武力,得帝国主义之援助而增其数量。此自袁世凯以来已然。然当其盛时,虽有帝国主义为之羽翼,及其败也,帝国主义亦无以救之。此其故安在?二年东南之役,袁世凯用兵无往不利,三四年间叛迹渐著,人心渐去,及反对帝制之兵起,终至于众叛亲离,一蹶不振。七年以来,吴佩孚用兵亦无往不利,骄气所中,以为可以力征经营天下,至不恤与民众为敌,屠杀工人、学生,以摧残革命之进行,及人心已去,终至于一败涂地而后已。犹于败亡之余,致电北京公使团,请求加以援助。其始终甘为帝国主

---

① 此引文与9月18日《中国国民党北伐宣言》略有出入。

义之傀儡,而不能了解历史的教训如此。由斯以言,帝国主义之援助,终不敌国民之觉悟。帝国主义惟能乘吾国民之未觉悟以求逞,军阀亦惟能乘吾国民之未觉悟以得志于一时,卒之未有不为国民觉悟所屈伏者。愿我友军将士暨吾同志,于劳苦功高之余,一念及之也!

吾人于此,更可以得一证明:凡武力与帝国主义结合者无不败。反之,与国民结合以速国民革命之进行者无不胜。今日以后,当划一国民革命之新时代,使武力与帝国主义结合之现象,永绝迹于国内。其代之而兴之现象,第一步使武力与国民相结合,第二步使武力为国民之武力。国民革命必于此时乃能告厥成功。今日者,国民之武力固尚无可言,而武力与国民结合则端倪已见。吾人于此,不得不努力以期此结合之确实而有进步。

欲使武力与国民深相结合,其所由之途径有二:

其一,使时局之发展能适应于国民之需要。盖必如是,然后时局发展之利益归于国民,一扫从前各派势力瓜分利益及垄断权利之罪恶。

其二,使国民能自选择其需要。盖必如是,然后国民之需要乃得充分表现,一扫从前各派包揽、把持、隔绝群众之罪恶。

以上二者,为国民革命之新时代与旧时代之鸿沟划然。盖旧时代之武力为帝国主义所利用;新时代之武力,则用以拥护国民利益,而扫除其障碍者也。

本党根据以上理论,对于时局,主张召集国民会议,以谋中国之统一与建设。而在国民会议召集以前,主张先召集一预备会议,决定国民会议之基础条件及召集日期、选举方法等事。

预备会议以下列团体之代表组织之:

一、现代实业团体;二、商会;三、教育会;四、大学;五、各省学生联合会;六、工会;七、农会;八、共同反对曹吴各军;九、政党。

以上各团体之代表,由各团体之机关派出之,人数宜少,以期得迅速召集。

国民会议之组织,其团体代表与预备会议同,惟其代表须由各团体之团员直接选举,人数当较预备会议为多。全国各军,皆得以同一方法选举代表,以列席于国民会议。于会议以前,所有各省的政治犯完全赦免,并保障各地方之团体及人民有选举之自由,有提出议案及宣传讨论之自由。

本党致力国民革命,于今三十余年。以今日国内之环境而论,本党之主张,虽自信为救济中国之良药,然欲得国民之了解,亦大非易事。惟本党深信国民自决,为国民革命之要道。本党所主张之国民会议实现之后,本党将以第一次全国代表大会宣言所列举之政纲,提出于国民会议,期得国民彻底的明了与赞助。

本党于此,敢以热诚告于国民曰:国民之命运,在于国民之自决。本党若能得国民之援助,则中国之独立、自由、统一诸目的,必能依于奋斗而完全达到。凡我国民,盍兴乎来!

中华民国十三年十一月十日

中国国民党总理　孙　文

据上海《申报》一九二四年十一月十八日《孙中山对于时局之宣言》

对由京赴津欢迎的各界代表宣言①

（一九二四年十二月四日）

（一）在日本时曾忠告彼国朝野臣民,应本同文同种之关系为互助合作之精神,取消二十一条及一切不合理之优先权。

（二）本人原预定七日入京,现以一路劳顿,或不能如期前往而稍有变更。至晋京之目的,现时决无总统观念,完全为促进国民会议,一候时局戡定,当游历欧美,劝告各国取消对待中国一切不平等条约及不合理之优先权。

---

① 从北京来天津欢迎孙中山的国民党议员及各界代表到达天津日租界的张园（时孙中山行辕）后,孙氏与各代表周旋数语即退,由汪精卫代表作此宣言。

（三）本人对于国民军修改清室优待条件极为满意。

据天津《大公报》一九二四年十二月五日《孙中山抵津盛况志详》

关于国民党最小纲领之宣言

（一九二四年十二月八日前）①

在九月十八日所发表解释北伐之目的与用意之宣言书中，尝谓国民革命运动之志望乃在为人民之利益，而谋中国之自由与独立。帝国主义者陷我国为半殖民地，吾人起而反抗之，则抱负此种志愿，实属必要也。

一九一一年之革命，将满洲专制政治推翻，其志望殆完全实现。然至今日已为列强帝国主义立于背后之中国军阀所破坏，而使革命之志望归于无效。十三年共和政体，军阀派自袁世凯以至曹琨〔锟〕，曾未变更其特质及行动，彼等之继续存在，实为反革命运动之器械。是故，倘使革命事业为中国国民发展之原动力而告完成，则毒恶相等之军阀与帝国主义必被毁灭而无疑。吾党之主义，此北伐中为军事之表示，实欲以之创造一种局面，而使彼辈毒恶悉归灭绝也。

三民主义，乃吾党主义之惟一基础，在此种基础之上，吾国各项问题可期恒久解决。三民主义乃作于最大纲领之中者，业经国民党第一次会议加以采纳矣，然吾人现已预备拟成一最小纲领以适应目前时局之需要。在此项最小纲领中，当提出对外政治之主要条件，即帝国主义列强加诸中国之不平等条约与协定，以及陷中国于经济奴仆地位之各种契约应即废除。至对内政治，应分清中央政府与省政府之权限，并建设地方自治政府之基础。吾等实行对外对内之政策，以可产生下列之结果：

（一）中国与其他各国间之国际时局必谋变为平等，而使我国财政与生

---

① 此宣言最早见于1924年12月8日之天津《益世报》（见附录），今所标时间依此酌定。

产量得以发展；

（二）实业与财政得以发展，则农业经济亦必获得一新的动力，而吾国之农民与工人之经济状况当亦有所进展；

（三）劳动的实业团体之进展，可使劳动之质量扩大增强，而劳工界之生活状况亦必大有进步；

（四）实业农业与劳动阶级之经济状况既有进展，则商业必能兴盛；

（五）国家财政既发展，教育与文化等问题必能为实际的解决，而需用知识阶级亦必见诸事实；

（六）在华之领事裁判权废除，我国法律行使于全国，则复古运动与反革命运动，必不久转为民国谋幸福利益。

十三年来，军阀与帝国主义者之联结，实为〈实〉现上述目的与志望之主要障碍，此项障碍现当打破之。军阀派之得助于帝国主义者，仅能攫得一时的权力，袁世凯即如是。袁之颠覆，非帝国主义的扶助者所得使之避免也。共和成立之第二年，袁氏得为相当的胜利，然至人民洞悉彼军阀之罪恶时，袁之颠覆已无法防免。七年后，吴佩孚似亦胜利，吴氏以实力压迫全国使归于统一，置人民利益于不顾，且欺骗人民谓"出于爱护之诚"，甚至以其武力惨杀工人、学生，以压抑国民革命运动。但吾党囊曾一再[始]指示人民：军阀以帝国主义者之援助而实行武力统一政策，其结果必归于失败。吴佩孚之倾覆，已足证明吾党之言为不谬矣。

吴佩孚失败后，已起生一新的时局，吾人为应付此项新的时局，仅欲谋吾人最小纲领之实现。此最小纲领乃以人民之需要为其根基，拒斥特别权利与特别势力之可能。盖特别权利与特别势力，俱起为颠覆国家之致命伤也。故为防阻帝国主义者与反国民势力之活动，应准许人民就自身之所需而公决一切。

国民党提议召集一国国民会议。国民会议之主要任务，惟在谋国家之统一与重新建设。但在此国民会议之召集以前，必须预召集一预备会，以裁决各种主义与方法，而此项主义与方法，及〔乃〕用以约束国民会议之选举及其行动者也。

我等提议之预备会议,应由下列之团体代表组织之:各省实业、商业、教育机关、大学校及学生联合会之预备会议之代表,必须由各该团体一一选派,人数无须过多,以利会议进行。

关于国民会议之自身会员,应由上列各团体之代表组织之。惟各代表必须由各团体人员直接选出,军队亦得同样选出其代表列席国民会议。如果仅拘于国民革命运动之新形势之军阀派,必联结人民而为扰乱国家之真实工具。故为保障国民会议之成功起见,应宣布大赦政治罪犯,并须宣布全国人民与各团体,应有宣传与选举之完全自由,俾各得应其所需,任意向国民会议建议一切。

十三年来,吾党继续为国民革命之运动,乃以国民党之三民主义为其基础,最大纲领乃使三民主义合而为一,而实行之者,自党提出于国民会议,以期国家采纳承认并实施焉。为准备提出最大纲领于国民会议而使之实现,特略述最小纲领于此宣言书。

据长沙《大公报》一九二四年十二月二十二日《孙中山在津之宣言》

附录　同题异文

在九月十八日所发表解释北伐之目的与用意之宣言书中,尝谓国民革命运动之一志望乃在为人民之利益,而谋中国之自由与独立。吾人起而反抗之则抱负此种志望,实属必要也。

一九一一年之革命将满洲专制政治推翻,其志望殆完全实现,然至今日已为列强帝国主义立于背后之中国军阀所破坏,而使革命之志望归于无效。十三年共和政体,军阀派自袁世凯以致曹锟从未变更其特质及行动,彼等之继续存在实为反革命运动之器械。是故,倘使革命事业为中国国民发展之原动力而告完成,则毒恶相等之军阀与帝国主义必被毁灭而无疑。吾党之主义,在北代中为军事之表示,实欲以之创造一种局面,而使彼辈毒恶遭灭绝也。

三民主义乃吾党主义之唯一基础,在此基础之上,吾国各项问题可期恒久解决。三民主义乃作成于最大纲领之中者,业经国民党第一次会议加以采纳矣。

然吾人现已预备拟成一最小纲领以适应目前时局之需要。在此项最小纲领中,当提出对外政治之主要条件,即帝国主义列强加诸中国之不平等条约与协定,以及陷中国于经济奴仆地位之各种契约应即废除。至对内政治,则应分清中央政府与省政府之权限,并建设地方自治政府之基础。吾等实行上记〔述〕之对内政策必可产出下列之结果:

(一)中国与其他各国间之国际时局必可变为平等,而使我国财政与生产量得以发展;

(二)实业与财产得以发展,则农业经济亦必获得一新动力,而吾之农民与工人之经济状况当亦有所进展;

(三)劳动之实业团体之进展可使劳动之质量扩大增强,而劳工界之生活状况亦必大有进步;

(四)实业、农业与劳动阶级之经济状况既有进展,则商业必能兴盛;

(五)国家财政既发展,教育与文化等问题必能为实际的解决,而需用知识阶级亦必见诸事实;

(六)在华盛顿裁判权废除,我国法律行使于全国,则复古运动与反革命运动,必不久转为民国谋幸福利益。

十三年来,军阀与帝国主义者之联结,实为实现上述目的与志望之主要障碍,此项障碍现当打破之。军阀派之得勉于帝国主义者,仅能攫得一时之权力,袁世凯即如是。袁之颠覆,非帝国主义的扶助者所得使之避免也。共和成立之第二年,袁氏得为相当的胜利,然至人民洞悉军阀之罪恶时,袁之颠覆已无法防免。

七年后,吴佩孚似亦胜利,吴氏以实力压迫全国使归于统一,置人民利益于不顾,且欺骗人民谓"由于爱护之诚",甚至以武力惨杀工人、学生,以压抑国民革命运动。但吾党曩曾一再指示人民:军阀以帝国主义者之援助而实行武力统一政策,其结果必归于失败。吴佩孚之颠覆已足证明吾党之言为不谬矣。

吴佩孚失败后,已起生一新的时局。吾人为应付此项新的时局,仅欲谋吾人最小纲领之实现。此最小纲领乃以人民之需要为其根基,拒斥特别权利与特别势力之可能。盖特别权利与特别势力,俱足为颠覆国家之致命伤也。故为防阻帝国主义者与反国民势力之活动,应准许人民就自身会议之所需而公决一切。国民党提议召集一国民公〔会〕议。国民会议之主要任务,惟在谋国家之统一与重新建设。但在此国民会议可以召集之前,必需召集一预备会议,以决定各种主义与方法。而此项主义与方法,乃用以约束国民会议之选举及其行动者也。

我等提议之预备会议,应由下列团体之代表组织之:各省实业、商业、教育机关、大学校及学生联合会。预备会议之代表必需由各该团体一一送派,人数无须过多,以利会议之进行。

关于国民会议之自身,会员应由上列各团体之代表组织之。惟各代表必须由各团体人员直接选出。军队亦得同样选出其代表列席国民会议。如果仅拘于国民革命运动之新形势,则军阀必联结人民而为扰乱国家之真实工具。故为保障国民会议之成功起见,应宣布大赦政治罪犯,并须宣布全国人民与各团体应有宣传与选举之完全自由,俾各得应其所需,任意向国民会议建议一切。

十三年来,吾党继续为国民革命运动,乃以国民党之三民主义为其基础。最大纲领乃使三民主义合而为一,而实行之者,自〔由〕党提出于国民会议,以期国家采纳承认并实施焉!为准备提出最大纲领于国民会议,而使之实现,特略述最小纲领于此宣言书中。

据天津《益世报》一九二四年十二月八日、九日《孙中山到津后之宣言》

入京宣言①

（一九二四年十二月三十一日）

文此次来京，曾有宣言，非争地位权利，乃为救国。

十三年前，余负推倒满洲政府，使国民得享自由平等之责任。惟满清虽倒，而国民之自由平等早被其售与各国，故吾人今日仍处帝国主义各国殖民地之地位。因而吾人救国之责，尤不容缓。

至于救国之道多端，当向诸君缕述。惟今以抱恙，不得不稍俟异日。

中华民国十三年十二月三十一日

孙　文

据黄季陆主编《总理全集》（成都近芬书屋一九四四年版）

为说明建国政府之任务昭告国人文②

（一九二四年）

文往年一月揭橥和平统一于上海。及二月返粤，曾于二十四日宣言首裁粤兵，以为国倡。此于国人苦兵厌乱之衷，未尝不反复致意。而复曲冀直系诸将悔祸有日，相与共匡国难，此天下所知闻也。殊未及浃月，曹锟、吴佩孚遽嗾沈鸿英叛变，而来寇之直军复麕集至数师以上。幸我将士用命，追奔逐北，曾不数旬而西北两江以定。乃贼心未厌，又复勾结陈逆残部扰我东江，而北道复时时乘隙入寇，旁攻川湘，伏尸千里，公冒不韪，黩武罔忌，致令暴师弥年，余桄未殄。此尤重苦我人民，频劳我师旅；每一思之，难安寝馈。

---

① 孙中山于1924年12月31日上午抵京。这是用传单形式散发的宣言。与本全集第八卷收录的同一日《入京后之书面谈话》，内容相同，文字互异，今分别并存。

② 原稿有田桐注云："杨沧白（庶堪）先生代国父撰讨伐曹逆锟贿选总统檄文原稿"。

今敌氛屡挫,已数道奔溃,不遑来侵矣。而国人奋义,乃复函电纷驰,共期重组政府,以昭海内外视听,而维护中华民国于不坠。盖自贿选告成,曹逆篡国,民国正统,不绝如线。国会受人民付托,溺职获罪,构此奇变,弗申诛讨,不亦羞国民而轻当世之士耶？吾民今日实舍革命而无他道足拯危亡者。法律既穷,则诉诸政治以解决之。近世国家不逾斯轨。文以不德,谬附于创造民国之林,爱护之私,尤为挚烈,巨艰重责,敬当自策以为匪异人任也。

民国成立迄于今十有三年矣,辛亥草创,让荐非人,以有癸丑讨袁之役。国人不察,坐视义师之仆,复从而非难之,其极乃致有丙辰洪宪之祸,国本几为所倾。及护国功成,而当局迷谬,非法解散国会,复酿复辟之乱。自是以还,南中护法,遂历年载。中间虽有冯、徐、黎诸氏僭据北庭一隅,阻抗义师；然不过为军阀傀儡,牵挽由人,未有明目张胆以贿窃国,举国骚然而犹悍然不稍顾藉,如曹逆今日之甚者。盖法律纪纲、道义廉耻至于今伪廷为全绝矣。而仍欲恃其家奴义儿吴佩孚等所率残暴之孤军,鞭笞天下,以妄冀武力统一,此诚国民之奇耻大辱,文亦与有责焉者也。故今日之中国,非革命根本改造不为功,补苴罅漏,不足当国贼之屡蹶也。挽近国人了解斯义者,已不乏其俦,莘莘学子,尤为彻悟。嗟夫！以号称共和垂十三年之国家,曾无一度共和政治之试验,凡有血气,宁能忍之？中国之危而不亡,实赖少数贤哲维持正谊,锄奸伐暴,俾知正朔有在,不容等量齐观,则吾党之任也。文则本此使命,不敢有爱,遂于今月□日誓率同义诸军,创立建国政府,务期平昔方略,一一征诸实现,三民主义、五权宪法亦得以次第发舒。今谨以此政府任务昭告国人：一曰统一全国；二曰发扬民治；三曰修明内政；四曰辑睦邦交。此四纲者,其节目乃未易更仆数。顾其要义,有可得檃栝而扬榷者,兹略试陈之。

国人蕲向统一,匪伊朝夕矣,天下汹汹,徒以直军之故,若津段、奉张、浙卢诸公及西南诸将,皆知立国有本,非恃武力,举无不可从容商榷者。然直军亦非曹、吴一人一家之有,燕赵素多奇士,北方健儿,安知不更有明达如樊钟秀、高凤桂诸贤仗义来归者,一举足而国人皆将拜其赐矣。此统一之可期者一也。民治万端,而切要当急者,莫如地方自治；自治不立,则民权无自而生,浅之如户籍无法,虽选举亦伪,他何论也。往时议员所以不能代表人民,亦以选民无精密调查,其被选皆混冒以攫得之,非人民本意也。此其尤大彰明较著者也。然自治之未及实行,则恶政府有以摧残之。今当于所辖境内,首施此制,扶植力行,共和之基,端在于此。此自治之可成者二也。政治良否,视人与法。人治之系于长吏赏罚,与人民监督固也;法治之精,则首在权能分职,俾得各展其长不复重为民病。盖自官吏舍能用权,擅作威福,而吾民始有憔悴呻吟于虐政之下者。今知主权在民,官吏不过为公仆之效能者,然后乃有行政清肃之望。而教育、实业诸端,亦得以次第施行。此内政之欲促进人民幸福者三也。当世恒言弱国无外交,此瞀论也。夫唯国弱,而外交乃綦要重。国际间之不平,基于强权尚矣;然亦常缘己国人民不振,官吏失态,有以致之。欧战以后,彼邦人士亦多悟强压之非,至华盛顿会议,彼且有为我鸣条约之不平者;我安可不力起直追,期于修改,以恢复已失之权利乎?是在吾人之好自为之耳。此邦交之欲增高国际地位者四也。此荦荦数端大者,我建国政府期与吾民共勉以求达之。文以菲薄承乏,亦当竭吾驽钝,冀无辜海内之望。抑更有进者,文辈今兹所为,皆民治未立,民权无寄,革命短时期内,不恤牺牲一切,贡此微躯,思与吾民植不拔之基,成可久之业,似若不免尸祝越俎之嫌,而谬代大匠斫者。若至自治完成,民权确固,谨当奉还大政,退作平民。凡百皆以人民主权定之,既不主狄克推多之恒制,亦不尚开明专制之伪说。文爱自由若命者,耿耿此心,当与国人共见之也。

据秦孝仪主编《国父全集》第八册(台北近代中国出版社一九八九年版)

中国国民党为决定不参加善后会议宣言

(一九二五年二月二日)

全国各法团各报馆均鉴:

去岁十一月十三日,本党总理公布对于时局之宣言,主张开国民会议以解决时局,而先之以预备会议,以议定国民会议之基础条件、召集日期、选举方法等。预备会议之构成分子,为现代实业团体、商会、教育会、大学学生联合会、农会、工会,共同反对曹吴各军各政党。国民会议之构成分子与之相同。惟选举方法及人数较预备会议为繁且密,以期得真正之民意。自宣言公布以来,海内外各民众团体群起响应,函电络绎,披露报端,为国人所共见。而各处国民会议促成会,更风起云涌,进行极猛。宣言所主张为人民心理之所同,于此可证。临时执政府所召集之善后会议,及国民代表会议,其国民代表会议之组织方法,未知何如?至于善后会议,则其组织方法,并非以人民团体为基础。故本党总理于一月十七日复电临时执政府,提出两条件:其一、善后会议加入现代实业团体、商会、教育会、大学学生联合会、农会、工会诸代表。其二、善后会议虽可讨论军制、财政诸问题,而最后决定之权,当归于国民会议,并声明如临时执政府能容纳此两条件,则对于善后会议当表赞同,此为本党总理对于临时执政府最少限度之让步。二十九日临时执政府复电,对于此两条件未能容纳,而本党总理卧病未愈,未能亲决庶务。故中央执行委员会仰体本党总理意旨,议决对于善后会议不能赞同,凡读本党总理十一月十三日之宣言,及一月十七日之复电者,当知此议决,实为本党必然之结果。惟本党尚有当郑重为临时执政府暨国民告者,本党总理一月十七日之复电,一方表示尊重民意之坚决态度,一方表示对于临时执政府相当让步之精神。本党仍守此坚决及让步之旨,务期真正民意得以充分表现,以为解决时局之最高机关。本党惟竭其力之所能至,以观厥成焉。

中国国民党中央执行委员会

据《反对善后会议之宣言》,载《党声周刊》第五十三期

中国国民党反对善后会议制定国民会议组织法宣言

（一九二五年二月十日）

全国各法团各报馆均鉴：国民会议为解决时局之唯一方法，亦即国民意思之最高机关，自本党总理提倡以来，已得海内外之一致响应。顾欲求国民会议之完全实现，必备下列条件：（一）构成分子须如本党总理宣言所列，现代实业团体、商会、教育会、大学、各省学生联合会、农会、工会、各军、各政党，然后国民会议始得名称其实。（二）选举方法务求普遍，形式务求公开，予选举人以充分之选举自由，严禁一切包揽把持营私舞弊等事。（三）会议之际，务求国民意思得充分表现，无论何种势力均不得有干涉会议之嫌疑。以上诸条件，欲求其具备，则国民会议组织法如何制定，实为先决问题。盖组织法为国民会议所由产出，若组织法不得其宜，则国民会议不但等诸告朔饩羊，且恐适以供人傀儡。本党经郑重之考虑，为严正之决议，国民会议组织法不得由善后会议制定，因善后会议之构成分子非以人民团体为主要，决不能以善后会议产生国民会议，甚望人民团体自动的制定国民会议组织法。盖惟人民团体所制定之组织法，乃能产生真正之国民会议也。谨此宣言，惟共鉴之。中国国民党。蒸。

据《关于会议组织法之蒸电》，载《党声周刊》第五十三期

中国国民党对金佛郎案二次宣言

（一九二五年二月十六日）

自金法〔佛〕郎问题发生以来，国民以其损失国家之权利甚大，故群起反对，迁延至今。近闻临时执政府已将与法国公使对于金佛郎问题磋商解

决。本党为维持国家之权利起见，不得不对于临时执政府致其忠告，并促国民对此事之严重注意。

盖在从前帝国主义者迫胁中国所履行之庚子条约中，对法国之赔款交付，并无纸佛郎与金佛郎之区别。其后佛郎价格之跌落，完全由于世界大战所蒙之恶果；此世界大战又属于帝国主义之国家互相侵略而成，非中国所能负责。故佛郎价格之低落，中国亦不能连带负责。今以庚子条约无明白声明之佛郎为纸为金，而遽责中国之必偿金佛郎，以增加中国国民莫大之担负，其将何以应付！

中国国民党曾以主张修改不平等条约之故，而备受帝国主义者之种种压迫及破坏。今帝国主义者，对于条约所未载明，而足以增加其利益，及予中国国民以重大之担负者，则任意为之，而无所忌惮，势非至于中国现在及将来之财政命脉，悉为帝国主义者所把持涸竭而不止。况一国政府对于解决与国家财政关系重大之问题，若金佛郎案者，必由全国国民或人民代表机关所产生之正式政府，始能有权办理。今临时执政府既系临时性质，故对于办理此等重大之事，自以留待正式政府办理为宜。

闻法国政府对于要求吾国承认金佛郎之交换条件，即为不加阻挠于吾国修改关税税则之会议。无论此说犹为一幻想之事，即使可行，而所得仍不足以偿所失。盖承认金佛郎案，即无异增加无数之赔款。若是，则吾国即使能稍增关税，而大部分之关税收入，仍将付之于增加之赔款之中，吾人固知临时执政府之财政极为困难，然此决不足以作为对帝国主义者牺牲本国之权利及国家主权之理由。吾人对于此等重大之问题，认为必须由国民会议产生之正式政府，始有权以讨论决定之。而现在惟一之要务，即在从速召集国民会议，以产生一正式之政府，以解决吾国经济上种种困难之问题，而不至于妨害人民之利益及国家之主权。

中国国民党基于以上理由，故不得不再三郑重声明，即凡对于国家之重大问题之足以增加人民担负者，非经国民会议及国民会议所产生之正式政府之讨论与决定，中国国民决不承认此等之担负。特此宣言。

据《本党对于金佛郎案之宣言》，载《党声周刊》第五十五期

通 电

临时大总统改历改元通电

（一九一二年一月二日）

各省都督鉴：中华民国改用阳历，以黄帝纪元四千六百九年十一月十三日，为中华民国元年元旦。经由各省代表团议决，由本总统颁行。订定于阳历正月十五日，补祝新年。请布告。孙文。冬。

据"中央改造委员会"党史史料编纂委员会编《总理全书》（台北一九五〇年至一九五二年出版）之九《文电》

临时大总统禁止株连通电

（一九一二年一月十四日）

各省都督、各军政分府均〔钧〕鉴：近因各地每有曾仕清廷之人，罪状未著，遽以嫌疑被逮。如其人果系汉奸，敢于破坏我国前途，则诚自速愆尤。若以为曾受清命，则魏奕曾仕隋室，刘基曾仕元朝，专制鼎革之秋，犹且不间，若今日改革政治为共和，则国犹是国，人犹是人，蓄众容我，并无畛域，当此百务方新，革命英奇难敷全国建设之用，宁可以狭义示人，动辄捕逮狙击，使四海之内屏息而听，重足而立？嗣后各地如遇此等嫌疑告密之事，应先令查根凭实，再交审判厅确实查核，庶刑当其罪，法允于平，不致以"嫌疑"二字，滥用拘系，为民国革新名誉之累。特此普告。总统孙文。盐。

据《中华民国临时政府新法令》第一册《禁止滥行捕逮令》①

---

① 本通电另见1912年1月18日《民立报》。

中国同盟会本部全体大会通报

（一九一二年三月三日）

广东中国同盟会支部鉴,上海分送陈都督暨中国同盟会沪支部、民立报、天铎报、民声报、大共和报暨各地同盟会员鉴,安庆孙都督少侯暨中国同盟会皖支部鉴,贵阳赵都督德全转中国同盟会黔支部鉴,重庆张都督暨中国同盟会重庆支部鉴,成都尹都督转中国同盟会蜀支会鉴,湖州中国同盟会支部鉴,云南蔡都督转中国同盟会滇支部鉴,南昌马都督暨中国同盟会江西支部鉴,太原阎都督暨中国同盟会晋支部鉴,西安张都督暨中国同盟会陕支部鉴,福州孙都督转中国同盟会闽支部鉴,天津民意报暨京津同盟会鉴,烟台胡都督暨中国同盟会鲁支部鉴,武昌黎副总统暨中国同盟会鄂支部鉴,长沙谭都督长沙日报转中国同盟会湘支部鉴:今日同盟本部开全体大会,到者数千人,空前之盛会,宣布宗旨二事,巩固中华民国,实行民生主义政纲九条:一、完成行政统一,促进地方自治;二、实行种族进化;三、采用国家社会政策;四、普及义务教育;五、主张男女平权;六、励行征兵制度;七、整理财政,厘定税制;八、力谋国民平等;九、注重移民垦殖事业。全体赞成,并举定孙中山为总理,黄兴、黎元洪为协理。规模大备,决定大为扩张,以完成民国之一最大政党。各支部亦宜实力推广,以张党势,如有卓见并希电达,以备采择。南京中国同盟会本部。江。

据上海《民立报》一九一二年三月五日

允袁世凯在北京就职通电

（一九一二年三月六日）

得北京蔡专使等迭次报告北方最近情形,以为袁总统急难南来,而统一政府之组织,又不可缓,为大局计,应事变通。提出办法数条①,经交参议院今日决议如下:(一)由参议院电知袁大总统,允其在北京受职。(一)袁大总统接电后,即电参议院宣誓。(一)参议院接到宣示之电后,即复电认为受职,并通告全国。(一)袁大总统既受职后,即将拟派国务总理及各国务负〔员〕姓名,电知参议院求其同意,国务总理任定后,即在南京与现临时政府行交代事宜。(一)孙大总统于交代后始行解职。以上各条,除电复北京外,谨闻。孙文叩。

据吴砚云编《孙大总统书牍》(上海广益书局一九一二年版)之《致各省都督及副总统》

宣布袁世凯宣誓就临时大总统职通电

(一九一二年三月九日)

武昌黎副总统、各省都督、督抚、各司令官、全国各界团体公鉴:初六已将参议院决定统一政府组织办法六条通告各省。顷得参议院咨称:"本日接到袁世凯君电传誓词,其文曰:'民国建设造端,百凡待治。世凯深愿竭其能力,发扬共和之精神,涤荡专制之瑕秽,谨守宪法,依国民之愿望,蕲达国家于安全强固之域,俾五大民族同臻乐利。凡兹志愿,率履勿逾。俟召集国会,选定第一期大总统,世凯即行解职。谨掬诚悃,誓告同胞。大中华民国元年三月初八日。袁世凯。'云云。谨此奉闻,并乞即行通电全国为盼"等因。为此,通电布告全国。临时大总统孙文。佳。

据《临时政府公报》第三十六号(南京一九一二年三月十二日版)《大总统宣布新选袁大总统宣誓电文》

---

① 据《民立报》(1912年3月8日),孙总统提到参议院之原案如下:"昨日蔡专使等长电,报告北方现状及现在对付之法,其要求有四:(一)宣布新选大总统袁世凯不必南行就职;(二)临时政府地点暂设北京;(三)袁在北京行受职式,与南京武昌商定内阁总理,即电传所拟任内阁总理之人,请参议院承认后,由总理在南京组织政府;与南京现在之临时政府办交代组织完备,乃借参议院迁往北京;(四)参议院及内阁全部迁北京时用重兵护送,以巩固政府弹压地方"。

致参议院等通电

（一九一三年七月二十二日）

北京参议院、众议院、国务院、各省都督、民政长、各军师旅长鉴：

江西事起，南京各处以次响应，一致以讨袁为标识，非对于国家而脱离关系，亦非对于北方而睽异感情，仅欲袁氏一人辞大总统之职，遂不惜牺牲其身命以求达之。大势至此，全国流血之祸系于袁氏一人之身。闻袁氏决以兵力对待，是无论胜败，而生民涂炭必不可免。夫使袁氏而未违法，则东南此举无能左袒。今袁氏种种违法，天下所知，东南人民迫不得已，以武力济法律之穷，非惟其情可哀，其义亦至正。

且即使袁氏于所谓违法有以自解，然今者决死反对之人民遍于六七省，人民心理之表见既已如是，为公仆者即使自问无愧，亦当谢职以平众怒。微论政体共和，即君宪国之大臣，亦不得不以人民之好恶为进退。有如去年日本桂太郎公爵，以国家柱石、军人领袖重出而组织内阁，只以民党有所不满，即翛然引去，以明心迹。大臣风度，固宜如是。况于共和国之人民公仆，为人民荷戈以逐，而顾欲流天下之血，以保一己之位置哉。使袁氏而果出此，非惟贻民国之祸，亦且腾各国之笑。回忆辛亥光复，清帝举二百余年之君位为民国而牺牲，当时袁氏实主其谋，亦以顾全大局，不忍生灵久罹兵革，安有知为人谋而不知自谋者。更忆当时，文受十七省人民之付托，承乏临时大总统，闻北军于赞成共和之际，欲举袁氏以谋自安，文即辞职，向参议院推荐袁氏。当时固有责文知徇北军之意，而不顾十七省人民付托之重者。然文之用心，不欲于全国共和之时，尚有南北对峙之象，是以推让袁氏，俾民国早得统一。由是以观，袁氏不宜借口于部下之拥戴，而拒东南人民之要求，可断言矣。

诸公维持民国，为人民所攸赖，当此存亡绝续之际，望以民命为重，以国危为急，同向袁氏说以早日辞职，以息战祸。使袁氏执拗不听，必欲牺牲国家与人民以成一己之业，想诸公亦必不容此祸魁。文于此时，亦惟有从国民之后,义不反顾。临电无任迫切之至。

孙　文

据上海《民立报》一九一三年七月二十二日《孙中山先生通电》

对于时局通电

（一九一七年十一月十八日）

天津黎大总统,四川行营唐元帅、章太炎先生,四川刘督军,贵州刘督军、王师长,梧州陆元帅,永州谭联合军总司令、刘镇守使,衡州程总司令、林旅长、林民政处长、马总司令,长沙王、范总副司令,南京李督军,南昌陈督军,武昌王督军,上海伍秩庸、岑西林、孙伯兰、柏烈武、蒋伯器、谭组庵先生,广州香山唐省川先生、程海军总长、林海军总司令、李协和先生、陈督军、莫镇守使、李省长、林总司令、张、方、陈三师长公鉴:前者段祺瑞主使叛党,蹂躏约法,解散国会。文与西南诸将帅,痛共和之中绝,惧民国之沦胥,率先主张护法讨逆。旋与海军舰队南下号召,并申请国会议员在粤开非常会议。佥谓戡定内乱,恢复约法,必须组织军政府,以资统一,而利进行。文与陆、唐①两公,同被举为大元帅、元帅,责以兴师讨贼之任。由是滇军奋起,西蜀联翩,湘南举兵,两粤扶义,不辞劳瘁,躬效驰驱,联合西南师旅,僇力同心,共谋约法国会之恢复。区区为国之诚,当为天下所共见。近以西南将士用命,克奏肤功。傅逆②潜逃,段贼解职,于是有主张调和,以解决大局者。惟此次西南举义,既由于蹂躏约法,解散国会,则舍恢复约法及旧国会外,断无磋商之余地。文虽不敏,至于拥护约法,维持国会,实具牺牲之精神,则除依照《军政府组织大纲》,非至约法完全恢复,国会职权完全行使时,断不废

---

① 陆、唐,指陆荣廷、唐继尧。
② 傅逆,指傅良佐。

止。其有袭段祺瑞之故智,敢与约法、国会为仇者,一息尚存,岂容坐视。诸公匡时爱国,具有同情,尚祈一致主张,坚持到底,民国前途,实利赖之。临电迫切,无任神驰。孙文。巧。

据《军政府公报》第二十五号(广州一九一七年十一月十九日)《大元帅对于时局之通电》

通告全国各界主张和平尊重国会电

(一九一八年二月二十二日)

广州国会非常会议,莫督军、李省长、海军程总长、林总司令、李总参谋长、外交伍总长、陆军张总长、方总司令、香山唐总长、汕头陈总司令、伍旅长、夏旅长、云南刘代督、唐卫戍总司令、贵州刘督军、王总司令、毕节唐元帅并转顾、黄、赵各军长,重庆熊总司令、章太炎先生、夏宣慰使、永宁黄总司令、卢副司令,顺庆石招讨使,叙州李劳军使,长沙谭联军总司令、程总司令、刘镇守使、林旅长、常德张、周、胡总司令,公安黎、石、唐总司令,广西陆元帅、李省长,南京李督军,上海孙伯兰总长、岑云阶先生、谭组庵先生、柏烈武先生、谭石屏先生、卢镇守使、容旅长,苏州朱师长,杭州杨督军、张师长、童师长,南昌陈督军,武昌王督军,北京冯华甫先生、王聘卿先生、段芝泉先生,直隶曹督军,河南赵督军,山东张督军,山西阎督军,三原曹、胡两司令,奉天张督军,吉林孟督军,黑龙江鲍督军,甘肃张督军,马将军,新疆杨督军,热河姜都统,绥远蔡都统,察哈尔田都统,各省省议会、省长,各报馆均鉴:国乱经年矣。当列强环伺之时,为阋墙煮豆之举,苟有人心,岂应若是?特好治者,人之天性;战争者,不得已之行为。欲国家臻于治平,惟举国一致尊重国法乃可。此次西南兴师,目的止于拥护约法,根本主张,惟在恢复国会之效力与求国会永久之保障耳。北方爱国同胞,亦无不共抱此旨,虽被武力压伏,意不得宣,然而观北方议员之所主张,自可征其趋向。盖民主主义为世界自觉国民信奉之正义,议院政治为近代国家共由之正轨。民国肇造之基,实建于此。操政者，苟能尊重民国之国本，则其政治生命可全；反是，则未有不蹈者。以项城之雄，尤不免于自毙，不如项城者，更何足言！执权者若能共喻斯旨，弃其非法乱命，息战罢兵，一切解决，悉听国会，则国是既一，大乱立定。若徒恃个人之智与力，以图保持权位，不特战祸延长，殃及国脉，即于各执权者自身，亦为速亡之道。南京李督军本息事宁人之心，倡平和救国之议，叠次通电，语重心长。文素以博爱为信条，平和本属初志。此次受国会非常会议之付托，肩继绝扶危之重任，所誓死以争者仅此耳。诸公皆黄族俊良，民国贤者，望以国本为念，速复平和，共图建设，解时局之纷纠，救国家之沦胥。谨沥肝胆，希赐明察。孙文。养。

据《军政府公报》第四十九号(广州一九一八年二月二十三日)《大元帅主张回复平和尊重国会之通电》

反对北京政府发行公债通电

（一九一八年三月九日）

广州国会非常会议，莫督军，李省长，伍外交总长，林海军总司令，张陆军总长，汕头陈总司令，潮州许司令，广西陆元帅，云南刘代督、唐卫戍总司令，毕节唐元帅并转顾、黄、赵各军长，重庆黄、卢总副司令，章太炎先生，夏宣慰使，顺庆石招讨使，成都熊督军、吕卫戍总司令，保宁陈总司令，大竹陈总司令，贵阳刘督军、王总司令，长沙谭联军总司令、覃理鸣先生、赵师长、刘镇守使、林旅长，岳州程总司令，常德张、周、胡各司令，津市李总司令，归州黎总司令，三原曹、胡两司令，南京李督军，南昌陈督军，湖北王督军、王汝贤、范国璋两师长，武穴冯旅长，上海孙伯兰、唐少川两总长、岑云阶、谭组庵、谭石屏、柏烈武先生，各报馆钧鉴：莫督军江电，发现王克敏等假七年公债，蠹国肥私，种种黑幕，实堪发指，谭联军总司令微电，声罪致讨，均属义正词严。北京非法政府根本违法，绝对无发行七年公债之权。其宵小金壬，因缘为奸，尤属绝对无效。此项公债，非法政府冀以供其残杀国人，我国民自应一致反对。其王克敏等应得之罪,俟国法效力恢复之日,再行尽法惩治。尚希诸公对于七年公债,根本否认,以免人民受愚,幸甚。孙文。佳。(印)

据《军政府公报》第五十五号(广州一九一八年三月十三日)《大元帅反对伪政府发行七年公债通电》

辞大元帅职通电

(一九一八年五月四日)

十万火急。广州省议会,莫督军、李省长,伍秩庸先生,海军林总司令,魏总司令,各报馆,汕头陈总司令、方总指挥,韶州李督办、李总指挥,张总长、林、刘、沈、刘总司令,南宁省议会、陆巡阅使、陈代督军、李省长,云南省议会、刘代督军、唐卫戍总司令,毕节唐元帅,贵阳省议会、刘督军、王总司令,成都省议会、熊督军、吕卫戍总司令,重庆黄代省长、章太炎先生,叶、顾、赵各总司令、卢副司令、夏宣慰使,顺庆石总司令,保宁颜总司令、陈副司令,宁远郭军长,永州谭联军总司令、程、赵、马、陆、韦各总司令,刘镇守使、林旅长、林民政处长,归州黎、石总司令,常德张总司令,三原胡、曹、郭、焦各总司令,上海孙伯兰、汪精卫、王儒堂、张敬舆、岑云阶先生,民国日报馆及各报馆,各省省议会,各报馆均鉴:

慨自国会非法解散,中更复辟之变,民国已无依法成立之政府。使冯、段两氏,果有悔祸之心,虽争个人权利,苟能撤销非法解散国会之命令,使国会继续开会,则与一言兴邦何异?夫谁得而议其后者。乃必思以北洋兵力征服全国,遂致衅解川、湘,而全国之统一已破。其时,桂、滇之师皆由地方问题而起,而所谓宣告自主者,其态度犹属暧昧,似尚置根本大法于不问,泯泯棼棼,莫知底止。文不忍坐视正义之弗伸,爰于沪上与民国诸老创议护法。海军将士亦有宣言,相率南来。粤省议会乃有请国会议员来粤开会之决议,由是发生国会非常会议于广州,于中华民国六年八月卅一日公布军政府组织大纲。文不才,被举为大元帅。虽自知弗能胜此重任,然国家多难,匹夫有责,文忝在手造民国之列,不能视大法之沦亡而不救;是用不避险艰,不辞劳瘁,以为护法讨逆倡,使吾国及友邦之人咸晓然于军政府之职志。至于成败利钝,匪所逆睹,凡以存民国人民之正气于天壤间而已。

自是厥后,粤、桂、滇、黔、湘、川莫不一致宣言护法,始以恢复非法解散之国会为共同之目的。于是地方之争,一变而为国会之争。军政府虽无天〔尺〕①地之凭借,而此志已范围乎六省。而其他表同情而思附义者,尚复所在多有,均在酝酿发难之中,不得不谓护法之已告一成功矣。顾吾国之大患,莫大于武人之争雄,南与北如一丘之貉。虽号称护法之省,亦莫肯俯首于法律及民意之下。故军政府虽成立,而被举之人多不就职,即对于非常会议犹莫肯明示其尊重之意。内既不能谋各省之统一,外何以得友邦之承认?文于斯瘏口哓音,蕲各省之觉悟,盖已力竭声嘶,而莫由取信。知我者谓我心忧,不知我者谓我何求?斯之谓矣。然个人之去就其义小,国家之存亡其义大。文之所以忍辱负重以讫于今者,良以任责无人,非得已也。凡文之所以谋使各省尊重非常会议为护法之中心者,无所不至。

今自岳、长累败以来,各省始悟分则俱伤,合则两美。然后知有组织统一机关之必要,且知有以非常会议为护法中心之必要,及今图之,犹未为晚。而文之力,固已尽于是矣。计自提取盐税存款以充国会正式会议经费,预定六月十二日为开会之期,文之效忠于国会,任务已将尽。乃者非常会议决议改组军府,以应各省之要求,今而后,庶可资群策群力以光昭护法之大业,而告厥成功,岂非民国之幸。

文本匹夫,无拳无勇,所以用其全力以拥护非常会议者,其效果亦既如是,庶乎可告无罪于国人。兹仍愿以匹夫有责之身,立于个人地位,以尽其扶助民国之天职。谨略述颠末,向国会非常会议辞大元帅之职,幸为公鉴。孙文。支。

据《军政府公报》第七十八号(广州一九一八年五月十日)
《大元帅辞职之通电》

---

① 据秦孝仪主编《国父全集》第二册校改。

辞大元帅职临行通电

（一九一八年五月二十一日）

　　文前以国会正式开会有期，各省亦先后表示援助，护法大责，负荷有人，文亦得以卸去微责。故于五月四日，向非常会议辞去大元帅之职，并于同日通电，略罄鄙意。兹于临别之际，惓惓之怀，犹难自已，谨再尽忠告于邦人君子之前，幸垂察焉。国于天地，必有与立，民主政治赖以维系不敝者，其根本存于法律，而机枢在于国会。必全国有共同遵守之大法，斯政治之举措有常轨；必国会能自由行使其职权，斯法律之效力能永固。所谓民治，所谓法治，其大本要皆在此。自民国成立以来，国会两遭非法解散，以致大法陵夷，邦基陒陧，此则秉政者徒知以武力相雄长，嫉法律为束缚之具，国人又慑于强力，不自尽其护法之责也。然武力角逐，势难持久，竞权力于始，逞意气于后，其极非至牺牲国家同归于尽而不止。即有大力者起，强能并弱，众能暴寡，悉除异己，然恃其暴力欲以恣睢为政治，以刀锯为法律，其极也必至民生嗷嗷，不可终日。亦必为国民所共弃而一蹶不振，陷于势穷力绌之境，征之袁氏，前鉴匪遥。今兹之役，国人既知护法为急务，则务以贯彻终始，使旧国会能回〔恢〕复其效力。其向不满于旧国会者，亦宜摒其固我之见，晓然于舍恢复旧国会以外，更无可以解决国是之方，亟图补过，又岂云晚。倘双方能凛国事之危迫，知民意之难违，各戢其权利之争，忿嚎之见，咸自纳于法律轨辙之中，则何莫非护法元勋，又谁得而非之也。国会诸君负代表民意之责，际危急存亡之秋，民国一线之命脉，实赖诸君维系而护持之；尤冀排除障碍，力膺艰巨，使正式国会依期开会，以慰国人喁喁之望，则共和前途，实式赖之。时变函矣，长此相持，国将不国。心所谓危，不敢不告。临行惓惓，谨布悃忱，维诸君子实图利之。孙文。马。

据《中央党务月刊》第十四期（南京一九二九年九月）

南北和谈通电

（一九二〇年七月下旬）①

护法之师本因戡乱诛奸而起。乱莫甚于坏法，奸莫大于卖国。尸其咎者，昔实以段祺瑞为罪魁，护法军自始即标讨段之旗帜。然如叛变之督军团、复辟之张勋及同谋复辟者，招集伪参议院，颁布伪两院选举法、伪国会组织法及依伪法招集安福国会者，与夫由安福国会产生之非法机关，凡属坏法卖国，无分皖系直系，罔不在应讨之列。此护法军之职志，早为国民共鉴者也。

惟自欧战告终，世界潮流趋于和平。吾国内乱，苟能以和平方法改正坏法卖国之事，自不必再事杀人而流血，是以有上海议和之会。其和平条件，约为对内对外两要点：对内期改正坏法之事，则在尊重约法效力，使前被非法解散之国会完全行使职权；对外期改正卖国之事，则在废止中日军事协定，并废止民国四年五月二十五日之中日条约，即通称之二十一条，使民国主权完全独立。乃条件甫提出，而和议即破裂，足征北方不愿改正坏法卖国之事。按之护法初衷，和既不成，即应再行致讨。无如西南之桂系，早与北方之直系暗中勾结。而军政府中之岑春煊，亦早为徐世昌之高等顾问。若辈惟务单独言和，阴排异己，只图造成一党一派之势力。而对于上海之正式和会，则惟恐其再开，是以欲战不能，欲和不可，遂成一长此不战不和之局。其故皆由北方则直系争权，南方则岑、陆垄断，以致欧和已成，而沪会讫未续议。此文等所以有前之宣言，冀国民与友邦了然于是非邪正之所在也。

自宣言发布后，段琪〔祺〕瑞颇有悔祸之心，通电赞成，并由王揖唐表示言和诚意。而文等则仍以改正坏法卖国之事为标的。在和议未赓续前，至

---

① 此电时间，秦孝仪主编《国父全集》定在1919年。据该电称："今皖系已有失败之势，而岑春煊等乃竟附和直系讨段，将来皖系完全失败后，……"等语，当是1920年7月11日直皖战争已爆发，皖系尚未完全失败之前事。据此酌定为1920年7月下旬。

少须先宣布废止中日军事协定，以示决心，始有和之可言。于是王揖唐遂有江日通电，声明准边防处函电……取消中日军事协定，现俟手续商妥实行正式废止等语。至废止二十一条，电中虽未述及，亦有口头之承诺。此又文等所认为有续开和议之理由，而不问对手方为何人，亦不问其为皖系、直系，凡愿改正坏法卖国之事者，即可与言和者也。不谓岑春煊等既思百计破坏，而北方则因此遂生直、皖两系之战争。在此议和时期，北方内讧，只能认为私斗。是以文等仍持与北方言和态度，于其内讧无所偏袒。今皖系已有失败之势，而岑春煊等乃竟附和直系讨段，将来皖系完全失败后，岑春煊等殆惟有投降于直系，岂有和议之可言？而坏法卖国之事，恐亦将置之不问。殊不知同为北方之人，不能分皖系与直系，纵使皖系已去，而直系如不愿改正坏法卖国之事，即与昔之皖系无异。是以文等为代表国民真意，特再宣言，无论北方内讧如何结束，今后国事仍当由上海和平会议根本解决，务期改正一切坏法卖国之事。将来北方如由直系主持和议，亦必须首先宣布废止中日军事协定，并承认废止二十一条，始能继续开议。倘岑春煊等此后竟与直系私和，而坏法卖国之事竟不改正，则国民仍当认为乱与奸而讨之。

据中国国民党中央文化传播委员会党史馆藏一般档案
050/357

与唐绍仪等致护法各省各军通电

（一九二〇年十一月）

　　（衔略）组庵冬电，否认岑、陆、林宣言及岑漾、敬两电，词严义正，钦佩莫名。自西南护法，国会南迁，由各省、各军合组军府，原期同心协力，贯彻始终。不意劣马害群，莠草乱苗，岑、陆、莫与政学系诸奸，盘踞军府，扰乱国会，种种罪恶，罄竹难书，揭其大端：（一）对于湘军，则长、岳既复，即力阻其进攻，致并弃湘省以资敌。（二）对于北廷，则密使往还，日谋单独令降，以破坏上海之对待和议。（三）对于宪法，则地方制度方经二读，彼少数人即结合捣乱,屡次缺席,致功败于垂成。(四)对于驻粤滇军,初则擅易师长,继则助逆抗命,终则威迫改编,致内讧不已,竟召分裂。(五)对于川事,则挑拨熊氏,反对联军出师,并离间滇军之顾、赵①,致川军与川战,与滇、黔军战,致联军失败,出师绝望。(六)对于粤军,则汀、漳方复,即断其后援,近复逞其假道灭虢之计,增兵进逼,欲消灭之而甘心。及粤军自卫反攻,桂军屡战皆北,岑、莫临逃,乃通电取消军府及广东自主,滑稽儿戏,无聊亦复无耻!竟存电谓彼等仅能取消其窃据之名器,及自身之人格。诚哉是言!因思我西南各省、各军,坚苦卓绝,转战数年,支撑危局,砥柱中流,此后仍宜联合一致,共策进行,本护法之初衷,成救国之大计,实行民治,永奠国基,艰难共济,始终如一,惟诸公实图利之。

据中国国民党中央文化传播委员会党史馆藏一般档案 050/346

讨伐陈炯明通电

(一九二三年一月四日)

广东汕头、香港各报馆转广东全省人民公鉴:陈逆炯明叛国之罪,擢发难数。半载以来,倒行逆施,纪纲荡然,骄兵悍将,贪官污吏,以百姓为鱼肉;尤复阴弛赌禁,操纵金融,以致民生憔悴,不可终日,祸粤之罪,更不容诛。近更野心不戢,肆毒邻省,西则对于驻桂滇军及桂军,穷极挑拨离间之技,诱使相攻,以为得计;东则对于福建,居心吞噬,不惜勾引赣兵,以施行夹攻计划,穷凶极恶,实为国民所同愤。文自昨年八月离去广州,即分命诸路将士,同心讨贼。兹据西路讨贼诸军报告:滇军总司令杨希闵会同桂军总指挥刘震寰,于昨年十二月二十七日克藤县,随于二十八日会同粤军第三、四师克梧州,整军东下,直指肇庆;并得沈总司令鸿英协同动作,军威远振,贼势不

---

① 顾、赵,即顾品珍、赵又新。

支,闻报之余,深为嘉慰。诸军将士奋勇杀贼,为民除害,凡我粤人,务宜敌忾同仇,以成拨乱反正之功。近闻贼军布散流言,谓客军入境,亡省可虞。此等谰言出于贼军之口,乃其平日诪张为幻之惯习,不足置辩。须知此次讨贼诸军深明大义,恪从命令,为国家除叛逆,为广东去凶残,纯以人道国法为依归,绝无部落拘墟之见。讨贼功成,诸军各有任务,或尽瘁〔瘁〕国防,或服务乡土,奉公守法,惟日且不暇给,岂屑如陈逆等之惟知盘踞地方、以土豪自命乎?我广东全省人民既备受陈逆之毒害,必深知陈逆之诈伪,际此义师奋发,叛徒丧胆,当急起直前,以人心为士气之后盾,俾肤功早奏,四境乂安,有厚望焉。孙文。支。

> 据上海《民国日报》一九二三年一月五日《孙大总统讨陈炯明电》

与唐继尧等对西南时局的通电①

（一九二三年四月十四日）

参众两院议员、各省省议会、各省军民长官、各法团、各报馆鉴:文等不佞,昔以护法之旨,为人民所推,转战数年,幸告无罪。兹值人心厌兵,天道将复,于是有和平统一之宣言,愿与直系诸将共图善后。意谓人情助顺,直系诸将当亦同此觉悟。不意言之谆谆,听者藐藐。闽粤督理诸令随下,而又驱策川黔亡将乘间为寇,增兵直北,图扰关东,屯戍闽赣,冀侵两浙。所幸滇、桂将领,素明大义,不肯苟从,其计不能行于岭海。而川峡之间尚为毒螫所集。窥其用意,非吞齕西南、摧残民治不止。是则和平统一,只为片面之要求,强敌在前,果非文辞所能御。文等岂敢自食前言,而正当防卫,有不得已。自今以后,我西南各省决以推诚相见,共议图存,弃前事之小嫌,开新元之结合。分

---

① 据当时报纸记载,该电系由章太炎在上海起草,稿成后曾寄给孙中山,同时由在沪各省代表请示本省当局征得同意。孙中山了解上述情况后,乃同意在沪拍发。

灾恤患,载之简书,外间内谗,一切勿受。兵为防守,不为争权,虽折冲疆场,为义兴师,而终不背和平主旨。我西南诸省父老兄弟当亦以敬恭桑梓,鉴其不得已之苦衷。其他省有被直系蹂躏,愿同心敌忾者,文等为之敬执鞭弭,所不辞也。孙文、唐继尧、刘成勋、熊克武、赵恒惕、谭延闿、刘显世。寒。

据上海《民国日报》一九二三年四月十五日《西南之重要表示》

致各省各公署等组织通电

（一九二四年十一月二十日）①

各省、各公署、各公团、各学校公鉴：文主张召集国民会议,为解决目前中国问题之唯一办法,前已发表宣言,通告全国。惟内地交通不便,每多隔膜。因特派同志分赴各地宣传,俾民众均得了解国民会议之真意。所派同志均给有委任书,到时务期惠予接洽为幸。孙文。

据上海《民国日报》一九二四年十二月三日《中山先生之通电》

自天津入京致各界通电

（一九二四年十二月三十一日）

军民长官、各团体、各报馆均鉴：文此次北行目的,曾有宣言,谅蒙鉴察。抵津以来,执政招待殷渥,期望綦切。京、津各团体盛意欢迎,所以勖勉之者良厚,至深感荷。原拟早日入都,共商救国,不意肝疾偶发,濡滞兼旬。兹承医生劝告,即日舆疾入京,选择医疗。在医疗期内,惟有暂屏万虑,从事休

---

① 原电未署日期,所标时间据秦孝仪主编《国父全集》。

养,以期宿疾早愈,健康早复,俾得发抒志愿,仰副厚望。专此电达,敬希鉴察为荷。孙文。世。

据中国国民党中央文化传播委员会党史馆藏汉口档案0096

启　示
（含声明、讣告等）

声 明 告 白①

（一八九三年七月二十五日）

启者：本医生写字楼及中西药局各伴如有在外揭借银两，赊取货物，倘无本医生亲笔签名，不得作数，一惟经手人是问，本医生概不干涉。恐有冒托本医生之名，向人揭借银两，赊取货物等事。特此声明，以免后论。

孙医生谨启

据《孙中山与澳门》（文物出版社一九九一年版）广告影印件

中西药局启事②

（一八九三年八月一日）

本局拣选中西地道良药，各按中西制法，分配成方。中药则膏、丹、丸、散，色色俱备。并择上品药料，监工督制。每日所发汤剂，皆系鲜明饮片。参蓍、桂术，不惜重资购储极品，以待士商惠顾，冀惠传播。所制西药，早已功效昭昭，遍闻远近，无烦赘述焉。中西各药，取价从廉，已于十七日开市。

中西药局谨启

据《孙中山与澳门》（文物出版社一九九一年版）广告影印件

---

① 1892年7月，孙中山在香港西医书院毕业。是年秋，孙中山到澳门镜湖医院担任义务医席，以医术"为入世之媒"。12月复在澳门开设中西药局，行医"不满两月，声名鹊起"。1893年9月底，孙中山赴广州行医，此件系这年7月澳门《镜海丛报》所载《声明告白》。

② 此启事为孙中山以中西药局名义在澳门《镜海丛报》上刊登的广告，标题为《中西圣药》。其后半年内，几乎每周复登一次，合计二十多期。

附录　行医广告①

（一八九三年九月二十六日）

　　大国手孙逸仙先生，我华人而业西医者也，性情和厚，学识精明，向从英美名师游，洞窥秘奥。现在镜和医院赠医数月，甚著功效。但每日除赠医外，尚有诊症余闲。在先生原不欲酌定医金，过为计较，然而称情致送，义所应然。今我同人，为之厘订规条，著明刻候：每日由十点钟起至十二点钟止在镜湖医院赠医，不受分文，以惠贫乏；复由一点钟至三点钟止在写字楼候诊，三点钟以后出门就诊，其所订医金，俱系减赠。他如未订各款，要必审视其人其症，不事奢求，务祈相与有成，俾尽利物济人之初志而已。下列条目于下：

　　一、凡到草堆街中西药局诊症者，无论男女，送医金二毫，晨早七点钟起至九点钟止。

　　一、凡亲自到仁慈善右邻写字楼诊症者，送医金一元。

　　一、凡延往外诊者，本澳街道送医金二元，各乡市镇远近随酌。

　　一、凡难产及吞服毒药延往救治者，按人之贫富酌议。

　　一、凡成年包订，每人岁送医金五十元；全家眷口不逾五人者，岁送医金百元。

　　一、凡遇礼拜日十点钟至十二点钟，在写字楼种牛痘，每人收银一元；上门种者，每人收银三元。

　　一、凡补崩口、崩耳、割眼膜、痈疮、疠瘤、淋结等症，届时酌议。

　　一、凡奇难怪症，延请包医者，见症再酌。

　　一、凡外间延请，报明急症，随时速往，决无迁延。

　　一、凡延往别处诊症，每日送医金三十元，从动身之日起计。

---

① 此件系《镜海丛报》1893 年 9 月 26 日、10 月 7 日两次刊登《春满镜湖》告白，介绍孙中山在澳门行医情况，具名刊登广告者，均为当时澳门的知名人士。

乡愚弟卢焯之、陈席儒、吴节薇、宋子衡、何穗田、曹子基同启。

据《孙中山与澳门》(文物出版社一九九一年版)广告影印件

声 明 告 白①

（一八九三年九月二十六日）

启者：本医生晋省②有事，所有中西药局事务，统交陈孔屏兄代理。一切出入银两、揭借、汇兑等件，陈孔屏兄签名即算为实，别无异言。

光绪十九年八月十六日
孙逸仙谨启

据《孙中山与澳门》(文物出版社一九九一年版)广告影印件

东西药局启事③

（一八九三年十二月二十五日）④

敬启者：本东西药局自敦请孙医生逸仙来省济世以来，甚著成效，以故四乡延聘日不暇给，本城求诊者反觉向隅。今特并请尹医生文楷来局合办。尹君向在北洋李爵相所设医学堂肄业有年，穷窥阃奥，屡试前茅，嗣派在海军兵舰医院充当医官，旋以亲老请假归粤，为博济医局敦聘襄办局务，教授医学，

---

① 孙中山在澳门行医，由于医术高明，受澳门葡籍医生排挤，于是改赴广州行医。行前在《镜海丛报》1893年9月26日发表此篇《声明告白》。这是孙中山在澳门行医的最后记载，表明孙中山在澳门行医有一年时间。

② 晋省，指赴广州。

③ 此文为孙中山以他在广州创办的东西药局名义在《中西日报》上刊登的广告，标题为《杏林双帜》。

④ 底本未注明登报时间。但据该报同版广告有同春堂告白启事，时间注为"光绪十九年十一月十八日"，即指阳历1893年12月25日，据此，酌定此文时间。

并辑译医书,所著有《割症全书》、《医理略述》、《病理撮要》、《儿科撮要》、《胎产举要》等书,皆不胫而走,早为海内所推重,其医学湛深有足征者。本局乘其公余之暇,敦请在局赠医。每晨从八点钟起至十点钟止,午后出轿外诊,西关、新城、河南等处步金一元;老城、西门、东关、南关等处步金二元,轿资远近例给。凡延请者,祈预到挂号,尹君与孙君并驾齐驱,皆称国手,久为中外所闻矣。

谨此布闻

冼基①东西药局谨启

据广东文物展览会编《广东文物》上册(香港中国文化协进会一九四一年版)影印原件

东西药局启事②

(一八九四年二月二十七日)③

敬启者:本局敦请大医生孙君逸仙来省济世,旧岁底因事返澳度年,今已由澳回省,谨择月之初十日开办。所有赠医出轿规矩,一律如前。

每日十点钟至十二点钟在局赠诊,不收分文,以惠贫乏。求医者,须在十点钟以前来局挂号。午后出外诊症,西关收轿金一元,城内南关、西门、河南等处轿金二元,早轿加倍,谢步随意致送。凡延诊者,预早到局挂号。

先生素以济人利物为心,若有意外与夫难产、服毒等症,报明危急,无论贫富俱可立时邀致,设法施救。幸毋观望,以免贻误。

此布

冼基东西药局谨启

据冯自由著《革命逸史》初集(商务印书馆一九三九年版)影印广州《中西日报》原文

---

① 冼基,地名,在广州城西。
② 孙中山于上年秋冬间徙居广州。此文为以他所创办的东西药局名义在报上刊登的广告。
③ 登报时间,底本误作上年阴历十二月,今据邓慕韩《总理之医学时代》(《文明之路》旬刊第26期)订正。2月27日即光绪二十年正月二十二日。

中国同盟会芝加古分会预祝中华民国成立大会布告①

（一九一一年十月十三日）

公启者：武昌已于本月十九日光复，义声所播，国人莫不额手相庆，而虏运行将告终。本会谨择于二十四日开预祝中华民国成立大会，仰各界侨胞届期踊跃齐临庆祝，以壮声威，有厚望焉！
此布

天运辛亥八月二十二日
芝加古同盟会启

据中国国民党中央文化传播委员会党史馆藏一般档案 002/16

与胡汉民等发起追悼粤中倡义死事诸烈士通告

（一九一二年三月五日）

呜呼！今而后我神州大国民其长饮共和之幸乐乎？抑亦思其构是幸乐之代价为何物质耶？夫非我最可亲爱、可崇敬、可呜悒的一般有名无名之鼎鼎济济诸先烈之头、之血、之心腑、肤肉所交易而得，而默然肃其灵魂，以拱授于我生存之同胞者邪？抑思乎百粤山川，风雪〔云〕滃然而起革命之初潮也。潮音怒兴，烈魄随汹。甲午而后，青天白日，汉帜儵扬，我陆皓东烈士实

---

① 孙中山从美国报纸上获悉10月10日武昌起义的消息。是日自圣路易斯抵芝加古，为该埠同盟会分会代拟这一布告。芝加古，今译芝加哥。

首殉焉！而朱、邱二烈同痛于槁阶，二程遭惨于狴狱。自时厥后，不甘前仆，继起发奋者，则庚子惠州之役，二百从亡，挫衄而还，我史烈士坚如，遂以身殉一击。以云先河，此其最古。殆因缘被难，株累重牢，若杨烈蘧〔衢〕云、郑烈弼臣、陈烈孔屏，洎辛丑省役之梁烈慕义、洪烈全福诸贤，暨所有名不具详之诸志士者，咸负知觉之先，耆义如饴，真岭海之荩民哉！英风巉扬，新局斯造，薄海义烈，群萃穗城。甘白刃而成仁者，固匪限于粤峤之钟灵，如葛谦诸烈士之就义于前，倪暎〔映〕典、谢明星诸烈士之被祸于后，温生财〔才〕烈士起，黄花岗之七十二贤，及殿以陈敬岳、林冠慈二公，其胄衅一身、衽席两道之诚，固皆内外合符，后先同揆矣。今者民国殆大定矣，追维既往，天道未张、人事参迕之时，我诸烈士或奔而蹳，或植而蹶，心苦而功高。《记》曰"君子听磬声而思死封疆之臣"，仲尼以"能执干戈卫社稷"且勿殇童，古人故恒有刻木而祭、结蒲而葬者。旅人等爰本古礼，掬群诚，订于中华民国元年三月五日下午一时，在南京中正街开会，为粤中后先诸义烈追悼其在天之灵，用敢传告全国，敬乞各界同胞，届时惠临襄礼，并望锡以悼辞挽章，以彰盛烈，不胜公纫之至。谨此奉布。

发起人：孙文、胡汉民、王宠惠、徐绍桢、陈锦涛、王之瑞、朱卓文、黄晋三、李达贤、王棠、陆平、梁秩文、饶如焚、冯裕芳、林朝汉、杨镇麟、黄慕松、蓝任大、金溥崇、伍冠球、郑宪武、邝灼、谢敦、刘元樾、卢仲博、张国元、黄士龙、卢极辉、李性民、杨仕东、黎铁魂、李应生、徐百容、徐尚忠、徐少秋、徐申伯、邓展鹏、孙干昆、孙廷撰、王峻仙、吴涵、梁钜屏、毕礽、吴镇、任鸿隽、但焘、萧友梅、陈治安、罗文庄、关霁、关应麟、冯自由、夏百子、余森郎、雷祝三、朱本富、余夒、陈铁五、卢炽南、陆文辉、徐田、梁宓、赵士北、钱树芬、伍宗珏、易廷意、林直勉、黄应忠、徐峙嵩、孙仙霞、张超神、董润、孙琬、孙琏〔瑗〕、陈粹芬、卢慕贞、孙科、黄杰亭、李日生、陈武昌、谢坤林、朱资生、邱文绍、梁炎郎、吴成满、梅乔林、李晓生、陈兴汉、欧阳荣之、刘素英、李伯眉、伍宏汉、邝桓。

据上海《民立报》一九一二年三月十五日《追悼粤中倡义死事诸烈士通告》

与黄兴等发起江皖烈士追悼会启①

（一九一二年三月上旬）

　　天不祚汉，宸极失纲，曼珠窃发，入据神州。农胄轩裔，悉隶奴籍，沉沦黑狱，垂三百年。其间志士仁人，锐志光复，慷慨蹈难，不旋踵者，何可胜数？大江上下，夙多豪杰之士，十稔以还，烈士奋起，或潜谋狙击，或合举义旗，取义成仁，项背相望，如赵君声、吴君樾、熊君成基、倪君映典者，尤其卓然著称者也。人心思汉，胡运告终，鄂师崛起，天下应之，曾不十旬，区宇混一。今者共和之帜方张，民国之基已定，抚今思昔，能不怆怀！呜呼！大江东去，逝者如斯，吾曹食共和自由之福，以及于吾曹孙子而至于无穷，向非诸先烈士之断脰决项，前仆后起，曷克臻此？而河山依旧，日月重光，吾诸先烈士乃不克睹其成也，斯足悲矣！用特开会追悼，以慰忠魂，并励来者。凡吾族类，亮〔谅〕有同心，爰詹某日，开会南都，届时务望贲临襄礼。承锡鸿词，乞先惠邮，以昭香花之供。谨闻。

　　发起人：孙文、黄兴、柏文蔚、徐绍桢、胡汉民、范光启、柯森、周诗、龚维鑫、龚镇鹏、方潜、顾忠琛、吴忠信、洪承点、巴宪、孙麟、陈懋修、胡维栋、秦毓鎏同启。

　　　　　据《江苏革命博物馆月刊》一卷五期（南京一九二九年十
　　　　一月六日）

---

　　① 原启无日期。查江皖烈士追悼会于3月20日举行，此启当发于追悼会前，故定为1912年3月上旬。

与黄兴等发起江皖倡义诸烈士追悼会通告

(一九一二年三月十五日)

皇天眷佑,还我河山,农胄轩裔,脱离奴籍,从今以后,吾人可常享自由共和之福矣。然非诸先烈断胆决项,前仆后继,曷克臻此;抚今思凡〔昔〕,能不怆怀。同人等谨订于阳历三月二十〈日〉午前九时,开会于南京三牌楼第一舞台,追悼赵君声、吴君越〔樾〕、熊君成基、倪君映典等诸烈士。昔我同志,届时敬乞贲临襄礼,倘承惠锡哀词、挽章,先期送交南京大仓园事务所,以昭香花之供。谨闻。

发起人:孙文、黄兴、胡汉民、冯自由、王芝祥、居正、吕志伊、张通典、孙毓筠、伍冠球、林之夏、陈其美、伍崇仁、易兆鸿、徐绍桢、冷遹、任鹤年、刘建凡、陈雄洲、耿毅、赵正平、刘洪庵、黄慕松、柏文蔚、范光启、吴忠信、顾忠深①、马良、吕公望、熊克武、赵恒惕、张大义、何遂、钟鼎基、吴永珊、洪承点、庄蕴宽、陈懋修、夏尊武、王孝德、柯森、周诗、陈陶怡、杜潜、龚维鑫、孙麟、方潜、龚镇鹏、覃鎏钦、陈裕时、巴泽宪、胡维栋、马锦春、柳亚卢、汪廷襄、秦毓鎏。同启。

据上海《申报》一九一二年三月十五日《江皖倡义诸烈士追悼会》

与黄兴等介绍梁重良西医士启事

(一九一二年八月十八日)

梁君重良,南海名士,研精〔精研〕医学,确有心得。早岁毕业香港医

---

① 顾忠深,即顾忠琛。

校,历任南京中西医院医师、广东军医学堂监督、随营病院院长、江北军医局长、四川军医学堂监督、军医局长。医界良才,出梁君门者后先接踵,而军学界同胞,受梁君再生之德者,尤难更仆。上年遄归江南,历任军医局军医学堂坐办。未几民军起义,编卫生队出秣陵关,救护受伤兵士。雨花台之役,不避艰险,于硝烟弹雨之下,设幕救伤,始终不懈,受创者多赖以全活。金陵既克,任江浙联军军医部长,暨宁垣中西医院院长,热心毅力,万人同钦。现因事平,辞职来沪,任《天铎报》协理。同人等以梁君学有渊源,经验甚当〔富〕,竭力请其于馆政余暇,以仁术济世,业蒙慨允。用述大略,以告当世,倘亦卫生家所乐闻乎①。

孙文、黄兴、陈其美、徐绍桢、邓家彦、吕天民、周浩、戴天仇②、周桂笙、李怀霜、蓝欣禾谨启。

据上海《民权报》一九一二年八月十八日《介绍梁重良西医士》

中国铁路总公司成立通告

(一九一二年十一月)

本公司前蒙政府授予全权筹备全国铁路,亟应组织机关,以利进行。兹遵照大总统令,暂于上海五马路③ A 字第三十六号设立事务所,定名为中国铁路总公司,已于十一月十四日开始办事。嗣后各处如有公文、函件,祈送本公司查收可也。

中国铁路总公司启

据《铁道》杂志第一卷第二号(上海铁道协会编印,一九一二年十一月)

---

① 原文的诊所地址及诊病时间略。
② 戴天仇,即戴传贤,字季陶。
③ 五马路,即今广东路。

中国铁路总公司启事

（一九一二年十二月二日）

启者,本公司成立伊始,百端待举,本公司总理逐日在本公司处理要务,惠顾诸君,不克随时接洽,殊觉歉然。兹特定于每星期二、五两日午后,自三时至五时,在五马路三十六号本公司接见来宾。余日或逾时恕不奉候。如诸君有特别要事,尚祈先期见示,以便订正晤谈时间可也。此启。

据上海《民立报》一九一二年十二月二日

中国同盟会募集基本金公启

（一九一二年）

天厌胡德,诸夏奋起,曾不数月,而禹迹所被,同隶汉帜,共和新国,赫然出于东亚大陆,似吾同盟会夙所主张民族民权民生三大主义已达,而吾会可以解散,吾侪可以优游卒岁矣。

然而未也,吾侪试平心以思,今日所完全办到者,仅第一主义。其第二主义,就精神上观察,不过基础初定,未底健康。第三主义则尚待集群策群力,研究其如何稳健进行,始可冀不与今日社会现象相背驰,以获和平之改造。况国体甫更,疮痍未复,政治组织,如理乱丝,丁此步履艰难之际,吾遂不得不联袂攘臂,与当世贤者共厕于政党之林,此故吾会所以求贯澈第二第三主义之精神所在,又实吾全国同胞所属望者也。

虽然,言之匪艰,行之维难,所谓政党者,匪特具其名而已,必由此政党发之事实,有足以佐吾民而利吾国者,而后政党之实乃完。如前所举第二第三两主义,即吾侪组织政党之唯一事实也。

第此等事实之进行,非守因时制宜之秩序不可,更非创稳健之舆论以诱进吾同胞法律上之权利义务思想不可。执是以谈,则报馆自不可不设,及其他足以促政治改良社会进步之各种事业,亦不可不相待而俱进。

顾创设之费,维持之费,为数甚巨,果将何从醵集耶?苟藏舍罄悬,司会束手,张空拳以图进行,虽妇孺皆知其不济。然则吾侪将因难而退,以放弃吾侪之责任耶?是又前无以对忠勇死国诸志士,后无以对趾踵望治众同胞,且大背吾侪十数年来组织本会之苦心孤诣,吾知吾爱国爱社会之同志诸君,必不忍贻此有始鲜终之诮也。

西哲有言曰:"金钱为万事之母。"旨哉!旨哉!来日方长,众务待举,非金钱无以臧①国事,此本会基本金募集之计划,诚出于万不得已也。

嗟夫!吾侪回顾革命运动,当时党人屈伏专制之下,不惜生命财产,作祖国之牺牲,卖田宅、鬻衣服以充军实者,前扑〔仆〕后继,比比皆是。而谓当此大功告竣,吾侪得所借以实行其夙所主张之主义之时期,乃无轻财义助其人乎?吾同胞谅诸!吾侪勖诸!为之执鞭,所忻慕焉。

据《中央党务月刊》第二十一期(南京一九三〇年四月)

介绍名医章来峰启事

(一九一三年三月三十日)

章君来峰,浙之东瓯人,精歧黄术,已易二十寒暑,济人无算。文在海外久闻其名,中医学识如章君,诚不易得。兹遇来沪,文因挽留悬壶,以便同胞之顾问,患疾者幸勿交臂失之也。

据上海《申报》一九一三年三月三十日《孙文介绍名医》

---

① 臧,书面语,意指"善"、"好"。

与黄兴等发起陈英士暨癸丑以来诸烈士追悼大会通告①

（一九一六年八月三日）

乃者共和再建，薄海同欢，追念先烈，弥增怆感，不有殉者，国何以兴，哀亡励存，后死攸赖。兹谨订八月十三（星期日）下午二时起六时至，追悼陈英士先生及癸丑以来殉国诸烈士于法界霞飞路尚贤堂。各界人士务希届时惠临赐吊为幸。赴会者请至法界白尔路新民里十一号取入场徽章。

发起人：孙文、黄兴、伍廷芳、唐绍仪、温宗尧、王宠惠、章炳麟、吴敬恒、张继、谭延闿、胡汉民、王正廷、柏文蔚、钮永建、张人杰、于右任、徐谦、李钟珏、黄郛、蔡寅、吴景濂、殷汝骊、褚辅成、马君武、谢持、田桐、俞凤韶、张浩、王〔黄〕炎培、沈恩孚、李登辉、朱佩珍、沈镛、虞和德、李征伍、王震、傅宗耀、顾馨一、苏筠尚、周佩箴、吴佩潢、唐元湛、赵家蕃、赵家艺、魏子浩、任光宇、陈英、黄复生、何天炯、杨庶堪、廖仲恺、黄展云、冯自由、丁仁杰、周日宣、徐朗西、邵仲辉、叶楚伧、余祥辉、陈民钟、李惟贤、邱于寄、杨济沧仝启。

据上海《民国日报》一九一六年八月三日《陈英士先生暨癸丑以后诸烈士追悼大会通告》

启 事 一 则②

（一九一六年九月十三日）

敬启者。阅十一日《申报》登有法国招工电报一则云：北京电，闻梁士

---

① 此件所标时间系上海《民国日报》发表日期。
② 此件孙中山以"环龙路六十三号孙宅"名义发表。

诒为法国代募华工,系用于农业,近派人至山东等招募,梁从中获巨利。政府中人拟提议与法政府商酌,改由政府办理,约定一待遇方法可以安插无业党人,并闻孙中山亦有此主张云。查此事中山先生始终并未与闻,想系有人误传或系别有用意在内。特此,登报声明。

据上海《民国日报》一九一六年九月十四日《启事一则》

为防奸人冒签名字四出招摇启事

(一九一六年十月二十四日)

启者:现查有人冒孙中山先生签名写信到渔阳里五号夏宅,经夏宅察觉,通知本宅,诚恐奸人冒签名字,四出招摇,特此通告,以后如接中山先生函件,觉签名有可疑者,请移玉到环龙路四十四号本宅询问明白,免被欺蒙。若能将假冒签名之人查出报官审实后,即谢花红银一百大元。此启。环龙路四十四号孙宅启。

据上海《民国日报》一九一六年十月二十四日

孙 文 启 事

(一九一六年十月二十五日)

阅报见有追悼唐、阙①二公广告一则,不胜骇异。追悼烈士,自所不反对,然冒名之风,断不可长。此次追悼会之件,文始终并未与闻,特此广告。以后再有此种不法行动,定当依法究治。此启。

据上海《民国日报》一九一六年十月二十五日《孙文启事》

---

① 唐、阙,指唐继尧、阙麟书。

黄兴逝世启事

（一九一六年十一月一日）

启者：黄克强先生自创立同盟会以来，与文同事，奔走艰难，迄于今日，凡我同志，谅均知悉。前月国庆日，突患胃中血管破裂之证，吐血数盂，晕绝经时，随即延德国医生克礼氏诊治。据云：尚可无碍。嗣后胸膈仍觉饱闷。至上月下旬，更发见肝部胀大之征候。三十日下午五时，忽又吐血不止，势极危急，由医注射，暂见血止。三十一日早二时，突再吐血，医再注射，旋即脉停气绝，不可复救。呜呼哀哉！以克强盛年，秉赋素厚，虽此次讨贼，未得比肩致力，而提携奋斗，尚冀诸异日。遽此凋谢，为国为友，悼伤百端，谨告同志共鉴察之。

据中国国民党中央文化传播委员会党史馆藏环龙路档案12232

黄兴逝世通告

（一九一六年十一月一日）

启者：

黄克强先生于十月三十一日午前四时逝世。民国肇建，失此柱石，公谊私情，曷胜感恸！兹择于十一月一日午后八时大殓，另诹日开奠。凡叨世、盟、僚、友、戚、族谊，谨此通告。

友人代表：孙　文、唐绍仪

戚族代表：廖星舫、黄迪卿

据上海《民国日报》一九一六年十一月一日《黄克强先生逝世通告》

黄兴逝世讣闻

（一九一六年十一月一日）①

黄公讳兴，字克强。痛于民国五年十月三十一日午前四时疾终沪寓，享年四十有三。经于十一月二日午前五时入殓，谨定十二月二十一、二日在福开森路本宅开吊，二十三日举殡长沙。哀此，讣闻

子：一欧、一中、一美、一球

女：振华、文华、德华

主丧友人：孙文、唐绍仪、李烈钧、蔡元培、柏文蔚、谭人凤

据国家图书馆藏原件

主持黄兴丧务通启

（一九一六年十二月二十六日）②

敬启者：

克强先生交游满天下，车笠之盟，缟纻之好，究有仆等所未悉者。代主丧务，勉持大体，征名遍讣，恐有未周，诸祈见谅为幸。

主丧友人：孙文、唐绍仪、柏文蔚、李烈钧、蔡元培、谭人凤

据上海《民国日报》一九一六年十二月二十六日《恕讣未周》

---

① 此件未署年月，据黄兴逝世通告于1916年11月1日公布。
② 此件所标时间为上海《民国日报》发表日期。

为黄兴丧事谢启[①]

（一九一六年十二月二十六日）

黄克强先生病终沪上，承海内外诸公吊唁，灵榇回湘，并承远道步送，隆情高谊，感荷殊深，谨此代谢。代维亮察。

    主丧友人：孙文、唐绍仪、柏文蔚、李烈钧、蔡元培、谭人凤

      据上海《民国日报》一九一六年十二月二十六日《黄宅治丧办事处启事》

附录　同题异文

黄克强先生病终沪上，承海内外诸公吊唁，灵榇回湘，并承远道步送，隆情高谊，感荷殊深，谨此代谢。代维亮察。

    主丧友人：孙文、唐绍仪、柏文蔚、李烈钧、蔡元培、谭人凤

      据上海《民国日报》一九一六年十二月二十六日《黄宅治丧办事处启事》

与朱执信等发起募助李萁归葬费引

（一九一七年二月）

故友李君萁，字祺初，号介龄，阳江人。素负大志，有奇气，奔走国事十余年，艰苦备尝不稍懈，卒以乙卯秋殉于新宁、阳江毗连之紫萝山。先

---

① 此件所标时间系上海《民国日报》发表日期。

是，君旅美洲、小吕宋、南洋各地，办理同盟会事，至废弃所业不顾。辛亥三月二十九粤垣之役，偕黄克强出生入死，同人皆以为勇。二次革命失败后，君愤袁氏专横，在新宁、阳江毗连之那琴首倡义师，组织完善，乃竟死于是役。是役也，殉者数人，而君之死事尤惨。虽然烈士不忘丧其元，在君之志亦已遂矣。第同志等睹其身后萧条，妻若子孑然无依，虽经同志略为佽助，借免饥寒，而其子伯振等痛厥考殉难新宁，蓬蒿藁葬，揆以附身附棺之义，首邱归本之文，良用坎然。此则为人子者之最深惨痛者也。今拟扶厥考榇归葬阳江，惟经费颇巨，全仗筹措。兹由孙中山、朱执信两先生提倡捐助，同人等知交有素，义重脱骖，是乌可恝然视之哉？曰：一死一生，乃见交情。今介龄先烈长已矣，将恶乎用吾情？是在有以翼厥子，妥先灵，彰先烈，以风示来兹而已。此岂非同志诸君所深许而乐为相助者乎？是为引。民国六年二月谷旦。

发起人：孙中山、朱执信、周之贞、陈融、谢己原、古湘勤、李海云、林拯民、陈永惠、林森、胡汉民、廖仲恺、李煜堂、胡毅生、杜贡石、林直勉、雷荫棠、李思辕、霍胜刚、叶夏声。

据中国国民党中央文化传播委员会党史馆藏一般档案054/26

为陈其美举殡讣告

（一九一七年五月一日）

前沪军都督陈公，讳其美，字英士，痛于中华民国五年五月十八日在上海遇害。兹定于中华民国六年五月十八日归葬湖州碧浪湖茔地，先于五月十二日在上海法租界打铁浜苏州集义公所厝所开吊，十三日辰刻举殡前赴湖州。谨此讣闻。

赐唁文件请交上海法租界白尔部路新民里十一号。

送殡诸君请至新民里索取纪念徽章。

孤子祖华、祖穌,兄其业,弟其采

主丧友人:孙文、唐绍仪、章炳麟、谭人凤、孙洪伊、李烈钧、胡汉民、朱佩珍、张人杰、王震

据上海《民国日报》一九一七年五月一日

为报馆登载中山先生在粤演说多失本旨启事①

（一九一七年八月一日）

文(十二)日中山先生在粤演说,报馆登载,多失本旨,或附以他语者,全乖事实。即如廿三、四日广州各报所载军界欢迎会演说,有日本乃中国属国等语,此其一端也。以后凡关于中山先生演说词等,除将原稿送刊外,如由各报纪载舛误,先生不能负责,特此声明。

据上海《民国日报》一九一七年八月一日

否认军政府在沪销售公债启事②

（一九一八年一月十一日）

顷见新闻报载,广东商民邮函代电云:孙大元帅委派徐季龙、戴天仇在沪销售公债一千万元云云。阅之不胜骇异,关于军政府公债事项,谦等向未与闻,亦未闻军政府有在沪销售公债之事。此种流言蜚语,摇惑观听,实属妨害名誉,为此登报声明。徐谦、戴传贤。

据上海《民国日报》一九一八年一月十一日

---

① 本启事由朱执信出面,惟所声明内容为孙中山本意,故仍存之。
② 此启事由徐谦、戴传贤具名,然内容为孙中山本意,故仍存之。

中国人应协助美国红十字会之理由

（一九一八年五月二日）①

　　自有历史以来，世界之变迁未有若今时之甚者。所谓变迁，非指形势上之变迁，乃指人类之思想及其关系。回溯上古，浑噩荒凉，及乎地球之热度上升，然后水陆以分，遂成人类之世界。迨经几许变迁，以至今日。盖历时愈久，进化愈增。故逆料生于将来时代，人类之道德愈进，关系愈切，相得愈深，则对于公益之趋向愈勇，其将成为一完全之新世界，不问可知。由斯而谈，为吾族催促进化，作无限之功德者，其为红十字会乎！红十字会者，无自私自利，而牺牲己身之事业，以实行施济者也。以事实为重，言论次之，然有时言论亦可产生事实，对于会务，未始无裨。举凡世界上之热心慈爱者，固咸以红十字会之名深存脑海。世人作书，对于红十字会济饥、治病、疗伤种种事举之记载，已觉连篇累牍，至继后而作者，尚不知凡几。此次欧洲发生空前之战争，其需红十字会之急，较诸曩昔，尤为重要。美国红十字会早知应肩要重之担负，毅力进行，首集捐款一百兆元，以应战期救济之需，于此人类永不遗忘之时代，建立光荣事业。美国加入战争而后，责任弥增，美国红十字会当事人等，预料更须多筹一百兆元，借资接济，爰向中国求将伯之助。所当注意者，以一共和最早向称富足之国，现为筹款济世，求助于一地大物博新创共和之友邦。想一览下开情形，中国人士当必乐为赞成者也。

　　（一）其总因则需款孔亟也，不拘其何处而来，得一元即收一元之功效。凡应为之事，则当为也，不遗余力，不弃小财，务使得达完满之目的为止。中国人士岂有不各尽其能力，以应此世界之呼吁乎？

---

① 此件未署时间，据孙中山致函驻粤美领事谓："所拟创设美国红十字会华人协会之举，鄙人尤极端赞成"的时间，酌为1918年5月2日。

（二）回忆中国水灾饥馑之秋，彼时灾黎遍野，美国红十字会尝由函电汇款数十万元，分发灾区，实行拯救。如在两广，美国红十字会捐款、济饥、治病、疗伤，多不胜纪。讵意天道循环，灾区易地，待赈孔殷。今日中国人士若能乐于输将，倘他时反有所求，美国人士自可触引此次之援手，亦必踊跃资助也。

（三）美国红十字会计有会员三千余万，阅历之深广，组织之雄伟，为世界红十字会之冠。其救济灾黎，以最直接及最廉俭之方法施行。中国人士素存当仁不让之心，然凡欲行善，谁不愿捐资于一最善办理及最堪信重之人，使灾黎得沾实惠者乎？

（四）以两广之地大人稠，设立协会，何难一举而得十万会员。尤望指日可将此项消息电达远洋，借从事实上增进两大民主国之友谊，其功效尤胜于外交家提倡联络中美谈判经年也。合友邦之力，以倡善举，而救难民，乐何如之。圣训有言：施于人者，得福尤多于受施于人。前者美国之效力于中国者，不胜枚举。今愿中国广施于其友邦之美国，更愿中国立应所求，动其广施之美德，使历史上之两国交情日益笃厚也。

抑所望者，吾侪可以高声疾呼曰：美国红十字会广州协会已得华人会员十万矣！会内第二期战务慈善款已就地筹得五十万元矣！此固事属易举。诚以两广殷富之人，为数以兆计，以十万会员均计，每捐五元便可筹集所求之款。以人数而计，捐款者每三百人不过一人，况其中能力有可捐至千元及千元以上者乎。今美国已宣战矣！美人之热血横流于欧洲大陆矣！其为法国效力与为中国无以异也。中国人之血，幸未尝见于法土，然岂忍见其友邦流血而坐视不救乎？吾侪深信，若此呼吁之声一闻于中国，则中国人士无不竭诚援助也。请人人以此事转知其亲友，使各均尽力协助红十字会，以至吾侪能书成功二字为止。

发 起 赞 成 人

孙中山　伍藉磐　吕渭英　周亮臣　黄宪昭　罗　诚　钱树芬　潘元耀

陈辑甫	姚轮三	徐绍桢	李锦纶	黄璧如	李之胦	潘棣甫	伍廷芳
刘英杰	林福成	徐乐亭	朱惠章	陈廉伯	陈楚珩	胡颂棠	梁恪宸
陈勉畲	伍朝枢	郭仙舟	何夔石	潘锡藩	陆卓卿	林子峰	刘若操
陈益南	邝余初	陈俊民	萧宽	郑豪	卫祝龄	陈廉仲	姚观顺

据《近代史资料》总七十四号陈建明整理《孙中山佚文两则》（转录一九一八年五月《真光》杂志）

与章炳麟等发起举行黄兴逝世两周年祭典启事

（一九一八年十月二十四日）

本年阳历十月三十一日为黄克强先生下世忌辰。同人等谨择于福开森路三百九十三号举行二周纪念祭典。宿草而念故人，板荡而思先烈。丹荔黄蕉极序物怆怀之会，素车白马伫大荒披发之灵。伏请在沪各界人士凡与先生有公私故谊暨崇仰先生者，届时翩临，共申盥荐。谨此奉达，恕报不周。

孙　文　章炳麟　张　继　曾继梧
戴传贤　李　锜　孙洪伊　谭人凤
蒋作宾　陈炳焕　徐少秋　何成濬

据上海《民国日报》一九一八年十月二十四日

通告陈家鼎之母大殓日期文

（一九一八年十月二十四日）

众议院议员陈家鼎兄弟等之太夫人邓太夫人，痛于十月二十三日午前一时寿终沪寓内寝。择于今日（二十四日）午后四时大殓，谨此通告。

孙文　章炳麟　刘人熙　谭人凤　张继　孙洪伊　戴传贤等代告

治丧事务所：法界宝康里三十四号

据上海《民国日报》一九一八年十月二十四日

军政府劝捐通启

（一九一八年十一月八日）①

　　欧战发生，各国人士为战斗员者、执工程役者，不知几千万人也。救死扶伤，则既有战地红十字会矣，而非伤非病者，讵可略而不顾者，其身体知识、道德、志气不有以培养之，则数千万人之人格，必有堕落而不振。美总统威尔逊怒焉忧之，合七团体发大心愿，拟募美金一万七千万元，以为战地友邦兵工修养之资。在美国主持其事者，深望吾国民担任十万金额，共襄此从来未有之盛举。窃维吾国对德宣战，凡以锄灭强权主持正谊也。今美国募金修养战地锄灭强权主持正谊之兵士，保全人格，教养兼施，使战士服务而不觉其劳，战后复业而无变其旧，其殆吾国民解囊相助之时欤。

　　矧夫欧洲战场，固有吾中国工人在，而此次美国威尔逊总统宣布募捐缘起，亦有为华工建筑茅屋，聘任干事，教授华工汉文，及办理华工书籍、报章、戏具各费，约用款四十万之宣言耶！目前欧战虽停，而战地数千万之兵工，恐一年犹不能撤退，此举又乌容已。爰〔爱〕美其意，而循其请置册分由各界以募，拟由我护法各省担任美金五万，约合毫银八万元，其余五万，听其募自北方，以中国之大，而设总额一千七百分之一，不能募集，吾中国之耻也；以护法各省之大，而设总额二千四百分之一，亦不能募集，尤吾护法各省之耻也。邦人君子，果有重人道、联与国、灭强权、扶正谊之思者，将不爱其金，

---

① 此件未署日期。据上海《民国日报》11月18日所发消息称：军政府8日为此事曾专门召开会议拟定办法，据此推断通启当为同日所拟。

请如其量以输将!

民国七年冬十一月

伍廷芳　岑春煊　孙　文

林葆怿　莫荣新　林　森

吴景濂　徐　谦　伍朝枢谨启

据上海《民国日报》一九一八年十一月二十五日

黄兴逝世三周年公奠启事

（一九一九年十月二十六日）

谨启者：本月三十一日，为黄公克强三周年讳辰，同人等愍国难之纷纭，痛英姿之长谢，缅怀遗烈，弥用怆心。兹定于是日上午九时至下午四时，会集福开森路三百九十三号黄宅，设奠公祭，以资纪念，并写哀忱。届时尚希贲然戾止，无任翘企。孙文、孙洪伊、唐绍仪、胡汉民、章炳麟、谭人凤、张继等公启。

据上海《民国日报》一九一九年十月二十六日

林修梅逝世讣告[①]

（一九二一年十月十五日）

林公从戎廿载，为国勤劳，辛亥、丙辰，覆满讨袁，屡建奇绩。六年护法之役，首义衡阳，身经百战，尤著殊勋，尽瘁国家，染病遽终，同深悼痛。

据阮观荣等《林修梅将军》（湖南人民出版社一九八八年版）

---

① 林修梅，字浴凡，系林伯渠之兄。1921年10月15日因患牙疾感染，医治无效，病逝广州，年仅42岁。对此，孙中山异常痛悼，乃发讣告。并在当天即下令命陆军部从优议恤。

致各国驻广州领事团通告

（一九二二年六月三十日）①

孙中山通告领事团：请预备保卫沙面，免战事波累。

据天津《大公报》一九二二年六月三十日《专电》

抵 沪 启 事

（一九二二年八月十五日）

此次至沪，劳各界诸君连日在江干迎候，因风大直接由吴淞登陆，致未一一把晤，歉疚良深，特此鸣谢，诸维鉴谅。

据上海《民国日报》一九二二年八月十五日《孙文启事》

沪寓秘书处就陈铭鉴等电的声明②

（一九二二年九月二十日）

各报馆均鉴：

昨日中山先生收到北京寄来陈铭鉴等二百零九人快邮代电一通，内有"报载先生曾致曹、吴电，内有与我共难功高之护法议员竟拒绝出席两院，未免不符诸公恢复法统之初意。文恐真伪不明，法律仍无解决之望，对此民六、民八双方之争执应作公道正义之处置等语"云云。

---

① 此件所标时间系报纸刊出日期。
② 此件系秘书处根据孙中山意旨起草发表的声明，现作为孙中山文献收录，供研究参考。

查中山先生于八月删日发表宣言后，曹、吴艳电踵至，中山先生因有九日之江电，并已载诸各报，此外绝无致曹、吴电如陈铭鉴等所援引者。至其全文如何无从查考。中山先生以陈铭鉴等所根据以发言者既虚无缥缈，自无答复之必要。且此快邮代电是否陈铭鉴所发亦无从知，是否二百零九人所发更无从问，只可搁置不理。惟顷见各报亦有载陈铭鉴等来电云云，深恐以讹传讹，特为辩证〔正〕。

政海之诪张为幻如此，良可叹也！抑尚有言者：已除名之议员决不能因中山先生无此电文遂自鸣得意，彼辈当日除名合法与否？彼辈宜问诸彼辈所拥为议长之吴景濂，因当日彼辈被除名时为议长者即亦吴景濂也。狐埋狐撋，具何深心，我等不屑过问。

惟以国民道德言之，六年以来之战争原于护法，而护法之目的在于国会恢复。为国民者因此一役生命财产丧失无算，国民所以不恤为此牺牲者为国会，非为议员之个人，彼辈身为议员，当国民陨首喋血以争恢复之时则缩颈事外，并开会时之报到亦有所惮而不敢，甚至有卖身失节以自绝于国会者。试问今日适从何来遽集于此？即无起而斥之者独不内愧于心乎！

礼义廉耻国之四维，四维不张国乃灭亡，昔人之于冯道所由痛心疾首者如此。须知国会议员不过国民之公仆、并非有何神圣，苟其渎职即须受法律之制裁，舆论之唾骂。即使偷位一时，而人格已失，所窃据者亦必不能久，勿遂以国民为可欺也。平日闻中山先生之言论，对于因渎职已除名之议员绝无恕词。敢负责声明，惟垂察之！

孙寓秘书处启　九月二十日

据上海《申报》一九二二年九月二十一日《孙中山秘书处之负责声明——对于陈铭鉴等电之辩正》

附录　报载孙中山九月十三日致曹锟吴佩孚电

迭接来电，蒙奖过当。当文自民六国会遭非法解散后即与诸护法议员辗转西南，无非欲藉法律以谋大局之解决。今幸诸公及时觉悟，非法命令得以取消，法统赖以重光。方冀数年来之纠纷从此解决，乃与我共艰难、功高之护法议员竟被拒绝出席两院，则未免不符诸公恢复法统之初意。文恐真伪不明，法律仍无解决之希望，即使宪法为非法议员所制成，能否得中外之谅解，切实施行则系一大疑问？文恐国宪施行之日即南北再战之时，统一何望哉！倘诸公真有恢复法统、和平统一之诚意，则对此民六、民八双方之争执，即应作公道正义之处置。万不可口是而心非，使法律无解决之希望，而反有破坏之举动。事关统一前途，尚望诸公留意焉！等语。

据长沙《大公报》一九二二年九月十四日《孙中山致曹、吴电——为民八议员说项》

介绍日本名医高野太吉翁来沪启事[1]

（一九二二年十二月二十四日）

翁，日本九洲〔州〕人，幼学汉法医术，后研究西洋医学，窥破药料万能说之大误，乃苦心殚虑，考求适当于人体之食品，以助胃肠之蠕动，卒发明人工的蠕动法，应用于各种病人，无不立奏神效，翁自名其法曰"抵抗疗法"焉。

余之识翁，因陈英士患胃肠病，血痢四年，中外名医束手，旋以某人介绍，受翁治疗，不数月，痼疾全瘳。余当时亦患胃病，延翁诊治，犹疑信参半。盖以翁主张胃病之人，忌食滋养品，宜食坚硬物，所说全与西医相反也。不期受疗未几，著效非常。据翁所说，力避肉类油质，而取坚甲蔬菜，及能排流动物之硬质食物。余依其法而行，躯体渐次康健，一旦复食原物，宿病又再重生，至此知翁所说全非臆造。其后七八年以迄今日，废止肉油等物，得保

---

[1] 此文最早刊于1922年2月24日上海《民国日报》，此后多次重刊，内容相同，题为《孙文介绍名医（医界革命之巨子，抵抗疗法之元祖）高野太吉翁来沪》。

逾恒之健康,皆翁所赐也。

原来吾国人民极嗜油肉,伤害天质不知凡几,国民身体改良,非实行高野主义不可,为余夙所倡导(详《孙文学说》第一章)。翁感于余说,思有所贡献于吾华,特提七十老躯,不辞跋涉,来至沪上,开设治疗院,余亦乐为之介绍于国人。

翁寓美界文监师路江星旅馆,疗院尚未开设以前,暂在此授诊。求医者按址往访可也。

孙　文

据上海《民国日报》一九二二年十二月二十四日《孙文介绍名医(医界革命之巨子,抵抗疗法之元祖)高野太吉翁来沪》

与杨庶堪等发起宫崎寅藏追悼大会启

(一九二三年一月)①

宫崎寅藏先生,日本之大改革家也,对于吾国革命历史上,尤著有极伟大之功绩,此为从事于中华民国缔造之诸同志所谂知者也。不幸先生于去冬病殁。噩耗传来,痛惋曷似,追念往烈,倍增凄恻。盖以先生之死,不惟于邻邦为损失一改革运动之领袖,而于吾国前途上亦失去一良友,不有追悼,何伸哀忱。同人等兹拟就沪上为先生发起追悼大会,以志不忘,而慰幽魂。如荷赞同,即希赐署台衔,列名发起,实深感幸。

孙文、杨庶堪、覃振、廖仲恺、田桐、居正、戴传贤、张继、刘积学、王用宾、孙洪伊、詹大悲、叶楚伧、邵力子、黄复生、柏文蔚、朱之洪、田桓、林祖涵、陈中孚、吕超、朱霁青、蒋中正、吴苍、顾忠琛、茅祖权、路孝忱、周震鳞、叶荃、吴介璋、吕志伊、朱一鸣、杨赓笙、吴忠信、熊秉坤、于右任、章炳麟、蒋作宾、陈

---

① 原件无月日,现据《宫崎滔天全集》第五卷《年谱》第723页酌定为1月。

少白、周佩箴、周颂西、张静江、蒋尊簋、吴公干、杭辛斋、赵铁桥、黄大伟、汪兆铭、胡汉民、帅功、谢持、彭素民、何犹兴、钟孟雄、陈树人、刘伯英、曾省三、季宾、管朋〔鹏〕、凌昭、冯子恭、徐承爌、费公侠、周仁卿、张拱辰、朱克刚、张春木、叶纫芳、朱蔚、徐苏中、周雍能、杨述凝、施成、李凤梧、蒋宗汉、孙镜、郭培富、郑观、向昆、刘其渊、曾繁庶、陈树枬、刘彦、林业明、周景溪、丁惟汾、李儒修、张秋白。(以签名先后为序)

据秦孝仪主编《国父全集》第八册(台北近代中国出版社一九八九年版)

附录　宫崎寅藏追悼大会启[①]

敬启者:宫崎寅藏先生,日本之大改革家也;对于吾国革命历史,尤著有极伟大之功绩,此为从事于中华民国缔造之诸同志所谂知者也。不幸先生于去冬病殁。噩耗传来,痛惋曷似。追念往烈,倍增姜恻。盖以先生之死,不惟于邻邦为损失一改革运动之领袖,而于吾国前途上亦失去一良友,不有追悼,何伸哀忱。同人等兹就沪上发起宫崎先生追悼大会,以表哀思。如中外人士与宫崎先生有旧或素钦其为人,拟赠以诔词、挽联及花(圈)等事者,请送至法界环龙路四十四号收转为荷。至于公祭地点及日期时间等,一俟筹备完竣后,再行布告。先此奉闻,统希鉴察。

发起人:孙文、覃振、孙洪伊、杨庶堪、田桐、柏文蔚、廖仲恺、戴传贤、邵力子、居正、刘积学、田桓、张继、王用宾、陈中孚、叶楚伧、詹大悲、黄复生、朱之洪、蒋中正、陈少白、林祖涵、顾忠琛、周佩箴、吕超、路孝忱、周颂西、朱霁青、叶荃、张静江、吴苍、吴介璋、蒋尊簋、茅祖权、朱一鸣、吴公干、周震鳞、吴忠信、杭辛斋、吕志伊、熊秉坤、赵铁桥、杨赓笙、章炳麟、黄大伟、于右任、蒋作宾、汪兆铭、胡汉民、管鹏、张春木、帅功、凌昭、朱蔚、谢持、冯子恭、周雍

[①] 本篇文字与中国国民党中央文化传播委员会党史馆藏原件略有不同,今附录并存。

能、彭素民、费公侠、杨述凝、何犹兴、张拱辰、施成、钟孟雄、朱克刚、李凤梧、陈树人、叶纫芳、蒋宗汉、刘伯英、徐承爌、孙镜、曾省三、周仁卿、郭培富、季宾、徐苏中、郑观、向昆、刘其渊、曾繁庶、林业明、陈树枏、刘彦、周景溪、丁惟汾、李儒修、张秋白。

> 据[日]宫崎龙介·小野川秀美编《宫崎滔天全集》第五卷（东京平凡社一九七一年至一九七六年出版）卷首影印件

给广州税务司的照会

（一九二三年十二月十八日）①

该司及办事人员等均可离关，以广州政府并未承认彼等。且拟自行遣派员司接代云。

> 据北京《晨报》一九二三年十二月十八日《孙文派军舰监收关税》

给广州领事团的照会

（一九二三年十二月十八日）②

两星期限期将于十九日届满，届时如未能接到外交团之复文，当要求税关监督将收税之权交彼执行。

> 据北京《晨报》一九二三年十二月十八日《孙文派军舰监收关税》

---

① 此件所标时间系报纸刊出日期。
② 此件所标时间系报纸刊出日期。

巴富罗夫追悼会讣告

（一九二四年七月二十二日）①

俄国军团司令巴富罗夫将军（一名高和罗夫），自志愿退伍后，即就大本营高等军事顾问之职，不幸于本月十八日因往石龙查勘事项失足落水身故，深堪惋惜。兹于本月廿三日上午十时在东较〔校〕场开追悼会，同日出殡。着即通谕各军各机关一体知照。

据《广州民国日报》一九二四年七月二十三日《追悼俄军官之大会》

为伍廷芳纪念会劝捐引

（一九二四年夏）

士有特立独行，砥砺名节，举世非之而不顾，威武临之而不屈；生作霖雨，死重泰山，起后人无限之景仰，历千百世而不没者。嗟夫！嗟夫！若伍秩庸博士当之无愧已。博士吾国耆硕，留学先觉。其道德志节，勋业文章，灿然烂然。国之人，类能道之，不俟余一二谈也。顾余独有感焉：民六之夏，武人乱政，追散国会，博士时应总揆，拒绝副署以争；争之不得，襆被出都门，间关南下，思所以维大法，而存正气。余亦躬率舰队来粤，博士昕夕与共，主持军国大计。兴师义举，老而弥笃。中经蹉跌，曾不少衰，如是者亘五年。会十一年六月十六之变，余仅以身免。博士时兼领粤省长，春秋高，不胜忧愤，遂归道山。今粤局再宁，弹指周岁，追念老成，典型犹在，不有纪念，奚供

---

① 此件所标时间系据7月23日《广州民国日报》云"本月二十二日，公安局奉大本营通告内开：本日奉大元帅谕"确定。

凭吊。爰进国人而告之曰：博士名满天下，功在人间，今殉国二载矣。表彰先达，责在后死，宜为之建铜像、立图书馆、编历史，以信今而传后。矧兹广州，市政刷新，将辟粤秀山为公园，盍树博士铜像于此，使名山名人，互相辉映，而与天地同寿耶！立图书馆、编历史诸举，亦当以次经营。用资钦式，以示来兹，匪第崇报，亦博士之志也。众佥曰善。然需费孔多，匪募不成。用集始倡者若而人，发各处以募，而为之序其首。邦人君子，有崇敬博士者，将不爱其金，如其量以输将。

民国十三年夏
发起人　孙　文

据罗香林《傅秉常所受伍廷芳的影响》（转引自《天字第一号捐册》），载《传记文学》第十九卷第一期（台北一九七一年七月）

抵 沪 启 事

（一九二四年十一月十八日）①

文此次抵沪，备承各界各团体盛意欢迎，深为感愧。惟事冗不及一一接谈，无任歉厌〔疚〕。专此道谢，统希鉴察。此启。

据上海《民国日报》一九二四年十一月十八日《孙文启事》

抵 津 启 事

（一九二四年十二月六日）②

文此次抵津，承各界各团体盛意欢迎，深为感谢。惟匆猝未及一一接

---

① 此件所标时间系上海《民国日报》发表日期。
② 此件所标时间系天津《大公报》发表日期。

谈,殊引为歉,谨道谢悃,统祈谅鉴。此启。

据天津《大公报》一九二四年十二月六日《孙文启事》

离津启事

（一九二四年十二月三十日）①

  文此次到津,备荷各界、各团体盛意欢迎,深兹惭感。乃以卧病兼旬,不能分别接见,稍罄鄙意,岂胜歉怅。兹医者谓京中休养为宜,故于三十一日晋京疗养。俟贱体稍愈,再当返津与诸君把晤,商榷国事。临行匆匆,未及遍辞,伏冀鉴谅。

据天津《大公报》一九二四年十二月三十一日《孙文启事》

入京启事

（一九二五年一月一日）

  文此次扶病入京,遵医者之戒,暂行疗怅。抵站之时,荷各团体诸君及代表盛意欢迎,深为惭感。俟疾少瘳,再当约谈。先此道谢,伏维公鉴。

一月一日
据北京《晨报》一九二五年一月五日《孙文启事》

---

① 此件所标时间系据1924年12月31日天津《大公报》载,30日"夜间十时,张园秘书处发出中山启事"等语确定。

其他

揭本生息赠药单[①]

（一八九二年十二月十八日）

  立领揭银人孙逸仙：缘逸仙订议在澳门大街开创中西药店一间，需银寄办西国药料，今托吴节薇兄担保，揭到镜湖医院药局本银二千大员，划兑重一千四百四十两正。言明每百员每月行息一员；算其息，仍托逸仙代办西药赠送，逸仙自愿赠医不受谢步。此本限用五年为期，到期如数清还；或过期不测，无力填还，担保人吴节薇兄自愿填足，毋得异论。欲后有凭，立明领揭银单一纸，当众签名，担保人亦的笔签名，交与镜湖医院药局收执存据。

担保还银人：吴节薇的笔（签名）

知见人：黎若彭 阮建堂 黎晓生 曹渭泉

张桢伯 宋子衡（签名）

光绪十八年十月三十日
立领揭银人：孙逸仙的笔（签名）

据广东文物展览会编《广东文物》上册（香港中国文化协进会一九四一年版）影印吴节薇藏原件

[①] 孙中山于1892年秋被聘为澳门镜湖医院医师。年底筹款自办中西药局，此件是与镜湖医院订立的贷款合同。

中国商务公会股券(译文)①

（一八九五年一月二十二日）

中国商务公会第一号　一股

兹证明李多马持有已付清的中国商务公会股款一份。凭于此背书并转让此股券，可过户列入公司总帐。

司库　刘　祥（签名）
总理　孙逸仙（签名）
夏威夷岛火奴鲁鲁（一八九五年一月二十二日）
火奴鲁鲁仔毡街二〇九号格雷夫厂承印

据秦孝仪主编《国父全集》第九册（台北近代中国出版社一九八九年版）（译自原中国国民党党史会藏英文原件）

我们的计划与目标(译文)②

（一九〇一年三月二十五日）

我们的计划与目标：

（一）在中国南方消灭满洲皇朝；

（二）在广东、广西、云南、贵州、四川、湖南、江西及福建成立共和政府；

---

① 孙中山以发行"中国商务公会"股券方式募集革命经费，每股一百美金。司库刘祥时即为檀香山兴中会主席，股券购买人李多马为兴中会员。

② 此为孙中山在东京递交法国驻日公使阿尔芒（François Jules Harmand）的意见书。早在筹备惠州起义期间，孙中山曾于1900年6月在东京走访阿尔芒，提出援助武器及派遣军事顾问的请求。1901年1月4日再次会晤阿尔芒，为重组起义军提出类似要求。3月25日又访问法国使馆，将这份意见书递交阿尔芒。此件原为英文，由阿尔芒译成法文，于5月30日在巴黎将法译文手稿送交法国外交部政务司。

（三）传播西方文明及现代教育于人民；

（四）全境开放对外贸易；

（五）取消厘金及出口税；

（六）吸引外资以开发境内自然资源；

（七）聘用外籍技师作为政府各部门顾问及指导者；

（八）对于旧政府之外债及赔款一律予以承认，依新共和国和满洲政府之收入比例分摊；

（九）尊重各国已订定之条约所取得的权利。

为使计划得以实现，我们必须取得一友好强国的支持。在详细检讨计划后，我们认为法国是列强中唯一应该寻求其协助和支持的国家，不仅因为其政府形式可供模仿，也由于其领土①紧邻，从各方面观点而言，对我方最为有利。

因此，经由您善意的媒介，我们谦卑地请求贵国政府慨然同意给予支持，提供达成目标所需的款项。一旦目标达成，我方为表达感谢及回馈法国，将同意给予我们的保护者以如下特权：

（一）境内铁路、矿产之特许建筑及开矿权；

（二）在一定期限内废除自法国殖民地陆路进入之所有货物进口税，以鼓励两国之商贸；

（三）我方同意未来法国政府提出的任何对于双方有利之要求。

据 Sun Yat-sen,"Nos Projets et Notre But", Archives du Ministère des Affaires Étrangères（法国外交部档案：孙逸仙《我们的计划与目标》）（许文堂译，陈三井校）

---

① 指越南，时为法国殖民地。

东京军事训练班誓词①

（一九○三年秋）

驱除鞑虏，恢复中华，创立民国，平均地权。

据冯自由著《革命逸史》第三集（上海商务印书馆一九四五年版）

军 需 债 券②

（一九○四年一月）

此券实收到美金一元正。本军成功之日，见券即还本息百元。

西廿纪四年一月二十日发

孙逸仙（英文签名）

据郑东梦主编《檀山华侨》（檀山华侨编印社一九二九年版）中杨刚存《中国革命党在檀小史》影印杨广旭藏原件

---

① 该训练班由孙中山组织，地点设于东京，聘请日本军官为中国留学生教授军事知识。入学学员必须宣誓，誓词为孙中山所制订。该训练班于数月后停办。
② 孙中山在檀香山成立"中华革命军"的组织，印制革命军需债券，定为实收一元及十元券两种，票面额则为十元及一百元，俟革命成功之日，十倍偿还本息。据所见其他债券影印件，最早填发时间为是年1月。

檀香山出生证证词①

（一九〇四年三月九日）

夏威夷疆省
柯湖（Oahu）岛
成年人第二十五号

  本人孙逸仙，先经宣誓后，兹作证称：凭我所知和所信，我乃于一八七〇年十一月二十四日在柯湖岛衣华（Ewa）镇之位问奴（Waimanu）地方诞生。我是一名医生，现在茂宜（Maui）岛的姑剌（Kula）地方行医，我家居住在姑剌。我父亲孙达成于一八七四年前往中国，约八年后在那里逝世。本人作此誓词，旨在证明我的身份；并提供我出生于夏威夷的进一步证据，所附照片为本人最近肖像。

孙逸仙（签名）

以上证词于一九〇四年三月九日我在场时签字和宣誓。

夏威夷疆省第一司法巡回处公证人
凯特·盖利（签名）
（加盖公章）

据广东省社会科学院历史研究室等合编《孙中山全集》第一卷（中华书局一九八一年版）（译自《孙逸仙——中国的解放者》转录英文证书）

---

① 孙中山决定月内由檀香山赴美国大陆，因当时美国政府正加紧排华，为易于入境，便设法签领了这个身份证书。书中所述，是特意编造出来的。

附录 檀香山出生证

（一九〇四年三月十四日）

夏威夷区秘书处
成年人第二十五号

向接阅这些证明书的人们致意。

兹证明孙逸仙，现在在茂宜、姑剌，其签字附后，曾作第二十五号出生证的申请。

他自己的宣誓以及证人所提供的证据，显示他是在纪元后一八七〇年十一月二十四日出生于夏威夷岛，又附贴的像片与其本人现像相符。

关于这些，区秘书在此签名并将夏威夷铭记盖上作证。

（签名）爱·拉·西·爱特庆逊

一九〇四年三月十四日于檀香山

孙逸仙的签字

（签）孙逸仙

据李联海编《孙中山轶事》（广东人民出版社一九八五年版）

自　白　书（译文）

（一九〇四年四月十四日）

我名孙逸仙，出生于檀香山，希望在一八九六年初或一八九五年底从香港返回檀香山。我在檀香山停留四、五月后前往旧金山，在七月前不久抵达此间。我是以上海发的学生与观光客的第六类证件抵达此间。我是以中国国民的身分来此。我从旧金山经纽约到伦敦，并从此间经加拿大到日本。我从日本返回檀香山后，于一九〇一年二月左右到达此间。他们曾查询一些证人,并承认我是当地出生的公民。我没有(证明)文件,我到檀香山一向不带文件。自从我于一八九六年以中国国民身分抵此后,即未再采取任何行动恢复美国公民身分,除了今年三月在取得夏威夷州长发给的护照前曾宣誓效忠美国,放弃我的另一国籍。

孙逸仙
汤普森

已于十四日在我面前宣誓。一九〇四年四月。汤普森。

据秦孝仪主编《国父全集》第九册(台北近代中国出版社一九八九年版)

中华民务兴利公司债券①

(一九〇五年十二月十一日)

正　　面

公债本利一千元券　第一回黄字第一百卅五号。广东募债总局五年内清还。

总理经手收银人　孙　文(签名)
天运岁次乙巳年十一月十五日发

背　　面

中华民务兴利公司今议立新章,兴创大利,以期利益均沾,特向外募集公债二百万元,以充资本。自本公司开办生意之日始,每年清还本利五分之

---

① 孙中山于是年10月离日赴越南募集革命基金。行前,在横滨印制千元票面的债券两千张。到西贡堤岸后,建立同盟会分会并发行该债券。

一，限期五年之内本利清还。如到五年期满，有不愿收回本利者，以后则照本利之数，每年算回周息五厘，每年派息一次。特立此券收执为凭。

广东募债总局立约

据冯自由著《革命逸史》初集（商务印书馆一九三九年版）影印原件

中国革命政府债券（译文）①

（一九〇六年一月一日）

中国革命政府约定付给持券人一百元。

本政府在中国成立后一年，由广东政府官库或其海外代理机构支付。

一九〇六年一月一日
总理 孙 文（签名）

据广东省中山图书馆藏英法文债券原件（共二张，购券者新加坡华侨陈质亮后人所赠）（陆玉译）

给池亨吉的证明书（译文）

（一九〇七年十二月十二日）

（称呼）：

兹证明日本友人池亨吉先生由我授予全权执行为中国革命事业筹款事宜，并为同一目的募集粮秣和军需品。

池亨吉先生曾与我合作多年，为我党事业贡献其时间、精力及才能。一九〇七年十二月四日当我率领党人炮击镇南关炮垒时，他曾与我并肩作战。

---

① 孙中山在西贡印刷百元票面的革命债券多箱。债券一面为英文，一面为法文，内容相同。

并此证明。

孙逸仙（签字）

一九〇七年十二月十二日

发于安南河内甘必达街六十一号B

据秦孝仪主编《国父全集》第九册（台北近代中国出版社一九八九年版）

长堤会谈计划①

（一九一〇年三月十日至十四日）

（一）中国革命党暂行中止长江流域及华南地区准备未周的起义，改为厚蓄实力，充分准备，集中人力、财力，发动大规模起义的策略。

（二）由中山先生以"中国同盟会总理"的名义，委任布思先生为"海外财务代办"Foreign Financial Agent，赋以全权，俾向纽约财团洽商贷款，供应大规模革命起义的需要。并由中山先生准备一项中国国内各省革命代表签署的文件，以为贷款的依据。

（三）运送在美训练的中国军官若干人，为中国内充实革命武力，筹组临时政府。

（四）贷款总额共计三百五十万美元，分下列四次支付：

（甲）第一次支付款项

一、整理各种革命团体——华中区、华北区各一万五千元，作为一百名工作人员的用费。

---

① 孙中山与咸马里、布思在洛杉矶附近的长堤市临时所租一幢小屋举行多次会谈，决定了一项"长堤计划"，制订了中国革命行动及筹款的方针。这是其内容要点及经费支出。原件为英文，美国斯坦福大学胡佛研究所藏。布思：已退休的纽约银行家。

二、沿东京湾(在南中国海)边界组织军队,并设军火调配站——六万元。

三、租地建立一千人的驻所——十万元。

四、成立广东及东京办事处——各二万元。

五、购买毛瑟步枪一万支、子弹二百五十万发,大炮三十六尊,炮弹一万四千四百枚——先付三分之一,计十六万元。

六、获取北京附近清军五镇(师团)的控制——五万元。

七、获取清廷海军四艘巡洋舰的控制——四万元。

八、设立军事总部——一万元。

九、同盟会会长总部——二万元。

十、准备金——十五万元。

以上合计应为六十六万美元。

(乙)第二次支付款项

一、动员及支援五千人的六个月费用——二十二万元。

二、美国军官运送费与六个月维持费及薪给——十七万五千元。

三、中国翻译人员运送费及维持费——一万元。

四、作战军火的最后付款——三十五万元。

五、五千人与军官的全副装备——十万元。

六、工程人员药品与运输给养——十万元。

七、马匹、参谋人员与总部的装备——十万元。

八、军火及给养的运输——十万元。

九、准备金——五万元。

以上合计应为一百二十万五千美元。

(丙)第三次支付款项

一、额外五千人的动员及装备——十五万元。

二、担任运输五千人的劳工的动员及装备——五万元。

三、一万五千人的三个月维持费——二十万元。

四、(原文缺)。

五、准备金——十万元。

六、外交用途——二十五万元。

七、美国军官的三个月薪给——五万元。

八、步枪弹药七百七十五万发——十七万五千元。

以上合计应为九十七万五千美元。

(丁)第四次支付款项

战役基金——七十九万五千美元。

据项定荣《国父七访美檀考述》(台北一九八二年版)

在美国的声言

(一九一一年十月十五日)

中国革命党首领孙逸仙声言,必须推翻目下之满洲(清)政府以组成共和国,彼将有为将来共和总统之希望。

孙逸仙声称彼将在中国邻近之处,以便乘机与革命军会合,又声言美国、加拿大、英属巫来由①,美属菲律宾群岛,及其他各处之华侨,不特赞成革命党,且与在中国境内之革命团体,常通声气。孙逸仙又声言,此次革命党起事,一切体置,均谨慎将事。目下中国新军,人人心中皆有革命之思想,一旦与革命军相遇,即可投降革党,即凡有新知识之官员,亦皆俟有时机,即投效革党。

据中国史学会主编《辛亥革命》第五册《辛亥革命征信录》
(一九一一年十月十五日旧金山电讯)

---

① 巫来由,即马来亚。

革命进行计划①

（一九一一年十月二十日）

一、关于武昌革命之进行，由黄克强率领同志前进。

二、关于广东反正之进行，由胡汉民、朱执信等相机而发。

三、对华侨演说共和政治，以固民国之基础。

四、对外宣扬中国革命，以博美国朝野上下之同情。

五、谋借外款以为军事及建设之用途。

据张蔼蕴《辛亥前美洲华侨革命运动纪事》，载《孙中山与
辛亥革命史料专辑》（广东人民出版社一九八一年版）

抗议荷兰殖民政府虐待爪哇泗水华侨②

（一九一二年二月二十六日）

孙中山及临时政府外长王宠惠决定"严诘荷政府，要求赔偿侨民损失，取消苛待华侨特别警律，斥革荷官，限一礼拜内答复，否则，下哀的美敦书，禁止通商，不许民国有荷旗。"

据上海《民立报》一九一二年二月二十七日

---

① 孙中山抵纽约后，黄芸苏等亦先后继至，此件系当日所订的革命进行计划。

② 2月20日荷属爪哇（巴达维亚）、泗水等地华侨因庆祝民国统一大典，被殖民当局干涉。荷官扯破中国国旗，当场打死打伤华侨多人，事后拘禁大批华侨。为此，孙中山与王宠惠严诘荷政府，26日，临时政府内阁会议，并议定交涉条件："一、限三日内释放被捕获者；二、赔偿损失财产；三、被害者之赔偿；四、恢复人权，与欧侨、日侨一律看待，如无满意答复，民国自有相当之对待。"

聘问废帝文①

（一九一二年二月二十七日）

中华民国大总统聘问大清皇帝好。皇帝安居民国之内，吾中华人民皆以宾礼相待。

<small>据上海《民立报》一九一二年二月二十八日《大总统聘问废帝文》</small>

创办中国兴业公司应适用中国法律之理由②

（一九一三年四月十八日）

创办中国兴业公司当开办之始，中国各种法律尚未完备，自可暂时适用日本法律，以便公司之成立，而资事务之进行。至将来中国民法、商法和诉讼法等公布后，公司即应同时适用中国法律而不宜再适用日本法律的理由三点，大意是：

一、公司的性质贵能广及内地，而后可以实行振兴各种实业，若适用日本法律，即属外国公司性质，不能自由在内地营业，若适用中国法律，则不受此限制。

二、中国的民、商、诉讼各法多系取法于日本，与日本法律同一渊源，即关于日本人的权利关系，与日本法律上的地位大略相同。

三、若适用日本法律，则发生问题时只根据日本法律解决，困难必多，且

---

① 此件由孙中山委托专使蔡元培送达。
② 1913年4月18日，上海三井物产支店长藤濑和上海正金银行支店长儿玉以及高木、森恪一起访孙中山，王宠惠在座，商议决定"将来中国制定法律时立即根据中国法律"作为条件，同意先按日本法律创立公司。另外，中国方面提出了一份书面材料，即此件《理由》交给日方。

恐中国人心渐生歧视,对于公司的发展,怕会有妨碍。

四、中国方面,到公司设立时止,由孙中山全权负责,必要时可由王宠惠作他的代表。

五、日本方面由藤濑代表涩泽男爵,关于公司创立的通信、交涉等,都由藤濑和森恪办理。

据陈明编译《孙中山和中日合办的中国兴业公司》,载《岭南文史》一九九〇年第二期

誓 言 书①

（一九一三年九月十三日）

完全信赖贵团,以永远图求日中两国间之深交与和平,决不许外国擅自损伤中日两国之国交。若政治上或经济上不得不同其他外国合作时,则事先通告贵团或贵团之指定代表人,应在征得其同意后方实行之。

据俞辛焞《一九一三年至一九一六年孙中山在日的革命活动与日本的对策》,载《孙中山研究论丛》第三集(转录日本外务省史料馆档案,《中国革命党问题》第十一卷,《誓约书》)

关于满洲问题的方针②

（一九一四年一月二十七日）

在南方的广东、云南、广西等省尚未足备实力之际,满洲暂不着手进行。如目前在满洲轻率举事,反而造成不利局面,并有给日本带来麻烦之虞,故

---

① 孙中山为获得资金和购买军械进行讨袁,接触日本财界和军部,同饭野吉三郎联络,饭野是日本精神团总裁,和军部要人关系密切。孙中山几经与之交涉,立此《誓言书》。但后来"孙未能得到购买军械之资金,饭野也未积极活动,故与饭野分手,退回当初交换之《誓言书》"。

② 此件所标时间据大连民政署田中警视电话报告的日期。1914年1月26日陈其美、戴天仇离日本抵大连,根据孙中山的方针,劝阻该地区革命党人,待南方准备就绪后,南北呼应,再起兵举事。

切忌轻举妄动,待时机到来再断然实行之。

据俞辛焞《一九一三年至一九一六年孙中山在日的革命活动与日本的对策》,载《孙中山研究论丛》第三集(转录日本外务省史料馆档案《中国革命党问题》第十卷,大连民政署田中警视电话报告《关于陈其美等的言行一事》,一九一四年一月二十七日)

告诫党员的训词①

（一九一五年二月一日）

吾党固主张平等自由,然党人讲平等自由,都把平等自由安错位置,不把平等自由安给国民,而把平等自由安在自己身上。自己要平等,而不肯附从创造主义之人,偏要人来附从他。自己要自由,而不肯牺牲,偏要人来供他的牺牲,所以自第一次革命以来,吾党之受人攻击,以致失败者,大半都是将平等自由弄错了。故欲举第三次革命,以求真正成功,非先把以前错处都改了,则无成功之希望。

据《中华革命党第四号通告》,载《居觉生先生全集》(台北一九五一年版)

与宋庆龄婚姻誓约书（译文）②

（一九一五年十月二十五日）

此次孙文与宋庆琳③之间缔结婚约,并订立以下诸誓约:

---

① 1915年2月1日孙中山授命党务部长居正发出中华革命党第四号通告。指出:袁世凯派人至海外各部,混称革命党,挑拨华侨对中华革命党之恶感。并又贿派变节革命党人,宜早加预防。同时强调维护党内纪律,乃引孙中山常告诫党员之言。
② 原件系日文。孙中山和宋庆龄于1915年10月25日在日本东京结婚,此为办理登记手续后所签的法律誓约书。
③ 原件中"宋庆龄"写作"宋庆琳",是因"琳"字容易写。

一、尽速办理符合中国法律的正式婚姻手续。

二、将来永远保持夫妇关系,共同努力增进相互间之幸福。

三、万一发生违反本誓约之行为,即使受到法律上、社会上的任何制裁,亦不得有任何异议;而且为了保持各自之名声,即使任何一方之亲属采取何等措施,亦不得有任何怨言。

上述诸条誓约,均系在见证人和田瑞面前各自的誓言,誓约之履行亦系和田瑞从中之协助督促。

本誓约书制成三份:誓约者各持一份,另一份存于见证人手中。

誓约人　孙　文(章)

誓约人　宋庆琳

见证人　和田瑞(章)

千九百十五年十月二十六日①

据中国国家博物馆藏原件(李锡经、马秀银译)

对组织政府的意见

(一九一七年七月二十八日)②

欢迎海军来粤一事,业已实见。而现在沪上国会议员,亦闻开会议决来粤,则召集国会,产出政府,目的不难达到。惟手续进行,颇多曲折,政府成立之时期,尚难预定。若军事大计,仍俟政府成立始行决定,则停顿太久,巩[恐]不免于废时失事。若遽尔决计进行,则各省声气仍未绝对相通,终恐有呼应不灵之患。

今日之粤省,与昔日之粤省不同。前日之粤省,只图本省之自重。今日之粤省,则欲合各省而图西南之自立。既欲合西南以自立,则军事之计划,

---

① 日本风俗以双日是吉日,孙中山、宋庆龄接受律师和田瑞的建议将25日写为26日。

② 本文所标时间为广州《七十二行商报》刊出时间。

不能不向各省征求同意,即不能不合各省而共同商量。若仅以电文来往,殊欠周详。鄙人将致电西南督军,各派代表数员来粤会议,统筹西南军事计划,庶能战攻防守进行一致。而鞭长马腹,拒虎进狼,不足虑矣。

据广州《七十二行商报》一九一七年七月二十八日《孙中山组织政府之意见》

为伍廷芳应诉状所作证明书

(一九二〇年五月二日)①

余等已将上文②读过,特为证实所载各节均属的确无讹。孙逸仙、唐绍仪。

据天津《大公报》一九二〇年五月二日《不堪回首之西南伟人》

介绍徐季龙③书例

(一九二二年十一月二日)

(联)四尺以内,六元;每加一尺,递加二元。

---

① 此件所标时间为报纸刊出日期。

② 上文,即伍廷芳投呈上海公共租界会审公廨的应诉状。1920年3月,广州军政府大破裂,军政府总裁兼财政总长伍廷芳携带关余出走上海。4月中旬,军政府议和代表章士钊在上海公共租界会审公廨指控伍廷芳携走款项属非法。不久伍氏投呈应诉状,中有"(一)余现为中华民国军政府之财政总长兼充由合法国会产生之军政府政务会议总裁之一;(二)余为军政府之财政总长,故应得掌握该军政府所有之一切款项;(三)章士钊在本公堂控告伍廷芳案禀词内所指之款项系军政府所有;(四)上述之款项系交余保管,俾免被广州之自私自利腐败之官僚及武人任意滥用。"等共计17条内容。孙中山支持伍廷芳,特于其应诉状后签字证明。

③ 徐谦(1871—1940),字季龙,安徽歙县人。早年中举人、进士,后入京师大学堂,毕业后授翰林院编修,任法部参事。著有《诗词学》,善书法,护法初期任孙中山海陆军大元帅府代秘书长。1918年孙中山委派为全权代表出席广州军政府政务会议兼任司法部长。

（屏幅）四尺以内,每幅四元;每加一尺,递加二元。

（单条）四尺以内,六元;每加一尺,递加二元。

（堂幅）、（倍屏幅）、横幅、全幅、同堂幅、半幅,〈价〉同单条。

（斗方册页）（尺方以内）纨扇、摺扇,每件四元。

以上各件只署单款,若题上款或限定真书、隶书,或书来文,或书金笺、或泥金书（金自备）,均加半计。代书加倍,小楷别议。

（榜书）径尺以内,每字四元;方径每加五寸,递加二元,磨墨费加十分之一。

寿屏碑文、手卷题跋及其他书件别议。

介绍人:孙文、马湘伯、钮永建、沈铭昌、吴山、沈宝昌、朱履和、沈尔昌。

据上海《申报》一九二二年十一月二日《徐季龙先生书例》

给潘学吟毕业证书①

（一九二四年十一月三十日）

中国国民党陆军军官学校毕业证书:兹有本校第一期步兵科学生潘学吟修业期满,成绩及格,特给证书。

总理　孙　文

校长　蒋中正

党代表　廖仲恺

中华民国十三年十一月三十日

据北京《团结报》一九八五年二月十六日《广东发现黄埔一期毕业证书》影印原件

---

① 潘学吟又名潘行健,大革命时期曾任广东潮安县国民党县党部筹备主任、国民革命军第四军第十师第二预备团第一营少校营长。1930年3月,因参加"改组派"的反蒋活动,被蓝衣社特务暗杀在上海法租界。

辞谢临时执政府招待①

（一九二五年一月十三日）

此次来京，承执政盛意，预备行馆，招待殷渥，至深铭感。惟念国事艰难，库款拮据，受此厚贶，心甚不安。特命弟转达座右，敬祈执政，深致谢意，并请自今日为始，所负行馆内一切膳食零用及汽车等项，概由敝处自备，不必仰劳招待。至于行馆厚备，远人栖止，教拜嘉惠。行馆内供张各物，暂时借用，将来当照天津行馆办法，如数点还。凡此项屑诸端，一以志嘉惠于无穷，一以为盘桓时日远久之图。谅承莞诺。

据天津《大公报》一九二五年一月十五日《孙中山辞谢执政府招待》

改延中医治疗的意见②

（一九二五年二月中旬）

自念移入医院以来，该院以发现本人之病为肝癌之故，仅于本人体温及脉搏失常之际，注射催眠剂，俾得安眠。最近虽出雷锭母为治疗之具，然亦仅能止痛于一时，与根本祛病仍无关，已表示可试令中医开方之意。

据上海《申报》一九二五年二月十五日《中山病状经过》

---

① 1925年1月13日，孙中山面谕汪精卫辞谢段祺瑞政府的招待，汪精卫即致书许世英、梁众异。
② 孙中山自1月26日入协和医院治疗，久未见效。左右向中山解释必须改延中医治疗之理由，惟中山本人仍信西医。至是西医已束手，中山经几度解释后，乃改延中医治疗。

给贾伯涛卒业证书

（一九二五年三月一日）

卒业证书：本校第一期学生贾伯涛，按照本校规定步兵科教育，修学期满，考试及格，特给证书。

海陆军大元帅、陆军军官学校总理　孙　文

校长　蒋中正

党代表　廖仲恺

中华民国十四年三月一日给

据广东革命历史博物馆编《黄埔军校史料》（一九二四至一九二七年）影印原件

请　柬

本月初四日午后七时，假座虹口六三亭，恭迎大驾，借聆伟论。务恳光临，并〔并〕希赐复为荷。

宫崎寅藏先生

孙文顿首

五马路三十六号中国铁路总公司

据中国宋庆龄基金会研究中心编《宫崎滔天家藏》（人民美术出版社二〇一〇年）影印原件

请　柬

十六日下午六时，洁茗候光。

席设环龙路六十三号

孙文谨订

据中国宋庆龄基金会研究中心编《宫崎滔天家藏》（人民美术出版社二〇一〇年）影印原件

请　　柬

廿八日下午六时，洁茗候光。
席设环龙路六十三号

孙文谨订

据中国宋庆龄基金会研究中心编《宫崎滔天家藏》（人民美术出版社二〇一〇年）影印原件

规　章

檀香山兴中会盟书

（一八九四年十一月二十四日）

　　联盟人某省某县人某某，驱除鞑虏，恢复中国，创立合众政府。倘有贰心，神明鉴察。

> 据郑东梦主编《檀山华侨》（檀山华侨编印社一九二九年版）中邓想《中国国民党茂宜支部史略》，参照冯自由著《中华民国开国前革命史续编》上卷（上海中国文化服务社一九四六年版）增补

致公堂重订新章要义

（一九〇五年二月四日）①

　　原夫致公堂之设，由来已久。本爱国保种之心，立兴汉复仇之志，联盟结义，声应气求，民族主义赖之而昌，秘密社会因之日盛。早已遍布于十八行省与及五洲各国，凡华人所到之地，莫不有之，而尤以美国为隆盛。盖居于平等自由之域，共和民政之邦，结会联盟，皆无所禁，此洪门之发达，固其宜矣。惟是向章太旧，每多不合时宜；维持乏人，间有未惬众意。故有散漫四方，未能联络一气，以成一极强极大之团体，诚为憾事。近且有背盟负义、赴入歧途、倒戈相向者，则更为痛恨也。若不亟图振作，发奋有为，则洪门大义必将沦胥矣。有心人忧之，于是谋议改良，力图进步，重订新章，选举贤

---

① 此件文末有"乙巳孟春吉日"，即光绪三十一年阴历正月初一日，应是定稿后发布的日期。

能，以整顿堂务，而维系人心。夫力分则弱，力合则强，众志可以成城，此合群团体之可贵也。

我堂同人之在美国者不下数万余人，向以散居各埠，人自为谋，无所统一，故平时则消息少通，有事则呼应不灵。以此之故，为外人所轻藐、所欺凌者所在多有，此改良章程、维持堂务所宜急也。且同人之旅居是邦，或工或商，各执其业，本可相安无事。但常以异乡作客，人地生疏，言语不通，风俗不同，入国不知其禁，无心而偶干法纪者有之矣；又或天灾横祸，疾病颠连，无朋友亲属之可依，而流离失所者亦有之矣。其余种种意外危虞，笔难尽述。语有之曰："人无千日好，花无百日红。"若无同志以相维护，以相赒恤，一旦遇事，孤掌难鸣，束手无策，此时此境，情何以堪！此联合大群，团集大力，以捍御祸害、赒恤同人，实为本堂义务之不可缺者一也。

本堂人数既为美洲华人社会之冠，则本堂之功业亦当驾乎群众，方足副本堂之名誉也。乃向皆泄泄沓沓无大可为者，此又何也？以徒有可为之资，而未有可为之法，故虽欲振作而无由也。今幸遇爱国志士孙逸仙先生来游美洲，本堂请同黄三德大佬往游各埠，演说洪门宗旨，发挥中国时事；各埠同人始如大梦初觉，因知中国前途，吾党实有其责。先生更代订立章程，指示办法，以为津导。我旅美同人可以乘时而兴矣！况当今为争竞生存之时代，天下列强高倡帝国主义，莫不以开疆辟土为心；五洲土地已尽为白种所并吞，今所存者，仅亚东之日本与清国耳。而清国则世人已目之为病夫矣，其国势积弱，疆宇日蹙。今满洲为其祖宗发祥之地、陵寝所在之乡，犹不能自保，而谓其能长有我中国乎？此必无之理也。我汉族四万万人岂甘长受满人之羁轭乎？！今之时代，不争竞则无以生存，此安南、印度之所以灭也；惟争竞独立，此美国、日本之所以兴也。当此清运已终之时，正汉人光复之候，近来各省革命风潮日涨，革命志士日多，则天意人心之所向。吾党以顺天行道为念，今当应时而作，不可失此千载一时之机也。此联合大群，团集大力，以图光复祖国、拯救同胞，实为本堂义务之不可缺者二也。

中国之见灭于满清，二百六十余年而莫能恢复者，初非满人能灭之、能有之也，因有汉奸以作虎伥，残同胞而媚异种。始有吴三桂、洪承畴以作俑，继有曾国藩、左宗棠以为厉。今又有所谓倡维新、谈立宪之汉奸以推波助澜,专尊满人而抑汉族,假公济私,骗财肥己。官爵也,银行也,铁路也,矿务也,商务也,学堂也,皆所以饵人之具,自欺欺人者也。本堂洞悉其隐,不肯附和,遂大触彼党之忌。今值本堂举行联络之初,彼便百端诬谤,含血喷人。盖恐本堂联络一成,则彼党自然瓦解,而其所奉为君父之满贼亦必然覆灭,则彼汉奸满奴之职无主可供也。其丧心病狂,罪大恶极,可胜诛哉!凡吾汉族同胞,非食其肉,寝其皮,无以伸此公愤而挫兹败类也。本堂虽疲驽,亦必当仁不让,不使此谬种流传,遗害于汉族也。此联合大群,团集大力,以先清内奸而后除异种,实为本堂义务之不可缺者三也。

今特联络团体,举行新章,必当先行注册,统计本堂人数之多少,以便公举人员,接理堂务。必注册者然后有公举之权,有应享之利,此乃本堂苦心为大众谋公益起见。法至良,意至美,凡我同人,幸勿为谣言所惑,迟疑观望,自失其权利可也。今特将重订新章先行刊布,俾各埠周知参酌妥善。待至注册告竣之日,然后随各埠公举议员,择期在本大埠会议,决夺施行。望各埠堂友同心协力,踊跃向前,以成此举。同人幸甚!汉族幸甚!

谨将重订新章条款详列呈览:

第一章　纲领

一　本堂名曰致公堂,总堂设在金山大埠,支堂分设各埠。间有名目不同者,今概改正,名曰"致公堂",以昭划一。

二　本堂以驱除鞑虏、恢复中华、创立民国、平均地权为宗旨。

三　本堂以协力助成祖国同志施行宗旨为目的。

四　凡国人所立各会党,其宗旨与本堂相同者,本堂当认作益友,互相提携。其宗旨与本堂相反者,本堂当视为公敌,不得附和。

五　凡各埠堂友,须一律注册报名于大埠总堂,方能享受总堂一切之权利。

六　凡新进堂友,须遵守洪门香主陈近南先生遗训,行礼入闱。

七　所有堂友，无论新旧，其有才德出众者，皆能受众公举，以当本堂各职。

八　本堂公举总理一名，协理一名，管银一名，核数一名，议员若干名。（以上百人公举一名）

九　本堂设立华文书记若干名，西文书记若干名，委员若干名，干事若干名。以上各人，皆由总理委任，悉归总理节制。

十　本堂设立公正判事员三名，公正陪员二十名，皆由总理委任，但不受总理节制。

十一　总理、协理以四年为一任。管银、核数一年为一任。议员由初举时执筹，分作三班：第一班一年为一任，满期照数选人补充，或再举留任；第二班两年为一任，满期选补；第三班三年为一任，满期补充。如是议员之中，常有三分之二为熟手之人。

一十二　判事员为长久之任，若非失职及自行告退，不能易人。判事陪员分两班：第一班一年为一任，满任由总理择人充补；第二班两年为一任，满期择人充补如之。

一十三　各埠支堂当举总理一名，书记一名，管银一名，核数一名，值理若干名，皆由堂友公举，呈名于总堂总理批准，方能任事。如所举非人，总理有权废之，堂友当另行再举妥人。

一十四　各埠支堂堂友可随地所宜议立专规，以维持堂务。然必当先呈总堂议员鉴定，总理批准，方得施行。

一十五　各埠新立香主，必经总堂议员议决，总理批准，方能领牌受职。该埠叔父职员等必先查明该新香主品行端正，堪为表率者，方可联保。至领牌受职之后，凡放新丁一名，须缴回本堂底票银二元。如未经议准领牌，竟欲开台，该处叔父职员等切勿徇庇，并带新丁入闱。如有不守堂规，或不领牌，或不缴交底银，一经查出，定将名号革除，并追回票牌等件。

一十六　凡公举人员之期，皆以每年新正为定。

一十七　议员议事必要人数若干方为足额，乃能决事。

第二章　权限

一十八　本堂事权分为三等,一曰议事权,一曰行事权,一曰判事权。而总权则集于堂友之全体。

一十九　议事权则各埠所举之议员操之,可以议立新例,可以废除旧例。凡例非经议员议立者,行事员不得妄自举行。凡例非经议员议废者,行事员必当遵守。

二十　本堂凡举一大事,必经议员议妥准行,方得举行。

二十一　筹本堂一切财政皆归议员监督,年中经费皆由议员预期算定,列明一表,名曰预算表,行事人按表开销。一年期满,管银、核数二人将开销长短之数列明为一表,名曰决算表,呈议员考核。

二十二　凡本堂筹款派捐,必由议员议妥,然后与行事员举行。

二十三　议事员所议决各等事件、条例,须呈总理批准,方为定例。若总理有不合意者,必于三日内将不合之理由申明,交回议员再议。如有三分二之议员决行,则为定例。如不足此数,则为废例。若总理于三日内不将议决之例批准,亦不驳回,则为定例。惟总理或因事故不暇,则不在此例;然必当将不暇之由报告议员,将议案留下待批。

二十四　总理为代表堂友掌执一堂之事权,奉行议员所议定之事件、条例,有委任、革除其节制内人员之权,有批驳议案之权,有招集额外会议之权,有委任判事人员之权。

二十五　协理为赞襄总理办理一切事宜,兼当议员之议长。若遇总理有事不能任事,则代总理行事,权限与总理无异;其议长之职,则由议员自举其中一人当之。

二十六　行事人员除协理、管银、核数三人为堂友公举,受总理节制之外,其余一切华西文书记、委员、干事各人员,皆归总理调度差遣,如有失职,由总理去留之。

二十七　判事权归判事员三人及陪员二十人司执之。凡判断事件,有陪员一半在场,便能判决。

二十八　判事员为独立之权,总理及议员皆不能干涉之。

二十九　凡堂内人员失职、堂友犯规、堂友争执,皆归判事人员判断曲直。

三十　总理失职,则必合判事员及议事员两团体,方能判断之。

三十一　判事员及陪员失职,则必合行事员及议事员两团体,方能判断之。

第三章　专责

三十二　总理为掌执一堂内外事权之人,凡文凭、书信、银折、收单,必经总理会同签名,方为实据。行事各员,必当受命于总理,方能行事。

三十三　协理为掌管公堂印箱之员,总理签名各件,协理然后盖印。

三十四　华文书记至少二人,一专司记录堂内事件,及议决批准条例,并存管进支数目;一专司通信起草,及代总理批驳议案事件。

三十五　西文书记专管一切要文、信函事件,及与西人交涉事务。

三十六　管银人专管出入银两收单、账部、契件、文凭等件。取银折单,先由管银人签名,然后发交书记,会同总理再签,协理盖印,方能取银发给堂底凭票。右项收单,皆要会同三人签名,协理盖印方可。各人经手签名盖印各银,则收单凭票各件,必当各存部记,以备核数人及议员、堂友之查核。

三十七　核数专为考核一切进支数目,每月至少清查一次。凡书记、管银二人所出各项清单、月结等,必经核数人查明不错,然后盖印呈堂。呈堂之后如有错误,则惟核数是责。

三十八　其余行事人员,皆归总理差委,如有失职,惟总理是责。

三十九　议事员有监察行事员之责任,随时可查核各项数目,及考验各件事务。

四十　议员之中,当举坐埠熟手人员为监察值理,各司一事,以专责成,而免流弊。

四十一　堂友全体为本堂之主权,有监督全堂各员之责任。如觉有弊端,可指出凭据,呈诉于判事人员,以备查究处分。

四十二　判事员专为考查堂中职员功过,判断事理之是非曲直,与及为堂友排难解纷。

四十三　判事员有判断处罚之权,凡堂员失职犯规,按事之轻重处罚,轻则记过,重则革除。凡堂友有犯规不法情事,亦按轻重处罚,重则罚款,轻则记过。

四十四　堂友须遵守堂规,内则亲爱同气,外则和平接人,毋得手足相残及倚势凌人。如有告发,判明确实,处罚不宽。

四十五　堂友一年之内曾记过三次者,则一年之内不能公举。记过六次者,一年之内不能当职。记过十次者,一年之内失去一切应亨〔享〕之权利。

第四章　保卫

四十六　本堂将美国有华人之处分为三区,各设保卫局一所。其一为大埠,加罅宽呢省及南方一带附近之埠,以至纽柯连①属焉。其二为西北设局于砵仑②西北,及千二咪一带属之。三为东方设局于纽约,祖家一带西至市卡古③、新蕠④各埠属之。每局聘定长年律师一人,派定值事若干人,专为本堂堂友调理讼务。凡受人凌屈或无辜枉累者,皆由本堂为之伸理,不受分文,所有讼费亦由本堂公款开销。惟有恃势凌人,或故意犯法,与及好事争斗,则本堂不独不理,更当秉公责罚,以全本堂声望。

四十七　凡各埠堂友欲得本堂保卫之权利者,必当先期注册报名大埠总堂。若临有事时注册,及注册不满六月者,有事本堂不理。又每人当照议

---

① 纽柯连(New Orleans),现译新奥尔良。
② 砵仑(Portland),又译拨仑,现译波特兰。
③ 市卡古(Chicago),又译芝加古、芝加高、士卡古,现译芝加哥。
④ 新蕠(Saint Louis),又译圣蕠、圣路易,现译圣路易斯。

员议定之数派捐经费,若隔一年不捐经费者,亦不得享受本堂权利。

四十八　凡已注册及尽足其义务于本堂之堂友,一遇有被人凌屈及枉累事端,本堂立代伸理。如该地附近之局力量人才不足,大埠立派人前来相助,务期昭雪,以彰公道,而安生业。

四十九　本堂联络美国团休〔体〕之后,当另行设法交通中国地面各埠同志,以备凡有堂友回国,上落舟车,俱得照料妥当,以保不虞。

五十　他日本堂经费充裕,当设招待局于日本、上海、香港等处,以招接堂友上落,及带引游观名胜,免至有人地生疏,致受各种出路艰难之叹。

五十一　凡本堂堂友由中国复来美国,上岸遇有留难,本堂律师当尽力打点,以得快速登岸。此惟指带有合例回美之照而言,若系违犯美国律例,不在此例。

第五章　薪俸

五十二　总理为常时驻堂当职人员,每月薪俸　　元。

五十三　协理为临时到堂当职人员,每月薪俸　　元。

五十四　管银、核数二职,每月薪俸　　元。

五十五　华文通信书记每月薪俸　　元,华文记录书记每月薪俸　　元,西文书记每月薪俸　　元。以上俱常时驻堂办事之员。

五十六　堂中各委员、干事人员薪俸,随时按事议订。

五十七　议事员外埠每年以正月来大埠会议一次,来回限一个月,当给薪俸　　元,路费按远近计给。坐埠者除正月会议各埠有关之事之外,堂中随时有事另议,当以每日升堂议事给薪俸　　元。

五十八　判事员有事升堂,每日给薪俸　　元,陪员每日给薪俸　　元。

五十九　本堂所聘各局长年律师,按其地人数、案情多少,而议给薪俸。

六十　本堂随时另聘额外演说员,游历各埠演说,发挥宗旨,联络志气,每月薪俸　　元,公费　　元,路费计给。坐埠者,每月薪俸　　元。

六十一　恩俸新章施行之后,前在公堂当职人员,或未蒙堂友选举,或年老思归者,若以前曾在公堂当职多年有功者,当议给恩俸以酬其劳。

第六章　进款

六十二　寻常进款:

一、大埠公堂产业租息。

二、各埠堂友当年例捐经费,每人一元。大埠由公堂值理汇收,各埠由支堂值理代收,皆限年底收齐来年经费。

三、存项出息。

六十三　额外进款:

一、现在举行注册,每人收银一元,为开办新章经费。

二、各埠自后新进堂友,每人须缴堂底银二元,注册银一元,归入大埠公堂。

三、堂友义捐各款。

第七章　支款

六十四　寻常支款:

一、公堂经费。

二、人员薪俸。

六十五　额外支款:

一、游埠演说员经费,与及有事差遣来往人员经费。

二、衙讼律师经费。

三、怜贫恤老经费。

六十六　凡酬神建醮等事,另由总理委任特别人员专司其事,进支款项,另列清单,别为一事,不与公堂公款混杂。

第八章　办法

六十七　开办新章之期,俟注册告竣之后议择。

六十八　施行新章之第一事,为公举议员。法由大埠公堂按照每埠注册人数,发给举票。大埠者,每埠按人数多少举若干员;埠小者,合几埠公举一员,皆注明于票内。公举者按格填写被举者之名于上,如注明举一人者写一人姓名于格,如多名则照数写足。写妥之后,将票封密交该埠支堂人员汇寄大埠公埠公堂当众开票,名多者入选。

六十九　各埠议员由各埠堂友自择,不待荐出。

七十　行事各员,必当由大埠堂友荐出几人堪当某职,注明票上公举者欲举何人,则在其名之下画一交线如"又"便可。举妥之后,将票封密,交与支埠人员汇寄大埠当众开票。

七十一　议事员、行事员二项人员举妥之后,则择日传集各埠议员来大埠会议。

七十二　第一次会议之时,各埠议员须先将此新章逐条细加详订,或增或改,必期尽善尽美,以维持团体于久远。众意佥同,议决之后,各埠须一律奉行,不得视为具文。

七十三　第一次会议之时,大埠公堂旧日司事人员须将一切事务及所有公产、契件、公积银两,并各家往来数目当众算明,交与新举行事员接理。

七十四　自新章施行之后,大埠公堂所有产业、公项及各种事权,俱归各埠堂友所共有。

七十五　自新章施行之后,若有考查得其中仍有不善之处,欲行修改者,须先由该埠议员于六月前将其所见之利弊,陈明报告大埠行事员,由行事员转告各埠人员堂友知悉,然后到来年会议,方能提出修改章程之案。

七十六　章程者为维持本堂总团体之要则,与随时所议之规条不同;章程者犹乎一国之宪法,故议定时宜慎,修改时亦宜慎。凡照前款提出修改之案,必当合议事员及行事员两团体会议,要有三分二之数合意,方为决议。

七十七　各议员每年新正到大埠会议,所议之事,其大要如下:

一、核查旧年经费之决算表。

二、议定今年经费之预算表。

三、议定设法筹今年之额外经费。

四、议今年所行有关于各埠之事。

五、议批驳各埠所呈来之规条及所举之人员。

六、议提出之章程修改案。

七、议总理所拟今年当行之各事。

七十八　自新章施行之后,各埠支堂俱归总理节制。各埠支堂每年〔月〕至少与总堂通信一次,将其埠堂中一月之事详细报明;如有要事,随时通报。大埠公堂每月亦将公堂各事报与各埠知悉,并将各埠要事转报,以使彼此消息灵通,情谊联络。

七十九　自新章施行之后,各埠无论大小各事,若该埠不能自行调妥者,其为堂内交涉之事,当由判事员前去调停;其属与外人交涉或衙讼事务,当由总堂派人往办。

八十　自新章施行之后,本堂递年将议事员所议决之事件、条例、款项度支,及行事员所行之大小事务,各埠所来往之要函,并判事员所判定之案件及排解之事端,印为一册,以报告堂友,名曰"致公堂某某年报告册"。递年腊底刊印,新正发寄各埠支堂,俾共知公堂年中所办之事,以昭信实,而备考核。

天运岁次乙巳孟春吉日
金山大埠致公堂订

据美国金山来稿《致公堂重订新章要义》,载《民报》第一号(东京一九〇五年十一月二十六日)

旅欧中国留学生盟书及联系暗号①

（一九〇五年春）

盟　　书

具愿书人〇〇〇当天发誓：驱除鞑虏，恢复中华，创立民国，平均地权。矢信矢忠，有始有卒。倘有食言，任众处罚。

天运　年　月　日
某某押（指印）
主盟人：孙　文

联　系　暗　号

问：君从何处来？

答：从南方来。

问：向何处去？

答：向北方去。

问：贵友为谁？

答：陆皓东、史坚如二人。

据冯自由《中华民国开国前革命史》上编（中国文化服务社一九四四年版）（盟书转录史青藏原件）

---

① 孙中山首先在比利时的留学生中建立革命组织（未命名），并拟订盟书及联系暗号。随后又到德、法首都建立同样的组织，所拟条文亦与此大体相同。

中国同盟会总理盟书

（一九○五年七月三十日）

联盟人广东省香山县人孙文，当天发誓，同心协力，驱除鞑虏，恢复中华，创立民国，平均地权；矢信矢忠，有始有卒，如或渝此，任众处罚。

天运乙巳年六月二十八日
中国同盟会会员孙文

据秦孝仪主编《国父全集》第九册（台北近代中国出版社一九八九年版）

中国同盟会盟书及联系暗号①

（一九○五年七月三十日）

盟　　书

联盟人＿＿＿省＿＿＿府＿＿＿县人〇〇〇，当天发誓：驱除鞑虏，恢复中华，创立民国，平均地权。矢信矢忠，有始有卒。如或渝此，任众处罚。

天运乙巳年七月　日
中国同盟会会员〇〇〇

联　系　暗　号

问：何处人？

答：汉人。

---

① 1905年7月30日，孙中山在东京召开中国同盟会筹备会议，并主持与会者的加盟仪式。盟书与联系暗号都是他亲自拟订的。

问:何物?

答:中国物。

问:何事?

答:天下事。

盟书据冯自由《中华民国开国前革命史》上编;联络暗号据邹鲁编著《中国国民党史稿》第一篇(上海商务印书馆一九四四年增订版)

中国同盟会总章①

(一九〇六年五月七日)

第一条 本会定名为中国同盟会,设本部于东京,设支部于各地。

第二条 本会以驱除鞑虏、恢复中华、创立民国、平均地权为宗旨。

第三条 凡愿入本会者,须遵本会定章,立盟书,缴入会捐一元,发给会员凭据。

第四条 凡各地会员盟书,均须交至本会收存。

第五条 凡国人所立各会党,其宗旨与本会相同、愿联为一体者,概认为同盟会会员。但各缴入会捐一元,一律发给会员凭据。

第六条 凡会员皆有实行本会宗旨、扩充势力、绍介同志之责任。

第七条 凡会员皆得选举、被选举为总理及议员及各地分会长,被指任为执行部职员及支部部长。

第八条 本会设总理一人,由全体会员投票公举。四年更选一次,但得连举连任。

第九条 总理对于会外有代表本会之权,对于会内有执行事务之权;节制执行部各员;得提议于议会,并批驳议案。

---

① 同盟会总章最初由黄兴、陈天华等八人起草,在孙中山的主持下,于中国同盟会成立之日在大会上讨论修改并通过。此为1906年5月7日的改订件。

第十条　执行部设庶务、内务、外务、书记、会计、调查六科。庶务、内务、外务、会计每科职员各一人；书记科职员无定数；调查科设科长一人，科员无定数。各科职员均由总理指任，并分配其权限；但调查科员由总理与该科长指任。

第十一条　议事部议员由全体会员投票公举，以三十人为限。每年公举一次。

第十二条　议事部有议本会规则之权。

第十三条　凡选举总理及议员，以本部当地为选举区。

第十四条　凡在本部当地之会员，有担任本部经费之责。

第十五条　本部当地之会员得按省设立分会，公举会长；但须受本部之统辖。

第十六条　本会支部于国内分五部，国外分四部，皆直接受本部之统辖。其区画如下：

国内之部
- 西部：重庆——贵州、新疆、西藏、四川、甘肃
- 东部：上海——浙江、江苏、安徽
- 中部：汉口——河南、湖北、江西、湖南
- 南部：香港——云南、广东、广西、福建
- 北部：烟台——蒙古、直隶、陕西、东三省、山西、山东

国外之部
- 南洋：新嘉坡——英荷属地及缅甸、安南、暹罗
- 欧洲：比利时京城——欧洲各国
- 美洲：金山大埠——南北美洲
- 檀岛：檀山大埠——檀香山群岛

第十七条　各支部皆须遵守本部总章。其自定规则，须经本部议事部决议，总理批准，方得施行。

第十八条　各支部皆设部长一人，由总理指任。

第十九条　各支部当地会员有担任该支部经费之责。

第二十条　各支部每月须报告一次于本部。

第二十一条　各支部及其所属分会会员盟书及入会捐一元，皆由支部

长缴交本部,换给会员凭据,转交本人收执。

第二十二条　各地分会皆直接受其支部之统辖。

第二十三条　各分会会长由该分会会员选举。

第二十四条　总章改良,须有会员五十人以上,或议员十人以上,或执行部提议于议事部,经议事部决议后,由总理开职员会修改之。

据邹鲁编著《中国国民党史稿》第一篇(上海商务印书馆一九四四年增订版)

中国同盟会革命方略[①]

（一九〇六年秋冬间）

军政府宣言

天运岁次　　年　　月　　日,中华国民军　　军都督奉军政府命,以军政府之宗旨及条理,布告国民。

今者国民军起,立军政府,涤二百六十年之膻腥,复四千年之祖国,谋四万万人之福祉,此不独军政府责无旁贷,凡我国民皆当引为己责者也。维我中国,开国以来,以中国人治中国,虽间有异族篡据,我祖我宗,常能驱除光复,以贻后人。今汉人倡率义师,殄除胡虏,此为上继先人遗烈,大义所在,凡我汉人,当无不晓然。惟前代革命,如有明及太平天国,只以驱除光复自任,此外无所转移。我等今日与前代殊,于驱除鞑虏,恢复中华之外,国体民生,尚当与民变革;虽纬经万端,要其一贯之精神,则为自由、平等、博爱。故前代为英雄革命,今日为国民革命。所谓国民革命者,一国之人,皆有自由、平等、博爱之精神,即皆负革命之责任,军政府特为其枢机而已。自今已往,

---

[①] 此件为孙中山与黄兴、章太炎等在日本所制订,当时未包括文中所列《招军章程》、《招降清朝兵勇条件》两篇。这里收录的是1908年河口起义后孙中山与胡汉民、汪精卫三人在新加坡增订的版本。具体制订时间不详,今从一般记载。

国民之责任,即军政府之责任,军政府之功,即国民之功,军政府与国民同心戮力,以尽责任。用特披露腹心,以今日革命之经纶,暨将来治国之大本,布告天下:

一、驱除鞑虏　今之满洲,本塞外东胡,昔在明朝,屡为边患。后乘中国多事,长驱入关,灭我中国,据我政府,迫我汉人,为其奴隶,有不从者,杀戮亿万,我汉人为亡国之民者二百六十年于斯。满政府穷凶极恶,今已贯盈,义师所指,覆彼政府,还我主权。其满洲汉军人等,如悔悟来降者,免其罪;敢有抵抗,杀无赦;汉人有为满奴以作汉奸者,亦如之。

二、恢复中华　中国者,中国人之中国;中国之政治,中国人任之。驱除鞑虏之后,光复我民族的国家,敢有为石敬塘〔瑭〕、吴三桂之所为者,天下共击之。

三、建立民国　今者由平民革命,以建国民政府,凡为国民皆平等以有参政权。大总统由国民公举,议会以国民公举之议员构成之,制定中华民国宪法,人人共守。敢有帝制自为者,天下共击之。

四、平均地权　文明之福祉,国民平等以享之。当改良社会经济组织,核定天下地价。其现有之地价,仍属原主所有。其革命后社会改良进步之增价,则归于国家,为国民所共享。肇造社会的国家,俾家给人足,四海之内,无一夫不获其所。敢有垄断以制国民之生命者,与众弃之!

上四纲,其措施之次序,则分三期:第一期为军法之治。义师既起,各地反正,土地人民,新脱满洲之羁绊,其临敌者,宜同仇敌忾,内辑族人,外御寇仇,军队与人民同受治于军法之下。军队为人民戮力破敌,人民供军队之需要及不妨其安宁。既破敌者,及未破敌者,地方行政,军政府总摄之,以次扫除积弊。政治之害,如政府之压制、官吏之贪婪、差役之勒索、刑罚之残酷、抽捐之横暴、辫发之屈辱,与满洲势力同时斩绝。风俗之害,如奴婢之畜养、缠足之残忍、鸦片之流毒、风水之阻害,亦一切禁止。并施教育,修道路,设警察卫生之制,兴起农工商实业之利源。每一县以三年为限,其未及三年,已有成效者,皆解军法,布约法。第二期为约法之治。每一县既解军法之后,军政府以地方自治权,归之其地之人民,地方议会议员及地方行政官,皆由人民选举。凡军政府对于人民之权利义务,及人民对于军政府之权利义务,悉规定于约法,军政府与地方议会及人民,各循守之,有违法者,负其责任。以天下平定后六年为限,始解约法,布宪法。第三期为宪法之治。全国行约法六年后,制定宪法,军政府解兵权、行政权,国民公举大总统,及公举议员以组织国会。一国之政事,依于宪法以行之。此三期,第一期为军政府督率国民扫除旧污之时代。第二期为军政府授地方自治权于人民,而自总揽国事之时代。第三期为军政府解除权柄,宪法上国家机关分掌国事之时代。俾我国民循序以进,养成自由平等之资格,中华民国之根本,胥于是乎在焉。

以上为纲有四,其序有三。军政府为国戮力,矢信矢忠,终始不渝。尤深信我国民必能踔厉坚忍,共成大业。汉族神灵,久焜耀于四海,比遭邦家多难,困苦百折。今际光复时代,其人人各发扬其精色。我汉人同为轩辕之子孙,国人相视,皆伯叔兄弟诸姑姊妹,一切平等,无有贵贱之差,贫富之别,休戚与共,患难相救,同心同德,以卫国保种自任。战士不爱其命,闾阎不惜其力,则革命可成,民政可立。愿我四万万人共勉之!

军政府与各处国民军之关系

(一)各处国民军,每军立一都督,以起义之首领任之。

(二)军都督有全权掌理军务,便宜行事。

(三)关于重大之外交,军都督当受命于军政府。

(四)关于国体之制定,军都督当受命于军政府。

(五)国旗、军政府宣言、安民布告、对外宣言,军都督当依军政府所定,不得变更。

(六)略地、因粮等规则,军都督当依军政府所定;惟参酌机宜,得变通办理。

(七)以上各条,为军政府与军都督未交通前之关系条件;其既交通后,另设规则以处理之。

军队之编制

步　兵

（一）以八人为一排,于八人中设排长一人,副排长一人,共八人。

（二）以三排为一列,外列长一人,共二十五人。

（三）以四列为一队,外队长一人,副队长二人,号旗手二人,号筒手二人,事务长一人,共一百零八人。

（四）以四队为一营,外营长一人,副营长二人,鼓乐手八人,营旗手三人,主计一人,书记一人,共四百四十八人。挑夫、伙夫另计。

（五）以四营为一标,外设标统一人,副标统二人,参谋六人,传令十二人,主计一人,书记二人,共一千八百一十六人。炮队一,工队一,辎重队一,医队一。

骑、炮、辎、医各队之编制,军政府未制定以前,标统定之。旅团以上,将来军政府制定之。

将官之等级

第一级	都督	第二级	副督	第三级	参督
第四级	都尉	第五级	副尉	第六级	参尉
第七级	都校	第八级	副校	第九级	参校

军饷（每月饷）

步兵	十元	营主计、书记	一百元
副排长	十五元	副营长	二百元

排长	二十元	营长	三百元
队号旗手、号筒手	十五元	标传令	三十元
列长	四十元	标主计、书记	二百元
队事务长	四十元	参谋	四百元
副队长	六十元	副标统	四百元
队长	一百元	标统	五百元
营鼓乐手、旗手	二十元		

骑、炮、工、辎、医各队及挑夫、伙夫等月饷，军政府未发布以前，由军标统自定。

旅团长以上之俸银，将来由军政府定之。

战 士 赏 恤

第一 赏典

（一）记大功者：

甲、率先起义者，按其招集人数之多寡，以定次数。

乙、攻克城镇乡村者，按其占领地方之险夷广狭，及户口之多寡，以定次数。

丙、剿破敌军者，按其破坏敌军武力之大小，以定次数。

丁、降伏城镇乡村，及降伏敌军者，与乙、丙同。

戊、以城镇乡村军队反正来归者，与乙、丙同。

己、防守城镇乡村力却敌军者，与乙、丙同。

（二）记功者：

甲、杀敌数人，其功昭著者，按敌人之职分，及数之多寡，以定次数。

乙、俘虏敌军者，与甲同。

丙、夺得敌军粮食、器械、马匹者，按其品质数量，以定次数。

丁、探报敌情冒险得实者，按其关系之轻重，以定次数。

戊、交战出力者。

己、救援本军将士出险者。

庚、在营一年能守纪律者,记功一次;每多一年,则多一次。

以上记大功及记功者,由军政府议定行赏。为鼓励战士起见,军都督有随时行赏之权。

(三)凡当兵者,至革命大功告成时,一律照本人现饷,赏食长粮,养至终身。

第二　恤典

(一)凡交战受伤,以致残疾不能任职者,其退伍后,照本人现饷现俸赏给终身。

(二)凡在军身故者,无论将校兵士,均查明本人之父母妻子女,每月给养赡费,父母妻养至终身,子女养至二十岁。所给之费,兵士视其立功多寡,将校视其官职高下。

军　　律

(一)不听号令者杀。

(二)反奸者杀。

(三)降敌被获者杀。

(四)私通军情于敌者杀。

(五)泄漏军情者杀。

(六)临阵退缩者杀。

(七)临战逃溃者杀。

(八)造谣者杀。

(九)私逃者杀。

(十)任意掳掠者杀。

(十一)强奸妇女者杀。

(十二)焚杀良民者杀。

(十三)杀外国人、焚拆教堂者杀。

(十四)勒索强买者,论情抵罪。

(十五)私斗杀伤者,论情抵罪。

(十六)遗失军械资粮者,论情抵罪。

(十七)获敌军资粮军械藏匿不报者罚。

(十八)私入良民家宅者罚。

(十九)盗窃者罚。

(二十)赌博者罚。

(二十一)吃鸦片者罚。

(二十二)纵酒行凶者罚。

招 军 章 程

第一条　凡有志愿充当国民军军人者,通常以十八岁以上、四十岁以下者为合格。

第二条　凡有当国民军军人者,于入营之始,要亲具誓表。宣誓之后,领回军约收执,于誓章及军约本人名字之下,皆要印取左手大指指模,以凭认别真伪。

第三条　凡有清朝兵勇来投降国民军者,除照招降条件处待之外,入营之始,亦一概令填写誓表,领收军约,如上条办法。

附:誓表及军约款式

中华民国国民军誓表

入营充当中华民国国民军军人姓　名　　当天发誓:

第一　遵守国民军宗旨,驱除鞑虏,恢复中华,创立民国,平均地权,矢信矢忠,有始有卒。

第二　服从国民军军律,如有违犯,甘受罪罚。

　　　年岁　　　　籍贯

天运　年　月　日　　　　立(左大指模)

…………字队第…………号…………………………………………

中华民国国民军军约

一、凡充当国民军军人者,所有赏典恤典,悉从革命方略施行。

二、月饷定额,先由该军都督存记,按其当军之日起算计,俟军政府成立后,一概发给。

三、每兵饭食及其必需之衣物,由军中粮台供足。

天运　年　月　日　　　　收执(左大指模)

招降清朝兵勇条件

中华民国国民军,驱逐满清,光复中国,凡尔等当清朝兵勇者,须念身为汉人,当为中国立功,莫为满人替死。今奉军政府命,招降尔等,条件如下:

(一)带军械来降者,记功一次,并照军械原价加四倍赏给(如原价二十五元,则赏给一百元),将来由军政府颁发。

(二)投降后,与义军一体看待,兵勇每月饷银十元,衣服饭食等,另由军中供给。

（三）立功者记功或记大功，由军政府论功行赏，升职加俸。

（四）凡当兵者，至革命大功告成时，一律照本人现饷，赏食长粮，养至终身。

（五）投降之人，其年已老，不能任职者，由军政府酌予体恤。

（六）交战受伤以致残疾不能任职者，退伍后，照本人现饷，赏给终身。

（七）在军身故者，查明本人父母妻子女，每月给赡养费，父母妻养至终身，子女养至二十岁。所给之费，视其立功大小为定。

（八）不降者杀无赦。

略 地 规 则

略地者，谓略定其地，上而省会，下而州县，凡前者满洲势力所及，使由此归属于我军政府权力之下也。

第一　略地之分别

其分别有三：（甲）就于我军攻取而得者；（乙）就于义民响应者；（丙）就于敌之文武官反正来附者。其略地之办法，稍有不同，分类说明如下：

第二　略地之办法

（甲）就于我军攻取而得者

一、升立国旗　就其所得之城镇营垒，升立国旗，宣扬军威。

二、暂禁居民来往　于入城镇之始，下令暂时禁止居民来往，派兵士守视通衢，俟一二日后，安民局设立，按户发给执照后，始许通行。

（说明：此因入城之始人心未定，暂禁其来往，一以便军队行动布置，二以免奸民乘机抢掠也。）

三、缴收敌人军器粮食　所有清兵军器，概要缴交；其营中所积聚之粮食,亦要缴出,然后听凭我军安置之。

（说明:此时清兵已失战斗之力,然虑其藏匿军器粮食,仍然为患,故必严令缴出。）

四、收取官印文凭及其文书册籍,封府库官业　官印文书等,恐其散失,宜收取之,交安民局保存。其府库官业,则交因粮局收。

五、破监狱释囚徒　破监狱,尽释囚徒,谕以义师所至,满洲残刑峻法,一切扫除。诸囚中有无辜被祸者,皆复其自由。其有罪者,亦令自新,俾人民永不受苛法之苦。

六、设安民局　每县设一安民局,立局长一人、局员十人、顾问员十人。局员择用营中人或地方绅士;顾问员则皆以地方绅士充之,均听命于局长。

局中得雇用巡查若干名,其人数视地方之大小定之。

安民局之事务,其急要者如下:

（一）发布告　印刷安民布告,分贴当众之地,使人民晓知我军队之大义。

（二）编门牌　循街之方向,由东至西、由北至南,按门发牌,左单右双,每街分左右,统计其户数。

（三）付通行照　每户发通行照一纸,每纸止许一人执用来往。（夜出者必携街灯。）其执某户之照出街,犯事为该户是问。

（四）查户口　由安民局派员,偕同地方甲长街正人等,清查户口,每户要实核其现在住居之人口,编载册籍。

（五）抚创痍　其居民有因兵事受伤损者,或破坏家屋物业者,赈恤之。

（六）定流亡　居民有因兵事流离失所者,设法安置之。

（七）诘奸宄　如查有为敌军作奸细及为妨害我军队之行为者,捕获送军前究办。查有强盗匪徒,扰害居民者,捕获之后,重则送于军前,轻则由局究办。

（八）防火害　命巡查周视,以防火警。其有存贮惹火之物者,尤要注意。

七、设因粮局　别有因粮局规则参照。

八、分别处待官吏　凡军到即降之官吏,保护其身家。愿留营者,量才器使。愿还乡者,厚给资斧护送归家。其抗拒至力尽始降之官吏,则仅予免死。其不降者杀。

九、招集地方精壮,编入军队　按照军队编制之法办理。

十、相机防守　察看地方险要,分别防守。

十一、通报军政府或就近大军,候派员接理,以布新政。

(乙)就于义民响应者

凡义民响应者,必将该处地方官诛戮,或捕送至军队之前,始为响应之实据。

凡义民响应投到军队,即派兵随往,办理之法如下:

(一)升立国旗　办法详上。

(二)点收官印文凭及一切官业　办法详上。

(三)设安民局　所有安民要务八项,悉如上办法。

(四)设因粮局。

(五)将义民编入军队　与义军一体优待。

(六)相机防守　详上。

(七)通报大营　详上。

(丙)就于敌之文武官反正来附者。

凡反正之官,必将其官印文书及具有永远降服誓表,送到军队之前,始为反正之确据。

凡有反正者,该文武官投到军队,即由军队派员与该地方官协同权理政事,以待军政府接收后,改布新政。

该反正之文武官,照现任之廉俸倍给之,至于终身。如其才可用,另有任使者,其所得官俸,不在此限。

因 粮 规 则

第一　因粮局

（一）每军设因粮局,专司因粮之事。

（二）因粮局因粮之标准,须每日以十人养一兵。凡军行所至之地,因人民之多寡,以定驻军之多少。

（三）因粮局须设充公册、收买册、债券册、收捐册。除充公册外,皆须用三联单,分类处理。

第二　因粮之法

（甲）充公

（一）一切官业。

（二）反抗军政府之满洲官吏家产。

（三）反抗军政府之人民家产。

（四）以上三种,由因粮局立册,将所充公之物产之文契数量,分类登记。

（乙）收买

（一）将境内一切可应军用之货物,给价收买,贮存以备随时之用。

（二）收买货物,若现银不足,可先给军中凭票,记载价额及给价日期,由因粮局支给。若过期不能支给,则从此起计五厘周息。

（三）凡收买货物,物主不得抗违。

（丙）借债及捐输

（一）凡军队所至,得与境内人民有家产者,借用现银,以供军需。借款后,由因粮局发还债券,记载债主姓名、籍贯、住所及其数目,钤印为据,交借主收执。自给债券之日起,至迟以六个月由因粮局偿还。若满六个月限,不偿还,则自满限之后起,给二厘周息。

(二)凡境内人民家产过一万元以上者,由因粮局令捐十分之一,以供军需。五万元以上者,捐十分之二,十万元以上者,捐十分之三,五十万元以上者,捐十分之四,百万元以上者,捐十分之五,千万元以上者与百万者同。

(三)凡经因粮局认定当借债及捐输者,不得违抗,违抗处罚。

(丁)军事用票

(一)设军事用票发行局,附属于因粮局。

(二)每军得度其收入财产之数,拨归军事用票发行局作按,发行军事用票。

(三)发行军事用票之数,以倍于作按之数为限。

(说明:例如军中收入财产,共值银十万元,以之作按,发行军事用票二十万元,则军需可裕。所以发行之数,限于二十万元者,因止有十万元作按。如发票过二十万元以上,则不足以代表实银,而票之信用失、价值跌,成为空头票。发行愈多,此弊愈大,军队非惟不能多得一钱之用,反将可以发行无弊之二十万元票,亦失其用,而至于坐毙也。)

(四)军事用票发行局设发行员五人以上,由军都督指任之。

(五)军事用票发行局设监查员十人以上,以债主、捐主之负担最巨者任之。

(六)发行员专管局中一切发行对换之事。

(七)发行军事用票之先,发行员须通知监查员开会决议。监查员须查明军事用票之数,是否照第三条之规定。如数相符,则要认可发行;如有违额滥发,不得认可。

(说明:滥发之弊,前既言之。然当军需孔亟时,往往不免,故发行局制度不可不精密。发行员外更设监查员,此监查员须于本地方利害最有关系者,因军队之财,取诸地方,而发行军事用票,尤于地方财政有大关系也。债主、捐主皆曾负担军饷者,倘再遇滥发,则受累更甚,故择其负担最巨者十人,为监查员,凡发行军事用票,必须得其许可。如票数只较作按之数加一倍,则尚足以资对换周转;滥发则军队人民立受其害,故要阻止之。)

（八）发行员未经监查员会之认可，不得发行军事用票。

（九）凡经监查员开会决议，反对违额滥发军事用票者，军都督不得强行之。

（十）军事用票每张银额，最多不得过百元，最少不得过一元。

（十一）军事用票之形式如下。

（十二）军事用票须照每张定额使用，不得跌价。

（十三）发行军事用票之后，俟将来军政府与该军会合时，由军政府调查该局发行票数，如与第三条定额相符，军政府下令将发行之票，对换收还。

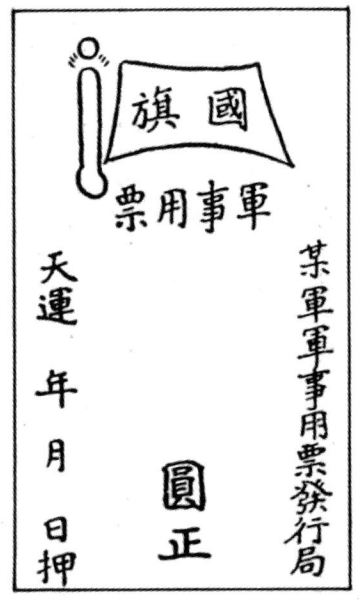

（说明：军事用票发行之后，流通市面与实银同一使用。然其本体无真价，不过代表实银，不能永久，必须有收还之法。惟军需浩繁，军事用票只能行用于军队权力所及之地，其与外国交涉，仍须用实银，故颇难常储实银，以备与人民对换，必俟与军政府会合之后，始由军政府之力，以收回之也。惟必要所发之票不逾第三条之定额（即有十万元之作按，始发行二十万元之票），始能收还；否则军政府亦不能填滥发之壑。故滥发之弊，足使财政纷乱，不可不慎也。）

（十四）军政府下令后，人民得凭军事用票换回相当之实银，其详细规则，军政府临时定之。

（十五）军队所到之地，凡平日清政府所发行之纸币（银纸）概作为废纸。

（十六）凡军中捐输，该捐主必须将军事用票缴交因粮局，不得以现银缴交。

（说明：军事用票欲其流通市面，必须设此法。例如捐主捐十万元，缴纳时如必须军事用票，则不得不将现银兑换军事用票，始能缴纳，是则军事用票有不能不流通之势，否则发行局自发行，人民自不使用，军事用票失其效力矣。）

安 民 布 告

天运岁次　　年　月　　日中华国民军　　军都督　奉军政府命，布告安民。

军政府今日始能与我国民伯叔兄弟诸姑姊妹，相见于光天化日之下，为二百六十年来，我汉人未有之快乐，未有之庆幸。军政府所以有此力量，能打破满洲政府，悉由我汉族列祖列宗神灵默佑相助，使恢复我中华祖国，以有今日。军政府宗旨，第一是"为民除害"四字。大害不去，则大利不兴，故目前尤以除害为急务。我国民要脱满洲政府束缚，要将满洲政府所有压制人民之手段，专制不平之政治，暴虐残忍之刑罚，勒派加抽之苛捐，与及满洲政府所纵容之虎狼官吏，一切扫除，不容再有膻腥余毒，存留在我中华民国之内。此种思想，为中华四万万国民所同具，军政府首先起义，效力驱除，以为我国民发表此思想，所以称中华国民军政府。国民责任，即军政府责任，军政府功劳，即国民功劳，军政府愿与国民同心协力，始终不变。故军政府行动，一切俱有纪律，军队所过地方，对于国民决不侵害，我国民不必猜疑惊恐，为士者照常求学，为农者照常耕种，为工者照常作工，为商者照常买卖，老少男女，照常安乐居家。如果军队中有不法之人，侵害我国民，即为贼害同胞，受害之人民，尽可控告到军队前，军政府必尽法惩治。如果国民中有不肖之人，私通满洲，或作奸细，或作有害军队之行为，亦是贼害同胞，军政府查出实情，亦必尽法惩治。总之，军政府为同胞出力，断无损我国民之理。国民既明白军政府宗旨，亦当安堵无恐。今日为军政府与国民相见之始，为此布告我亲爱之同胞知之。

对 外 宣 言

中华国民军奉命驱除异族专制政府，建立民国；同时对于友邦各国益敦

睦谊,以期维持世界之平和,增进人类之福祉。所有国民军对外之行动,宣言如下:

(一)所有中国前此与各国缔结之条约,皆继续有效。

(二)偿款外债照旧担认,仍由各省洋关如数摊还。

(三)所有外人之既得权利,一体保护。

(四)保护外国居留军政府占领之域内人民财产。

(五)所有清政府与各国所立条约,所许各国权利,及与各国所借国债,其事件成立于此宣言之后者,军政府概不承认。

(六)外人有加助清政府以妨害国民军政府者,概以敌视。

(七)外人如有接济清政府以可为战争用之物品者,一概搜获没收。

招降满洲将士布告

天运　　年　　月　　日中华国民军　　军都督　奉

军政府命,布告于我国民之为满洲政府逼迫以为其军之将校及兵士者。

我辈皆中国人也,今则一为中华国民军之将士,一为满洲政府之将士,论情谊则为兄弟,论地位则为仇雠,论心事则同是受满洲政府之压制,特一则奋激而起,一则隐忍未发,是我辈虽立于反对之地位,然情谊具在,心事又未尝不相合也。然则今日以后,或断兄弟之情谊,而变为仇雠,或离仇雠之地位,而复为兄弟,亦惟我国民之为满洲将士者自择之而已。自国民军起,移檄天下,民族主义,国民主义,炳如日月,凡为国民,无不激昂慷慨,敌忾同仇。诚以国民军者以国民组织而成,发表国民之心理,肩荷国民之责任,以主义集合,非以私人号召,故民之归之如水之就下也。我国民之为满洲将士者,非其本欲,特为满洲所迫不得已而为之。此时满洲政府,方又出其以汉人杀汉人之手段,驱之与国民军为敌,愿我国民思之,本中国人而当满洲兵,以杀中国人为职,抚心自问,宁能不动乎?我国民勿谓为满洲尽力乃所以报国也。中国亡于满洲,已二百六十余年,我国民而有爱国心者,必当扑灭满洲,以恢复祖国;倘反为满洲尽力,是甘事仇雠,而与祖国为敌也。其身分

〔份〕为奴隶,其用心为枭獍,岂有人心者所忍为乎？我国民又勿谓既食满洲之禄当忠于所事也。须知中国者中国人之中国,及为满洲所夺,收中国人之财赋,以买中国人之死力。中国人效力满洲,而食其禄者,譬如家财既为强盗所夺,复为强盗服役,以求得佣值,境遇既惨,行为尤贱矣。是故我国民之为满洲将士者,须以大义自持,知托身满洲政府之下,乃由一时之束缚,常怀脱离独立之志。际此国民军大起之日,正当倒戈以向满洲政府,而与我国民军合为一体,方不失国民之本分也。彼满洲以五百万民族,陵制四万万汉人,而能安卧至二百六十年者,岂彼之能力足以致之,徒以中国人不知大义,为之效力,自戕同种,故满洲人得以肆志耳。试观满洲入关以来,每遇汉人起义,辄用汉人剿平,杀人盈野,流血成河,皆汉人自相屠戮,而于满人无所损。举其大者,如嘉庆年间汉人王三槐等举义,四川、湖南、湖北、陕西诸省,相继响应,满洲政府势垂危矣,八旗之兵望风奔溃,禁旅驻防皆不可用,乃重用绿营,招募乡勇,于是汉人杨遇春、杨芳等为之效力,屠戮同胞,死者亿万,川、湖、陕诸省遂复归于满洲主权之下。又如咸丰年间,太平天国起自广西,东南诸省指顾而定;西北则张乐行等风驰云卷,天下已非满洲所有,其督师大臣赛尚阿、和春一败涂地,事无可为。及汉人曾国藩、胡林翼、左宗棠、李鸿章等练湘军、淮军以与太平天国相杀,前后十二年,汉人相屠殆尽,满人复安坐以有中国。凡此皆百年来事,我父老子弟耳熟能详者也。汉人不起义则已,苟其起义,必非满人所能敌,亦至明矣。所最可恨者,同是汉人,同处满洲政府之下,同为亡国之民,乃不念国耻,为人爪牙,自残骨肉。彼杨、曾、胡、左、李诸人是何心肝,必欲使其祖国既将存而复亡,使其同胞既将自由而复为奴隶乎？自经诸役以后,满人习知以汉人杀汉人为最上策,故近来怵于革命之祸,日谋收天下之兵权,以满人任统御,以汉人供驱役;一旦有事,则披坚执锐、冒矢石、当前敌、断脰流血者,皆汉人,而策殊勋、受上赏者,则满洲人也。我国人之为满洲将士者,苟一念及身为中国之人,当知助异族杀同胞,为天地所不容,可无待踌躇而断然决心者。且我国民,苟助满洲,岂止为国家之罪人而已,即为一身计,亦无所利,盖满洲之待汉人,不过视同奴隶,即为之尽死,亦毫不爱惜。嘉庆年间,川、湖、陕之役,绿营乡勇,立功最多,事后八旗受上赏,绿营诸将仅沾余唾。至于乡勇解散之后,穷困无聊,半世当兵,战功尽为八旗所冒,口粮复为上官克扣。出营之后,工商诸业,久已荒疏,无以谋衣食,穷而为盗,则被杀戮,于是蒲大芳等怨望作乱,杨芳、杨遇春念其战功,诱以甘言,使之降伏;而满洲政府震怒,黜杨芳使率蒲大芳等远戍伊犁,其后密使人尽杀蒲大芳等数百人,无一得脱者。咸丰、同治间,湘军遍于十八行省,所至戮力破敌,敌军既尽,湘军解散,克扣口粮,饥寒不免。其至丰者,不过给三月口粮,不敷归家盘费,因此流离他省,父母妻子,终身不复相见。而他省之人,以其当兵杀人,畏之如蛇蝎,视之为仇雠,见其落拓,则又斥为流氓,穷无所归则相聚结会,以相依赖。而满洲政府恶其结党,捕拿杀戮不可数计,是故川、湖、陕之氛告尽,而乡勇失所。太平天国既覆,而湘军无归,乃知满洲政府之用汉人也,犹农夫之用牛也,既尽其力,则杀而烹之,无一毫人心相待。此其故何也?盖以同胞杀同胞,实为天下至贱之事,不惟为万国所鄙笑,同胞所切齿,即满洲人亦未尝不轻贱之,以为汉人相杀,乃其种性,宜其甘为奴隶,万劫不复。既存轻贱之心,故对待之手段,刻薄如此。即使身居重镇、屡立战功,而偶迕廷旨,缇骑立至,其他将校受文官呵叱驱使,甚于仆隶。至于兵士,所发口粮,不敷糊口,而一有战事,即责其死敌,是视之如虫蚁耳。世人见满洲刻薄寡恩,不重军人,皆知叹息痛恨;岂知欧、美、日本各国所以尊重军人者,以其为国戮力,倚若长城,故军人之名誉、军人之身份皆为社会所矜式。至于满洲用中国人当兵,非以为国家之干城,不过专防家贼。故其军人以拥护仇雠为天职,以屠戮同种为立功,禽兽之行,宜为世界所不齿。我国民之为满洲将士者,若犹有人心,当不待劝告,而决然倒戈反正,惟恐不速也,何用迟徊审顾为?意者或误会国民军之旨,以为国民军既与满洲政府为敌,则凡为满洲之将士者,皆所不容,虽欲反正,而无路可投乎?然同是汉人,地位虽殊,情谊固在;且国民军当未起义以前,屈于满洲政府之下,与我国民之为满洲将士者,固无所差别也。宗国之亡久矣,举我同胞悉隶于异族之下,不能互相庇翼,而使寄食于仇雠,又不能速拯之出于水火,斯已大负国民矣,何忍复校量前愆,自相携贰乎?为此布告天下,凡我国民之为满洲将士者,若能顾念大义,翻然来归,军政府必推诚相与,视为一体。其以城镇乡村或军旅反正者,及剪除敌军心腹将校来归者,暨以粮食器械来归者,皆为国立功之人,当受上赏。其军至即降者,亦予优待。此皆赏典、恤典、略地规则等所一一规定者。其各激发忠义,以涤旧污,以建新猷。若犹有包藏祸心,怙恶不悛,甘为国民军之蟊贼者,则是自绝于中国,罪不赦。方今民族主义、国民主义,磅礴人心,举国之人,皆知明理仗义,固非若昔日人心否塞之世。军政府提挈义师,肃将天讨,期与四百兆人平等,以尽国民之责,亦与昔之英雄割据有别,固将使禹域之内,无复汉奸之迹,其满洲将士敢有奋其螳臂以相抵抗者,必尽剪除,毋俾漏网。特虑其中容有心怀反正,而迟疑未决者,亦有身拥兵权,心怀助顺,而观望取巧、思徐觇国民军之强弱,以为进退者,凡此皆不胜其祸福之见,故就义不勇。今开诚布公,明示是非顺逆之辨,其各自择,毋得徘徊。如律令檄。

附　条件

（一）以城镇乡村或军队反正来归者,除按赏典论功行赏外,并照现任廉俸加倍赏给,至于终身。如其才可用,另有任使者,其所得官俸不在此限。

（二）军到即降者,保护其身家。愿留营者,量才器使。愿还乡者,厚给〔给〕资斧,护送归乡。

（三）力尽始降者,仅予免死,以俘虏处分之。

（四）不降者杀无赦。

扫除满洲租税厘捐布告

天运　　年　　月　　日中华国民军　　军都督　奉
军政府命,以扫除满洲租税厘捐之事布告国民。

自满洲篡国,生民无依,憔悴于虐政之下,虏朝知满汉不并立,犹水火不相容,故其倡言,谓"汉人强,则满洲亡;汉人疲,则满洲肥",处心积虑,谋绝汉人之生计,以制汉人之死命;汉人皆贫,则汉〔满〕人可以独富;汉人皆死,则满人可以独生;于是横征暴敛,穷民之力,逼之以严刑峻法,使我汉人非惟无以为生,且无以逃死。昔者康熙年间,曾定永不加赋之制,其名甚美,欲以愚弄汉人;然所谓永不加赋,不过专指正额,于正额之外,悉收州县耗羡以为己有,而令州县恣取平余,其数五六倍于正额,且额外之征,罔知纪极。又于征粮之际,多立名目,每粮一石,加派之银至二三两。此外贪官污吏,私自加派,狼差狗弁,从中渔利者,不可胜数。故康熙年间廷臣已言:"私派过于官征,杂项浮于正额,分外诛求,民不堪命。"当时初行此制,弊已如此,何况后日。名为永不加赋,实则赋外加赋。其绝汉人生计者一也。满洲入关之初,强占汉人土地,圈给满人,室庐坟墓,在满人所圈地内者,悉为满人所有,汉人不惟失田丧业,无以饷口,且令祖宗暴骨,妻子流离。虏之凶德,从古所无。其绝汉人生计者二也。八旗人众计口给粮,不事营生,不纳租税,锦衣玉食,皆取之汉人。我汉人无异为其牛马,辛苦所得者,尽以输纳,犹以为未足,劳力既尽,生命随之。其绝汉人生计者三也。既据北京,征固本京饷,以为首丘之计。又岁括金银亿万,密藏诸陵墓中,自顺治至今,为数无算。以四海有限之财,填诸虏无底之壑,致令货币不能流通,财政日匮。其绝汉人生计者四也。自康熙朝,定制永不加赋,其子孙托言恪守祖制,而于正赋之外,暴敛无算。乾隆朝纵容各省督抚,恣为贪婪,殃民取财,剥肤吸髓,概置不问。伺其宦囊既富,则借事治罪,籍没家产,尽入内府,谓之"宰肥鸭"。遂贪诈成风,内自朝廷以至奄竖,外自督抚以至胥吏,皆以贪赃为能,以害民为事。乾隆末年,嬖臣和坤〔珅〕一人之家产至数万万,民穷财尽,四海骚然。其绝汉人生计者五也。自太平天国起义东南,虏率其贼臣,死相抵抗,军兴费无所出,遂创厘金之法,一物之微,莫不有税,商贾困惫,物价腾贵。当时宣言事平裁撤,乃事平之后,非惟不撤,且益增加,政府视为利薮,官吏视为肥差,骚扰搜括,民无宁日,商务不振,交通阻隔。其绝汉人生计者六也。自与万国交通以来,不知外交,屡召战祸,丧师辱国,于弃民割地之外,益以赔款,甲午之役,赔款连息四万万,庚子之役,赔款连息九万万,政府无力,则令各省摊赔,于是各省督抚,借此为名,举行杂捐,剥民自肥,自柴、米、油、盐,以至糖、酒诸杂项,皆科重税。居陆则有房捐,居水则有船捐,民不堪其苦,屡屡激变,则辄调兵勇,肆意焚杀,洗村铲地,以为立威之计，思之心伤，言之发指。其绝汉人生计者七也。广借外债，浪费无纪，息浮于本，积重如山；犹不知警惧，任令疆臣各自募借，其所开销，复无清算，收入愈多，亏空愈大。试观欧、美、日本各国，何尝无国债，然经理得宜，利多弊少，未有若虏朝之紊乱者。循此以往，国力将敝。其绝汉人生计者八也。罗掘之术既穷，遂不顾廉耻，公然欺骗，造昭信股票，诱民出资；既而勒令报效，不践前言，反覆无信，诈欺取财，行同无赖。其绝汉人生计者九也。四海之内，人民流离失所，辗转沟壑，而深宫之内，穷奢极欲，日甚一日。据最近调查，报自乙未至庚子，颐和园续修工程，每年三百余万，虏太后万年吉地工程，每年百余万两。戊戌秋间虏太后欲往天津阅操，令荣禄修行宫，提昭信股票银六百余万两。辛丑回京费二千余万两。辛丑后兴修佛照楼五百万两。虏太后七旬庆典，一千二百余万两。另各省大员报效一千三百万两。共计此数年之内，虏太后一人所用，已盈九千余万两。辛丑至今，又阅数年，其费用可比例而知。所饮食者，汉人之脂血也，所寝处者，汉人之皮革也，汉人家散人亡，老弱填沟壑，丁壮死桎梏者，皆断送在深宫歌舞中耳，其绝汉人生计者十也。凡此十者，皆荦荦大端，人所共见，其他苛细，及缘附而生者，尚不悉计。乃知虏之贪残无道，实为古今所未有。二百六十年中，异族陵践之惨，暴君专制之毒，令我汉人，刻骨难忍，九世不忘。虏之待我汉人，无异豺虎食人，肉尽则咀其骨，必使无孑遗而后快，我汉人处于水深火热之中者，其可矜孰甚焉。今军政府与我国民驱除鞑虏，恢复中华，大兵所至，举满洲政府不平等之政治，摧廓振荡，无俾遗孽，凡租税厘捐一切不便于民者，悉扫除之，俾我国民得怡然于光天化日之下，俟天下大定，当制定中华民国之宪法，与民共守。其与虏朝相异之处，可预为国民言之。在昔虏朝贵满而贱汉，满人坐食，汉人纳粮；民国则以四万万人一切平等，国民之权利义务，无有贵贱之差，贫富之别，轻重厚薄，无稍不均，是为国民平等之制。在昔虏朝行暴君专制之政，以国家为君主一人之私产，人民为其仆隶，身家性命，悉在君主之手，故君主虽穷民之力，民不敢不从；民国则以国家为人民之公产，凡人民之事，人民公理之，由人民选举议员，以开国会，代表人民议定租税，编为法律，政府每年预算国用，须得国会许可，依之而行；复以决算布告国会，待其监查，以昭信实。如是则国家之财政,实为国民所自理,国会代表人民之公意,而政府执行之。譬如家人,既理家事,必备家用,轻重缓急,参酌得宜,较之暴君专制,横征暴敛,民不堪命者,真有主仆之分,天壤之别,是为国民参政之制。是故民国既立,则四万万人无一不得其所,非惟除满洲二百六十年之苛政,且举中国数千年来君主专制之治,一扫空之。斯诚国家之光荣,人民之幸福也。愿我国民,各殚乃心,勉成大业。布告天下,俾咸知斯意。

据张永福编《南洋与创立民国》(上海中华书局一九三三年版)影印汪精卫手书原件

手批中国同盟会分会总章

(一九〇八年秋)①

一、本会定名为 中国同盟会,直接受 支部之统辖。
一、本会以实行赞助中国革命事业为职志。
一、本会会员须谨奉宗旨,亲写盟书,当天宣誓,以表真诚。
一、本会公举如下职员以司理会中事务:

正会长一名　　　　　理财　名
副会长一名　　　　　核数一名
中文书记　名　　　　调查员　名
英文书记一名　　　　干事员　名

一、本会职员,定例每年选举一次,并每遇会员增至一倍时选举一次。
一、本会员皆有选举权及被选举权。
一、当地会所及一切经费由会员均分担任。
一、凡会员皆有介绍同志入会之权。
一、凡会员能解释宗旨明白者,皆可受任为主盟人,随时随地收接同志

---

① 底本没有说明手批日期,现在所标时间是制订该总章的时间。

入会。

一、凡主盟人收接同志入会后,须将盟书缴交书记注册,由书记汇交支部收存,发给底号,收执为据。

一、凡会员既完尽一己之义务,领有底号者,至革命成功之日,得列名为中华民国创建员,以垂青史而永志念。

一、凡会员能介绍及主盟新同志十人者记功一次,百人者记大功一次。至岁终计功,由会长宣劳嘉奖,并由支部代请本部总理暂给功牌表志;至革命成功之日,得与军士一体论功行赏。

一、本会欲使会众团体密切,声气灵通,特仿革命军军队编制之法以组织会众,其帙如下:(孙批:此条请即施之实事。)

以八人为一排,内自举排长一人,共八人;

以三排为一列,外自举列长一人,共二十五人;

以四列为一队,外自举队长一人,共一百零一人;

以四队为一营,外自举营长一人,共四百零五人。

一、以各列长、队长、营长等人员为会众之代表人。

一、本会办事各种详细规则并特别专条,可随时由职员招集各代表会议订立。

一、本会各等规则专条,总以不违背支部号令及本会章程为围范〔范围〕。

(孙批:注意:组织会众为营、为队、为列、为排一条,为极紧要。有此则会员之感情乃能密切,团体乃能坚固,不致如散沙。会中有事,由职员通传于各营长或各队长,各转传于其所属之队长或列长,则一人不过走报四人知,列长不过报三个排长,排长则报七人知,如此工夫易做。若收月费、收会费,会员交于排长,排长交于列长,各〈列〉长即交与理财员,亦事简而效大也。若不行此法,则他日每埠人多至一千或数千,则无人能遍识会员,而分会机关之职员亦无从遍知各人之住址、行踪也。故必当为排、列,一排长识其所交好之七人不为难,一列长识三个排长更易,由营而队而列,犹身之使臂,臂之使指,节节脑筋相连灵活也。)

据邓泽如编《孙中山先生廿年来手札》(台北文海出版社一九六六年版)影印原件

中华革命党盟书①

（一九一〇年二月中旬）②

联盟人　　省　　府　　县人　　　，当天发誓：同心协力，废灭鞑虏清朝，创立中华民国，实行民生主义。矢信矢忠，有始有卒。如或渝此，任众处罚。

中华革命党党员　　　　押

主盟人

介绍人

天运〈年〉　月　日立

据革命纪念会编《广州三月二十九革命史》（上海民智书局一九二六年版）影印原件

洪门筹饷局缘起③

（一九一一年七月二十一日）④

兹当人心思汉，天意亡胡，所以各省义师连年继起。然尚未能一战成功者何也？岂以人才之不足、战阵之无勇耶？皆不然也。试观最近广州一役，舍身赴义者，其人多文武兼长之士，出类拔萃之才；当其谋泄失败，犹能以数十人力战而破督署，出重围，以一当百，使敌丧胆，可知也。然人才既如彼，

---

① 1910年2月中旬，孙中山正在旧金山建立同盟会分会，仍用同盟会的名义进行联络，但在他拟订的盟书中又采用新的组织名称，并修改了宗旨。格式与文字与同盟会盟书相同。

② 所标时间是建立同盟会分会的日期。

③ 1911年7月21日，孙中山在旧金山发起成立美洲洪门筹饷局（又称中华革命军筹饷局，对外称"国民救济局"），并起草了《洪门筹饷局缘起》《革命军筹饷约章》。

④ 底本未说明此二文的写作时间，现在所标时间是筹饷局的成立日期。

英勇又如此,仍不免于失败者,其故安在?实财力不足、布置未周之故也。内地同胞久在苛政之下,横征暴敛,剥皮及骨,遂至民穷财尽,固无从厚集资财而为万全之布置也。故输财助饷,以补内地同胞之所不逮,实为我海外华侨之责任,义不能辞也。内地同胞舍命,海外同胞出财,各尽所长,互相为用,则革命大业之成可指日而定也。

我洪门创设于美洲已数十年矣,本为合大群、集大力,以待时机而图光复也,所谓"反清复明"者此也。今时机已至,风云亦急,失此不图,则瓜分之祸立见矣!本总堂兹承孙大哥指示,设立筹饷局于金山大埠,妥订章程,务期完善无弊,以收效果。捐册寄到之日,切望各埠手足,竭力向前,踊跃捐资,以助成革命大业,则洪门幸甚!中国幸甚!

谨拟章程开列如下:

一、革命军之宗旨,为废灭鞑虏清朝,创立中华民国,实行民生主义,使我同胞共享自由、平等、博爱之幸福。

一、凡我华人皆应供财出力,以助中华革命大业之速成。

一、凡事前曾捐助军饷至少十元者,皆得列名为优先国民。他日革命成功,概免军政府条件之约束,而入国籍。

一、凡事前未曾捐过军饷之人,他日革命成功,须照军政府条件之约束,而入国籍。

一、凡捐过军饷五元以上者,当照《革命军筹饷约章》奖励条件办理。

一、议在金山大埠致公总堂设立一筹饷局,由众公举人员办理,由孙大哥委人监督。各埠曾捐助军饷者,皆可派一查数员,随时到来查数。

一、筹饷局之组织分为两部,一董事部,一办事部。

董事部:以现任致公总堂职员及捐款千元以上者当之,人员无定额。

办事部:总办一人;会计一人;查数一人;中文书记三人;西文书记一人;劝捐委员无定额,随时由董事议定,由总办择人任使;监督一人。

一、凡局内之事,必经董事议决,然后办事部方能执行。

一、所收捐款多少,除经费外,一概存入银行,以备孙大哥有事随时调用,他事不得提支。

一、议所收捐款，拨出一成为筹饷局经费，以支办事人员车费、薪水、邮电、纸笔各费，如有盈余，仍拨归军饷之用。

一、所有筹饷局经费，须要监督批准，方能动支。

一、所发捐册，以寄到之日起，限期两个月缴回清算，按名给发执照为凭；其捐数五元以上者，另行双倍给发中华民国金币票收执。

美洲金山大埠致公总堂特启

据广东省社会科学院藏旧金山《大同日报》刊印原文影印件

革命军筹饷约章

（一九一一年七月二十一日）

第一款　凡认任军饷至美金五元以上者，发回中华民国金币票双倍之数收执。民国成立之日，作为国宝通用，交纳税课，兑换实银。

第二款　认任军饷至百元以上者，除照第一款办法之外，另行每百元记功一次，每千元记大功一次。民国成立之日，照为国立功之例，与军士一体论功行赏。

第三款　凡得记大功者，于民国成立之日，可向民国政府请领一切实业优先利权。

第四款　以上约章，只行于革命军未起事之前。至革命军起事之后，所有报效军饷者，须照因粮章程办理。

中华革命军发起人孙文立

据广东省社会科学院藏旧金山《大同日报》刊印原文影印件

中华民国金币票

（一九一一年七月下旬）①

中华民国金币　壹十元　中华民国成立之日，此票作为国宝通用，交纳税课，并随时如数向国库交换实银。

中华革命党本部总理　孙　文
中华革命军筹饷局会计　李公侠发

据冯自由《中华民国开国前革命史》上编（中国文化服务社一九四四年版）影印原件

临时大总统誓词

（一九一二年一月一日）

倾覆满洲专制政府，巩固中华民国，图谋民生幸福，此国民之公意，文实遵之，以忠于国，为众服务。至专制政府既倒，国内无变乱，民国卓立于世界，为列邦公认，斯时文当解临时大总统之职。谨以此誓于国民。

孙　文
中华民国元年元旦

据中国国家博物馆藏原件照片

---

① 筹饷局发行时间依中华书局版《孙中山全集》。一说孙中山已于上年绘成该票图样。

中华民国军需公债①

（一九一二年二月二日）

中华民国军需公债。一百元公债票。

定额一万万元，周年八厘计息。

民国元年中央政府发行。

此项公债于民国元年正月八日经南京参议院议决，由临时大总统批准发行。凡持此公债票者，有权向中华民国中央政府照下开条例领取大银元一百枚，并周年八厘利息条例如下：

一、此项公债，以国家所收钱粮作抵，将来免厘加税实行时，则改以所加之税作抵。

二、此项公债，自发行后第二年起，每年偿还该债五分之一，至发行后第六年还清。

三、此项债票，以一百元作英金九镑计算。凡缴金款者，当于债票之上加盖图章详细注明，将来还本付息……②

四、每年偿还债本，以抽签法决定，其抽中之票号目额数刊列广告，俾众周知。

五、民国三年二月二日为此项公债第一次还本期，至民国六年二月二日还清。

六、抽签处设在中央政府财政部。

七、凡抽中此债票，持票者可在各处公债处或其他代理处换现，或将该票作为纳税及钱粮之用。

八、此项公债六年期满，准再展限二年，凡各抽中之债票务须于此限内

---

① 此项债票，计分一千元、一百元、十元、五元四种。此件因影印件有"财政部之印"盖章之处，字迹不清，参照"中华民国八厘公债章程"校核。

② 此处因影印件为"财政部之印"盖章，字迹及字数不清。

在中国银行换现,或作为纳税及钱粮之用,过此二年期限之后作为废纸。

九、凡到期各息票,须于到期后六个月内换现,或作纳税及钱粮之用,过此六个月期后作为废纸。

十、债票已经抽中,其未到期之息票,均即作废,并须缴还公债处或代理处销毁。

十一、每年付息二次,阳历二月二日为上半年付息期,八月二日为下半年付息期。民国元年八月二日为第一次付息期。

中华民国元年二月二日

中华民国临时大总统　孙文之印

副总统　黎元洪印

财政部总长　陈锦涛

据陈旭麓、郝盛潮主编,王耿雄等编《孙中山集外集》(上海人民出版社一九九〇年版)

南京临时政府与日商三井洋行借款续合同①

(一九一二年二月二日)

三井洋行代汉冶萍公司备款日金二百五十万元,借与民国政府。所有公文及草约,业于一千九百十二年二月二号经两方面签字认可。

一、在公文及草约内所开办法,及中日合办该汉冶萍公司手续,以及汉冶萍公司由三井洋行备款借与民国政府等情,应由民国政府将上项情形切实知照湖南、湖北、江西都督,并凡该汉冶萍公司所有财产地方,以免各方面阻挠该公司进行方法。

---

① 此件据英文本打字件译出。打字件后有毛笔正楷"中华民国元年二月二日右件承认。中华民国总统孙文(孙文之印)陆军总长黄兴(黄兴之印)"等字样,又打字件上附有签条。文为:"此系南京政府与日商三井所订之续合同,由三井代中日合办之公司借给政府日币二百五十万元,以一年为期,周年七厘息。前合同系南京政府与三井所订合办之约。事已作废,故未抄寄"。(原注)

二、汉冶萍公司所借自民国政府共日金二百五十万元,以大冶铁矿作抵,该款将由三井洋行交付民国政府,所有兑换汇水,均由三井洋行自定。

三、以上借款以一年为期,周年七厘行息,每半年一付利息。

四、付利还本,凡关于此次款项事宜,均由三井洋行经理。

五、三井洋行当竭力募集日金二百五十万元,借与民国政府(此条业已声明在草约内矣)。连前借款共成日金五百万元。

据中国第二历史档案馆编《中华民国史档案资料汇编》第二辑《北洋政府财政部档案》

中国同盟会总章[①]

(一九一二年三月三日)

第一章 总则

第一条 本会定名中国同盟会。

第二条 本会以巩固中华民国,实行民生主义为宗旨。

第三条 本会政纲分列如下:

一、完成行政统一,促进地方自治。

二、实行种族同化。

三、采用国家社会政策。

四、普及义务教育。

五、主张男女平权。

六、励行征兵制度。

七、整理财政,厘定税则。

---

① 中国同盟会本部3月3日在南京召开会员大会,举孙中山为总理,黄兴、黎元洪为协理。此总章为这次大会所制定。

八、力谋国际平等。

九、注重移民垦殖事业。

第四条　本会暂设本部于首都，设支部于各要地。

第二章　会员

第五条　凡中国人已经成年，具普通智识，赞同本会宗旨，由会员二人以上之绍介，经本部及支部干事认可者，得为本会会员。

第六条　会员须遵守本会章程及政纲。

第七条　入会会员应纳入会费一元，常年费二元。

第八条　会员得绍介同志入会。

第九条　会员得选举本会职员，及被选举或委任为本会职员。

第十条　凡已入本会者，同时不得入他政党。

第十一条　会员得五人以上之同意，对于本部或支部可提出意见书，陈请评议。

第十二条　会员欲出会须提出理由，经本部或支部之评议部许可。

第十三条　会员一年以上未缴常年费，且不通告理由者，宣告除名。

第十四条　会员有违犯规则、败坏名誉者，经评议部议决，由总理宣告除名。

第十五条　会员因会事受损害者，由评议部议决，得受特别保护及抚恤。

第十六条　会员于入会日领受会员徽志，为开大会时入场之证。

第三章　职员

第十七条　本会设总理一人，协理二人，由全体大会选举。

第十八条　总理代表本会总揽一切事务。

第十九条　协理襄助总理，遇总理有事故不能理会务时，得代理其职权。

第二十条　干事部分为五:曰总务部、交际部、政事部、理财部、文事部,每部设主任干事一人。

第二十一条　主任干事由全体会员投票选举十人,呈总理选任。每部分设数科,科员若干人,由该部主任干事荐任。

第二十二条　干事部之职权及分科,另章规定,其要领列下:

总务部　辅助总、协理指挥本会一切事务,图谋各部事务之调和,联络本部与支部之关系,并掌理不属他部之事务。

交际部　掌理本会与他团体或个人交涉之事务。

政事部　研究政治上一切问题,联络在议院及政府任职各会员,以谋党见之统一。

理财部　筹画本会经费,管理一切收支,及本会经营之农工商业。

文事部　掌理本会一切文件,及出版事项。

第二十三条　各部干事每年改选一次,但得连举连任。

第二十四条　本部设评议部,评议员由本部会员选举,每省以一人以上四人以下为限,任期一年。

第二十五条　评议部决议本会章程及一切临时发生事项。其章程另定。

第四章　经费

第二十六条　本会经费,以会员入会费、常年费及特别捐充之。

第二十七条　每岁收入支出,于年终由理财部造册,经评议检查后,登报报告全体会员。

第五章　会期

第二十八条　本会会期,分为全体大会、常会、临时会,皆由总理召集。

全体大会每年开一次,各支部皆派代表莅会;常会每季开一次,只限于本部会员;临时会遇有重大事件方开,无定期,视会之性质如何,以定召集支部代表与否。

第六章　支部

第二十九条　各支部得依据支部通则,自定章程,但不得违背本会之宗旨及政纲。

第三十条　各支部长须按季将支部会员名册及会务情状,报告本部。

第三十一条　各支部得随时建议于本部。

第三十二条　各支部之会员入会费须按季寄交本部。

第七章　附则

第三十三条　本总章自发布之日施行。

第三十四条　本总章有职员五人以上,或会员十人以上之提议,经评议部三分之二可决,得修改之。

据中国国民党中央文化传播委员会党史馆藏一般档案 335/96

附录　中国同盟会总章草案①

第一章　总则

第一条　本会定名中国同盟会。

----

① 此草案为《民立报》所刊登,内容与南京临时政府印铸局铅印原件基本相同,只是条文顺序及个别词句稍有不同或有增减,今一并附录于此。

第二条　本会以巩固中华民国,实行民生主义为宗旨。

第三条　本会政纲分列如下:

一、完成行政统一,促进地方自治。

二、实行种族同化。

三、采用国家社会政策。

四、普及义务教育。

五、主张男女平权。

六、励行征兵制度。

七、整理财政,厘定税制。

八、力谋国际平等。

九、注重移民垦殖事业。

第四条　本会暂设本部于南京,设支部于各要地。

第二章　会员

第五条　凡中国人已经成年,具普通知识,赞同本会宗旨,由会员二人以上之绍介,经评议部认可者,得为本会会员。

第六条　会员须遵守本会一切章程及政纲。

第七条　凡已入本会者同时不得入他政党。

第八条　会员得绍介同志入会。

第九条　会员须担任本会经费。

第十条　会员得选举、被选举及被委任为本会各职员。

第十一条　会员欲出会者,可提出理由,经干事部(或评议部)许可方准行。

第十二条　会员有违犯规则,败坏名誉者,经评议部议决,由总理宣告除名。

第十三条　会员因会事受损害者,得由评议部议决,享受特别保护及抚恤。

第十四条　会员于入会日领受会员徽志,为开大会时入场之证,但平日不得佩带。

第三章　职员

第十五条　本会设总理一人,协理二人,由全体会员选举。

第十六条　总理代表本会总理一切会务。

第十七条　协理襄助总理,遇总理有事故不能理会务时,得代理其职权。

第十八条　干事部分为五:曰总务部、交际部、政事部、理财部、文事部,每部设主任干事一人。

第十九条　主任干事由会员投票选举十人,呈总理选任。每部设数科,科员若干人,由该部主任干事荐任。

第二十条　干事部之职权及分科,另由专章细定,其要领仅列如下:

总务部　辅佐总理或协理指挥本会一切事务,图谋各部事务之调和,联络本部与支部之关系等。

交际部　掌与他团体或个人与本会交涉之事,扩张本会势力,介绍入会等。

政事部　研究政治上一切问题,草创政见,联合在议院及政府任职之各会员以谋党见之统一等。

理财部　筹划本会一切收入及支出,管理本会直接经营之农工商业等。

文事部　掌理关于宣布宗旨,演说、出版事等。

第二十一条　各部干事每年改选一次,但得连举连任。

第二十二条　本会设评议部,评议员由本部会员选举,每省以一人以上四人以下为限,任期一年。

第二十三条　评议部决议本会章程及一切临时发生事项。其详细另依细则定之。

第四章　经费

第二十四条　入会会员,应纳入会捐一元,常年捐二元。
第二十五条　会员一年以上未缴常年捐,且不通告理由者,宣告除名。
第二十六条　本会对于会员,得募集特别捐。
第二十七条　每岁收入支出,于年终由理财部造册,经评议部检查后,登报报告于全体会员。

第五章　会期

第二十八条　本会会期,分为全体大会、常会、临时会,皆由总理召集。全体大会每年开一次,各支部皆派代表莅会。常会每季开一次,只限于本部会员。临时会遇有重大事件方开,无定期,视会之性质如何,以定召集支部代表与否。

第六章　支部

第二十九条　各支部得自定支部章程,但不得变更本会之宗旨及政纲。
第三十条　各支部每半年须以支部之党员名册及会务情状,报告于本部,各支部之干事举定后即当通知。
第三十一条　各支部得随时建议于本部。
第三十二条　各支部之入会捐,均须寄交本部。

第七章　附则

第三十三条　本会章自发布之日起施行有效。
第三十四条　本会章由职员五人以上,或会员十人以上之提议,经评议部三分二之赞成,得修改之。

据上海《民立报》一九一二年三月六、八日

公布南京府官制

(一九一二年三月十日)①

兹准参议院咨送已经同意议决之南京府官制二十二条前来,合行公布。

孙　文(印)

南京府官制②

第一条　民国临时政府所在地方,设南京府,以原有之上元、江宁二县为区域,直隶于内务部。

第二条　南京府置府知事一人,荐任,受内务总长之指挥监督,于各部事务,受各部总长之指挥监督,执行法律命令,管理所属行政事务,统辖所属各员,并分别任免之。

第三条　府知事于所属行政事务,得依其职权,或特别委任于其管辖内,发布命令。

第四条　府知事有认为必要时,得停止下级地方官之命令或取消之。

第五条　府知事得以其职权内事务,委任一部于下级地方官。

第六条　府知事得制定府署内办事细则。

第七条　南京府得置秘书厅,掌管机要,典守印信,编制统计,纪录所属职员进退之册籍,收发并纂辑公文函件。

---

① 本文所标时间是《临时政府公报》第三十四号的出版时间。
② 本册规章类凡遇有颁行令文时,除规章内容外,将令文并列于前,以明来源,以下同。

第八条　南京府置下列各科：

民治科

劝业科

主计科

庶务科

第九条　民治科掌事务如下：

一、关于监督下级地方官及地方团体、公共团体之行政事项；

二、关于选举事项；

三、关于教育学艺事项；

四、关于公益善举事项；

五、关于宗教寺庙行政事项；

六、关于户籍事项。

第十条　劝业科掌事务如下：

一、关于农工商业事项；

二、关于渔猎及水产事项；

三、关于度量衡事项；

四、关于山林土地事项。

第十一条　主计科掌事务如下：

一、关于监督下级地方官及地方团体、公共团体之财政事项；

二、关于本府库储会计事项；

三、关于本府财政会计事项；

四、关于本府赋税征收事项。

第十二条　庶务科掌事务如下：

一、关于土木行政事项；

二、关于公用征收事项；

三、关于地理事项；

四、关于兵事事项；

五、关于卫生事项；

六、关于保存古迹事项；

七、其他不属于各科事项。

第十三条　南京府知事下置职员如下：

秘书长　一人

秘书　二人

科长　四人

科员　八人

视学　二人

工师

工手

录事

前项秘书长，由府知事推荐，呈请内务总长委任。其余各职员，均由府知事自行委任。

第十四条　秘书长承府知事之命，掌管机要文书，并总理秘书厅事务。府知事有事故时，得代理其职。

第十五条　秘书承上官之命，分掌秘书厅事务。

第十六条　科长承府知事之命，主掌一科之事务，监督科员以下各职员。

第十七条　科员承上官之命，分掌事务。

第十八条　视学承上官之命，掌视察学校事务。

第十九条　工师、工手皆承上官之命，掌技术事务。

第二十条　录事承上官之命，缮写文件，料理庶务。

第二十一条　本制自公布日施行。

据《临时政府公报》第三十四号（南京一九一二年三月十日）《大总统宣布南京府官制公布》

颁行陆军补官任职及免官免职令

(一九一二年三月十日)

中华民国临时大总统令

陆军补官任职及免官免职令着准此颁行。

孙　文(印)

中华民国元年三月十日

陆军人员补官任职令草案

第一节　总纲

第一条　陆军官佐，均应终身服役，与文官解职后即退为平民者不同。故任职而外，必应补官，始能各专责成，慎厥职守。

第二条　凡已补官者，如非受免官之处分，虽停职、休职或退归续后备役，仍可保有其官位。

第三条　凡各军职，均有一定之阶级，应以相当之官，任相当之职，不得越级充任，亦不得降级充任。但规定军职有两阶级者，该二级均可充当该军职。

第四条　既受免官处分人员，不得任一切军职。

第二节　补官

第五条　陆军官佐补官办法分为四项：

(一)由陆军军官学校，及他项同等之陆军学堂毕业，充学习官期满，经所管团、营长出具考语堪以授官者,一律补以右军校,是为例补。

（二）由军士升额外官佐后,立有战功,具有相当之学术才具,经该管长官呈请特升（若临时官佐补充令,曾有此规定）,亦得补授右军校,是为特补。

（三）自右军校以上各级军官佐于停年期满后,凡应序升或拔升人员,遇有上一级军官佐缺出,于每岁五月及各月初一日,将应升人员补以升级,宣登公报,是为升补。其停年考绩轮升、拔升办法,见本令第四、五、六节。

（四）自大都尉以下各级官佐,应按本科授职。倘有改充他科军职时,应改补他科官佐（如骑兵军校改辎重兵军校,步兵都尉改宪兵都尉等）,是为改补。

第六条　上等第三级以上军官佐,由大总统补授,中初等军官佐由陆军部申请大总统补授。

第七条　额外军官佐,由各该军队、学堂、局、司之高级官长考察部下应补人员,呈由陆军部补授。

第八条　各级军士,由各团长（步、骑、炮兵）、营长（工、辎重兵）考察部下应补人员,呈请各该管高级官长补授,申报陆军部存案。

第九条　各级军官佐补官之后,应授与补官证书。该证书由陆军部制备,申请大总统盖印署名,然后由部分别发给。

第三节　任职

第十条　凡在陆军部所定陆军官制及暂行编制内之官佐军职,从前已经委任者,均仍其旧。此令颁行之日起,如有军职缺出,须按本令手续委任。

第十一条　无论部、局、军队、学堂上等第一、二级军职（除陆军总、次长及参谋部总、次长外）,均由陆军部开列胜任人员,申请大总统简任。

第十二条　无论部、局、军队、学堂上等第三级中等第一级官佐军职,均由陆军部查明合格人员,申请大总统委任。

第十三条　凡中等第二级以下官佐军职,属本部及本部直辖之军队、学堂、局、司者,由军衡局呈请总、次长委任。(本部直辖军队初等第一级以下各官佐,暂由该军长、师长委任,以归直捷。)各省都督所辖之学堂、局、司,由各省都督委任。但所委任须按本令第三条而行,如有待升级始可委任者,只可暂给予代理名目,并呈请本部,俟本部按停年考绩轮升、拔升定章升补相当之级后,再行委充该军职,但中等第二级以上两阶级皆可充当之军职,虽以其第二级军官委充,仍当照第一级军官委充办法,由陆军部申请大总统简任或委任。

第十四条　凡属于各省都督、各军长、师长委任人员委任后,统由各都督、各军长、师长呈报陆军部宣布,并须由各都督、各军长、师长负完全责任。倘有中等第二级以下军职缺出,于本省或本军内无相当人员堪以胜任者,可呈请陆军部指调他省及他军人员,或直请陆军部派委亦可。

以上第十三、四两条系暂行办法,俟将来军政统一后,尚须酌量更改。

第十五条　凡任职者,均发委任书(附书式一纸)。上等第一级至中等第一级官佐军职之委任书,由陆军部办妥后呈请大总统盖印署名。中等第二级至初等第三级官佐军职军衡局请委任者,由本部发委任书。各省都督委任者,由各省都督发委任书。各军长、师长委任者,由各军长、师长发委任书。但其委任书式,须与本部委任书式同。

第十六条　凡以停职、休职人员委充军职者,须与起用例相符,经陆军部认可后,方可委任。

第四节　停年办法

第十七条　凡补官或升级人员,于补官升级之后,须充现役军职满下列所定年限者,为停年已满,始可照轮升拔例升迁:

右军校　两年。

左军校　三年。

大军校　四年。

右都尉　三年。

左都尉　三年。

大都尉　三年。

右将军　四年。

左将军　无定年。

第十八条　停年未满人员,虽有异常劳绩,只可作为记名拔升人员,俟停年满后,归入拔升项下,尽先提升,惟于停年未满期内不得援例(战时可以酌量变通办理)。

第十九条　凡补官或升级人员,均由本部设立停年名簿,按补官或升级日期先后编号登记。嗣后停年期限,即据以起算。如有同日补官者,则以学校毕业成绩,及拔升、轮升、例补、特补考绩优劣,战功有无,以及升级前之资深资浅,为其先后次序。

第二十条　如遇有停职、休职者,须按照其解职期限,扣去停年期限。

第五节　考绩办法

第二十一条　凡全国一切现役军官佐,每年年终均由长官考绩一次,汇呈报该管长官,该管长官复出具考语判决等次汇报本部,由本部作成全国现役官佐考绩总表,以考核全国现役军官佐学识才具及其他一切。

第二十二条　考绩表记载法及有考绩权长官,如附表所列。

第二十三条　有考绩权各官,填所属官佐考绩表,应负完全责任,不得草率从事及存私徇情。

第二十四条　历年考绩均列上等者,于停年满后,如确系成绩卓著,得归入拔升项下。倘历年考绩均列次等者,如确系成绩不良,虽停年已满,仍不得依轮升次序升级,而归入轮升次序之末,或令休职退归后备。

第六节　轮升拔升办法

第二十五条　各级军官升级,依轮升及拔升办法如下:

(一)由各右军校升左军校,轮升者三分之二,拔升者三分之一。遇有缺出,第一缺归拔升,第二、三两缺归轮升,余类推。

(二)由左军校升大军校,拔升、轮升各半。遇有缺出,第一缺归拔升,第二缺归轮升。

(三)由大军校升右都尉,拔升者六分之五,轮升者六分之一。遇有缺出,第一、二、三、四、五缺归拔升,第六缺归轮升。

(四)由右都尉升左都尉,及左都尉以上之升级,一律均系拔升。

第二十六条　停年已满人员,未经该管团、营长以上有特保,及历年考绩表未列上等或次等者,一律依停年名簿先后次序,轮流升级,是为轮升。

第二十七条　停年已满人员,当停年未满之先,如有特别战功者,归入拔升第一项。劳绩卓著,学术才具均优长,经该管长官特保者,归入拔升第二项。在陆军大学毕业者,归入拔升第三项。历年考绩均列上等者,归入拔升第四项。均不依轮升次序,提前升级时为拔升。

第二十八条　所有拔升人员于停年既满之日,一律由轮升停年名簿内摘出,列入拔升名簿内,依第一、二、三、四项次序编列,但由右、左军校升左、大军校,如拔升人员过多,拔升名次反在轮升名次之后者,可依轮升次序升级。

第二十九条　凡特保所属官佐有拔升资格者,须负完全责任,必须有确实证据,显著成绩,不得徇私滥保。

陆军官佐免官免职令草案

第一节　总纲

第一条　陆军官佐服役,应分为现役、后备役两种。

第二条　陆军各级官佐,服现役年龄须有限制,满限则应退为后备役。其服现役年龄之限制如下:

左右军校　至四十五岁。

大军校　至四十八岁。

右都尉　至五十岁。

左都尉　至五十二岁。

大都尉　至五十五岁。

右将军　至五十八岁。

左将军　至六十二岁。

大将军　至六十五岁。

第三条　陆军官佐,凡有溺职违法行为,由军法会议判决免官职等罪名,即由陆军部宣布执行。

第二节　免官

第四条　陆军官佐,遇有下列各项事故者,即行免官,削除兵籍:

(一)失去本国国籍者。

(一)有溺职违法行为,受军法会议判决免官者。

(一)受附加刑剥官之宣告者。

(一)犯重罪各刑,经军法会议判决宣告治罪者。

第五条　凡受免官处分者,一律追还补官证书,及军职委任书。

第三节　免职

（甲）停职

第六条　凡陆军官佐,遇有下列各项事故之一者,即行停职：

（一）有溺职违法行为,受军法会议判决,应得永远停职或有期停职者。

（一）考绩不良,或难胜现役军职之任,应免职退归后备役者。

（一）受免官处分者。

第七条　凡陆军官佐受有期停职处分者,于期满后,由陆军部察看,如已悔悟前非尚堪任事者,仍得派充军职。

第八条　凡陆军官佐受停职处分者,由陆军部宣布后,照补官任职令第十三、四条办法,派人接充军职,其以前之委任状取消。

（乙）休职

第九条　凡陆军官佐,遇有下列各项事故之一者,概行休职,仍作为现役官佐：

（一）因军队遣散开去军职者。

（一）因编制变更裁去军职者。

（一）因特别职任已毕,或修学期限已满,尚未派充军职者。

（一）伤病至六个月尚无痊愈之望者。但自行辞职,或遇战事,或因任务重要,不能久派人代理者,则不以六个月为限。

（一）呈请修学或自费往旅行调查者。

第十条　凡陆军官佐,遇有下列各项事故之一者,概行休职,归入后备役：

（一）呈准辞职者。

（一）因伤痍疾病,难充现役军职者。

（一）被举为各议会议员者。

（一）改充陆军所属以外之文职者。

(一)已满现役年限,不能服现役者。

第十一条　凡陆军官佐休职者,由陆军部宣布后,照补官任职令第十三、四条办法派人接充该军职,其以前之委任状取消。

陆军官佐暂行补官简章

第一条　民国初立,军务方殷,亟应任官受职,以资整理,而专责成。此项陆军补官办法,凡授有军职,在陆军部所定陆军官制及暂行编制内,均按其职级,一律补授实官。

第二条　上等第三级以上军官(大将军至右将军),由大总统简补。

第三条　中等军官(大都尉至右都尉),由陆军部申请大总统简补。初等军官(大军校至右军校),均由陆军部考察应补人员,申请补授。

第四条　额外军官佐,由各该军队、学堂、局、部之高级官长考察部下应补人员,呈由陆军部补授。

第五条　各级军士,由各旅长(步兵)、团长(骑兵、炮兵)、营长(工兵、辎重兵)考察部下应补人员,呈请各该官高级官长补授,申报陆军部存案。

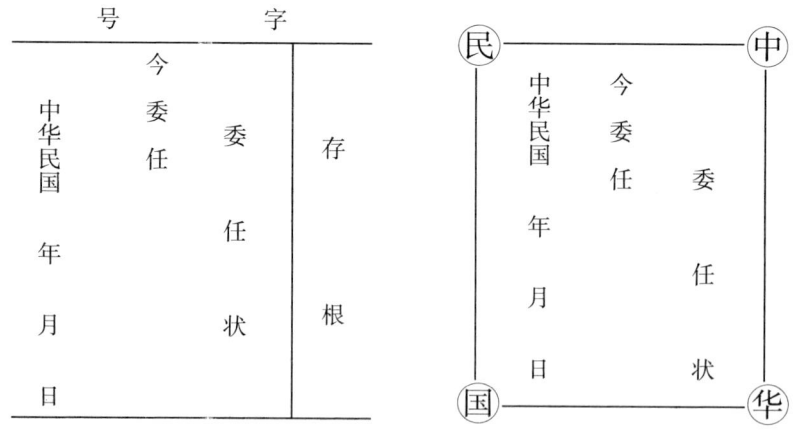

第六条　各级军官或因他项原因不能任军职者,由陆军部考察该员能

力,能否改充文职,随时斟酌办理(章程另订)。

第七条　此次所补军职,系专就陆军部所定陆军官制及暂行编制内之军官佐而言。若各省歧出之军职(如各省都督府、军政分府内之军职等),俟地方行政制度制定后,再行分别补授。

第八条　参谋部人员,应由该部将应补人员通告本部,分别核补。

第九条　各军队官衔以外之军职,须有相当之学识,始准补授。

有考绩权及被考单位

名目区分	被考官佐	考绩官佐
陆军部参谋	局长/处长	陆军参谋部总次长
军司令部	军长	陆军部总次长
师司令部	师长	陆军部总次长
混成旅司令部	混成旅长	陆军部总次长
步队旅司令部	旅长	师长
步团	团长	旅长
马、炮团	团长	师长
工兵营	营长	师长
辎重营	营长	师长
各项兵器工厂	总理	陆军部总次长
宪兵队	营长	军衡局长
各陆军学校	校长	陆军部总次长
测绘学校	校长	参谋部总次长
各省都督	军政司司长	都督
各要塞司令部	要塞司令长	陆军部总次长
外国驻扎武官	武官	参谋部总次长

陆军各官佐区分表

被 考 官 佐	考 绩 官 佐	附 记
科　员 科　长 副　官	局　长 处　长	1. 表内所谓军职均指官佐所充者而言，至额外官佐以及军士则不在其例。 2. 表内各职均照现有名目开列，嗣后如有增改裁减之处，自应随时申请大总统增入。
军参谋官及军司令部所属将军都尉军校各军职	军　　长 军 参 谋 长	
师参谋官及师司令部所属都尉军校各军职	师　　长 师 参 谋 长	
旅参谋官及旅司令部所属都尉军校各军职	旅　　长 旅 参 谋 长	
都尉军校所任各军职	旅　　长	
团长所属各军职	团　　长	
团长所属各军职	团　　长	
营长所属各军职	营　　长	
营长所属各军职	营　　长	
总理以次各军职	总　　理	
营长所属各军职	营　　长	
校长以次各职	校　　长	
校长以次各职	校　　长	
司长以次各职	司　　长	
台长、台长以次各职	要塞司令长	
随　　员	武　　官	

陆军官佐考绩表

官佐姓名	某部、某局、某师、某团、某学校、某职、某官、某人。
籍贯年龄	某省某府某县人，现年若干岁。
出　身	某年、某月、某日，由某学校毕业、某队拔升。
补官日期	某年、某月、某日补授某官。
进　级	某年、某月、某日委充某职。某年、某月、某日升补某官。
战　役	简单记载。
赏	关于补官授职以后之勋赏。

续表

官佐姓名	某部、某局、某师、某团、某学校、某职、某官、某人。
罚	关于补官授职以后之惩罚。
上官附记	考 绩 官 附 记
等	一　性　质 二　志　操 三　气　概 四　体　格 五　陆军出身前之经历 六　陆军出身后之景况 七　勤　务 八　学　术 九　特　长 十　义务心及品行 十一　家政及家计 十二　交　际 十三　历叙今昔之变迁及逆料将来之结果 十四　考绩官之判决
备考	如考绩官及上官记载附记时有错误须更改者，每届均须记明更改若干字并年月日，盖印署名。

中华民国元年　　月　　日考绩官印

考绩官记载已毕呈于上官，上官所见，记入此格，并分别填明上中次三等字样。	考绩官填写附记不可存私徇情，须确由平日注意该员一举一动，随时记载，不准矫饰其所长，曲护其所短，务使他人一阅附记，恰如亲见其人，而得识其性质能力，知其品行学问，是以考绩官务就其人之所行所为映于心目中者，详为记载，是为至要。

据中国第二历史档案馆藏《南京临时政府档案》原件

公布参议院议决临时约法

（一九一二年三月十一日）

兹准参议院咨送议决临时约法前来，合行公布。

孙　文（印）

中华民国元年三月十一日

中华民国临时约法

第一章　总纲

第一条　中华民国由中华人民组织之。

第二条　中华民国之主权属于国民全体。

第三条　中华民国领土为二十二行省、内外蒙古、西藏、青海。

第四条　中华民国以参议院、临时大总统、国务员、法院行使其统治权。

第二章　人民

第五条　中华民国人民一律平等,无种族、阶级、宗教之区别。

第六条　人民得享有下列各项之自由权:

一、人民之身体,非依法律不得逮捕、拘禁、审问、处罚。

二、人民之家宅,非依法律不得侵入或搜索。

三、人民有保有财产及营业之自由。

四、人民有言论、著作、刊行及集会、结社之自由。

五、人民有书信秘密之自由。

六、人民有居住、迁徙之自由。

七、人民有信教之自由。

第七条　人民有请愿于议会之权。

第八条　人民有陈诉于行政官署之权。

第九条　人民有诉讼于法院受其审判之权。

第十条　人民对于官吏违法损害权利之行为,有陈诉于平政院之权。

第十一条　人民有应任官考试之权。

第十二条　人民有选举及被选举之权。

第十三条　人民依法律有纳税之义务。

第十四条　人民依法律有服兵〈役〉之义务。

第十五条　本章所载人民之权利，有认为增进公益、维持治安，或非常紧急必要时，得依法律限制之。

第三章　参议院

第十六条　中华民国之立法权，以参议院行之。

第十七条　参议院以第十八条所定各地方选派之参议员组织之。

第十八条　参议员每行省、内蒙古、外蒙古、西藏各选派五人，青海选派一人，其选派方法由各地方自定之。

参议院会议时，每参议员有一表决权。

第十九条　参议院之职权如下：

一、议决一切法律案；

二、议决临时政府之预算、决算；

三、议决全国之税法、币制及度量衡之准则；

四、议决公债之募集及国库有负担之契约；

五、承诺第三十四条、三十五条、四十条事件；

六、答复临时政府谘询事件；

七、受理人民之请愿；

八、得以关于法律及其他事件之意见建议于政府；

九、得提出质问书于国务员并要求其出席答复；

十、得咨请临时政府查办官吏纳贿、违法事件；

十一、参议院对于临时大总统认为有谋叛行为时，得以总员五分四以上之出席，出席员四分三以上之可决弹劾之；

十二、参议院对于国务员认为失职或违法时，得以总员四分三以上之出席，出席员三分二以上之可决弹劾之。

第二十条　参议院得自行集会、开会、闭会。

第二十一条　参议院之会议须公开之，但有国务员之要求，或出席参议员过半数之可决者,得秘密之。

第二十二条　参议院议决事件,咨由临时大总统公布施行。

第二十三条　临时大总统对于参议院议决事件如否认时,得于咨达后十日内声明理由咨院复议。但参议院对于复议事件如有到会参议员三分二以上仍执前议时,仍照第二十二条办理。

第二十四条　参议院议长由参议员用记名投票法互选之,以得票满投票总数之半者为当选。

第二十五条　参议院参议员于院内之言论及表决,对于院外不负责任。

第二十六条　参议院参议员除现行犯,及关于内乱外患之犯罪外,会期中非得本院许可,不得逮捕。

第二十七条　参议院法由参议院自定之。

第二十八条　参议院以国会成立之日解散,其职权由国会行之。

第四章　临时大总统副总统

第二十九条　临时大总统、副总统由参议院选举之,以总员四分三以上出席,得票满投票总数三分二以上者为当选。

第三十条　临时大总统代表临时政府,总揽政务,公布法律。

第三十一条　临时大总统为执行法律,或基于法律之委任,得发布命令,并得使发布之。

第三十二条　临时大总统统帅全国海陆军队。

第三十三条　临时大总统得制定官制、官规,但须提交参议院议决。

第三十四条　临时大总统任免文武职员,但任命国务员及外交大使、公使,须得参议院之同意。

第三十五条　临时大总统经参议院之同意,得宣战、媾和及缔结条约。

第三十六条　临时大总统得依法律宣告戒严。

第三十七条　临时大总统代表全国接受外国之大使、公使。

第三十八条　临时大总统得提出法律案于参议院。

第三十九条　临时大总统得颁给勋章并其他荣典。

第四十条　临时大总统得宣告大赦、特赦、减刑、复权,但大赦须经参议院之同意。

第四十一条　临时大总统受参议院弹劾后,由最高法院全院审判官互选九人组织特别法庭审判之。

第四十二条　临时副总统于临时大总统因故去职,或不能视事时,得代行其职权。

第五章　国务员

第四十三条　国务总理及各部总长,均称为国务员。

第四十四条　国务员辅佐临时大总统负其责任。

第四十五条　国务员于临时大总统提出法律案、公布法律,及发布命令时,须副署之。

第四十六条　国务员及其委员,得于参议院出席及发言。

第四十七条　国务员受参议院弹劾后,临时大总统应免其职,但得交参议院复议一次。

第六章　法院

第四十八条　法院以临时大总统及司法总长分别任命之法官组织之。法院之编制及法官之资格以法律定之。

第四十九条　法院依法律审判民事诉讼及刑事诉讼。但关于行政诉讼及其他特别诉讼,别以法律定之。

第五十条　法院之审判须公开之,但有认为妨害安宁秩序者得秘密之。

第五十一条　法官独立审判,不受上级官厅之干涉。

第五十二条　法官在任中不得减俸或转职,非依法律受刑罚宣告或应免职之惩戒处分,不得解职,惩戒条规以法律定之。

第七章　附则

第五十三条　本约法施行后限十个月内,由临时大总统召集国会,其国会之组织及选举法由参议院定之。

第五十四条　中华民国之宪法由国会制定,宪法未施行以前,本约法之效力与宪法等。

第五十五条　本约法由参议院参议员三分二以上,或临时大总统之提议,经参议员五分四以上之出席,出席员四分三之可决,得增修之。

第五十六条　本约法自公布之日施行。

临时政府组织大纲于本约法施行之日废止。

据《临时政府公报》第三十五号(南京一九一二年三月十一日)《大总统宣布参议院议决临时约法公布》

批 财 政 部 呈

(一九一二年三月十八日)

临时大总统批

一件。财政部呈海外汇业银行则例,乞咨参议院提议由

呈悉。海外汇业实国际贸易之枢纽,即国民经济之关键,东西各国先例昭然。当金融紧迫之秋,得此酌剂盈虚,诚足以扩张商务,补救时艰,所拟海外汇业银行则例三十二条,仰候咨送参议院提议可也。此批。

孙　文
中华民国元年三月十八日

海外汇业银行条例

第一条　海外汇业银行为股份有限公司，各股东责任以所认定之股份为限。

第二条　海外汇业银行设总行于上海。其由外国于易贸上必要之处，设立分行、分号，得其代行联结为汇兑之契约。但于分行、分号之或设或废，与外国银行契约之或结或解，均须呈明财政部核准。

第三条　海外汇业银行营业年限，自总行开办之日计算，以三十年为期。但依股东总会之决议，得呈准财政部展限。

第四条　海外汇业银行资本定为一千万圆，分为十万股，每股一百圆。但依股东总会之决议，得呈准财政部增减资本。

第五条　海外汇业银行股份，除中国人之外，不准买卖让与。

第六条　海外汇业银行股票概用记名式，按照定章得以买卖让与。

第七条　海外汇业银行之营业如下：

第一，外国之汇兑及货物押汇。

第二，内国之汇兑及货物押汇。

第三，放出款项。

第四，收存各种款项及保管紧要贵重物件。

第五，各种期票之贴现及代为收取到期票款。

第六，货币交换。

第八条　海外汇业银行依营业之情形，得买卖公债证书及生金、生银、外国货币。

第九条　海外汇业银行遵政府命令，经理在于外国之公众款项及债券。

第十条　海外汇业银行除第七条、第八条及等九条记载事项之外，不得再营他业。

第十一条　海外汇业银行除下开事项之外，不得买入或承受不动产股票及一切物件：

第一,银行营业应用之地基房屋。

第二,因清理欠款由债主交付。

第三,因抵当借款由审判厅断结。

第十二条　海外汇业银行不得将本行股票作为抵当之物,亦不得自行买回。但负债者于无法归偿时,以此抵当则不在此限。

第十三条　于第十一条第二项、第三项及第十二条各事承受不动产股票及其他物件,必于十个月以内出售。

但于期内售价不合时,得申明实在情形,呈准财政部量予展限。

第十四条　海外汇业银行对于存项及应付之款,至少置准备金四分之一以上。

第十五条　海外汇业银行设董事五人以上,任期一年,由股东总会就五十股以上之股东中选举,呈准财政部派充。其满期后选时亦同。

第十六条　行长于董事中推选,呈财政部核准。但财政部总长于必要时,得命中国银行副行长兼海外汇业银行长,或命海外汇业银行长兼中国银行理事。依银行事务情形,得于董事中推选副长一名,其职权于行长或有事故得以代理。

行长及董事之责任权限以章程定之。

第十七条　海外汇业银行每年开定期股东总会二次,以决定章程所开事项。如议临时事件,无论何时得开临时总会。

股东总会出席者,以会期六十日以前曾经注册之股东为限。

第十八条　每半年分派赢利,须将各股应分成数,具呈财政部核准。

第十九条　每半年应提赢利总额十分之一为公积,以供左用:

第一,补资本之损失。

第二,补派利之不均。

第二十条　放款过期不还将归损失时,应按数酌提准备。

第二十一条　海外汇业银行于营业上损失过半时,或所为背此条例,财政部长于必要时得停止其营业或令解散。

又依股东总会之决议,受政府之许可,得任意解散。但于此总会须有股东二分之一以上与总股金二分之一以上股东出席,依议决权三分之二以上决议。

第二十二条　海外汇业银行于条例章程有所背戾,或财政总长认为危险事件,财政部总长得以制止或命董事改选。

第二十三条　财政部特派监理员,监视海外汇业银行诸般事务。

第二十四条　海外汇业银行遵财政总长之命令,呈报关于营业之计算报告书。

第二十五条　海外汇业银行于总分行、分号,其重要文书必盖图章。但西文函件则不必盖章。

第二十六条　海外汇业银行遵此条例,由股东总会决议订章程,呈财政部核准。但章程之修正、增补亦准本条。

第二十七条　海外汇业银行之行长、董事、其他役员犯此条例者,轻者处罚,重者撤换。如有因此损及本行营业者,仍应责令赔偿。

第二十八条　改此条例时,于三个月前公布。

第二十九条　海外汇业银行创办之始,政府当派设立委员,使筹办一切之事务。

第三十条　设立委员订定草章得政府之认可后,募集股东。

第三十一条　设立委员当股东募集之终,以股东人名及股款总数等簿申送政府呈请核准。

第三十二条　设立委员得前条之核准后,以其事务移交于海外汇业银行正长。

据中国第二历史档案馆藏《南京临时政府档案》原件

批财政部呈送兴农等银行则例文

（一九一二年三月二十三日）

临时大总统批

一件。呈送兴农、农业、殖边银行则例请咨参议院核议由。

呈悉。中国地称膏腴，尤广幅帧，而东南之收获，不见其丰，西北之荒芜，一如其故，此无他，无特别金融机关以为之融通资本故耳。创设〈兴农〉①、农业、殖边等银行，实属方今扼要之图。所拟各银行则例，仰候咨送参议院核议可也。此批。

孙　文
中华民国元年三月二十三日

兴农银行则例

第一章　总则

第一条　兴农银行为股份有限公司，以放款于农业之改良发达为宗旨。

第二条　兴农银行资本总额定为一千万元。但经股东总会决议，呈报财政部核准，得以增加。

第三条　兴农银行之股票，金额以十元为率。

第四条　兴农银行营业之期限，以五十年为期。但经股东总会之决议，政府之认可，始得延长。

---

①　依原呈增补。

第二章　职员

第五条　兴农银行设正副长各一人,董事五人,监查三人。

正长:代表兴农银行,总理一切事务。

副长:辅佐正长掌理事务,正长如有事故或缺员之时得代行职务。

董事:辅佐正长分掌兴农银行业务。

监查:监查兴农银行业务。

第六条　正副长,政府从五百股以上之股东中选择任命,任期以五年为限,但期满之后得继续连任。

董事,于五百股以上之股东中,由股东总会倍数选举,政府从中任命,任期五年,满期之后得以再任。

监查,由二百五十股以上之股东中,于股东总会公同选定,任期三年,满期之后得以再选。

第七条　正副长、董事、监查之任命及选定,其本条所规定之股数,须于六个月以前为继续所有者。

正副长及董事在任事期内,不得经营别项商业及从事其他职务。

第三章　股东总会

第八条　通常总会每年二次,确定时期,由正长招集之。临时总会,如发生临时事项应经总会决议时,正长得随时招集之。

第九条　监查及资金总额五分之一以上之股东,宣示会议之目的,得请求正长招集临时股东总会。

第十条　股东总会,惟股东有议决之权,不得委托代理人。但法定代理人不在此例。

兴农银行之职员及使用人,在股东总会不得为股东之代理人。

第四章　营业

第十一条　兴农银行放款应以不动产作抵。于五十年以内用分年摊还法、于五年以内用定期偿还法归清本利,惟不得过分年摊还放款总额十分之一。

第十二条　兴农银行对于各省府县及其他以法律组织之公共团体,即无抵押亦得放款。

第十三条　兴农银行所收抵押产业,只准收受第一次作抵之物,并须实在永远有利〔出〕息可靠者。

第十四条　押产价格由兴农银行估定,其放款不得过实值十分之七。以房屋作抵须附有保险契约,否则不得过实值十分之五。

第十五条　分年摊还法,其数目合本利计算,每年定一平均偿还之额,不得过于债主每年净得出息之总数。

若债主欲于摊还定额外多还若干,或于限期以前全额还清,均可通融办理,但须于三个月以前通知银行。

第十六条　银行视债主情形,若初年营业利益尚薄难以遽令本息俱还者,可于先数年内只还利息,满年限后再摊还本利。惟此项年限不得过五年。

第十七条　债主如将应还款项到期延缴,银行得于满期次日起加算利息。若其款系分年摊还,并得索还未到期之金额。

第十八条　债主还款每至二成以上,可向银行请退抵押产业相当之一部分。

第十九条　债主若将抵押产之一部分出卖时,可令其增加抵押,或索还借款之一部分。

第二十条　债主作抵之产业被公收用或欲出卖,必须先行通知银行,银行应于期限前将所放款项本息全数收回。但债主能另以相当产业作抵者,不在此例。

第二十一条 抵押产业之价格若较原估低减之时,可令债主增加相当之物。

第二十二条 各省府县及其他之法律组织之公共团体为无抵押之放款,如有将分年摊还金、定期偿还金及利息等逾期不付,又对于期限前之偿还要求不能应时交付,兴农银行得向该管政厅请求处分。

第二十三条 兴农银行得承受各农业银行发行之债券,其承受债券之时,得调查该行之业务及财政之实况。

第二十四条 兴农银行对于农业银行如以抵押产业转抵于兴农银行,照分年摊还之法,得以放款。

第二十五条 兴农银行得经收存款,并代人保管金银、债券及一切重要物件,惟存款总额不得过实收资本总额。

第二十六条 兴农银行如有余款及前条之存款,得购买国家公债、地方公债等券,并得暂时存放妥实银行生息。

前条之存款及营业上之余款,除前项所规定外不得使用。

第二十七条 兴农银行于本则例未经载明之业务,不得经营。

第五章 债券

第二十八条 兴农银行其实收资本在四分之一之上,得发行八倍之债券,但不得过放出各种款项之总额。

第二十九条 债券金额每张以十元为率,并可加彩偿还,惟应照下列各条呈候财政部核准:

债券额息及付息方法;

逐次发行总数;

抽签偿还年限及方法;

加彩数目及方法。

第三十条 兴农银行按分年摊还之放款及承受农业债券之偿还额,每年二回以上行抽签法偿还债券。

第三十一条　兴农银行因市面利息低落得借新债以还旧债,虽其债票额数合新旧计算过第二十八条之制限,亦可通融办理。但新债券既发行后,须将所收之全数于一个月内以抽签之法偿还旧债券。

第三十二条　兴农债券之利息,每年二次按期支付。

第六章　公积

第三十三条　兴农银行所得利益,除开销资本额息、薪水、行用外,应提一成作为公积,以补助资本之亏损及保持分派利益之平均。

第七章　政府之监督及补助

第三十四条　财政部监督兴农银行之业务。

第三十五条　兴农银行变更章程时,须呈报财政部核准。

第三十六条　兴农银行欲分设支店及代理店时,须得财政部之认可。财政部视为亟须设立之地,亦得命其照章设立。

第三十七条　兴农银行派分官利、余利、花红成数,须具呈财政部核准。

第三十八条　兴农银行有违背则例或有害公益之事,财政部得随时禁止。

第三十九条　兴农银行每年结帐一次,须分缮营业资财切实报告,呈送财政部并登布各日报。

第四十条　财政部认为必要之时,得限制兴农银行之放款及方法。

第四十一条　兴农银行之放款息金,其最高利率于每年年首经财政部核准定之。其营业年度内有变更之时亦同。

第四十二条　兴农银行发行债券,应由财政部核准。

第四十三条　财政部特设兴农银行监理员,使监视一切事务。

第四十四条　兴农银行监理员应随时检查兴农银行之帐簿、现款、准备金、债券发行额等项,详细呈报财政部。

监理员得出席于股东总会及诸般之会议陈述意见,惟不得加入议决之数。

第四十五条　兴农银行创立之始,其息款不足常年五厘者,限于十年以内其不足金额由政府补给,但不得过实收资本百分之五。

第八章　罚则

第四十六条　兴农银行之职员有犯下列之事项时,处以百元以上、千元以下之罚金:

(一)违反第十一条之规定而为放款时;

(二)违反第十三条之规定而为放款时;

(三)违反第二十六、二十七条之规定而营业时;

(四)违反第二十八条之规定而发行债券时,但该当三十一条所规定者不在此例;

(五)违反第三十三条之规定处分利益金时。

第四十七条　兴农银行之职员有违反第七条之规定者,处以二十元以上、二百元以下之罚金。

第四十八条　揭于前二条之罚金,以审判厅之命令处罚之。但于十四日内得为抗告。

第九章　附则

第四十九条　兴农银行创办之始,政府当派设立委员,使筹办一切事务。

第五十条　设立委员订立专章,得政府之认可后,募集股东。

第五十一条　设立委员当股东募集之终,以股东人名及股款总数等簿申送政府,呈请核准。

第五十二条　设立委员得前条之核准后,以其事务移交于兴农银行正长。

第五十三条　兴农银行开办之始,正副长、董事及监查之任命选举,其股数之时期,不限于第六条第三项所规定。开办之始,正副长、董事之任期以三年为限。

开办之始,董事及监查,政府从股东中任命之。

农业银行则例

第一章　总则

第一条　农业银行为股份有限公司,以放款于农业为宗旨,其资本总额至少须十万元以上。

农业银行其实收股本在四分之一以上,亦得呈候财政部核准开办。

第二条　农业银行其股票概用记名式,每股金额以五元为率。只许本国人购买,不准股东转卖或抵押于他国人。

第三条　农业银行可由地方政厅以地方公款,或管理地方公共财产人以地方公共财产,呈明财政部设立。

第四条　农业银行以一县为一营业区域,每一营业区域以一行为限。但依地方情形,得呈明政府将一县分为二个以上之营业区域。

第二章　营业

第五条　农业银行放款,应以田地、园林、房屋或实在产业等项作抵,于三十年内用分年摊还法归清本利。但借款总数不得过押产实值十分之七。

以不动产作抵,得于五年以内按定期偿还法放款,但不得过分年摊还放款总额五分之一。

以房屋作抵须附有保险契约,否则借款不得过实值十分之五。

有十人以上之农业者连环担保请求借用时，限于信用确实者亦可不用抵押。惟借期应减短，准用五年以内之定期偿还法，其借数通计不得过银行资本十分之一。

第六条　前条之放款以使用于下列诸项之目的为限：

开垦、灌溉、疏通河渠及改良耕地土质；

耕作道路之筑造或改良；

殖林事业；

购置种苗、肥料、农业所用原料；

购置农用器具、机械、舟车、兽畜；

前项各项外关于改良农业各事。

第七条　银行所有抵押产业，只准收受第一次作抵之物，并须实在永远有出息可靠者。银行得随时派人至产业地方，切实监查。

第八条　所抵产业之价由银行定之。

第九条　分年摊还法，其数目合本利计算，每年定一平均偿还之额，但不得过于债主每年净得出息之总数。

第十条　债主欲于摊还定额外多还若干，或于限期以前全额还清，均可通融办理，但须于三月前通知银行。

第十一条　银行视债主情形，若初年营业利益尚薄遽难令本利俱还者，可于先数年内只还利息，此后再摊本利。惟此项年限不得过五年。

第十二条　债主偿款每至二成以上，可向银行请退抵押产业相当之一部分。

第十三条　债主如将应还款项到期延缴，得于满期次日起加算利息。若其款系分年摊还，并得索还未到期之全额。

前项之延缴款项，得斟酌情形呈报该管政厅追索。

第十四条　抵押产业之价值若较原估低减之时，可令债主增加相当之物。

第十五条　债主若将抵押产业之一部分出卖时，银行可向其增加抵押或索还借款之一部分。

第十六条　债主作抵之产业被公收用或欲出卖,必须先行通知银行,银行应于期限前将所放款项本息全数收回。但债主能另以相当产业作抵者,不在此例。

第十七条　银行放款应查其所借款项是否确系经营农业,如查有经营他业者,虽于偿还期前得将全数本利追缴。

第十八条　农业银行可代人保管金银及一切重要物件。

第十九条　农业银行如有余款,得购买国家公债、地方公债等票,并得暂时存放妥实银行生息。

第二十条　农业银行可与此项同行订联结契约,亦可兼营农业家汇兑事务。

第二十一条　农业银行如欲兼营储蓄事务,须照储蓄银行则例办理,并应将两项事务划分清楚。

第二十二条　农业银行遇有长年定期存款,亦得代人存放生息。

第二十三条　农业银行得为兴农银行之代理店。

农业银行得代理各府县地方自治团体之公款出纳。

第三章　农业债券

第二十四条　农业银行得照实收资本五倍之数发行债券。如其资本实收在一百万元以上,可发债券之七倍,但不得过放出款项之总额。

第二十五条　债券金额每张以五元为率,并可加彩偿还。惟应下列各条于发行前另订详细专章,呈候财政部核准:

债券额息及付息方法;

逐次发行总数;

抽签偿还年限及方法;

加彩数目及方法。

第二十六条　农业银行因市面利息低落得借新债以还旧债,虽其债券额数合新旧计算超过第二十三条之限制,亦可通融办理。但新债券既发行后,须以所收之全数于一个月内偿还旧债券,不得以此经营他业。

前项之新债券,须呈请财政部核准方可发行。

第二十七条　农业银行发行债券之时,地方政厅斟酌情形,得将地方原有长存款项购买此项债券。

第四章　政府之监督及补助

第二十八条　财政部监督农业银行之业务。

第二十九条　农业银行无论其为公办、商办,其详细章程均须呈报财政部核准,方可开办。

第三十条　农业银行欲设立支店或代理店,应呈请财政部核准。财政部视为亟须设立之地,亦得命其照章设立。

第三十一条　农业银行每年结帐一次,须分缮营业资财切实报告,申送财政部并公布各日报。

第三十二条　农业银行除开销债券额息、薪水、行用外,应提一成作为公积。其余派分额息、红利、花红成数,须具呈财政部候核。

第三十三条　银行放款利息最高之率,应于每年年首具呈财政部或该管政厅核准。如年内市面陡变必须更改之时,亦须随时呈报。

第三十四条　财政部得就各地方政厅特派农业银行监理员,监视一切事务。

监理员应随时检查农业银行之帐簿、现金、准备金、债券发行额等项,详细呈报财政部。

监理员不得借端索费及妨害银行利益,并不得干预银行业务。如银行实有危险或违背则例情事,只可呈部听候查办。

监理员得出席于股东总会、其他诸般之会议陈述意见,但不得加入议决之数。

第三十五条　农业银行有违背则例或损害公益之事,财政部或该管政厅得随时禁止。

第三十六条　农业银行除本则例外,未经载明之事不得经营。如有不得已之故定须经营者,应呈请财政部或该管政厅核准。

第三十七条　农业银行之经营补助方法,另为规定。

第五章　罚则

第三十八条　自本则例公布施行后,农业银行如有违背本则例之事项者,处罚款五元以上、五百元以下。

第六章　附则

第三十九条　农业银行应自订详细章程,呈请财政部核准。如有更改之处,经股东总会议决后呈部候核,惟不得与本则例之旨有所违背。

第四十条　农业银行除遵守本则例外,未记入事项应照银行通行则例办理。

第四十一条　各府县长经财政部之认可,得特置设立委员,使处理农业银行成立以前关于发起一切事务。

第四十二条　设立委员拟定章程,得政府或该管政厅认可后,募集股份。

第四十三条　设立委员于股份募集已终,将股票额数、股东人名等簿申送财政部及该管政厅呈请核准。

第四十四条　设立委员于银行成立后,即将经手事件移交农业银行职员。

殖边银行则例

第一章 总则

第一条 殖边银行为股份有限公司,以放款于拓殖事业为宗旨。

第二条 殖边银行资本定为五百万元。但经政府认可,得以增加。每股金额以十元为率。

第三条 殖边银行营业年限以五十年为期。但经政府认可,得延长。

第二章 职员

第四条 殖边银行设行长一人,董事四人以上,监查三人以上,由股东总会投票公举。行长即由董事中推选,统理总分各行一切事务。

第五条 董事任期三年、非有五百股以上,监理〔查〕任期二年、非有二百五十股以上者,不得当选。

第六条 董事在任事期内,无论用何名称不得从事他业。

第三章 营业

第七条 殖边银行营业事项,开列于下:

(一)于三十年以内,用分年摊还法归清本利以不动产作抵之放款;

(二)于五年以内,用定期偿还法归清本利以不动产作抵之放款;

(三)以他种拓殖公司股票、债券为抵押之放款,及债券之应募及承受;

(四)汇兑、货物押汇及以农产物作抵放款;

(五)收存款项及保管贵重物件;

(六)票据贴现。

前项第三号之事业,其使用金额不得超过前项第一号、第二号借款总数五分之一。

第八条　殖边银行对于边省以法律组织之公共团体,即无担保,得照分年或定期方法出放款项。

第九条　殖边银行营业上如有余款,得购国债、地方公债及公司债券。

第十条　殖边银行不得〈经〉营本则例内所未记载之业务。

第十一条　殖边银行按第七条第一号及第二号之放款,如查有债主以所借款项经营他业者,得于偿还期限前将全数本利追缴。

第四章　债券

第十二条　殖边银行得照实收资本五倍之数发行债券,但不得超过第七条第一号放款总额。

第十三条　殖边银行按第七条第一号放款偿还之额,每年抽签二回以上偿还债券。

第十四条　殖边银行于第七条第一号之放款偿还延滞,不达预期之额时,按定前条时期,即照实收数目以抽签法偿还债券。

第十五条　殖边银行因市息低落欲为借换,虽超过第十二条之制限,得发行低息债券。但低息新债券发行之后,须于一个月以内抽签偿还旧债。

第五章　公积

第十六条　殖边银行于每年营业年度提取公积,按利益百分之八以补资本之亏损,又提利益百分之二以期派息之平均。

第六章　政府之监督及补助

第十七条　政府监督殖边银行之业务。

第十八条　殖边银行章程如有变更时,须呈财政部核准。

第十九条　殖边银行分派利益,须经财政部或主管政厅之认可。

第二十条　殖边银行于第七条第一号放款利息最高之率,应于每年年首具呈财政部或主管政厅核准,如有变动亦应随时呈报。

第二十一条　殖边银行有违背则例及章程或有害公益事件,财政部或主管政厅得随时禁止。

第二十二条　殖边银行每年须结帐一次,分缮营业资财及诸般状况切实报告,呈送财政部。

第二十三条　政府置殖边银行监理员,承财政部之指挥,使监察殖边银行之业务。

第二十四条　殖边银行监理员无论何时得检查殖边银行之金库、债券库、帐簿及诸般之文书。

殖边银行监理员,监察上有认为必要之事,应随时命殖边银行呈报关于营业诸般之状况及计算报告书。

殖边银行监理员得出席于股东总会及其他会议陈述意见。

第二十五条　政府认购殖边银行股份以二百万元为限。

第二十六条　政府对于前条之股本,殖边银行自创设成立之始,十年以内如无余利,不必分派利息。

第七章　罚则

第二十七条　殖边银行之职员有犯下列之事项,处以百元以上、千元以下之罚金:

(一)违反第十六条之规定,经营本则例所未经载明之业务时;

(二)违反第十二条之规定发行债券时,但依第十五条第一项者不在此例;

(三)违反第十三、第十四、第十五第二项之规定,不为债券之偿还时;

(四)须经本则例所认可者,而不受认可之时。

第二十八条　殖边银行之职员有犯第六条所规定者,处以二十元以上、二百元以下之罚金。

第八章　附则

　　第二十九条　财政部得派殖边银行设立委员,使处理关于设立该行之一切事务。

　　第三十条　设立委员拟定章程,得财政部认可后,募集股东。

　　第三十一条　设立委员于股东募集之终,以股东应募证书申送财政部,呈候认可。

　　得前项认可之时,设立委员须令各股东交付第一期应募之股本。

　　第三十二条　创立〈股东〉总会终结之时,设立委员以其事务移交于殖边银行职员。

据中国第二历史档案馆藏《南京临时政府档案》原件

公布参议院议决参议院法①

（一九一二年四月一日）

　　兹准参议院咨送,议决参议院法十八章,共一百零五条前来,合行公布。

中华民国元年四月一日

孙　文（印）

内务总长　程德全副署

---

① 关于此法的公布日期,《临时政府公报》第五十五号标为3月2日,后该公报第五十六号正误栏更正为4月1日。

参议院法

目　录

第一章　总纲

第二章　参议员

第三章　议长副议长

第四章　委员

第五章　会议

第六章　委员会

第七章　选举

第八章　弹劾

第九章　质问

第十章　建议

第十一章　请愿

第十二章　国务员及政府委员

第十三章　参议院与人民官府及地方议会之关系

第十四章　纪律及警察

第十五章　惩罚

第十六章　秘书厅

第十七章　经费

第十八章　附则

参议院法

第一章　总纲

第一条　参议院设于临时政府所在地。

第二条　参议院以约法第十八条所定,各地方有五分三以上派参议员到院,即行开会。

第三条　参议院开会期间,至解散之日为止。

第四条　参议院经议长提议、参议员过半数可决,得休止开会,但休会期间,不得过十五日。

休会期中,有紧急应议事件,议长得通告开会。

第二章　参议员

第五条　中华民国之男子,年龄满二十五岁以上者,得为参议员,但有下列条件之一者,即失其资格:

一、剥夺公权者,及停止公权者;

二、吸食鸦片者;

三、现役海陆军人;

四、现任行政职员及现任司法职员。

第六条　参议员有不合资格之疑者,〈其〉他参议员得陈请审查,由院公选委员九人审定,报告议长,付院议决定。

第七条　参议员于选定通知到院后,六十日内不报到者,应即取消,由院咨请另选。但甘肃、新疆、西藏、青海、内外蒙古各处参议员,不在此限。

第八条　参议员到院,须提出委任状于议长,但原选地方先有通知者,委任状得于日后补交。

第九条　参议员既到院者,原选地方非得参议院同意,不得取消。

第十条　参议员任期,以参议院解散之日为限。

第十一条　参议员辞职,须具理由书,请参议院许可。参议院许可辞职时,应即通告该原选地方,于一定期间内另行选派。

第十二条　参议院认参议员辞职理由为不当时,得劝告留任,但劝告后七日间犹无确答者,应即解职。

第十三条　参议员非有正当理由,不得请假。〈请〉假期间在五日以内者,得由议长许可,五日以上者,须付院议决定。

第十四条　参议员不得任意缺席,违者分别惩罚。

第十五条　参议员不受岁费。

第三章　议长副议长

第十六条　议长维持参议院秩序,整理议事,对于院外代表参议院。

第十七条　议长得任免秘书长及其下各职员,并指挥监督之。

第十八条　议长于常任委员会及特别委员会,均得出席发言,但无表决权。

第十九条　议长有事故时,副议长代理其职。

第二十条　议长、副议长均有事故时,得另选临时议长,行议长之职务。其选举方法,准用临时约法第二十四条。

第二一条　议长、副议长任期与参议院同。

第二二条　议长、副议长因故请假或辞职,须提出理由书,付院议决定,但请假期间在五日以内者,不在此限。

第二三条　议长、副议长有违法徇私情节,经参议员十人以上提议,得交惩罚委员会审查后,付院议决定,如多数认为不称职时,即解职另举。

第四章　委员

第二四条　本院设全院委员、常任委员、特别委员三种。

第二五条　全院委员以全院参议员充之。

第二六条　常任委员分设法制、财政、庶政、请愿、惩罚五部,各担任审查本部事件,由参议员用无记名连记投票法互选之,其各部人数由院议决定。

第二七条　特别委员担任审查特别事件,由议长指定或本院选出之。

第二八条　常任委员得兼任特别委员。

第二九条　凡被选或被指定为委员者,非有正当理由不得辞职。

第三十条　全院委员长由本院选定,但议长、副议长不在被选之列。常任委员长及特别委员长由各委员会互选之。

第五章　会议

第三一条　参议院除休会外,每星期一至星期五上午九时至十二时为寻常会议时间,但有紧急事件,特别开会不在此限。

第三二条　参议院议事日程,由议长编定,先二日通知各参议员,并登载公报。

第三三条　参议院非有到院参议员过半数之出席,不得开会,但临时约法及本法关于出席员数有特别规定者,从其规定。

第三四条　参议院会议时,以出席参议员过半数之所决为准;但临时约法及本法关于表决员数有特别规定者,从其规定。

第三五条　参议院议决可否同数时,应依议长之所决。

第三六条　参议员于议案有关系本身及其亲属者,不得参预表决。

第三七条　凡未出席参议员,不得反对未出席时所议决之议案。

第三八条　关于法律、财政及重大议案,须经三读会始得议决,但依政府之要求或议长、议员之提议,经多数可决,得省略三读会之顺序。

第三九条　政府提出之议案,非经委员审查不得议决。但紧急之际,由政府要求、经多数可决者,不在此限。

第四十条　政府提出之议案,未经本院议决以前,无论何时得修正或撤回之。

第四一条　议员提出法律案,须有十人以上之赞成者,其他提议,除别有规定者外,须有三人以上之赞成者,会同署名,先期交议长通告各参议员。

第四二条　参议员于议场上临时动议,附议在一人以上,方成议题,得请议长付讨论。

第四三条　委员于议场得自由发表意见，不受该委员会报告之拘束。

第四四条　参议院会议须公开之，但有下列事由，经多数可决者，不在此限：

一、依政府之要求；

二、依议长或参议员之提议。

第四五条　开秘密会议时，议长得令旁听人退席。

第四六条　参议院会议之结果，按期编成速记录、议事录、决议录，惟秘密会议事件，不得宣布。

第四七条　参议院议事细则另行规定。

第六章　委员会

第四八条　参议院遇有重要问题，由议长或参议员十人以上之提议，经多数议决者，得开全院委员会审议之。

第四九条　常任委员会遇有同一问题，须有两部以上协同审查时，得由该数部之同意，开连合委员会审查之。

第五十条　全院委员会，非有委员三分一以上出席，常任委员会及特别委员会，非有该委员半数以上出席，不得开会。

第五一条　凡委员会均禁止旁听。

第五二条　常任委员会及特别委员会，得许参议员莅场旁听，但得议决禁止。

第五三条　各委员长须将委员会议决之结果报告于参议院。

第七章　选举

第五四条　依临时约法第二十九条，选举临时大总统或副总统时，参议院应于五日前，将开选举会日期布告全国。

第五五条　施行选举之前一日，参议员以十人以上之连署，得推举临时大总统或副总统候选人。

第五六条　施行选举以前,由议长延请院外相当之行政官或司法官,届期临场,检验选举票。

第五七条　选举用无记名投票法,其对于候补人以外之投票,作为无效。

第五八条　选举会投票既毕,即将票柜封锁,以后入场者,不得投票。

第八章　弹劾

第五九条　弹劾大总统案,非参议员二十人以上之连署,弹劾国务员案,非参议院〔员〕十人以上之连署,不得提出。

第六十条　决定弹劾案,须用无记名投票法表决。

第六一条　弹劾大总统案通过后,即日将全案通告最高法院,限五日内互选九人组织特别法廷〔庭〕,定期审判。

第九章　质问

第六二条　参议员对于政治上有疑义时,得以十人以上之连署,提出质问书,由参议院转咨政府。

第六三条　关于前条之转咨,应酌量缓急,限期答复。

第六四条　政府答复后,如提出质问者,认为不得要领时,由参议院咨请国务员限期到院答辩。

但国务员如有不得已事故,不能到院时,得委员代理。

第十章　建议

第六五条　建议案非有参议员五人以上之连署,不得提出。

第六六条　建议案通过后,即日将全案咨告政府。

第六七条　已通过之建议案,政府不能采用时,不得再以建议方式提出于参议院。

第十一章　请愿

第六八条　国民请愿书,非有参议员三人以上之介绍,不得受理。

第六九条　请愿书当付请愿委员会审查,如委员会认为不符格式时,议长应交介绍人发还之。

第七十条　请愿委员作请愿事件表录,其要领每七日报告一次。

请愿事件,如有委员会或参议员十人以上之要求,得提付院议。

第七一条　除法律上认为法人者外,以总代之名义请愿者,不得受理。

第七二条　请愿书对于政府或参议院有侮辱之语者,不得受理。

第七三条　参议院不受变更临时约法之请愿。

第七四条　参议院不受干预司法及行政裁判之请愿。

第十二章　国务员及政府委员

第七五条　国务员及政府委员,无论何时得到院发言,但不得因此终止议员之演说。

第七六条　国务员及政府委员,于委员会审查议案时,得到会陈述意见。

第七七条　委员会得经议长要求国务员或政府委员之说明。

第七八条　国务员及政府委员于各会议均不得参与表决。

第十三章　参议院与人民官厅及地方议会之关系

第七九条　参议院不得向人民发布告示。

第八十条　参议院不得因审查事件召唤人民。

第八一条　参议院为审查事件,得向政府要求报告,或调集文书,政府除事涉秘密者外,不得拒绝。

第八二条　参议院审查关系地方之政务,得谘询该地方议会,令其答复。

第十四章　警察及纪律

第八三条　参议院院内警察权,依本法及本院所定规则,由议长行之。

第八四条　参议院设守卫警护全院,听议长指挥。

第八五条　参议员于会议时,有违背院法及议事规则,或紊乱议场秩序者,议长得警告制止之,或取消其言论,若仍不听从,得禁其发言,或令退出。

第八六条　议场骚扰不能维持秩序时,议长得中止会议或宣告散会。

第八七条　旁听人有妨害会议者,议长得勒令退席,或发交警厅。若旁听席骚扰不能制止时,议长得令旁听人全体退出。

第八八条　参议员于议场不得用无礼之言辞。

第八九条　参议员于议场或委员会受诽毁侮辱时,得诉之参议院求其处分,不得私相报复。

第十五章　惩罚

第九十条　参议院对于参议员有惩罚之权。

第九一条　凡惩罚事件,必交惩罚委员会审查,经院议决定始得宣告。

第九二条　惩罚之种类如下：

一、于公开议场谢罪；

二、一定之期间内停止发言；

三、一定之期间内停止出言〔席〕；

四、除名。

第九三条　参议员无故缺席连续至五日者,应酌定五日以上之期间停止其发言,一月内无故缺席至七日以上者除名。

第九四条　参议员携带凶器入议场者除名。

第九五条　前二条惩罚事件,得由议长提议,其他惩罚事件,须由参议员五人以上之提议,统照九十六〔一〕条规定办理。

请付惩罚之提议,须于惩罚事件发生后三日内行之。

第十六章　秘书厅

第九十六条　参议院设秘书厅,掌本院文牍、会计,编制各种记录,并办理一切事务。

第九十七条　参议院秘书厅,设秘书长一人,秘书员若干人,此外必要职员,由议长酌定。

第九十八条　秘书长承议长之命,管理本厅一切事宜。

第九十九条　秘书员承秘书长之命,分掌各科事务。

第一○○条　秘书厅办事细则,由秘书长拟订,呈由议长核定施行。

第十七章　经费

第一○一条　参议院经费由国库支出。

第一○二条　参议院经费,除开办费外,其款目如下:

一、参议员公费及旅费;

二、议长、副议长津贴费;

三、秘书厅经费及守卫经费;

四、杂费及预备费。

第一○三条　前条所列各款经费,其数目别以支给章程定之。

第一○四条　前条所列各款经费,除旅费外,由参议院按月制定预算表,咨请财政部提交参议院,分别支给。

第十八章　附则

第一○五条　本法自公布之日施行。

据《临时政府公报》第五十五号(南京一九一二年四月二日)

国民党规约[①]

（一九一二年八月）

第一章 总纲

第一条 本党以巩固共和、实行平民政治为宗旨。

第二条 本党党纲如下：

一、保持政治统一。

二、发展地方自治。

三、励行种族同化。

四、采用民生政策。

五、维持国际和平。

第三条 本党于必要时期，审察国中政治状态，发表政见，以谋党纲之实行。

第二章 党员

第四条 凡中华国民具有公民资格，与本党宗旨相同者，得为本党党员。

第五条 凡欲入党者，须具入党愿书，由本党党员二人介绍。

第六条 凡党员须遵守本党宗旨及一切规则。

第七条 党员入党时，须纳入党金一元。

第八条 党员得被选任为本党职员。

[①] 吴拯寰编《孙中山全集》（上海三民图书公司1929年版）标题为《民国元年国民党党纲》；黄季陆主编《总理全集》（成都近芬书屋1944年版）标题为《国民党总章》。

第九条　党员得依本党各项规则所定,享有特别权利。

第十条　员党〔党员〕不得兼入他党,欲脱党时,须提出理由书于本党,并交还党员证书。

第十一条　党员如有改变宗旨、违背规约或以个人行为妨害本党名誉者,经干事会调查确实公决后,由本党宣告除名。

第三章　机关

第十二条　本党设本部于国都,综理全党事务,统辖本党各交通部、支部及分部。

第十三条　交通部设于省会外之各商埠,直隶本部,管理本党交通事宜;其应设地点,由本部定之。凡设交通部之地不设分部,以交通部兼掌其事;关于分部事项,仍受支部之监督。

第十四条　支部设于各省会,综理全省党务,监督各分部。

第十五条　分部设于各府厅州县,隶属该省支部,管辖各该地党务。

第十六条　各分部为筹备选举事宜,应联合数部设分部联合会于复选举投票地。

第十七条　凡外国要地寄居华人满千人以上者设支部,综理该地党务,并监督分部;其寄居不满千人之地方设分部。隶于附近之支部,管理各该地党务。

第四章　职员

第十八条　本党本部职员如下:

理　　事　九人;

参　　议　三十人;

基金监　三人;

审计员　七人;

干　事　无定员。

第十九条　理事:代表本党,综揽党务。

第二十条　参议:参议本党重要事件。

第二十一条　基金监:管理本党基本财产。

第二十二条　审计员:审查本党会计。

第二十三条　干事:分部治事,其事务分配如下:

一、总务部　掌理本党机要及不属于他部事项。

二、交际部　掌理关于联络党员及对外交际事项。

三、政事部　掌理关于政治运动事项。

四、文事部　掌理关于编辑出版及其他政治教育事项。

五、会计部　掌理关于本党收支及财产经理事项。

第二十四条　各部设主任干事一人,综理各该部事务。

第二十五条　各部设副主任干事一人,辅助主任干事处理各该部事务;主任干事有事故时,代理其职。

第二十六条　各部设干事若干人,管理各该部事务。

第二十七条　本部设政务研究会,掌研究各项政务,决定政见,筹画政略。

第二十八条　政务研究会设主任干事一人,综理该会事务;副主任干事一人,主任干事有事故时,代理其职;干事若干人,分科掌理调查及讨论事宜。

第二十九条　本党交通部、支部、分部之职员,另以通则定之。

第五章　职员之选任及任期

第三十条　理事由大会用记名连记投票法选举,任期二年;理事互选一人为理事长。

第三十一条　参议由大会用无记名连记投票法选举,任期二年。

第三十二条　基金监、审计员,由干事会用单记投票法选举,任期一年。

第三十三条　各部及政务研究会干事,由理事推定,任期二年。

第三十四条　各主任干事及副主任干事,由各该干事中互选。

第三十五条　各职员均得连举连任。

第六章　会议

第三十六条　本党每年于国会开会前,开大会于本部所在地,讨论本党一切进行事宜,并选举应选之职员;大会以本部所在地之党员及各支部选派之代表员组织之。

第三十七条　本党临时有特别重大事件时,应由理事征集临时大会决之。

第三十八条　本党有重要事件或紧急重大事件不及征集临时大会,得由理事征集全体职员会决之。

第三十九条　本部为保持事务统一,得由总务部主任干事随时征集各部干事会或各部主任干事会。

第七章　党费

第四十条　本党党费以下列各款充之:

一、党员入党金;

二、党员常年捐;

三、党员特别捐;

四、党员所得捐;

五、借债。

第四十一条　党员入会金作为本党基本金,非得大会议决,不得支用。

第四十二条　党员常年捐二元。

第四十三条　本党遇有特别应办事件,由全体职员会议决,得向各党员募集特别捐;但不愿应募者听之。

第四十四条　凡党员任官吏或议员者,除纳常年捐外,应按月缴纳所得捐。所得捐规则另定。

第四十五条　本党如急需巨款,或党费不敷时,经全体职员会议决,得以本党所有财产作抵,或由党员作保,借款充用。

第四十六条　本部会计,应按月造具清册,移交审计员审查后,汇齐报告于大会。

第八章　附则

第四十七条　本部与交通部、支部、分部之关系,另以规则定之。

第四十八条　本规约经职员二十人以上,或党员四十人以上之提议,大会半数以上之可决,得修改之。

第四十九条　本规约自议决日施行。

据中国国民党中央文化传播委员会党史馆藏一般档案 375/31

中华民国自由党简章①

（一九一二年夏）②

缘　起

共合〔和〕成立,五族一家,平等自由,人皆享有,此组织自由党之缘起

---

① 中华自由党系1912年2月3日正式成立于上海,其以维护社会自由,排除共和障碍为宗旨,遭致袁世凯忌恨,至1913年8月底被取缔。自由党简章最早刊载于上海《时报》1912年1月8日,此件已据自由党北京部"录本部原文"重行增订。

② 底本未署时间,该年4月4日孙中山出席自由党公宴会,被推为主裁,据此,时间当在1912年夏。

也。夫天赋人权,自有生以来即予以完全〈自由〉之幸福。孩提之童,骀〔鲐〕背之叟,纨袴之富,鹑褐之贫,孰无灵魂,以想以思;孰无肉体,以运以动。而何牵制束缚,而不能享自由幸福者,比比皆是。吾党有鉴于此,愿以毕生之脑力供我同胞奔走运动之劳,希望日归自由而已。"不自由,毋宁死",非世界之公言乎?天既赋我以人权,吾党当爱护而保持之。孔子曰:"己所不欲,勿施于人"。西哲有言曰:"不侵人之自由"。自由之义,昭然若揭。今丁此人权发达之期,社会之进步基于自由之催促。然而"自由、自由,天下多少罪恶皆假汝之名以行",此罗兰夫人所以临刑而痛言也。噫!吾党人行将深耕溉种,以植自由之良苗;又将芟刈蕴崇,以锄自由之蟊贼。愿我党人相共勉之。

简　　章

定名:本党定名为中华民国自由党。

宗旨:本党以维持社会之自由,扫除共和之障碍为宗旨。

机关:本党暂设本部于上海法界卜邻里;设各部于全国及东西洋各埠。

资格:不分男女、不分种族、不分宗教、不分阶级,年满十五岁以上,能了解本党宗旨,并能恪守本党规约者,经本党党员介绍,均得入党。

组织①:本部设执行部部长、副长各一人。总务、文牍、会计、编辑、调查、交际、庶务各科科长各一人,科员若干人。参议部议长、副长各一人,议员若干人。职务权限另载详章。

集会:本部每年开大会二次,恳亲会一次。如有重要问题发生,经参议部议决或党员二十人以上之提议,得由部长召集临时会。

经费:党员入党时纳费一元,徽章费一元,常年费二元。无论党员、非党员,特别捐助本党经费十五元以上者,赠以银质名誉徽章。五十元以上者,赠以金质名誉徽章。以表嘉誉。

---

① 组织原为"本党组织设正副总裁各一人,书记、会计、理事若干,而其权限详载细则中"。

限制：如具下列之一者不能入党：（甲）现被剥夺公权者；（乙）现患神经病者；（丙）现年未满十五岁者；（丁）不能了解本党宗旨者。

徽章及证书：凡党员入党时，先缴党费、徽章费各一元，给予收据。俟开成立会前三日持据领取证书、徽章，以便佩带与会。如开会时不带徽章，不得入场。

敬礼：本党党员凡佩带徽章，无论何时何地相遇，均应脱帽或握手为礼。

罚则：本党党员有不守本党规则，败毁本党名誉者，查有确实证据时，经参议部议决由执行部长宣布除名。

权利义务：（甲）本党党员有终身享受本党保护及佩带徽章，选任职员，发表意见之权利。或有因公益事件之伤害而荡产者，得受本党抚恤。（乙）本党党员有严守党规，辅助党务，互相劝勉，彼此扶持，指导社会，绍介党员及组织各项实行团体之义务。

进行：本党进行手续，拟自行组织各项实行团体，以期扩张党势，造福国民，计分十种：为教育团、医士团、律师团、实业团、新闻团、演讲团、新剧团、侦探团、绍介团、美术团。

附则：本简章一切未尽事宜，随时增订施行。

正 主裁 孙　文
副　　　李怀霜

本党发起人

　　林与乐　梁爵〔舜〕传　徐麟宝〔寰〕　蔡之韶　王钺　罗传　谢树华
　　郑鉴宇　高冠吾　梁炳麟　杨鸿春　赵铨章

本党赞成人

　　汪精卫　黄　兴　周　浩　郑正秋　梁仲衡　郭辅廷　高明志
　　秦士侠　孙　文　李怀霜　汪　炳　洪炳中　陈鸳春　王树谷
　　潘小芳　张子芳

据《自由党史料》，载《北京档案史料》一九八九年第四期

铁路总公司条例草案①

（一九一二年十二月十九日）②

第一条　铁路总公司按照中华民国元年九月初八〔九〕日大总统令组织，为筹办全国铁路总机关。除政府所办已成、未成及经签押应筑各路，属交通部之职掌外，所有贯穿各省及边地各干路铁路，总公司有全权办理。

第二条　铁路总公司除依法律享普通公司权利外，兼有下列各款之权：

（一）规定第一条所指各路线之权。

（二）关于兴办第一条所指各铁路，及附属于各该路所必要之事业筹借或招集华洋股。

（三）行使管理及扩充第一条所指各路之权。

（四）创办附属于第一条所指各铁路所必要之事业之权。

（五）关于兴办第一条所指各铁路，及附属于各该路所必要之事业，收用官地及收买民地之权。

（六）行使以上五款各权所必要之附属权。

第三条　各地方铁路，于铁路总公司所办之路无关碍者，或由中央与地方政府自行筹办，或商请铁路总公司筹办。但路线之规划，必须经铁路总公司协定。如各省已成或现筑之路，适在铁路总公司第一条所指各路之中者，铁路总公司得议价收买之，或协定契约合并办理。

第四条　铁路总公司所办之路，中央及地方政府应尽保护辅助之责。

第五条　关于承办铁路年限，及政府收回办法等项，铁路总公司应遵照政府对于普通商办铁路公司之规定办理，至现在及将来关于铁路之一切法

---

①　此条例经参议院修订后通过，袁世凯于1913年3月31日命令公布。当时通过的条例名为《中国铁路总公司条例》，共13条，对铁路总公司的职权有所削弱。二次革命爆发后，7月31日袁世凯命令该条例内事权暂由交通部执行。

②　本文所标时间为《民立报》发表日期。

令,除与本条例抵触者外,铁路总公司亦应一律遵守。

第六条 铁路总公司借款招股,不论华洋股款,均应遵照中国现行法律办理,即同享中国法律保护之利益。其关于借款招股等事,须由中国政府担保者,并应将所拟合同报明中国政府批准施行。

第七条 铁路总公司所办之路,政府遇有军事、振〔赈〕灾及交通、行政暨保卫治安各必要情形,得行使优先权,并藉该路为运载兵警、灾民、通邮及转运粮饷、军需之用。除邮政特别免收费外,其余事只给付半价。

第八条 铁路总公司得自行规定本公司各项章程,但应报明政府立案,并不得与本条例抵触。

第九条 本条例自公布之日施行。

据上海《民立报》一九一二年十二月十九日

附录 中国铁路总公司条例草案

第一条 铁路总公司系按照中华民国元年九月初八〔九〕日大总统令组织。除政府所办已成、未成及经签押或载在草约成案上订归政府办理之路,属交通部直接办理外,总公司得指定各省及边地各干线协商,政府经认为必要修筑者,铁路总公司得按照本条例各节全权承办。

第二条 铁路总公司除依法律享有普通公司权利外,兼有下列各款之权:(一)协定第一条所指各路线之权。(二)承办第一条所指各路募借华洋股本债款之权。(三)行使管理第一条所指各路之权。(四)兼办附属于第一条所指各路所必要之事业之权。(五)关于承办第一条所指各路因建筑所必要领用官地及收买民地之权。

第三条 不属于第一条所指各线,如政府或原办之公司愿授与总公司承办时,总公司得有权承办□;不属于第一条所指各线,得由他公司按照政府定章承办,但不得与总公司承办路线之利益有所妨碍。

第四条 铁路总公司所办各路应预定建筑年限,报备政府立案。如逾期不能举办,或政府□为国防军事之必要,须提前建筑经指定年限,令总公司照限办理,而总公司不依限办理时,政府得另行筹办。

第五条 铁路总公司所办之路,政府应尽保护及辅助之责。

第六条 关于承办铁路年限及政府收回办法等项,铁路总公司应遵照政府对于普通商办公司之规定办理。至现在及将来,关于铁路及其附属事业之一切法令,除本条例特别规定外,铁路总公司均应一律遵守。

第七条 铁路总公司所办各路借款招股,不论华洋股款,均应遵照国家法律办理,即同享国家法律保护之利益。其所拟借款合同及招股章程,应报明政府批准施行。铁路总公司之权利,不论□属何人,政府只认与总公司直接。

第八条 政府对于铁路总公司所办各路,认为有军事必要情形时,应行收为军用或行使优先权;及寻常运载兵警、军需、移民、赈灾、通邮等事,应行减收或免收车价者,悉照普通商办铁路公司之规定一律办理。

第九条 铁路总公司所办各路及其附属事业,应优先购用本国自制之材料。

第十条 铁路总公司所办各路各种价章,应随时报明政府立案,其一切运价之最高最低限度,政府得限制之。

第十一条 铁路总公司不得将全部移让于他公司,如移让一部分之权利时,须先经政府许可。

第十二条 铁路总公司得依据本条例规定各项章程,但应报明政府立案。

第十三条 本条例之全文或一节,如遇重大窒碍时,得由总公司或政府提议,经国会议决修改之。

第十四条 本条例自公布之日施行。

据上海《申报》一九一二年十二月三十日《中国铁路总公司条例草案》

中国兴业公司计划书草案①

(一九一三年二月二十一日)

1. 创立宗旨之大意

为进一步巩固东亚同种同文两大国民之团结,加深唇齿辅车之情谊,两国有力之实业家结为一体,各示诚意,以强化其经济关系,振兴东亚,此为创设本公司目的之所在。今当中华民国草创之日,充实国力,迫不容缓。中国兴业公司同人当尽两国实业人之任务,探求中国之富源,调查中国之有利事业,以期达到实际之解决。其创立之宗旨及其必要性,见下列本公司各计划中之各条款,当可知之。

2. 中国兴业公司计划书概要

(一)名称:

一、本公司定名为中国兴业公司,英文名为"The China Exploitation Co. Ltd"。

(二)组织:

一、本公司为中日合办之股份公司,根据中华民国之法律而设立之。

(三)营业:

一、各种企业之调查、设计、仲介及其承办。

一、对各种企业直接或间接进行资金之提供及通融。

一、其他一般金融及信托之业务。

---

① 孙中山抵日本后,与日本财界领袖涩泽荣一商谈发起中日合办企业中国兴业公司。1913年2月20日在三井物产会社举行中国兴业公司发起人大会。21日下午孙中山偕戴天仇与涩泽、益田孝、山本条太郎等就中日合办事业双方交换意见,并拟定计划书草案。

(四)资金及股份:

一、本公司以五百万日元为资本,由中日两国实业家各承其半,但第一次缴纳其四分之一。……

(五)营业所:

一、总公司置于上海,分公司置于东京。

(六)干事:

一、设董事十名,监查四名,由中日两国股东中,各按半数于股东大会时选出之。

一、由董事互选总裁一名,副总裁一名及其常务董事二名。

(七)股东大会:

一、定期股东大会每年在上海召开一次,临时股东大会如必要时在上海或东京召开之。

(八)债券:

一、本公司经董事会之决议,可以发行中国兴业公司债券。

一、中国政府准许债券之发行,并竭尽其力以保护其利益。

一、日本资本家当尽其最大努力应募债券。

(九)资本之仲介:

一、本公司对日本或外国之资本团,可以仲介其资金之提供。

一、在以上之情况下,本公司对日本或外国资本团,根据内外市场之状况,当尽力对债务者予以有利之条件,以便筹募其资金。

一、在日本资本团中,当网罗东京及大阪第一流有力之银行。

(十)创立事务:

中华民国方面由孙文担当之,日本方面由男爵涩泽荣一担当之。

据彭泽周《中山先生与中国兴业公司》,载《中华民国建国史讨论集》第一集(原载《日本外交文书》大正二年第二册)

中国兴业公司发起书

（一九一三年三月）

为进一步巩固东亚同种之二大国民之密切关系，增进唇齿辅车之交谊，收提携之实，莫若密切国民相互间之经济的连锁。此所以有现今中日两国有实力之实业家相聚，为谋东亚百年之大计而披沥诚意，提倡设立中日合办中国兴业公司之举也。

今中华民国新成立，国力之充实，更为急切。即中国兴业公司乃以在中国查探富源，调查有利之事业，作为中日两国人民之责任而求其实际的解决者也。试一览另纸之本公司计划书，则相信对其设立之宗旨及必要，自当明了。

一九一三年三月
发起人总代表　孙　文
涩泽荣一

据［日］涩泽雅英《架在太平洋上的桥——涩泽荣一的一生》，载《读卖新闻》一九七〇年版（陈明译）

中华革命党总理誓约

（一九一四年七月八日）

立誓人孙文，为救中国危亡，拯生民困苦，愿牺牲一己之身命自由权利，统率同志，再举革命，务达民权、民生两主义，并创制五权宪法，使政治修明，民生乐利，措国基于巩固，维世界之和平，特诚谨矢誓如下：

一、实行宗旨；

二、慎施命令；

三、尽忠职务；

四、严守秘密；

五、誓共生死。

从兹永守此约，至死不渝，如有二心，甘受极刑。

中华民国广东省香山县孙文（指模）

民国三年七月八日立

据中国社会科学院近代史研究所藏原件照片

中华革命党总章①

（一九一四年七月八日）

第一条　本党名曰中华革命党。

第二条　本党以实行民权、民生两主义为宗旨。

第三条　本党以扫除专制政治、建设完全民国为目的。

第四条　本党进行帙〔秩〕序分作三时期：

一、军政时期

此期以积极武力，扫除一切障碍，而奠定民国基础。

二、训政时期

此期以文明治理，督率国民，建设地方自治。

三、宪政时期

此期俟地方自治完备之后，乃由国民选举代表，组织宪法委员会，创制宪法；宪法颁布之日，即为革命成功之时。

第五条　自革命军起义之日至宪法颁布之时，名曰革命时期；在此时期之内，一切军国庶政，悉归本党负完全责任，力为其难，为同胞造无穷之幸福。

第六条　凡中国同胞皆有进本党之权利义务。

---

① 此《总章》为孙中山手书，1914年7月8日中华革命党于东京筑地精养轩举行成立大会时公布。

第七条　凡进本党者必须以牺牲一己之身命、自由、权利而图革命之成功为条件,立约宣誓,永久遵守。

第八条　凡党员须纳入党费十元,每年捐一元于本部;惟前时曾致力于革命及现在为革命奔走者悉免。其有额外义捐巨资者,照事前筹饷章程办理。

第九条　每党员至少须介绍新进一人,方完义务。其有于革命军起义之前介绍新进百人者,记功一次;千人者记大功一次,照酬勋章程办理。

第十条　凡党员有背党行为,除处罚本人之外,介绍人应负过失之责。

第十一条　凡于革命军未起义之前进党者,名为首义党员;凡于革命军起义之后、革命政府成立以前进党者,名为协助党员;凡于革命政府成立之后进党者,名曰普通党员。

第十二条　革命成功之日,首义党员悉隶为元勋公民,得一切参政、执政之优先权利;协助党员得隶为有功公民,能得选举及被选权利;普通党员得隶为先进公民,享有选举权利。

第十三条　凡非党员在革命时期之内,不得有公民资格。必待宪法颁布之后,始能从宪法而获得之;宪法颁布以后,国民一律平等。

第十四条　凡有功于本党或曾在本党人员之麾下服务一年者,虽未照第七条之手续进党,若得党员十人之保证,可补立誓约,请本部追认为首义党员,得享元勋公民之权利。

第十五条　本党公举总理一人,协理一人。

第十六条　总理有全权组织本部为革命军之策源;协理辅助之或代理之。

第十七条　本部各部长、职员悉由总理委任。

第十八条　各地支部长由各地党员推荐,总理委任。

第十九条　本部之组织如下:

一、总务部;

二、党务部;

三、财政部;

四、军事部；

五、政治部。

第二十条　每部任部长一人,副部长一人,职务长若干人,职务员若干人。

第二十一条　总务部之职务如下：

一、总务部庶务；

二、接洽内地支部；

三、接洽海外支部；

四、制管公文符印；

五、交涉党外事宜；

六、办理不属他部之事。

第二十二条　党务部之职务如下：

一、主盟新进；

二、存管誓章册藉〔籍〕；

三、调查党员履历；

四、招待外宾；

五、传布宗旨。

第二十三条　财政部之职务如下：

一、管理党中度支；

二、接收支部党费义捐；

三、筹集事前款项；

四、规定因粮方法；

五、计划事后财政。

第二十四条　军事部之职务如下：

一、物色并培育将才；

二、调查各省敌情；

三、计划作战；

四、运动敌军；

五、调查并购制武器；

六、筹备军政。

第二十五条　政治部之职务如下：

一、物色并培育政才；

二、筹备中央政府；

三、规划地方自治；

四、审定建设规模。

第二十六条　凡属党员，皆有赞助总理及所在地支部长进行党事之责，故统名之曰协赞会，分为四院，与本部并立为五；使人人得以资其经验，备为五权宪法之张本。其组织如下：

一、立法院；

二、司法院；

三、监督院；

四、考试院。

第二十七条　协赞会会长一人，副会长一人，由总理委任；各院院长，由党员选举，但对于会长负责任。

（说明）所以由总理委任会长、副会长者，为统一党务起见；若成立政府时，当取消正副会长，则四院各成独立之机关，与行政部平行，成为五权并立。是之谓五权宪法也。

第二十八条　立法院之职务如下：

一、创制各部规则；

二、提议修改总章；

三、批准支部章程；

四、筹备国会组织。

第二十九条　司法院之职务如下：

一、裁判各部或职员之冲突；

二、裁判党员之争执及处罚事宜；

三、裁判各支部、分部之冲突；

四、筹备司法院之组织。

第三十条　监督院之职务如下：

一、监察党务进行；

二、责备党员服务；

三、察视党员行为；

四、稽查党中账目；

五、筹备监督院之组织。

第三十一条　考试院之职务如下：

一、考验党员才干而定其任事资格；

二、调查职员事功而定其勋绩；

三、筹备考试院之组织。

第三十二条　支部为各地之自治团体，得自行议立章程，请本部批准，并推荐支部长，请本部总理委任。

第三十三条　支部长得便宜行事，派委人员在其附近地方设立分部，而直接统辖之。

第三十四条　分部发达至万人以上者，能自立为支部，直接受本部统辖。

第三十五条　凡国内及海外各种政治组合及爱国团体，人数过万，有欲归属本党者，须照章写立誓约，缴入党捐，便得为本党支部。

第三十六条　国内支部，专事实行；海外支部，专事筹款。所事虽异而成效无别，故于革命成功之日，国内、海外各支部同一享参政之权利。

第三十七条　革命政府成立之后，每支部得举代表之人以参预政事，组织国会，并各种补助机关，以助政府之进行。

第三十八条　各支部皆有权推荐人才，政府当量才从优器使。

第三十九条　本党总章之修改，须由立法院之提议，得本部职员及协赞会职员三分二之决可，乃得修改之。

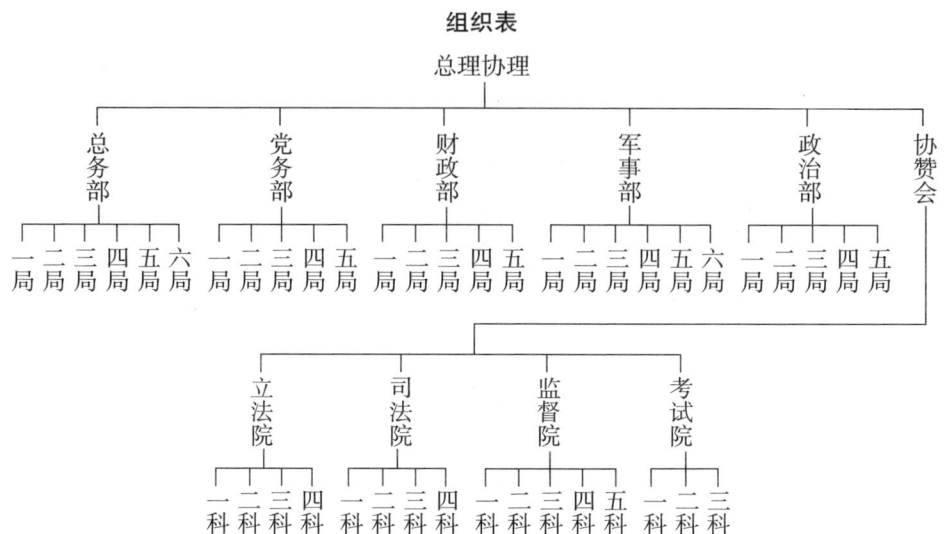

据佚名编《总理遗墨》（印行时间不详，广东省社会科学院藏）影印本

党员自由储蓄救国金简章

（一九一四年九月十五日）

一、每党员以六个月为限，准备三十元美金，存储所居留之地方外国银行，备为救国之用。

一、每月量力存放银行，如能一次付足三十元者更妙，否则每次以五元为额，六个月内必蓄至三十元。但无论每月能付若干，总以六个月内为限，限满之时，务要能及三十元美金为度。

一、所存金由本人自向银行存放，写明本人姓名，他人无取金之权。

一、由银行领出存金，存折仍由本人执存，他人无权支领。唯所存之金既专备为救国之用，则无论如何拮据不可取用，以符储金救国之宗旨。

一、如各党员散处各地，不能每月亲来聚会者，可恃所执银行存折，付托可信之同志带交书记登录，录毕仍将原折交还原所信托之人带回，如中途遗失，应由带者负责。

一、如党员所居之地，与支分部及通讯处相隔过远，亦无可信托之人，则俟储蓄至三十元额时，将存折直寄总支部，登记之后仍将原折寄还本人收存。

一、各党员有鼓励同志催促其储金救国之义务。

一、各党员所储之金，将来如遇救国需用之时，当以本党总理有切实办法，说明用途，通电总支部转告各地支分部分〔及〕通讯处，召集储金党员布告一切，定期由各党员自向银行取出所存之金三十元，全数交与部长或干事，登录姓名，随即给发临时收据交还本人，复由部长或干事立将所汇收之金额汇由总支部转汇本部，先由总支部部长、会计签发正式收条，寄还各地支分部及通讯处，转发本人收执为据，随将临时收据缴消。

一、各党员已交救国金，执有总支部正式收条者，当俟成功之日，提向总理转换偿还证据，按期付还，并标储金救国者之芳名，以为民国历史光。如不愿收还者，则作为义捐，应给与相当之表彰，以昭好义。

一、此项储金以三年为期，如过三年之后并无提用之必要，应由本人自由取出，任便处置。

一、凡储金满三十元额之党员，于储金之三年期内，除登记芳名外，另由总支部列册，呈请总理赠与特别襟章一座，以彰毅力而昭激劝。

一、此种储金乃基于党员为党为国之自由志愿发生，以达建设之目的，并非强迫而行，但求各党员自觉，则积水成渠众擎易举，倘能绸缪未雨之先，自无临渴掘井之憾，凡我党员宜体此意。

一、存金已达十元金额之时，应开列姓名及该银行地址、行名，报告本地方分部注册，转报总支部登记，以便稽核本党党员存储银行金额之实数。

一、各地方支分部及通讯处均需每月召集党员聚会一次，聚会之时，各党员将存放银行之存折交与书记，登录所存金额于分部所立注册部〔簿〕上，立将存折交还本人收存。如有未能按期存金者，则由分部长当众劝勉，务期党员每人于六个月内必能储蓄三十元之数。但会长、职员更宜一律存储，以为各党员表率。

一、各地支分部及通讯处所用册簿及报告纸张，悉由总支部给发，以期划一格式而便汇报总部。

据中国国民党中央文化传播委员会党史馆藏环龙路档案 13851

中华革命党革命方略
（一九一四年）①

第一编　军政

第一章　总纲

第一节　革命军之目的

第一条　革命军以下列各项为目的：

一、推翻专制政府。

二、建设完全民国。

三、启发人民生业。

四、巩固国家主权。

第二节　革命军之宣誓

第二条　凡革命军人应照以下五项明白宣誓：

一、实行宗旨。

二、服从命令。

三、尽忠职务。

四、严守秘密。

---

① 此系1914年中华革命党本部在东京订颁者。

五、誓共生死。

第三条　宣誓程式及手续如下：

(甲)程式：

誓　约　书

　　吾人为救中国危亡，拯生民困苦，愿牺牲一己之身命自由权利，投效革命军前，务达革命目的。自受军职以至革命成功之日，誓严守以下约章：一、实行宗旨；二、服从命令；三、尽忠职务；四、严守秘密；五、誓共生死。从兹矢信矢忠，有始有卒，如有二心，甘受军法。专此，谨呈

中华革命军大元帅

　　　　　　　　　　　　　　　本　　人　□□□○圈内盖左手中指指模

　　　　　　　　　　　　　　　保　　人　□□□○同　　上

　　　　　　　　　　　　　　　主盟长官　□□□印

民　国　　　年　　　月　　　日

……………字　第……………………………………号………………

履　历　书

籍贯　　省　　　府　　　县　　　乡　　　现年　　岁

父　生存或　父 (生或死)　弟　现存　妻　氏(现有者)
祖母　(　　)　　　　　　　人　(　)
母　死亡　母　　　　　　　兄　者　子女　人(现存者)

　　　　　　某年△月入○○学校(卒业或修业)

　　　　　　某年△月营○○商业或○○工业及农业

　　　　　　某年△月入○○军队充○○兵科有若干年

　　　　　　某年△月受○○军职有若干年

上件①所开是实即呈

主盟长官　　鉴　　　　　　本人　□□□(签名)

民　国　　　年　　　月　　　日

……………字　第……………………………………号………………

---

① 底本原为"右件"，今依排版方式由竖排改为横排，而将"右"酌改为"上"，下同。

```
                合 格 证 书
    革命军志愿者□□□；已经宣誓填明履历，考查合格，编入军籍，特此证明。
      上付原籍    省    府    县    人   □□□执照 ○   本人盖
                                                      指模圈
                                          主盟长官□□□ 印
      民  国      年      月      日
```

（乙）手续：

革命军志愿者已填誓约书、履历书后，须向主盟长官立正举右手，主盟长官亦起立对举右手，听本人宣读誓约书毕，以右手举行加额礼，交付证书。

第二章　组织

第一节　革命军大元帅

第四条　中华革命党总理为中华革命军大元帅。

第五条　大元帅统率陆海军。于大元帅之下设最高统率部，称曰大本营。其组织以专章定之。

第六条　大元帅代表中华民国为大总统，组织政府，总揽全国政务，一切法令、条例，由大元帅制定公布之。法令、条例未制定以前，民国现行法令、条例，于可以适用之范围，经大元帅认可得适用之。

第二节　各省

第七条　各省行政事务，置总督管辖之。总督由大元帅特任，受大本营节制。其职权及组织以专章定之。

各省未设总督以前，置司令长官一人，司令官若干人，筹备各省革命进行事宜。其职权及组织以通则定之。

第三节　旗帜及服制

第八条　中华民国以青天白日旗为国旗,其图说如下:

旗以红色为地,青天白日为章,章在旗之首上隅。

旗章之地用蓝色作天,圆心用白色作日,日缘仍用蓝色,日边饰以光芒十二道。光芒之空间仍用白色。其比例如下:

一、旗度纵三横四,例如纵为三尺,则横为四尺,余类推。

二、旗章度等于旗度纵度十一分之六,横度十分之五。

三、日径等于旗章纵度十二分之五。

四、日缘之宽等于日径十五分之一。

五、光芒之长等于日径二分之一。

六、光芒之底角距离等于日径十五分之一。

(注意)日缘之宽与光芒底角之距离,原定为等于日径十五分之一;但旗度愈大,则日缘之宽与光芒底角之距离宜酌减,乃适美观,制旗时宜酌量也。

第九条　大元帅帅旗及军旗在未分别制定专旗以前,得用青天白日之旗章为军旗。式如下:

旗地　　　蓝色

圆心　　　白色

圆边　　　　蓝色

光芒之空间　白色

旗度各种比例与前条参照。

第十条　陆军服制以专章定之。

第四节　勋记及饷项

第十一条　革命军之勋记,由大元帅授之;但未授勋记以前,得由各该上级长官注册请奖。

第十二条　授勋章程以专章定之。

第十三条　革命军陆军饷项规定如下:

官　　　　等	月　　俸
大　将	五　百　元
中　将(军佐相当官同)	四　百　元
少　将(同　　　前)	三　百　元
大　校(同　　　前)	二百五十元
中　校(同　　　前)	二　百　元
少　校(同　　　前)	一百五十元
大　尉(同　　　前)	一　百　元
中　尉(同　　　前)	八　十　元
少　尉(同　　　前)	六　十　元
司务长(同　　　前)	四　十　元
上　士(同　　　前)	二　十　元
中　士(同　　　前)	十　六　元
下　士(同　　　前)	十　四　元
上等兵(同　　　前)	十　二　元
一等兵(同　　　前)	十　　　元
二等兵(同　　　前)	八　　　元

备考:本规定之饷项,自革命军起义之日起算。

第十四条　革命军军用文官薪俸,依其等级适用前条之规定。

第五节　抚恤

第十五条　革命军人因任务受伤,以致残废不能任事者,照本人现俸给与终身,作为抚恤费。

第十六条　革命军人阵亡及因阵前受伤病故者,照本人现俸给与本人之祖父母或父母或寡妇终身,子女则教育成才,并照本人现俸给与至二十岁为止。

第十七条　凡非革命军人因从事革命致残废者,就其现职比照军人等级给与终身恤费;死亡者就其现职比照军人品级给与遗族恤费。

第十八条　抚恤详章另定之。

第六节　公文程式

第十九条　革命军之公文程式分为五种:

一、对于一般人民宣布意思之公文曰布告。

二、上级机关对于下级机关之公文曰令、曰示。

三、下级机关对于上级机关之公文曰呈。

四、平行机关互相往来之公文曰咨。

五、对于外国官员之公文曰照会。

但革命军对于一般人民或公共团体强制执行之公文亦曰令。

第三章　举义

第一节　举义前之要务

第二十条　革命军于举义以前,司令长官或司令官对于目的地点须预先秘密调查以下各事项:

一、调查该处公署、府库、银行、造币局厂、电报、电话、无线电、铁路、船舶、船坞、其他各种官业所在,以便占领。

二、调查该处军营、炮台、要塞、军械局库、弹药局库、制造局厂,其他要隘所在形式,以便占领防守。

三、调查该处码头、关卡、渡船、航船(民船)停舶地点所在,以便稽查出入。

四、调查公共会所、寺观、祠宇,何处地方宽阔,交通便利,以便驻屯军队,办理军务之用。

五、调查该处外国人住户、店铺、教堂、学校、医院所在,以便保护。

六、调查该处物产,何项最多,何项缺乏,商会行帮大商巨贾之住居所在,屯积米谷之仓库所在,以便就地因粮。

七、调查该处医院、医馆、医生、看护人、赤十字会、救伤队、及其他慈善团体所在,以便委托救护卫生。

第二十一条 革命军于起义前,司令长官、司令官必要准备者:

一、响应或内应之暗号。

二、各动员间之应答口号。

三、各动员辨认之标识(肩章臂章之一二种)。

四、大小旗帜。

五、安民布告。

六、对于所部军队申明军律,并将军律条文刊成布告,以便张贴晓谕军民。

七、檄文。

以上安民布告文、军律条款及宣布军律布告文、檄文另定之。

第二节 举义后之要务

第一项 攻取

第二十二条 革命军司令长官、司令官攻克地方时亟应执行者:

一、即时于其城垒公署树立第八条规定之旗帜。

二、即时收取该攻克地方之公署、府库、银行、造币局厂、电报、电话、无线电、铁路、船舶、船坞、军营、要塞、要隘、军械局库、制造局厂、弹药局厂及其他国有、公有名产业，并检查官印、文书、册籍、案卷、公用物品，分别保存。

三、于攻克地方，司令长官设警备队司令部，置警备司令官一员，警备队长一员，任攻克地方之警备事宜。其职务以专章定之。

四、即命宪兵司令或宪兵队长监察军民，维持秩序。如无宪兵之设备，应即临时挑选优等兵卒，干练长官编成之，直隶司令部管辖、并各给显明标识，以别于寻常宪兵之职务。其职务以专章定之。

五、即派警备队或步兵保护外国人之教堂、学校、医院、住宅。各该外国人愿出境者，亦派人保护出境。如重复入境者，不得任其携带出境时同行以外之人。

六、于二十四点钟内即设因粮局，布征发令。其组织及办法以专章定之。

七、向来保护地方之乡勇巡警等，于大军到时立刻降服者，可酌量编入警备队，听候调遣。

八、即时出示公布戒严。戒严地刑罚法即日实行，其条文以专章定之。

九、组织军法局。其组织法以专章定之。

十、即刻出示严禁私人擅行招募民军。

十一、组织卫生队，或嘱托赤十字会、慈善团体、私立医院医生等专司卫生事务。其要件如下：

  甲、死尸即时埋葬，不得迟至二十四点钟以外。临时可不用棺木，并得合葬。

  乙、救治伤病兵及俘虏中之病伤者。

丙、清洁道路,洗刷血秽。

十二、清查虏获品,由司令部交因粮局存管,毋许私据分卖。

十三、出示保护公共建筑物、古迹、名胜,其文另载之。

第二十三条　各事办理情形,应呈报大元帅或司令长官,听候区处。

第二项　响应

第二十四条　凡各处响应之志士或文武官员占据地方,应即时呈报大元帅或司令长官,派员前往,按据方略,布置一切。如该处已按照本方略布置就绪,即由该主任者明白报告,听候分别委任,或派员办理善后事宜。如玩不呈报,即由大元帅或司令长官派员前往收管。凡派员收管者,对于响应者不与赏功。

第二十五条　凡响应之志士或文武官员须填具誓约书。

第二十六条　响应之文武官员除将公文、书籍加意保存外,须将官印缴呈大元帅或司令长官。

第二编　军政府

第一章　大本营

第一条　大元帅之下设最高统率部,称曰大本营。

第二条　大本营置机要、参谋、法制三处,外交、内务、陆军、海军、财政五部。

第三条　机要处设参军长一人,参军四人,秘书长一人,秘书〇人,主事〇人,电报总管一人,电报员〇人,录事〇人,供事〇人。

第四条　参军长以陆海军大将特任,承大元帅命指挥监督所部参军之勤务。

第五条　参军以陆海军少将、大校各一人充当,承参军长命掌理军令之传达及守卫、扈从、接见事项。

第六条　秘书长为特任官,承大元帅命掌管帷幄之机密文书,指挥监督秘书主事以下职员整理所事。

第七条　秘书为简任官,承秘书长命管守大元帅印,掌理特命机密,或重要文书命令之起草,及行政会议记录之编存事项。

第八条　主事为荐任官,承秘书长命掌理下列事务:

一、关于法律命令之发布并官报事项;

二、关于法律命令原本之保存事项;

三、关于文书之收发、誊录、编存事项;

四、关于会计事项;

五、关于任状之保管,高等官之任免及履历事项;

六、关于典礼仪式、设备、修缮并其他杂务。

第九条　电报总管为荐任官,承秘书长命监督指挥电报员掌理帷幄专设电报事务。

第十条　电报员为委任官,承电报总管指挥掌理电报之接收、拍发事项。

第十一条　参谋处设处长一人,陆军参谋○人,海军参谋○人,录事○人。

第十二条　参谋处长以陆军大将特任,承大元帅命指挥监督所部陆海军参谋以下之勤务,统一作战防御计划。

第十三条　陆军、海军参谋以陆海军中将以下将校尉官充当,承参谋处长命掌理关于作战防御计划。

第十四条　法制处设处长一人,法制参事○人,录事○人。

第十五条　法制处长为特任官,承大元帅命指挥监督所属参事以下掌理关于法律制度之审查、立案事务。

第十六条　法制参事为简任官,承法制处长命从事法律制度之起草、审查、立案。

第十七条　录事为委任官,承上官命从事誊录。

第十八条　供事为委任官,承上官命从事庶务。

附：大本营全体职员表

官厅	官等	高等官										普通官			
		特任	简任		荐任							委任			
			一等	二等	三等	四等	五等	六等	七等	八等	九等	一等	二等	三等	四等
大元帅	机要处	参军长 秘书长	各级参军		秘书	主事		电报总管					一等电报员	二等电报员 录事	三等电报员 供事
	参谋处	处长			各级参谋										录事	
	法制处	处长			法制参事										录事	
	各部	总长	次长		参事 局长 司长 技师长 医务长 学政官	秘书 科长	各等科员 各等技师 各等医官	电报主管					一等技手 一等电报员	二等技手 录事 二等电报员	三等技手 供事 三等电报员	四等技手 供事

第二章　各部通则

第一条　各部设总长一人,次长一人,司长、参事、秘书、科长、科员、电报主管、电报员、录事、供事若干人。

第二条　各部总长为特任官,于主任事务躬负其责。

第三条　各部总长于主任事务得以职权或依特别委任发布部令,并得附以禁锢惩役或罚金处分。

第四条　各部总长于主任事务,对于各省总督得下训令。

第五条　各部总长于主任事务,对于各省总督之命令或处分认为违背法规,损害公益或逾越权限时,得取消停止之。

第六条　各部总长于所部荐任官之功过进退呈请大元帅裁决施行,于荐任官以下得专行之。

第七条　各部总长遇有事故,除法律命令之副署,呈文之署名及部令之发布外,得命次长代理其职务。

第八条　各部次长为简任官,辅佐总长整理行政,指挥监督各司事务。

第九条　各部参事为简任官,承总长命掌理审议立案。参事得充总务厅长。

第十条　各部司长为简任官,承总长命掌理主任事务,指挥监督各科职员处理所事。

第十一条　各部秘书为荐任官,承总长命掌理机密,并特命重要文书之起草事项。

第十二条　各部科长为荐任官,承上官命掌理该科主任事务,监督指挥科员处理所事。

第十三条　各部科员为荐任官,承上官指挥掌理主任事务。

第十四条　各部设总务厅,掌理下列事务:

一、关于机密事项。

二、关于官吏之进退身份资格事项。

三、关于总长官印及部印之管守事项。

四、关于文书之收发、誊录、编存事项。

五、关于统计、报告事项。

六、关于本部所管经费及诸收入之预算、决算、会计事项。

七、关于会计、监查事项。

八、关于本部所管官有财产及物品事项。

九、关于不属他科主管事项。

陆军、海军两部因便宜于前列第二、六、七、八事项,特设科局专管。

第十五条　电报主管为荐任官,承总长命监督指挥电报员掌理各部专设电报事务。

第十六条　电报员为委任官,承电报主管指挥掌理部内电报之接收、拍发事务。

第十七条　录事为委任官,承上官命从事誊录。

第十八条　供事为委任官,承上官命从事庶务。

第十九条　通则所揭之外,各部所设特别职员于各部本则规定之。

第三章　外交部

第一条　外交部总长掌理关于外交政务之施行,及外国居留人民商业之保护事务,指挥监督外交官及领事官。

第二条　外交部总务厅除掌通则所揭事项之外,兼掌驻劄本国之各国外交官、领事官、外国人勋章之赏赐,条约原本之保管及文书之翻译事项。

第三条　外交部定员参事三人,司长二人,秘书〇人,科长〇人,科员〇人,翻译员〇人。

第四条　外交部设外政、通商两司。

第五条　外政司掌理下列事务：

一、关于外交机要事项。

二、关于各国政制现状及舆论趣向之调查事项。

三、关于涉外关系事项。

第六条　外政司设下之三科,分掌事务：

第一科　掌理关于英、美、俄、日国事项。

第二科　掌理关于德、澳、荷兰、瑞、西及日耳曼语系诸国事务。

第三科　掌理关于法、意、比、西、葡、墨、秘及拉丁语系诸国事务。

第七条　通商司掌理下列事务：

一、关于通商、航海及移民事项。

二、关于通商条约之缔结、改废事项。

第八条　翻译员从事翻译及通译。

第四章　内务部

第一条　内务部总长专司筹备宪政时期国会选举事务，立地方完全自治之基础，掌理关于警保、工程、宗教、赈恤、慈善、教育、法务及农、工、商事务，监督各省吏治，于各省事务官以外高等官之进退赏罚呈请大元帅施行。

第二条　内务部总务厅于通则所揭之外，兼掌关于地方官吏进退赏罚事项。

第三条　内务部定员参事五人，司长七人，秘书〇人，科长〇人，科员〇人。

第四条　内务部置下之特别职员：

学政官二十二人，为简任官，掌理关于学政考查事务。

技师长〇人，为简任官，统率所属技师、技手掌理关于技术事务。

医务长一人，为简任官，统率所属医官掌理卫生或官医院事务。

技师〇人，为荐任官，承上官指挥掌理主任技术事务。

医官〇人，为荐任官，承上官指挥掌理卫生事务或医务。

技手〇人，为委任官，承上官指挥处理所事。

第五条　内务部设下之七司：

内务司

警保司

卫生司

工程司

教育司

法务司

农工商司

第六条　内务司掌理下列事务：

一、关于筹备选举及地方自治事项。

二、关于国籍及人口调查事项。

三、关于征兵征发事项。

四、关于行政区域之变更设废事项。

五、关于赈灾恤难事项。

六、关于以国费经营之老人院、贫民院、盲哑院、麻疯院、孤儿院及其他以慈惠为目的之一切建筑物事项。

七、关于公益社团财团之认许事项。

八、关于寺观、庙社、庵堂、教堂及各宗教派传道事项。

九、关于名胜之保存事项。

第七条 警保司掌理下列事项：

一、关于行政警察事项。

二、关于高等警察事项。

三、关于图书出版及著作权事项。

第八条 卫生司掌理下列事项：

一、关于传染病、地方病之预防，及其关于公众卫生一切事项。

二、关于检疫停船事项。

三、关于医师、药剂师之资格，业务及药品之拘束事项。

四、关于以国费设立之医院及卫生会事项。

第九条 教育司掌理关于学务，设下之三科，分掌事务。

一、普通学务科掌理下列事项：

（一）关于学龄儿童事项。

（二）关于小学校、幼稚园事项。

（三）关于师范教育事项。

（四）关于中学校事项。

（五）关于通俗教育及教育会事项。

二、专门学务科掌理下列事项：

（一）关于大学及各种专门学校事项。

（二）关于实业教育事项。

（三）关于海外留学生事项。

（四）关于图书馆、博物馆事项。

（五）关于学术研究会事项。

三、编辑科掌理下列事项：

（一）关于教科用图书之编纂、校订及发行事项。

（二）关于教科用图书之检定及认许事项。

（三）关于教育上图书、仪器之保管事项。

第十条　工程司掌理下列事项：

一、关于本部直辖工程事项。

二、关于各省工程事项。

三、关于土地收用事项。

第十一条　农工商司掌理农工商业事务，设下之三科，分掌事务：

一、农事科掌理关于农林渔业及垦殖事项。

二、工事科掌理关于工业度量衡及意匠权特许事项。

三、商务科掌理关于商业事项。

第十二条　法务司掌筹备司法独立，兼管关于裁判所及监狱事务，设下之三科，分掌事务。

一、民事科掌理下列事项：

（一）关于裁判所之设废及管辖区域事项。

（二）关于民事及非讼事件事项。

（三）关于民事及非讼事件之裁判事项。

（四）关于户籍事项。

（五）关于公证事项。

二、刑事科掌理下列事项：

（一）关于刑事事项。

（二）关于刑事裁判及检查事务事项。

（三）关于刑之执行及赦免、复权事项。

（四）关于犯人引渡事项。

（五）关于辩护士事项。

三、监狱科掌理下列事项：

（一）关于监狱事项。

（二）关于假出狱及出狱人保护事项。

（三）关于犯人异同识别事项。

第五章　陆军部

第一条　陆军部总长掌理关于陆军军政事务，统辖陆军军人、军属，监督所辖各公署。

第二条　陆军部于通则所揭之外，特设副官长一人，副官〇人，掌理总务厅事务。

第三条　总务厅长以副官长充之。

第四条　陆军部总务厅于通则所揭之外，兼管下列事项：

一、关于军令及机密差遣事项。

二、关于军事会议事项。

三、关于军事谍报事项。

四、关于部内守卫风纪及宪兵队事项。

五、关于军乐事项。

第五条　陆军部设下之三司：

军务司

军需司

军法司

第六条　军务司设下之四科，分掌事务：

一、人事科掌理下列事项：

（一）关于陆军武官及文官之任免、补充事项。

（二）关于调制、编存各种表册，如考绩表、兵籍、战时名簿、文官名簿等事项。

(三)关于恩给事项。

(四)关于叙勋、褒奖、赏功事项。

(五)关于给假及结婚事项。

(六)关于废兵院及恤兵事项。

二、军事科掌理下列事务：

(一)关于陆军建制事项。

(二)关于平时战时编制、戒严、演习、检阅事项。

(三)关于礼式、服制事项。

(四)关于陆军留学生及陆军各学校事项。

(五)关于步、骑、炮、工、辎各科兵事项。

(六)关于征发事项。

三、军械科掌理下列事项：

(一)关于兵器之制式、支给、交换及检查诸事项。

(二)关于所辖制造局、火药库事项。

四、军医科掌理下列事项：

(一)关于陆军卫生及兽医各事项。

(二)关于陆军防疫及治病事项。

(三)关于卫生材料及药品事项。

(四)关于病院、休养室及军医学堂、兽医学堂事项。

(五)关于身体检查事项。

第七条 军需司设下之二科,分掌事务：

一、经理科掌理下列事项：

(一)关于被服、粮食、物品、官有财产之管理及建筑事项。

(二)关于废物处分事项。

二、主计科掌理下列事项：

(一)关于预算、决算事项。

(二)关于收入支出簿记及陆军金库事项。

（三）关于会计之监查事项。

（四）关于军需官之教育养成事项。

第八条　军法司掌理下列事项：

一、关于陆军军事司法及惩罚事项。

二、关于陆军监狱事项。

三、关于军事审判及监狱职员之人事及补充事项。

四、关于特赦及罪人引渡事项。

第九条　军法司职员兼掌陆军高等军法会议事务。

第十条　陆军部定员表列如下：

陆军部定员表

总长（大中将）	次长（中少将）					录事〇人 供事〇人
		总务厅	参　事（文官）二人			
			长（少　将）	副官（大校　人中校　人少校　人） 秘书（大校　人）		
		军务司	长（少　将）	军事科 人事科 军械科 军医科	长各一人（大校）（一等医正）	科员 中少校〇人 大尉〇人 二三等医正〇人
		军需司	长（军需监）	经理科 主计科	长各一人（一等军需正）	科长　二三等军需正〇人 一等军需长〇人
		军司法	长（文　官）		科员（文官）	一等〇人 二等〇人 三等〇人
		技师长〇人	一等技师〇人	二等技师〇人		三等技师〇人

第六章　海军部

第一条　海军部总长掌理关于海军军政事务，统辖海军军人、军属，监督所辖各公署。

第二条　海军部于通则所揭之外，特设副官长一人，副官〇人，掌理总务厅事务。

总务厅长以副官长充之。

第三条　海军部总务厅于通则所揭之外,兼管下列事项:

一、关于军令及机密差遣事项。

二、关于军事会议事项。

三、关于军事谍报事项。

四、关于部内守卫风纪及军乐队事项。

第四条　海军部设下之五司:

军政司

舰务司

军需司

军法司

海运司

第五条　军政司设下之三科,分掌事务。

一、军事科掌理下列事项:

（一）关于舰队、军队之建制、编制事项。

（二）关于军纪、风纪事项。

（三）关于戒严、征发事项。

（四）关于军舰、军队之配备事项。

（五）关于礼节、旗章、服制及徽章事项。

（六）关于演习、检阅及观舰事项。

（七）关于住外海军武官、留学生、海军各学校及海兵训练事项。

（八）关于军港、炮台事项。

（九）关于海军病院及卫生材料事项。

（十）关于海底电线及无线电报事项。

二、人事科掌理下列事项:

（一）关于海军文官、武官之任免补充事项。

（二）关于海军文官、武官之履历、名册及考绩表、勤务报告事项。

（三）关于士卒之征募、进级、补充事项。

（四）关于海军聘雇外人事项。

（五）关于军人、军属之恩给、叙勋、记功、褒奖及赏与事项。

三、航务科掌理下列事项：

（一）关于测量江海港湾及空中事项。

（二）关于航海、航空图志及测量仪器事项。

（三）关于航海、航空之保安、布告、警戒及碇留事项。

（四）关于灯台、望楼事项。

第六条　舰政司设下之四科，分掌事务。

一、舰务科掌理下列事项：

（一）关于舰船之建造、修理、购买、舣装事项。

（二）关于海军工厂、船坞之设备及管理事项。

（三）关于舰船之调查、研究、检验事项。

（四）关于钢铁制炼事项。

二、兵器科掌理下列事项：

（一）关于兵器之制造、购买、修理事项。

（二）关于兵器之调查、研究、检查事项。

三、轮机科掌理下列事项：

（一）关于轮机之制造、修理、购买、配置事项。

（二）关于轮机之调查、研究、检查事项。

四、飞机科掌理下列事项：

（一）关于飞船、飞艇队之编制、配备事项。

（二）关于飞船、飞艇之制造、修理、购买事项。

（三）关于飞船、飞艇之调查、研究、训练、奖励事项。

第七条　军需司设下之二科，分掌事务：

一、经理科掌理下列事项：

（一）关于被服、粮食、物品、官有财产之管理及建筑事项。

（二）关于海军贮炭所事项。

（三）关于废船、废物处分事项。

二、主计科掌理下列事项：

（一）关于收入支出簿记及海军金库事项。

（二）关于预算决算事项。

（三）关于会计之监查事项。

（四）关于军需官之教育事项。

第八条　军法司掌理下列事项：

一、关于海军军事司法及惩罚事项。

二、关于海军监狱事项。

三、关于军事审判及监狱职员之人事及补充事项。

四、关于特赦及罪人引渡事项。

五、关于捕获审查事项。

第九条　军法司职员并掌海军高等军法会议事务。

第十条　海运司设下之二科，分掌事务。

一、海事科掌理下列事项：

（一）关于航路之保安、标识事项。

（二）关于海员审判所及海员惩戒事项。

（三）关于商港港规、港务信号及通报事项。

（四）关于海难船及漂流人物事项。

二、船务科掌理下列事项：

（一）关于船舶之检验及登记事项。

（二）关于海员之教育、试验、保护及奖励事项。

（三）关于水运交通事项。

（四）关于船舶及航业公司之监督事项。

第十一条　海军部定员表列如下：

海军部定员表

				参　　　事　（文官）二人		
总长（大中将）	次长（中少将）	总务厅	长（少将）	副官（大校〇人 中校〇人 少校〇人） 秘书（大校〇人）		技手〇人
		军政司	长（少将）	军事科 人事科 }长各一人（大校）{ 科员 航务科	中少校〇人 中少监〇人 中少军医监〇人 大尉〇人	
		舰政司	长（少将）	舰务科 兵器科 }长各一人 大校 轮机科　　　　　大监 { 科员 飞机科	中少校〇人 中少监〇人 大尉〇人	录事〇人
		军需司	长（主监）	经理科 }长各一人 军需{ 科员 主计科　　　　　大监	军需　　〇人 中少监 大军需〇人	
		军法司	长（文官）		{ 科员（文官）一等〇人 二等〇人 三等〇人	
		海运司	长（文官）	海事科 }长各一人（文官）{ 科员（文官） 船务科	一等〇人 二等〇人 三等〇人	供事〇人
		技师长〇人	一等技师〇人	二等技师〇人	三等技师〇人	

陆军军人阶级表

类别	将官并相当官	各兵科校官			各兵科尉官			各兵科士官				上等兵	一等兵	二等兵
		大校	中校	少校	大尉	中尉	少尉	司务长	上士	中士	下士			
亲任官	大将													
简任官	中将													
简任官	少将	宪兵大校	宪兵中校	宪兵少校	宪兵大尉	宪兵中尉	宪兵少尉	宪兵司务长	宪兵上士	宪兵中士	宪兵下士	宪兵上等兵		
		步兵大校	步兵中校	步兵少校	步兵大尉	步兵中尉	步兵少尉	步兵司务长	步兵上士	步兵中士	步兵下士	步兵上等兵	步兵一等兵	步兵二等兵
		骑兵大校	骑兵中校	骑兵少校	骑兵大尉	骑兵中尉	骑兵少尉	骑兵司务长	骑兵上士	骑兵中士	骑兵下士	骑兵上等兵	骑兵一等兵	骑兵二等兵
		炮兵大校	炮兵中校	炮兵少校	炮兵大尉	炮兵中尉	炮兵少尉	炮兵司务长／炮兵工长	炮兵上士／炮工上士／鞍工上士／枪工上士／木工上士／锻工上士	炮兵中士／炮工中士／鞍工中士／枪工中士／木工中士／锻工中士	炮兵下士／炮工下士／鞍工下士／枪工下士／木工下士／锻工下士	炮兵上等兵	炮兵一等兵	炮兵二等兵
		工兵大校	工兵中校	工兵少校	工兵大尉	工兵中尉	工兵少尉	工兵司务长／工兵工工长	工兵上士／〔工兵〕工上士	（工）兵中士	工①兵下士	工兵上等兵	工兵一等兵	工兵二等兵
		辎重兵大校	辎重兵中校	辎重兵少校	辎重兵大尉	辎重兵中尉	辎重兵少尉	辎重兵司务长	辎重兵上士	辎重兵中士	辎重兵下士	辎重兵上等兵	辎重兵一等兵	辎重兵二等兵
经理部将官相当官	军需总监／军需监	一等军需正	二等军需正	三等军需正	一等军需长	二等军需长	三等军需长	军需长缝靴工兵长	军需上士缝靴工兵上士	军需中士军缝靴工兵中士	军需下士缝靴工兵下士	上等缝靴工兵	一等缝靴工兵	二等缝靴工兵
卫生部将官相当官	军医总监／军医监	一等军医正／一等药剂正	二等军医正／二等药剂正	三等军医正／三等药剂正	一等军医长／一等药剂长	二等军医长／二等药剂长	三等军医长／三等药剂长	看护长	看护上士	看护中士	看护下士	上等看护兵	一等看护兵	二等看护兵
兽医部将官相当官		一等兽医正	二等兽医正	三等兽医正	一等兽医长	二等兽医长	三等兽医长	蹄铁工长	蹄铁上士	蹄铁中士	蹄铁下士			
军乐部将官相当官					一等军乐长	二等军乐长	三等军乐长	军乐长	军乐上士／军乐中士	军乐中士	军乐下士	军乐部上等兵	军乐部一等兵	军乐部二等兵

① "土"字疑衍。

海军军人阶级表

	高等官							普通					兵				
	简任	荐任			委任			士官					兵				
	将	校			尉			士长		士							
	将	大校	中校	少校	大尉	中尉	少尉	士长	副士长	上士	中士	下士	一等	二等	三等	四等	五等
	大将 中将 少将							士长	副士长	上士	中士	下士	一等水兵	二等水兵	三等水兵	四等水兵	五等水兵
								炮兵士长	炮兵副士长	炮兵上士	炮兵中士	炮兵下士	一等炮兵	二等炮兵	三等炮兵	四等炮兵	五等炮兵
								步兵士长	步兵副士长	步兵上士	步兵中士	步兵下士	一等步兵	二等步兵	三等步兵	四等步兵	五等步兵
								军乐长	军乐副长	一等军乐	二等军乐	三等军乐	一等乐手	二等乐手	三等乐手	四等乐手	五等乐手
								船匠长	船匠副长	一等船匠	二等船匠	三等船匠	一等木工	二等木工	三等木工	四等木工	五等木工
								轮机长	轮机副士长	轮机上士	轮机中士	轮机下士	一等轮机兵	二等轮机兵	三等轮机兵	四等轮机兵	五等轮机兵
								飞行士长	飞行副士长	飞行上士	飞行中士	飞行下士	一等飞行兵	二等飞行兵	三等飞行兵	四等飞行兵	五等飞行兵
军医总监	军医大监	军医中监	军医少监	大军医	中军医	少军医											
	制药大监	制药中监	制药少监	大制药士	中制药士	少制药士											
军需总监	军需大监	军需中监	军需少监	大军需	中军需	少军需											
							看护长	看护副长	一等看护	二等看护	三等看护	一等看护手	二等看护手	三等看护手	四等看护手	五等看护手
							笔记长	笔记副长	一等笔记	二等笔记	三等笔记					
									一等厨宰	二等厨宰	三等厨宰	一等主厨	二等主厨	三等主厨	四等主厨	五等主厨
造兵总监	造兵大监	造兵中监	造兵少监	造兵大技士	造兵中技士	造兵少技士											
造船总监	造船大监	造船中监	造船少监	造船大技士	造船中技士	造船少技士											
航务主监	航务大监	航务中监	航务少监	航务大技士	航务中技士	航务少技士											

第七章　财政部

第一条　财政部总长综辖政府财务行政,管理关于会计、出纳、租税、国债、货币及银行事务。

第二条　财政部定员参事三人,司长四人,秘书〇人,科长〇人,科员〇人。

第三条　财政部设下之四司:

主计司

主税司

理财司

国债司

第四条　主计司掌理下列事项:

一、关于总预算、决算事项。

二、关于特别会计之预算、决算事项。

三、关于支付预算事项。

四、关于主计簿记事项。

五、关于岁出入现计书之制作事项。

六、关于诸计算书之检查事项。

七、关于出纳官吏之监督及其身份保证事项。

八、关于预备金支出事项。

九、关于金钱、物品、会计之统一事项。

十、关于地方岁计事项。

第五条　主税司掌理下列事项:

一、关于国税之赋课、征收事项。

二、关于税务之管理、监督事项。

三、关于民有土地类目变更事项。

四、关于土地清册事项。

五、关于本部税外诸收入事项。

第六条　主税司设下之二科，分掌事务。

一、直税科掌理下列事项：

（一）关于田赋、土地及矿税事项。

（二）关于营业税、当押饷及家屋税事项。

二、间税科掌理下列事项：

（一）关于厘金及一切之通过税事项。

（二）关于烟酒税及其消费税事项。

（三）关于印花税及其他行为税事项。

（四）关于杂税及其他税外诸收入事项。

第七条　理财司掌理下列事项：

一、关于资金运用事项。

二、关于国库之出纳、管理及出纳计算书事项。

三、关于国库簿记事项。

四、关于货币铸造事项。

五、关于金库之监督事项。

六、关于银行之监督事项。

七、关于纸币、银行券事项。

八、关于贮款、保管物及供托物事项。

九、关于金融事项。

第八条　国债司掌理关于国债事务。

第九条　国债司设下之二科，分掌事务。

一、内债科掌理下列事项：

关于内债之募集、偿还、整理及交付利息事项。

关于内国债簿记事项。

关于内国债计算书之制作事项。

关于义捐金及年金、恩赏之给与事项。

二、外债科掌理下列事项：

关于外债之募集、偿还、整理及利息偿款之交付事项。

关于外债簿记事项。

关于外债计算书之制作事项。

关于驻外财务官事项。

第十条　财政部总长基于必要,得派驻外财务官,经理本国在海外财务及募债事项。

第十一条　财政部总长基于必要,得设专任技师、技手,掌理关于技术事项。

第八章　关于财政交通事务补则

第一条　未改定颁布各种税法以前,除赌饷外一切税目、税率征收方法及征收机关位置暂仍其旧。

第二条　关于关税、盐税事务未设专管机关以前,并归财政部主税司间税科掌理。

第三条　关税及盐税征收官吏,由财政部总长呈请任命。

第四条　关于邮政驿递事务,未设专管机关以前,并归内务部总务厅掌理。

第五条　邮政局职员由内务部总长呈请任命。

第六条　关于电政、铁路事项未立专部管理以前,暂设电政监督局、铁路监督局、隶属于陆军部。局内职员由陆军部总长呈请任命。

第七条　电政监督局组织如下:

一、电政监督局设下之职员,掌理关于官营之电报、电话、电灯事务:

局长一人　简任

技师长一人　简任

　　　　科长四人 ⎫
　　　　技师○人 ⎬ 荐任
　　　　科员○人 ⎭

　　　　技手○人 ⎫
　　　　录事○人 ⎬ 委任
　　　　供事○人 ⎭

二、电政监督局设下之四科。

　　(甲)总务科掌理下列事项：

　　　　一、关于电报、电话、电灯总分局之业务事项。

　　　　二、关于总分局职员之进退功过事项。

　　　　三、关于文牍、报告、统计事项。

　　　　四、关于扩张计划事项。

　　　　五、关于电气取缔及电气测定器之检查事项。

　　　　六、关于电报学堂事项。

　　(乙)会计科掌理下列事项：

　　　　一、关于经费及收入之会计簿记事项。

　　　　二、关于总分局之会计监查事项。

　　　　三、关于改良维持费之预算事项。

　　(丙)营缮科掌理下列事项：

　　　　一、关于查勘、测量事项。

　　　　二、关于修缮、建设事项。

　　(丁)材料科掌理下列事项：

　　　　一、关于材料之购备事项。

　　　　二、关于材料之保管事项。

　　　　三、关于废料之处分事项。

第八条　铁路监督局组织如下。

　　一、铁路监督局设下之职员,掌理铁路运输事务：

　　　　局长一人　简任

技师长一人　简任

科长四人 ⎫
技师○人 ⎬ 荐任
科员○人 ⎭

技手○人 ⎫
录事○人 ⎬ 委任
供事○人 ⎭

二、铁路监督局设下之四科。

(甲)总务科掌理下列事项：

一、关于铁路业务检查事项。

二、关于运货规定事项。

三、关于各线运输联络事项。

四、关于路线扩张计划事项。

五、关于各局职员之进退功过事项。

六、关于文牌、报告、统计事项。

七、关于车辆、机关车之制造及制造工场事项。

八、关于铁路学堂事项。

(乙)会计科掌理下列事项：

一、关于经费及收入之会计簿记事项。

二、关于改良维持费之预算事项。

三、关于各局之会计监查事项。

(丙)建筑科掌理下列事项：

一、关于查勘、测绘事项。

二、关于建筑、修缮事项。

(丁)材料科掌理下列事项：

一、关于材料之购备事项。

二、关于材料之保管事项。

三、关于废料之处分事项。

第九章　行政会议

第一条　行政会议于大元帅监临之下行之。

第二条　行政会议以下之职员组织之：

　　各部总长

　　法制处长

　　各部次长

　　关于军事并加参谋处长。

第三条　行政会议经熟议之后由大元帅裁决。

第四条　除大元帅特别付议事项外，下列事项应经行政会议：

　　一、法律及预算、决算案。

　　二、国际条约及国际关系重要事项。

　　三、官制、官规及关于法律施行之命令。

　　四、各部主管权限之争议。

　　五、主任不明事项。

　　六、关涉两部以上事项。

　　七、预算外之支出。

　　八、各部总长于主管事务之关于高等行政而认为关系重大之事项。

　　九、各省总督所提议关于各部主管之行政改革事项。

第十章　总督府组织

第一条　各省设总督一人，由大元帅特任。

第二条　总督受内务部总长之监督，统辖全省行政；于各部主管事务，并承各部总长之区处。

第三条　总督于委任范围内，统率省内驻屯陆、海军，掌理管辖区域内之防备事务,维持全省安宁秩序。

遇有必要用及兵力时,须将理由情况急报内务、陆军、海军部总长。

第四条　总督得以职权或依特别委任,发布总督府令;并得附以一年以下之惩役、禁锢,二百元以内之罚金处分。

第五条　总督于所辖官署之命令处分有认为违反法规、妨害公益或侵越权限者,得取消停止之。

第六条　总督指挥监督所部官吏:于高等官之功过进退,报经内务部总长;其关于高等税务官者,报经财政部总长呈请施行;其他得专行之。

第七条　总督关于行政上重大事项,得经主管各部总长提议于行政会议。

第八条　总督府设民政长官一人,为一等简任官,辅佐总督统理民政,监督所部各司署。

第九条　总督府设总督公厅及下之四司:

　　总务司

　　内务司

　　财务司

　　法务司

第十条　总督府置军务厅,管理总督府军务,其组织另定之。

第十一条　总督府置下之职员:

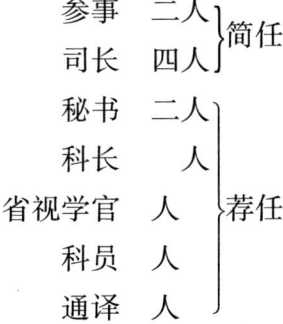

```
税务官　 人 ┐
 医官　　人 ├简荐任
 技师　　人 ┘
技　手　　人 ┐
录　事　　人 ├委任
供　事　　人 ┘
```

第十二条　参事承总督、民政长官命,掌理审议立案事务。

第十三条　司长承总督、民政长官命,指挥监督司中各科事务。

第十四条　秘书承总督、民政长官命,掌理机要事务。

第十五条　科长承上官命,掌理主任事务,并指挥监督该科人员。

第十六条　省视学官承上官命,掌理学务考查。

第十七条　科员承上官命,掌理主任事务。

第十八条　翻译官承上官命,从事翻译及通译。

第十九条　税务官承总督、民政长官命,掌理各局各种税局事务。

第二十条　医官承总督、民政长官命,掌理官医院及病人疗治、医术研究事务。

第二十一条　技师承总督、民政长官命,掌理关于专门技术事务。

第二十二条　技手承上官命,从事关于技术事务。

第二十三条　录事、供事承上官命,从事誊录、庶务。

第十一章　总督府事务分掌规程

第一条　总督府事务由总督、民政长官指挥总督公厅总务、内务、财务、法务四司分掌之。

第二条　总督公厅设秘书室、参事室。

第三条　秘书室掌下之事务:

一、关于机密之文书及电报事项。

二、关于总督特命之机密事项。

第四条　参事室掌理总督权限内之单行法令及条约、契约之审议立案事项。

第五条　总务司设外事科、人事科、文书科、经理科四科。

第六条　外事科掌下之事务：

一、关于条约及协定之事项。

二、关于领事馆及外国人事项。

三、关于外交上仪式事项。

四、关于海外移民事项。

五、关于国境事项。

第七条　人事科掌下之事务：

一、关于官吏及佣员之进退及身份资格之检查事项。

二、关于褒赏、叙勋事项。

第八条　文书科掌下之事项：

一、关于文书之接受、发送、编纂、保存事项。

二、关于总督、民政长官官印及府印之保管事项。

三、关于官报事项。

四、关于统计及报告事项。

五、关于不属他科事项。

第九条　经理科掌下之事项：

一、关于本府经费之出纳、会计事项。

二、关于会计之监查事项。

三、关于府中之设备、修缮、洒扫事项。

四、关于府中仆役之取缔事项。

第十条　内务司设庶务科、地方科、教育科、实业科四科。

第十一条　庶务科掌下之事项：

一、关于内务司内文书之接受及发送事项。

二、关于统计及报告材料搜集事项。

三、关于本司内不属他科事项。

第十二条　地方科分设民政股、土木股。

民政股掌下之事项：

一、关于各府县行政之监督事项。

二、关于兵事事项。

三、关于民籍人口事项。

四、关于慈善救恤事项。

五、关于一省公共团体事项。

六、关于宗教享祀事项。

七、关于官公立医院事项。

土木股掌下之事项：

一、关于道路、河川、港湾、桥梁、堤防、水利之修筑事项。

二、关于水面填筑及使用事项。

三、关于直辖土木工事及地方土木工事之监督事项。

四、关于土地收用事项。

五、关于上水及下水工事事项。

六、关于官有建筑物之营缮事项。

第十三条　教育科掌下之事务：

一、关于国立各种学校图书馆之直接经营事项。

二、关于公私立学校图书馆、书报社之监督事项。

三、关于教育基本财产之整理维持事项。

四、关于义务教育及学龄儿童就学事项。

五、关于教员资格事项。

六、关于教员生徒之身体健康检查事项。

七、关于教育演说会演说员之资格事项。

八、关于其他教育奖励诸事项。

第十四条　实业科设农务股、矿务股、工商股。

农务股掌下之事项：

一、关于农林山野事项。

二、关于蚕桑及制丝事项。

三、关于畜产事项。

四、关于灌溉及耕地整理事项。

五、关于农事试验场、模范场及农林学校事项。

六、关于渔业水产事项。

矿务股掌下之事项：

一、关于官营矿业事项。

二、关于矿产调查报告事项。

三、关于矿质化验事项。

四、关于营矿许可事项。

工商股掌下之事项：

一、关于商标登录事项。

二、关于意匠权特许及专利请求事项。

三、关于官设劝工场及劝业展览会事项。

四、关于工业传习所事项。

五、关于其他工商业之奖励、保护诸事项。

第十五条　财务司设庶务科、主税科、主计科。

第十六条　庶务科掌下之事务：

一、关于财务司内之文书接受及发送事项。

二、关于统计及报告材料搜集事项。

三、关于本司内不属他科事项。

第十七条　主税科设田赋股、厘金股、税捐股，分掌下之事项：

一、关于国税及其他税外诸收入事项。

二、关于收税机关之设置、变更、废止事项。

三、关于国税滞纳处分事项。

四、关于财源调查事项。

五、关于府县税及其征收方法之认许事项。

第十八条　主计科设预算决算股及理财股。

预算决算股掌下之事务：

一、关于概算、预算、决算之事项。

二、关于预算科目设置事项。

三、关于岁出入报告事项。

四、关于主计簿记事项。

五、关于会计法规事项。

六、关于预备金支出及预算流用事项。

七、关于出纳官吏之监督及保证事项。

理财股掌下之事项：

一、关于地方债及借入金事项。

二、关于基金运用事项。

三、关于贷附金及利息事项。

四、关于官有财产之整理、处分事项。

五、关于保管物及供托物事项。

六、关于货币及兑换券事项。

七、关于银行及金融机关事项。

八、关于地方财务监督事项。

第十九条　法务司设庶务科、民事科、刑事科。

第二十条　法务司庶务科掌下之事项：

一、关于法务司文书之接收及发送事项。

二、关于统计及报告材料搜集事项。

三、关于辩护士资格及其取缔事项。

四、关于监狱之设置、废止及其经营事项。

五、关于审判厅之设废维持及其管辖区域事项。

六、关于司法内不属他科事项。

第二十一条　民事科掌各种登记户籍及其他民事非讼事件。

第二十二条　刑事科掌刑事检查入狱及出狱人保护事项。

第十二章　总督府军务厅组织

第一条　总督府军务厅设参谋处、副官处及下之三科：

　　军法科

　　军需科

　　军医科

第二条　总督府军务厅职员如下：

　　参谋长一人　少将

　　副官长一人　大校

　　参谋　　人　校官

　　副官　　人　校官

　　科长　三人 $\begin{cases}荐任文官〇人\\一等医正〇人　一等军需正〇人\end{cases}$

　　科员　　人 $\begin{cases}荐任文官〇人\\二等二三级三等一级武官〇人\end{cases}$

　　录事供事　　人——委任文官

第三条　参谋长辅佐总督参划军机要务。

第四条　参谋官承参谋长命参划军务。

第五条　副官长承总督命，掌理关于陆军人事、谍报及军令传达、内务风纪事项。

　　副官承副官长命，分理上述事项。

第六条　沿海、沿江省份得添设副官一人，以海军校官充当。

第七条　科长承总督命，指挥监督科中各事务。

第八条　科员承上官命，掌理主任事务。

第九条　录事、供事承上官命，从事誊录、庶务。

第十三章　警察总署组织（中央警察适用之）

第一条　各省省城置警察总署，其下置警察署、警察分署，其管辖区由总督定之。

第二条　警察总署置下之职员：

警察总监一人　　简任

警务长〇人　　　荐任

警察医长一人　　荐任

技师〇人　　　　荐任

警务官　〇人 ⎫
警察医　〇人 ⎬
巡　长　〇人 ⎬ 委任
技　手　〇人 ⎬
录事供事〇人 ⎭

第三条　警察总监承总督、民政长官命，掌理省城警察、卫生事务，并监督各府县警政。

第四条　警察总监对于所管行政事务，得以职权发布命令，或为必要之处分。

第五条　警察总署设总务、第一、第二、第三四科，分掌事务。

第六条　总务科掌理下列事项：

一、关于官吏之进退功过身份事项。

二、关于掌印事项。

三、关于文书之收发、誊录、编存事项。

四、关于统计、报告事项。

五、关于高等警察事项。

六、关于警察学堂、巡警教练所事项。

七、关于会计、庶务事项。

八、关于武器之分配、保存事项。

九、关于不属他科事项。

第七条　第一科掌理下列事项：

一、关于警政事项。

二、关于刑事事项。

第八条　第二科掌理下列事项：

一、关于建筑、风俗、营业、交通等警察事项。

二、关于危险物检查事项。

第九条　第三科掌理关于卫生警察及卫生事项。

第十条　各科置科长一人，以警务长充之；科员○人，以警务官充之；但第三科科长、科员，以警察医长、警察医充之。

第十一条　第一科设监察官十人，以警务长充之，承上官指挥，监查报告各地方警察事务之实况。

第十二条　警察署长以警务长充之，警察分署长以警务官充之。

警察署长、分署长承上官指挥，监督部下官吏掌理该署主管事务。

第十三条　警务官承上官命，分掌各科警察事务，并指挥监督部下之巡长、巡查。

第十四条　警察医承上官命，掌理卫生警察及卫生事务。

第十五条　技师承上官命，指挥监督技手掌理关于技术事务。

第十六条　技手承上官命，从事技术事务。

第十七条　巡长承上官命，从事警察及卫生事务，并指挥监督部下巡警。

第十八条　录事、供事承上官命，从事誊录、庶务。

第十四章　府知事署组织

第一条　府知事署以下之职员组织之：

府知事　　一人　　简任

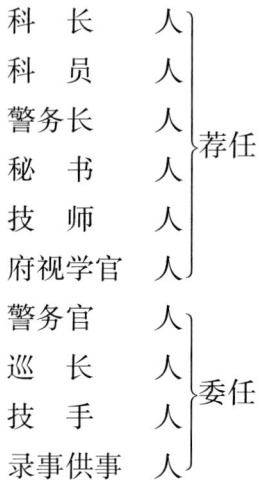

科　长　　人 ⎫
科　员　　人 ⎬
警务长　　人 ⎬ 荐任
秘　书　　人 ⎬
技　师　　人 ⎬
府视学官　人 ⎭
警务官　　人 ⎫
巡　长　　人 ⎬ 委任
技　手　　人 ⎬
录事供事　人 ⎭

第二条　府知事承总督、民政长官命，管辖境内民政事务。

第三条　府知事所辖区域，别以法令定之。

第四条　府知事于法律命令或由总督委任之事项，得在所辖境内发布府知事令；并得附以三月以内之惩役、禁锢，五十元以内之罚金处分。

第五条　府知事于县知事所发县知事令及处分有认为违法越权或损害公益者，得取消停止之。

第六条　府知事为兴办府城警察、警察游击队、教育、治水、交通、垦殖、济贫事业，得在所辖境内征收府地方税。

其税目、税率及征收方法、时期，须呈候总督裁决。

第七条　府知事设警察游击队，分布各县要地，维持安宁秩序。

警察游击队之编制及每府队数之分配，由警察总监定之。

第八条　府知事遇有必要，得要求最近驻屯陆军长官出兵，但须急即呈报总督。

第九条　府知事署设下之五科，分掌事务。

一、总务科掌理下列事项：

关于机察事项。

关于掌印事项。

关于官吏之进退功过身份事项。

关于文书之收发、誊录、编存事项。

关于统计、报告事项。

关于府署中庶务及其他不属于他科事项。

二、内务科掌理下列事项：

关于地方自治基础之调查、整备事项。

关于征兵、征发事项。

关于土地收用事项。

关于道路、治水事项。

关于救济、恤贫、慈善事项。

关于矿山之调查报告事项。

关于农林垦殖事项。

关于庙宇、寺观、教堂及各宗教派事项。

关于名胜保存事项。

关于一府公益社、团财团之认许事项。

三、财务科掌理下列事项：

关于国税事项。

关于一府之总预算、决算事项。

关于府地方税之征收及税外收入事项。

关于府金库事项。

关于国费委任交付事项。

关于属于国费之会计事项。

关于府署经费及属于地方费之会计事项。

关于税源之调查事项。

关于官有财产之管理事项。

关于物品之出纳、保管事项。

关于会计监查事项。

四、学务科掌理下列事项：

关于各县学务之监督事项。

关于寻常师范学堂、中学堂、体育学堂、体育会、模范幼稚园、小学及书报社之经营、补助、奖励事项。

关于教育会事项。

关于各学堂职员事项。

关于教员资格检定事项。

关于学事统计事项。

关于教育基本财产事项。

五、警务科掌理下列事项：

关于府城之警保、卫生事项（首府免除此项）。

关于游击队之经理、分布、调遣事项。

关于各县警察卫生行政之监督事项。

第十条　科长承府知事命，指挥监督科员处理该科事务。

警务科长以警务长充之。

第十一条　警务科长设监察官○人，以警务官充之，监查报告警政之实况。

第十二条　科员承上官命，掌理主任事务。

警务科员以警务官、警察医、巡长充之。

第十三条　秘书承府知事命，掌理关于机密及知事特命事务。

第十四条　技师承府知事命，指挥技手掌理关于技术事务。

第十五条　府视学官承府知事命，掌理学事考查。

第十六条　技手承上官命，从事技术。

第十七条　录事、供事承上官命，从事誊录、庶务。

第十八条　警察游击队官统属阶级，依警察总署所定。

第十五章　县知事署组织

第一条　县知事署以下之职员组织之：

县知事　荐任

科　　　长	
警　务　官	
视　学　官	委任
科　　　员	
巡　　　长	
录事供事	

第二条　县知事受府知事监督，管辖全县行政事务。

第三条　县知事于法律命令或府知事委任之事项，得在所辖境内发布县知事令；并得附以十日以内之惩役、禁锢、十元以内之罚金处分。

第四条　县知事为办理警察、教育、道路、救贫及垦殖要政，得在所辖境内征收县地方税。

其税目、税率、征收方法、时期，须呈候府知事认可。

第五条　县知事于所辖境内遇有匪警，得调遣指挥最近驻屯警察游击队捕剿；倘有必要，并得急报最近驻屯陆军长官派兵援助。

但用及陆军时，须即分报总督、府知事。

第六条　县知事署置第一、第二、第三、第四四科，分掌事务。

第一科　所掌事务如下：

一、管守官印、县印。

二、收发文书及其分配。

三、统计记录及编存案卷、书类。

四、誊写文书。

五、公布报告。

六、户籍册之调制、保存。

七、出征及战死军人后嗣家族之调查及扶助。

八、一县慈善事业及公益社团、财团之认可。

九、灾民之救济、赈恤。

十、关于预备陆、海军演习、征募兵丁、征发人物或召集退伍军人事项。

十一、关于教堂、社庙、寺观之事项及地方名胜之保存。

十二、修筑道路、沟渠，营缮官有建物及其他关于工程事项。

十三、测量田亩、整理耕地、土地及关于水利事项。

十四、关于垦荒及农林工商事项。

十五、关于驿递事项。

十六、关于不属他科事项。

第二科　所掌事务如下：

一、关于全县岁出入预算、决算事项。

二、关于国税及国税以外国库诸收入事项。

三、关于县税及其征收方法、滞纳处分事项。

四、关于县经济中之财产管理事项。

五、关于县金库之出纳、整理、报告事项。

六、关于国费之委任交付事项。

七、关于县所收得国家行政经费及县税县经济之会计、出纳事项。

八、金银物品之保管。

九、关于邮费、电送金及买卖物品诸事项。

十、关于厅舍之管理、扫除、设备事项。

十一、关于仆役、人夫之雇佣进退事项。

第三科　所掌事务如下：

一、关于县立、公私立各小学校、幼稚园及图书馆、书报社之经营、奖励事项。

二、关于教育会、讲习会及学术研究会事项。

三、关于学校教员及教育演说会演说员资格检定事项。

四、关于学校之卫生状态及授业时限事项。

五、关于学艺之奖励、赏与及学校职员进退事项。

六、关于县立幼稚园、书报社经济事项。

七、关于学龄儿童强迫就学事项。

八、关于教员、生徒身体健康之检查事项。

九、关于学校统计事项。

十、关于学事考查事项。

十一、关于教育基金之募集,教育基本财产之设置、维持、整理事项。

十二、关于与学校教育、社会教育有直接关系诸事项。

第四科　所掌事务如下:

一、关于警察区划、警察配置及其纪律实行之监督。

二、关于警察之进退赏罚。

三、关于警察之教练及教练所事项。

四、关于密侦事项。

五、关于违警罪处分事项。

六、关于捕盗事项。

七、关于警卫事项。

八、关于防范狂人、捕杀狂犬、野犬事项。

九、关于编列户号、调查人口及出生、死亡之登记事项。

十、关于铺店、民居移转、迁徙及人民出入往来之取缔、调查事项。

十一、关于上下水道及街道清洁、扫除事项。

十二、关于传染病预防事项。

十三、关于剧场、酒楼、医院、工场之风纪及卫生事项。

十四、关于新闻纸及出版物取缔事项。

十五、关于娼妓及秘密卖淫之取缔事项。

十六、关于检查药品及医师、产婆资格事项。

十七、关于凶器或危险物之取缔及其贮藏、执持之许可事项。

十八、关于狩猎之认可及猎区之限定事项。

十九、关于遗失物、埋藏物发见事项。

二十、关于执行司法官厅命令事项。

二十一、关于其他保安事项。

第七条　科长承县知事命,指挥监督科员处理该科事务。(第四科科长以警务官充之)

第八条　科员承上官命,掌理主任事务。(第四科科员以警务官、警察医、巡长充之)

第九条　视学官承上官命,掌理学事考查。

第十条　县知事于所辖境内得划分警区,设置警察分署,其署长以巡长充之。

第十一条　县知事得以县地方费设技手,技手掌理关于技术事项。

第十二条　巡长从事警察卫生事务,并指挥监督所部巡警。

第十三条　录事、供事从事誊录、庶务。

总督以下职员官等表

特任	简任一等	简任二等	荐任三等	同四等	同五等	同六等	同七等	同八等	同九等	委任一等	同二等	同三等	同四等
总督	民政长官	参事司长 警察总监 府知事 技师 医院长	科长 书记长 省视学 县知事 一等技师	总督府秘书 府知事署科长 二等技师	总督府一等科员 府知事署一等科员 警察长 警察医长	总督府二等科员 府知事署二等科员 通译	府知事署三等科员			警察医 县署科长 警务官 县视学	一等技手 县署科员	二等技手 录事	三等技手 巡长 供长
高等文官										普通文官			

第十六章　公署办事通则(各公署适用)

第一条　凡文书到署时,由收发主任收受、开拆、编列号数,随记收受年月日时于书面或其空白处,并撮记事由及其号数收受年月日时于收受簿上,送经长官阅毕盖章,然后转送该管科长。但逢寻常例行及轻易事项,迳送该管科长盖章收受。

第二条　收发主任所阅文书判明应递某科主任,即盖某科章记于上。如有关系二科或二科以上者,应并盖该数科章记。如有职掌不明之印,应送本科科长判定。

第三条　收发主任应明文书,分别轻重,加盖"重要"或"寻常"二字章纪于书面或空白处,照第一条规定办理。其须登录官报及公布者,亦应盖"登报"或"公布"章记。

第四条　遇有密电、密函或亲展文书于封面一望而知者,收受主任于收受时另编号数,并记收受年月日时于特别文书收受簿,即送长官盖章收阅。其不关于公事之私函,应送封面明记之收受人,收发主任均不得擅拆。

第五条　遇有立待处分要件或送书人立候复答者,除照前条办理外,应盖立待处分章记于上。

第六条　公文书中附有金银、物品者,应并收金银数目、物品种类、件数附记收受簿上,先送主管科员盖章收领后,再将文书转送主管他科办理。其有金品而无文书者,照前文办理。

第七条　遇有方式不合或误送之文书,应对封面记明事由发还。如系本人亲递之件,即由详细说明,俾勿误会。

第八条　凡送发文书,当案〔按〕日登记发送簿上。其须经邮局或保险者,应将文书并簿送经出纳或会计主任加贴邮票或支给邮费,电报亦同。但文书与金品并送之件,应经关系科长监视封发。邮局、电局或前途收条,应由收发主任汇存,以昭慎重。

第九条　除关于紧急重要事项及立待处分事项外,每日向外发送文书,应在下午退署之前。其分送各科文书,应在辰刻开始办公之时。

第十条　凡向外发送公文,其须秘密者,应盖一"秘"字印章。须亲展者,应书明"亲展"二字于封面。须速达或保险者亦然。

第十一条　各科长由收发主任领受文件时,应即盖章于收受簿上。检阅文件既毕,除应自行处理事项外,即交主任科员处理,不得搁置逾日。

第十二条　各科员收领主任文件后,即以稿纸作一草案署名盖章,送经科长审定转呈长官裁决。

第十三条　遇有关涉数司、数科文件,应由关系至大之科员主稿立案,送经各该关系科长审定转呈长官裁决。

第十四条　主任科员须以净稿送科长转呈长官。如科长或长官有所改窜,须于改窜处盖章,并注明添注涂改字数,以重公务。

第十五条　凡经长官盖章判行之件,除关于专门技术之图表外,即由收发处誊真校对后,再由收发封发,并将文件与稿本列号分类编存。

第十六条　凡文件列有算式数字者,誊真后应该即送主稿科员校对无误,然后封发。

第十七条　凡关于机密要务,应由长官指定科长或科员起草、誊真、校对、钤封后,始交收发主任。其稿本别作密件编号分数存置长官办公密室。

第十八条　除关于紧急要务及立待处分之件须即办理外,凡到文限于三日内办完。如主任科员以公务过多不及清理,应面申理由,请予宽限,或求指派他科人员帮办。

第十九条　凡办完文件,应由主任科员盖一办完章记于上。

第二十条　收发主任每星期一日应将收发簿上收发文件作一分日统计表,注明已办完、未办完,经该管科长转呈长官察核。

第二十一条　凡文件非得长官许可,不得携出署外。非本员处理之件,不得随意取阅。办事处所不得游步纵谈,致妨碍办公。

第二十二条　各员于退署之时,应将文件及管理各物收藏定所,如有散失,由该管理人员负责。

第二十三条　凡奉委出差之员,由满期之日起算,限三日内复命,书候长官裁决。

第二十四条　吏员于主任事务,负有绝对谨慎责任。

第二十五条　吏员于辞职或转任后,仍负任内一切责任。

第二十六条　办公以早晨八时始至十二时止,下午自一时始至五时止。

第二十七条　各员到署,须亲自盖印于考勤表本名之上。

第二十八条　各署设考勤表，每日照式填写一纸，过定时三十分即由收发主任收缴长官彙册存查。每月初日考核，其过定时到署逾三次者科罚，科罚过三次者惩戒。

第二十九条　凡欲于定时前到署者，须得长官许可。

第三十条　有因事故须请假时，应于是日上午以内呈明理由，非有大故不得逾二日。其请病假过三日者，须于呈内附加医师诊断书。

第三十一条　遇有要务急须处理时，虽在休暇期日不拘时限，应听长官指令到署服务。

第三十二条　各司及其他局、所、县、厅独立、分立各机关应留直宿员，管理退署时间后一切事务及到署文电。遇有立待处分要件，应即送呈长官听候区处。

第三十三条　遇有非常警变，所有吏员不拘晓夜，当即到署齐集，受长官指挥，不许规避。

第三十四条　凡服公务人员于到任日，须即将履历具呈长官，并将住所详细开交收发主任，如有迁徙，应于迁徙之翌日开报。

第三十五条　吏员交代时，须将管内一切公文、簿据、物品及关于公事一切记录一一移交清楚，不得隐匿销毁。

第十七章　陆军司令部通则

第一条　各省设司令长官一人，统辖全省军务，筹划革命进行，直隶于总理。关于军政、军令，受军事部之区处。

第二条　一省之中分若干区，各区设司令官一人，隶于司令长官，综理所管区内之军务。

第三条　司令长官部置下之幕僚：

参谋长　　一人

参谋　　　人

副官长　　一人

副官　　　　人

上定人员外,遇必要时得增置军需、军医等官。

第四条　参谋长为幕僚长,辅佐司令长官,调查参划关于省城巨镇要地攻取之机务。司令长官不在现地时,得代行司令长官之职务。

第五条　副官长承司令长官命,办理机要及庶务。

第六条　参谋、副官承上官命,服〔履〕行担任之职务。

第七条　各区司令部之组织,照第三条规定,但官等不同。

第八条　中华革命军成功之日,司令长官部之组织由大元帅委任或命令改照总督府组织施行。

第十八章　警备队职务规程

第一条　警备队司令长、队长,归司令长官或司令官直辖。

第二条　警备队于地方之适中地点设警备队司令部本部。

第三条　各城门或要隘,应派官长率领兵士前往把守;其兵士之多寡,视地点之轻重而定。

如于各城门要隘之外有紧要地点时,应由该守卫长酌派兵卒前往守卫。

第四条　通过城门或要隘者,除将校及将校相当官、传令官以外,须有口号或验有路照,始许通过。

第五条　警备队司令部本部宜酌量情形,随时派遣官长一名,率兵士若干巡行警戒线以内或警戒线以外(其距离在警戒线外五百密达以内),任监视守卫兵之勤惰,军人、军属之军纪、风纪及地方之动静。

第六条　凡水陆各隘口、各关卡、码头、渡头等处每处应派官长一名为稽查长,率领兵士若干前往把守,担任稽查事宜。其应办之事如下:

一、水隘口、关卡、码头、渡头凡出口者,须有司令部给发之执照。

二、出口者不得携带现银,如查有现银,概行充公。

三、出口者不得携带行李至三十斤。

四、出口者所携行李,不得装载米谷、油、盐、糖及菜蔬等项货物,如查有此项物件,一概充公。

五、无论何人非因公事及有一定住居职业者,不许入口。

六、无论何人入口,均须搜查行李,如形迹可疑,并得搜查身体。

七、稽查队执务须平心静气,不得威吓侮辱人民。

第七条　细微之事,警备队处理之;重要之事,当报告于司令部。

第八条　警备队派出之完备兵交番时间,由警备队司令长临时规定,但交代后须将守卫期中之记事,报告司令长汇呈司令部。

第九条　警备队司令长或队长关于维持秩序,取缔军人、军属诸事,得与宪兵队协商办理。

第十九章　宪兵职务规程

一、分区巡行街道,并张帖告示。

二、严禁居民出入城门要隘。

三、严禁军官、军士出入店庐、民家。

四、命居民严扃大门,不许出入来往,以绝盗匪。

五、严饬居民将所藏军火、弹药、凶器(长刀)直接缴送司令部,其重大者,报告司令部。

六、体查情形发给居民路照,以便出入城门要隘;但领路照须申明正当理由,并觅保证。

七、查察居民因战事伤亡及损害程度,逐户踏勘,录入日记,报告司令部。

八、查察绝粮民家,以便给与相当救济。

九、查察居民被害是否出自本军所为,以便究办。

十、严禁非有官长率领或服特别勤务之士兵携带枪械、子弹游行街市,并不准无故放枪。

十一、严禁军队内军佐、人夫携带军器（马夫、火夫、杂役、总搬人夫）。

十二、严禁路上摆设路店,聚众赌博,售卖据〔掳〕获物品。

十三、严禁开设烟局、烟馆,禁军人、军属购买洋烟。

十四、严禁军人军属滋闹娼寮、戏馆及酗酒滋事。

十五、严禁军人军属强买、强卖。

十六、严禁军人结伴斗殴。

十七、督率卫生队移去尸体及救护病伤。

十八、宪兵司令或队长为维持秩序,得向守备队司令部本部商拨军队协助。

十九、宪兵队执务须平心静气,不得威吓侮辱居民。

第二十章　海军总司令部条例

第一条　海军总司令由大元帅委任,直隶于大元帅,统率全军舰船,总理队务。

关于军政者,受海军部长之指挥。

第二条　海军总司令部设于全军舰队之旗舰。

第三条　海军总司令部设幕僚如下：

　　参谋长

　　参谋

　　副官

　　轮机长

　　司计长

本条之外于必要时,得设全军舰队附、海军军官、军佐、检士、海军翻译官及海员、雇员。

第四条　参谋长承总司令命,掌理幕僚事务,整理队务。

第五条　参谋承参谋长命处理事务。

第六条　副官承参谋长命,掌理人事及庶务。

第七条　轮机长承总司令命,掌理全军舰队之轮机、船体及兵器,监视各舰船轮机长之勤务。

第八条　司计长承总司令命,掌理军需、会计事务。

第九条　全军舰队附、海军军官、军佐承总司令命处理事务。

第十条　检士承总司令命,掌理军事司法及惩罚事务。

第十一条　海军翻译官、海军雇员承总司令命处理事务。

第二十一章　海军司令部条例

第一条　海军司令承总司令命,指挥舰队之一部。

第二条　海军司令部设于该指挥舰队之旗舰。

第三条　海军司令部设参谋。

第四条　第三条外于必要时,得设舰队附、海军军官、军佐及海军翻译。

第五条　参谋承司令命处理队务。

第六条　司令旗舰之航行长、轮机长、军医长、司计长承司令命参与队务。

第七条　舰队附、海军军官、军佐承司令命处理队务。

第八条　海军翻译承司令命处理事务。

第九条　第三条第四条之职员定额不得过五人。

本制令自公布日施行。

第二十二章　海军要塞司令部条例

第一条　海军要塞司令部设于沿江、沿海各要塞,称某地海军要塞司令部。

第二条　海军要塞司令部隶属于该海军区要港部司令长,掌要塞之防御及炮台事宜。

第三条　海军要塞司令部设幕僚如下:

参谋

军医官

第四条　参谋承司令命处理部务。

第五条　军医官承司令命,掌医务、卫生事项。

第六条　除前项外,应于必要得添设海军军官。

第七条　海军军官承长官命各服部务。

第二十三章　要港部条例

第一条　要港部设于各要港,称某地要港部。

第二条　要港部掌要港之防御及其区域内海岸、海面事警备,并为军需品储给之所。

第三条　要港部于必要时,得设驱逐队、艇队、布设队及航空队。

第四条　要港部于必要时,得设造船厂、兵器厂、修理工厂、需品库、贮炭库、溜水池、航空队库、无线电报所、海军望楼、海军陆战队、海兵团及海军医院。

第五条　要港部设司令,由大元帅委任,直隶于大元帅,统率部下,总理部务,监督所属各部署。

司令承海军部长命兼掌军政。

第六条　要港部设幕僚如下:

参谋长

参谋

副官

轮机长

军医长

司计长

司法长

前项之外于必要时,得设港务长、工厂长、轮机官、军医官、司计官。

第七条　参谋长辅佐司令,掌理幕僚,整理部队。

第八条　参谋承参谋长命处理事务。

第九条　副官承参谋长命,掌理人事及庶务。

第十条　港务长承司令命,统辖所属船舶,掌理要港警卫及关于海运、海标、救难、防火等事务。

第十一条　轮机长承司令命,掌理轮机、船体、兵器及关于轮机官之勤务事。

第十二条　工厂长承司令命,掌轮机、船体及兵器修理事。

第十三条　轮机官承轮机长命处理事务。

第十四条　军医长承司令命,掌理医务、卫生。

第十五条　军医官承军医长命处理事务。

第十六条　司计长承司令命,掌理会计、给与及关于工业用品事务。

第十七条　司计官承司计长命处理事务。

附则:

塘沽造船厂及其附属公署、海军用地归并秦皇岛要港部管辖。

本令自公布日施行。

第二十四章　海军区域令

第一条　民国沿海分为五区,其区划如下:

　　第一海军区　自盛京省鸭绿江起经直隶省而至山东省黄河等之沿海一带。

　　第二海军区　自山东省黄河起而至江苏省淮河等之沿海一带。

　　第三海军区　自江苏省淮河起而至浙江省瓯江等之沿海一带。

　　第四海军区　自浙江省瓯江起经福建省而至广东省韩江等之沿海一带。

　　　　第五海军区　　自广东省韩江起而至广东省中越国界等之沿海
　　　　　　　　　　一带。
第二条　各海军区内设要港如下：
　　　　第一海军区要港　　设于直隶省秦皇岛。
　　　　第二海军区要港　　设于山东省烟台。
　　　　第三海军区要港　　设于江苏省上海。
　　　　第四海军区要港　　设于福建省马尾。
　　　　第五海军区要港　　设于广东省黄埔。
第三条　各海军区之防御、警备，由该要港之要港部镇守之。
第四条　本令自公布日施行。

第二十五章　本线〔初〕子午线经度及标准时条例

第一条　经过英国绿威天文台子午仪中心之子午线，定为经度之本初子午线。

第二条　经度由本初子午线起算，至东西各一百八十度，东经为正，西经为负。

第三条　民国标准时定为下三部：
　　　　一、以东经九十度正中时，定为民国西部标准时；
　　　　二、以东经一百五度之正中时，定为民国中部标准时；
　　　　三、以东经一百二十度之正中时，定为民国东部标准时。
第四条　本制令自民国　　　年　　　月　　　日施行。

第三编　服制、勋记

第一　陆军服制条例

第一条　本条例称为军人者，指宪兵、步兵、骑兵、炮兵、工兵、辎重兵之官长、士兵而言；称为军佐者，指军医、兽医、军需、军乐之官长、士兵而言。

第二条　革命军军人、军佐各依其官级服相当之制服。

第三条　革命军军人、军佐各科之色别如下：

军人之部：

  宪兵科　　白色

  步兵科　　红色

  骑兵科　　绿色

  炮兵科　　黄色

  工兵科　　黑色

  辎重兵科　紫色

军佐之部：

  军需科　　绀色

  军医科　　蓝色

  兽医科　　青色

  军乐科　　绯色

  军法科　　灰色

第四条　革命军军人、军佐之军帽、军衣、军裤，均用土黄色呢。军帽上缘、军衣袖缝、军裤裤缝均嵌红色细呢条，是为定式制服。

第五条　革命军之帽章，以十二角日章为定式；但军官用金色，军佐用银色。

第六条　革命军军人之肩章，用长方形与肩势成直角，其定式如下：

  大将　全金，上嵌十二角日章之金色小花三颗。

  中将　全金，上嵌十二角日章之金色小花二颗。

  少将　全金，上嵌十二角日章之金色小花一颗。

  大校　以本科之色之呢为质，四围缠以金瓣，中嵌金瓣二条，再中嵌十二角日章之金色小花三颗。

  中校　以本科之色之呢为质，四围缠以金瓣，中嵌金瓣二条，

　　　　　再中嵌十二角日章之金色小花二颗。

少校　以本科之色之呢为质,四围缠以金瓣,中嵌金瓣二条,
　　　　　再中嵌十二角日章之金色小花一颗。

大尉　以本科之色之呢为质,四围缠以金瓣,中嵌金瓣一条,
　　　　　再中嵌十二角日章之金色小花三颗。

中尉　以本科之色之呢为质,四围缠以金瓣,中嵌金瓣一条,
　　　　　再中嵌十二角日章之金色小花二颗。

少尉　以本科之色之呢为质,四围缠以金瓣,中嵌金瓣一条,
　　　　　再中嵌十二角日章之金色小花一颗。

司务长　以本科之色之呢为质,四围缠以金瓣,中嵌金瓣
　　　　　一条。

上士　以本科之色之呢为质,中嵌金瓣一条,上嵌十二角日章
　　　　　之金色小花三颗。

中士　以本科之色之呢为质,中嵌金瓣一条,上嵌十二角日章
　　　　　之金色小花二颗。

下士　以本科之色之呢为质,中嵌金瓣一条,上嵌十二角日章
　　　　　之金色小花一颗。

上等兵　以本科之色之呢为质,上嵌十二角日章之金色小花
　　　　　三颗。

一等兵　以本科之色之呢为质,上嵌十二角日章之金色小花
　　　　　二颗。

二等兵　以本科之色之呢为质,上嵌十二角日章之金色小花
　　　　　一颗。

但军佐之肩章不用金色,用银色,余同。

第七条　革命军军人、军佐之钮扣,上嵌十二角日章纹;但军人用金色,军佐用银色。

第八条　革命军军人、军佐之领章,其式如区,将官用全金,校官以下各用其本科之定色呢制,上嵌其所属团号或独立营号之金色数字。但军佐

官与将官相当官,用金银,与校官相当官以下用银色数字,余同。

第二　授勋章程

第一条　授勋之权属于大元帅。

第二条　勋记分为六种：

　　一、大勋章

　　二、勋章

　　三、大功章

　　四、有功章

　　五、旌章

　　六、旌状

第三条　前条第一、第二、第三、第四之四种勋记,皆附给年金。

第四条　勋记之等级、种类及年金额、受勋者之称号、勋章质地如下表:

第五条　大勋位授与,于协赞会大会中大元帅亲授之。

第六条　下列各勋记由大元帅亲授：

　　一、勋一等至勋九等。

　　二、三色绶金旌章。

第七条　下列各勋记由各该司令长官、总督或总长以大元帅之名授之：

　　一、功一级至功九级。

　　二、功一次至功九次。

　　三、红色绶金旌章、蓝色绶金旌章、白色绶金旌章。

　　四、旌状。

第八条　稽勋事务由稽勋局调查呈报大元帅核夺。

第九条　各该所属长官对于其部下之有勋功者,应移送稽勋局。

第十条　授给勋记之法分为二项：

　　一、对于继续逐渐建立功勋者,照第四条所定勋记等级递级授勋。

二、对于特别建立伟功殊勋者,不依等次特别授勋。

第十一条　勋章形式大小,另以图案定之。

第十二条　有下列功绩者,授以有功章:

　　一、歼杀敌人,其功昭著者。

　　二、俘获敌军者。

　　三、夺获敌军粮食、器械、马匹者。

　　四、探报敌情冒险得宝者。

第十三条　有下列功绩者,授以大功章:

　　一、率先起义者。

　　二、攻克城镇及要隘者。

　　三、大破敌军者。

　　四、杀敌军统领或俘获者。

　　五、降服城镇及降服敌军者。

　　六、防守城镇及要隘力却敌人者。

　　七、以军舰反正来归者。

本条各项,酌其情形,定记功次数。

第十四条　有下列功绩者,授以勋章:

　　一、统筹全局、收效远大者。

　　二、参赞军国大事、动协机宜者。

　　三、毁家破产,以助军资者。

第十五条　有尊〔奠〕定国基、宣扬国威之伟勋者,授大勋章。

第十六条　有下列之特行者授旌状:

　　一、以文字演说,补助革命进行者。

　　二、始终竭诚奉公者。

第十七条　有下列各项之特行者授旌章:

　　甲、整顿地方农、工、商、学各项善后事业卓有成效者,授白绶银旌章。

　　乙、办理城镇乡之善后事宜著有成效者,授蓝绶金旌章。

勋记等级表

勋位	等	名称	勋记号位等	年金	质章
勋章	大勋章	天日大勋章		三千元年	金章
	勋一等	天日红色三宝章	勋一等	金三千年 二千元	金章
	勋二等	天日蓝色三宝章	勋二等	金二千年 一千八百元	金章
	勋三等	天日白色三宝章	勋三等	金二千年 一千七百元	金章
	勋四等	天日红色双宝章	勋四等	金二千年 一千六百元	金章
	勋五等	天日蓝色双宝章	勋五等	金二千年 一千五百元	金章
	勋六等	天日白色双宝章	勋六等	金二千年 一千四百元	金章
	勋七等	天日红色单宝章	勋七等	金二千年 一千三百元	银章
	勋八等	天日蓝色单宝章	勋八等	金二千年 一千二百元	银章
	勋九等	天日白色单宝章	勋九等	金一千年 一千一百元	银章
大功章		功章同	功一级	金八百年 一千元	银章
			功二级	金七百年 九百元	银章
			功三级	金六百年 八百元	银章
			功四级	金五百年 七百元	铜章
			功五级	金五百年 六百元	铜章
			功六级	金五百年 五百元	铜章
			功七级		铜章
			功八级		铜章
			功九级		铜章
有功章		章同	功一次		铜章
			功二次		铜章
			功三次		铜章
			功四次		铜章
			功五次		铜章
			功六次		铜章
			功七次		铜章
			功八次		铜章
			功九次		铜章
旌章	三色旌绶章				金章
	金色旌绶章				金章
	金色旌绶章				银章
	银色旌绶章				
旌状	旌状				

丙、办理府县之善后事宜著有成效者,授红绶金旌章。

丁、办理者善后事宜著有成效者,授三色绶金旌章。

第十八条　关于捐助军饷之办法,另以详章规定之。

第十九条　本章程各条未列举之勋功,得比照各条列举者授勋。

第四编　军律、军法

第一　军律

第一章　总则

第一条　凡陆军军人、军属及现服陆军勤务之海军军人以及其他人员等犯罪,均适用本律。

第二条　凡因服从上官命令致犯本律所定之罪者不论。

第三条　未遂罪除各本条专定必罚者外得减轻。

第四条　本律所规定犯罪者之处分方法,适用军法执行条例之规定。

第二章　罪

第五条　结党叛乱或谋叛者,照以下规定处刑:

一、首魁及参与谋议指挥群众者处死刑。

二、附和随行者处十年以下之惩役。

本条未遂罪罚之。

第六条　犯以下所列各罪者处死刑:

一、反抗长官及违背命令者。

二、临阵退缩者。

三、泄漏军情者。

四、私逃者。

五、以军队及军用地方、物品、建筑物、器械等交付敌人,或以利敌为目的毁坏之者。

六、为敌人之间谍或援助之者。

七、假传命令、假作报告通报者。

八、造谣惑众者。

九、捏报名额、虚领饷项或刻扣军饷者。

十、擅离守地致所守地方被陷于敌者。

十一、公然以文字演说等批评上官之人物或行为者。

十二、有可尽之力不尽、委其军队守地于敌者。

十三、贩卖人口或掳人勒赎者。

十四、杀害良民及无故焚毁良民住宅者。

十五、抢掠民财及强占或强奸妇女者。

十六、寻仇报复、捏词诬陷者。

十七、擅用私刑、擅捕良民者。

十八、收受贿赂、勒索资财者。

十九、结伴持械互斗者。

二十、杀害外国人、焚毁教堂者。

以上十五、十八、二十三项之未遂罪,得减轻之;第十九项之罪其为从者得减轻之。

第七条　私行通过哨所、及不服从哨兵盘诘强通过哨所者,照以下所定处刑:

一、在敌前时处死刑。

二、非在敌前时处三年以上之惩役。

本条未遂罪罚之。

第八条　烧毁或毁弃兵器、粮服者照以下所定处刑:

一、在敌前时处死刑。

二、非在敌前时处十年以下之惩役。

第九条　损毁军用之铁道、道路、电线、电话以及水陆交通等军用物者,照前条例分别处刑。

第十条　第八、第九二条之行为以制敌为目的之命令行为不为罪。

第十一条　犯以下各项之罪者,处十年以下之惩役:

一、虏获敌军军资、军械、物品藏匿不报私行售卖者。

二、吸食鸦片烟或开设、包庇开设鸦片烟局者。

三、赌博或开设、包庇者。

四、斗殴杀伤者。

五、遗失或浪费军械、弹药者。

第十二条　犯以下各项之罪者,处三年以下之禁锢:

一、私入良民家宅者。

二、纵酒行凶滋事者。

三、滋闹娼寮、戏馆者。

四、强买强卖者。

第三章　附则

第十三条　凡非军人、军属犯本律所定之罪者亦适用之。

第二　军法执行条例

第一章　总则

第一条　凡军人、军属及戒严地一般人民所犯之罪,皆遵本条例所定处分之。

第二条　将官及相当之军属犯罪,由军法会议审判之;校官、尉官、下士卒军属犯罪,由军法局特别法庭审判之;戒严地一般人民所犯之罪,由军法局之普通法庭审判之。

第三条　军法会议以大元帅命令委任将官于相当地点组织之。

第四条　军法局由总督及司令长官组织之;但司令官于克复地方时得便宜组织之。

第五条　在戒严地内其所管之长官得执行军律及戒严地刑罚法。

第六条　对于敌前犯罪者,所管长官得临时执行军律及戒严地刑罚法。

第七条　军法会议及军法局所适用之法律如下:

　　一、军律。

　　二、戒严地刑罚法。

　　三、军律及戒严地刑罚法所未规定之事件,从旧刑律。

　　四、附带发生之私诉事件,从习惯。

第二章　军法会议

第八条　军法会议之组织如下表:

阶　　级	判　官　长	判　官	被　告　人
第一级	大将一人	大将二人 中将二人	大将及其相当官
第二级	大将一人	大将一人 中将三人	中将及其相当官
第三级	中将一人	中将二人 少将二人	少将及其相当官

第九条　军法会议之附属职员如下:

　　　　检查官长　一人

　　　　检查官　　二人

　　　　录事　　　三人

第十条　检查官长、检查官由大元帅委任之。

第十一条　军法会议之判决,大元帅宣告,陆军部总长执行之。

第十二条　在临战合围地内判官得减少之。

第三章　军法局之组织

第十三条　军法局法庭分为二部:戒严地一般人民所犯罪,由普通法庭审判；下士卒、校官、尉官及相当官之军属所犯罪，由特别法庭审判。

第十四条　普通法庭之判官长、判官，由总督、司令长官委任熟习法律之文官任之；特别法庭委所部之军官临时任之。其组织如下表：

法　庭　别	判官长	判　　官	被　告　人
普通法庭	文官一人	文官　　二人	戒严地之一般人民
特别法庭 第一级	少将一人	少将　　　一人 大中校　　一人 普通法庭判官二人	大中少校及其相当官
特别法庭 第二级	大校一人	中少校　　　二人 普通法庭判官二人	大中少尉及其相当官
特别法庭 第三级	大尉一人	普通法庭判官二人	下士卒

第十五条　军法局法庭之判决由判事长宣告，总督、司令长官或司令官发执行命令。

第十六条　军法局附属之职员如下：

　　检查官长　一人

　　书记官长　一人

　　录事　　　二人

　　庶务　　　一人

第十七条　在临战合围地内判官得减少二人。

第四章　检举及判决布告

第十八条　下列各员有检举犯罪者之权：

　　一、宪兵、将校及下士。

　　二、司令长官及司令官之副官。

　　三、警备队司令官及队长。

第十九条　各该管长官对于其所部，均有检举犯罪之权。

第二十条　拘捕及拘留被告人之令状,由军法会议及军法局之检查官长发之。

第二十一条　无论何人因军人犯罪受损害者,可即时赴被害人或被告人所属地之检查官及被告人所属之长官处呈控。

第二十二条　于判决后,判事长应将犯罪罪状详细开列公布。

第二十三条　执行死刑之监督官,以军法会议及军法局之检查官任之。

第五章　行刑

第二十四条　执行军人之死刑用枪毙;执行军人以外人民之死刑用绞。

第二十五条　执行死刑时,按犯罪者酒量给与剧烈之酒,使其饮至昏醉后,始行执刑,并须将犯罪者头面掩蔽。

第二十六条　执行死刑须在狱中或法庭内执刑,除刑场监督官、监督长及行刑人外,不许他人旁观。

第二十七条　妊妇受死刑宣告者,须待至分娩后执行之。

第二十八条　惩役、禁锢等刑之计算,适用旧刑事诉讼律规定。

第二十九条　除防止犯罪者之逃亡所用下列之戒具外,不得用其他刑具及方法:

一、拘绳。

二、铁练〔链〕。

三、足镣。

四、手镣。

第六章　附则

第三十条　关于各该司令长官所部军官之犯罪,其特别法庭之判士长、判士由各司令长官临时委任之。

第三 戒严地刑罚及条文

职……名为布告事:照得大军克复地方,首宜维持秩序;但当此军政时代,各处一律戒严,所有时行政、司法各官衙及各项法律均暂行停止。为此制定戒严地刑罚法八条颁布,各处即日施行。凡军民人等须知违犯本法,决不姑容,各宜凛遵,勿罹刑戮。特此布告。

计开

第一条 戒严地方之民有犯以下各罪者,处以死刑:

一、毁坏电线、电话、铁路、造船厂、军堡垒、隘口、军器、弹药、其余军用物品,及毁坏有关军事之道路、桥梁、森林、家屋、船舶、火车、水管(自来水管)或放火烧毁之者。

二、诱引、帮助窝藏奸细或放走俘虏、劫夺囚犯者。

三、将军队、军舰舰队、军用船舶之动静或军需品吨〔屯〕积之所密报敌人或指引敌军者。

四、充当本军军队、军舰舰队、军用船舶之向导而为假伪之指导者。

五、结党图谋反抗,对于军队、军舰舰队、军用船舶为反抗之所为者。

六、以文字或演说、集会、结社、造谣生事表示反对革命之宗旨者。

(按此条规定而后,报律、集会律当然无效。)

七、聚众喧哗鼓噪,妨害军队、军舰舰队所在之静肃者。

八、以各种之法变坏井水、河水、自来水、山水等饮用之水,图害公众之健康者。

九、贩卖鸦片烟及烟具于本军军人及从军者或开设烟局者。

十、开设赌局、售卖赌具者。

十一、劫掠财物者。

十二、强奸妇女或强占妇女者。

十三、掳人勒赎、勒收行水者。

十四、放火者。

十五、械斗者。

十六、擅行招兵者。

十七、秘密结会拜盟者。

十八、私行收买、贩运军火者。

十九、伪称文武职员者。

二十、伪造公文、印信者。

二十一、伪造货币、纸币、债券者。

第二条 犯前条各项之罪者,不论正犯、从犯、教唆犯及已遂、未遂、预备阴谋,因其情形或科本刑或减等处分。

第三条 除前条各项之规定外,犯其他之罪者,仍适用刑律各条及远警律各条之规定。

第四条 犯本法之罪者,悉由军法局审判处罚之。除军法局外,不论何种机关不得行之。

第五条 犯本法之罪,除大元帅外,无论何人不得赦免之。

第六条 犯本法之罪者,并适用刑律剥夺公权、停止公权之规定。

第七条 军法审判各项犯罪时,不得用刑讯。

第八条 军法局之审判,不适用刑事诉讼法上律师辩护之规定,但被告人得请求传问证人及呈递辩诉状。

第五编　因粮征发及其他则例

第一　因粮局组织

第一条 因粮局由司令长官于攻克地方时委任下之职员组织之:
　　局长　　一　人

科长　　六　人

科员　　若干人

供事　　若干人

第二条　因粮局设下之六科：

第一科　管理征发事务。

第二科　管理收买及充公事务。

第三科　管理货币及兑换事务。

第四科　管理捐输事务。

第五科　管理会计事务。

第六科　管理保管事务。

第三条　因粮局长监督指挥所属科长科员办理因粮事务,对于司令长官负完全责任。

第四条　因粮局执行事务,应在征发令范围之内。

第五条　因粮局成立之后,经办事务即由司令长官呈报大本营陆军部、财政部,俟总督府组织成立,即行裁并财务司清理。

第六条　因粮局分科办事规则由局长委员编定之,呈司令长官核准施行。

第二　征发令

第一条　战时事变之际,特别赋课征发区内物件,以充海陆军需,谓之征发。

第二条　征发乃以征发书行之,凡海陆军总长、各省总督、海陆军司令长官、司令官、司令、舰长等皆有批发征发书之权。

第三条　以征发军需之多寡,定征发区域之广狭。征发书只限于征发区内行之。

第四条　征发书可付与该区之知事或乡长、会长、社长、店东、屋主。受此征发书者,要于限定期间内遵照办理。

第五条　凡存匿征发物件及托故不应者,得以充公,并依律究办。

第六条　收到征发物件,应给以受讫证票。

第七条　征发物品之种类如下:

一、米、谷、麦、面、面粉、豆、饼类、油、盐、茶、蔬菜等食用品类。

二、被服、靴帽、布帛、药品及一切应用器具。

三、马、牛、羊、豚、鸡等家畜类。

四、夫役。

五、病院、厩园、仓库、祠宇、学堂、寺庙及一切公私家屋类。

六、饮水、薪炭。

七、铁道、汽车、船舶、车辆及一切石木皮革金铁诸材料。

第八条　交还征发物件时,如有损失,即由物主当场申明,即誊注于受讫证书上;非当场申明者无效。

第九条　征发之赔偿,如不能即时发给,迟延至六个月以上者,以满六个月之期为始,按月息四厘照算归还。

第十条　征发物消耗及损失之赔偿,其价格皆以当时原价为准。若原价无从标定,则以评价委员公决之。评价之委员额数,以事务之繁简定之。至于选择委员,官民各半,要皆与斯时斯地之征发无利害关连者为得当。

第十一条　征发夫役之工食,每日以百文为准。

第十二条　发给征发之偿金,由批发征发书之海陆军官通知知事或本人,按照所定履行。

第十三条　第七条第一项、二项、三项之征发,以商贾为先,不足者乃由民家凑集。

第十四条　凡征发物件,不得尽数征发,要以适当为准。

第十五条　征发官吏如有滥用权限欺压商民,违犯本章规定者,以军律处治之。

附书式

(说明)征发书与受讫证之单,简如下式。其征发物件须以次排列,一一著明;但有应用一种严密书式者,得由因粮局制定呈交征发陆海军官执行。

征发书式(征发书里面征发令撮要印刷)

存根	○　　　　　　　　○　　　 　　　　征发书　第　　　号 一、 一、 一、 　　　被征发者住所职业姓名 　年　月　日
征发书	第　　　　　　　　号 　　　　征发书　第　　　号 一、 一、 一、 　上列共　项物件务必赶于　月　日 　备齐送到某处不得迟延缺漏切切此达某地某君 　　年　月　日　　官　名　㊞

受讫证式

存根	○　　　　　　　　○　　　 　　　　受讫证　第　　　号 一、 一、 一、 　上记各件均已收讫除发给某地某君 　受讫证外合此存根 　　年　月　日
受讫证票	第　　　　　　　　号 　　　　受讫证　第　　　号 一、 一、 一、 　前由 　某地某君收到上列各件无误理合给 　证并希查照 　　年　月　日　　官　名　㊞

第三　委任通则

第一条　各省司令长官由军事部呈案总理委任。

第二条　司令官由该省司令长官申报军事部核请总理委任。

第三条　司令长官部之参谋长、副官长由司令长官申报军事部核请总理委任。

第四条　司令部之参谋长、副官长由司令官呈请司令长官申报军事部核请总理委任。

第五条　司令长官部之参谋、副官由司令长官申请军事部委任。

第六条　司令部之参谋、副官由司令官申报司令长官核请军事部委任。

第七条　司令长官部及司令部之参谋长、副官长遇有特别情形时，军事部得迳请总理委任之。

第八条　司令长官部、司令部之参谋、副官遇有特别情形时，军事部得迳行委任之。

第九条　司令长官、司令官对于所属遇有特别情形时，委员充任；但须遵照第二条至第六条之规定办理。

第四　印章条例

第一条　印章定下之五种：
大元帅印章
特任官印章
简任官印章
荐任官印章
委任官印章

第二条　大元帅印章长宽各八珊知米达，质用金。

第三条　特任官印章长宽各七珊知米达五，质用铜。

第四条　简任官印章长宽各六珊知米达,质用铜。

第五条　荐任官印章长宽各五珊知米达五,质用铜。

第六条　委任官印章长宽各五珊知米达,质用铜。

第七条　凡印章之边宽等印宽之十分一。

第八条　凡印文用篆书,称曰何何之印。

第九条　凡印色用朱色,与印章永无化学之变蚀者。

第十条　凡印章由大元帅铸定颁给。

第六编　文告

中华革命军大元帅檄

袁贼苦吾国民久矣,世界自有共和国以来,殆未有此万恶之政府危亡祸乱至于此极者也。清之末造,贼实媚之,以杀吾国人。及其亡而拥兵徼利,至乃要窃总统以和。军府不忍战争之绵延,以为贼本汉族,人情必恩宗国,而总统复非帝王万世之比,俯与迁就,冀其自新;亦以民国初立,旧污未殄,首行揖让,风示天下,树之楷模。孰意贼性凶顽,谲诈成习,背誓乱常,妄希非分,假中央集权之名,行奸雄窃国之实,骄兵悍将,骚扰于闾阎,宵小金壬,比周于左右,甚乃贿收报馆,赂遗议员,清议销沉,监督溺职,而嗾杀元勋,滥借外债之祸作矣。赣宁酿变,皖、沪、闽、粤、湘、蜀继之,义师败衂,贼燄愈张,自是以还,几于不国。贼兵所至,焚掠为墟,幼女贞孀,供其淫媟。犹复恣意株连,籍没罔恤,偶涉嫌疑,遽膏锋刃。人民丧其乐生之心,而贼于此时方论功行赏,以庆太平,盖自以为帝业之成,而天下莫予毒矣。卒以非法攘擭正式总统,而祭天祀孔,议及冕旒,司马之心,路人皆见。又其甚者,改毁约法,解除国会,停罢自治,裁并司法,生杀由己,予夺唯私。侦谍密布于交衢,盗匪纵横于邑鄙,头会箕敛,欲壑靡穷,朋坐族诛,淫刑以逞。矿产鬻而国财空,民党戮而元气尽。军府艰难缔造之共和,以是坏灭无余,而贼恶盈矣。殉国烈士,饮恨于九原,首义勋贤,投荒于海外,而觑国者,遂以为自由幸福非吾中华国民所应享,此真天下之大耻奇辱也。而吾国民亦偷生视息,莫之敢指,驯此以往,亡国灭种,匪伊异人,国交之危,其见端耳。袁贼妄称天威神武之日,即吾民降作奴隶牛马之时,此仁人志士所为仰天椎心,虽肝胆涂疆场,膏血润原野而不辞也。军府痛宗国之陆沉,愤独夫之肆虐,爰率义旅,誓殄元凶,再奠新邦,期与吾国民更始。中原豪俊望旆来归,草泽英贤闻风斯起,诸袁将吏士卒反正及降者,不次擢赏,勿有所问。若其弃顺效逆,执迷不复,大兵既至,诛罚必申,虽欲悔之,晚无及也。布告天下,咸使闻知,檄到如律令。

孙　文(印)

中华民国　　年　月　日

(说明)檄文后应由大元帅亲自署名、盖印;但在革命军举义之时,大元帅不在任地,司令长官得代用印宣布。

安　民　布　告

职……名为布告事:照得袁世凯假托共和,实行专制,以致四海之内,民不聊生,本○○○○○○现奉大元帅令,督率大军前来,诛彼凶残,扫除虐政,对于地方治安,有完全保护之责任,凡我人民,各宜安分守业,毋得听信谣言,自相惊扰。其将弁兵勇人等如能携械来营缴投,决不诛戮;倘敢阳奉阴违,串通敌军损坏桥梁、电线、障塞道路、沟渠、烧毁营房、公所、藏匿军械、火药,庇护逃勇、奸细以及造谣生事等不法行为,一经查出,或被告发,必从严惩办。如或本军有不法人等扰害居民,仰即扭送军前,或指名呈控,自必从严按照军律治罪,以肃军纪。为此布告,一切人民,须知本军纪律严明,所至之处,秋毫无犯,其各仰体此意,凛遵毋违。特此布告。

中华民国　　年　月　日　　　　(○○○)姓名

四言安民告示

职……名　布告

我军起义	救国救民	宗旨正大	举动文明	所至之处
鸡犬无警	诚恐大众	恐惧不宁	为此布告	尔等居民
各安生业	毋许纷纭	其余兵弁	缴械营门	概免诛戮
一视同仁	如敢故违	串通敌军	或碍交通	或毁军营
或藏奸细	或匿逃兵	一经查出	定予严惩	如或本军
在外横行	指名呈控	按律处刑	特此布告	各宜凛遵

中华民国　　年　月　日　　　（○○○）姓名

保护公共建筑古迹名胜告示

职……名为布告事：照得公共建筑、古迹、名胜，均为地方公益之物，或系人民信仰所关，理宜保护，以重公德。凡军人等毋得乘机毁折、损坏；如敢故违，一经查出，定予严办，其各遵守毋违。特此布告。

布　告

职……名为布告军律事：照得本军纪律严明，倘有不法行为，立即按律治罪。兹特将军律刊贴各处，居民人等遇有显犯军律之不法将卒，仰即指名呈控，或扭送军门可也。特此布告。

计开

一、不听号令者枪毙。

二、临阵退缩者枪毙。

三、泄漏军情者枪毙。

四、私逃者枪毙。

五、反奸者枪毙。

六、抢掠者枪毙。

七、焚杀良民者枪毙。

八、强奸或强占妇女者枪毙。

九、收受贿赂、勒索资者财者枪毙。

十、寻仇报复、捏词诬陷者枪毙。

十一、擅用私刑、擅捕良民者枪毙。

十二、结伴持械互斗者枪毙。

十三、捏报名额、虚领饷项者枪毙。

十四、杀害外国人、焚折〔拆〕教堂、学校、医院者枪毙。

十五、造谣者枪毙。

十六、贩卖人口或掳人勒赎者枪毙。

十七、强买、强卖者禁锢。

十八、斗殴杀伤者禁锢。

十九、遗失或浪费军械、弹药者禁锢。

二十、虏获敌军军资、军械、物品藏匿不报私行售卖者禁锢。

二十一、私入良民家宅者禁锢。

二十二、赌博或开设、包庇者禁锢。

二十三、吸食鸦片烟或开设、包庇鸦片烟局者禁锢。

二十四、纵酒行凶滋事者禁锢。

二十五、滋闹娼寮、戏馆者禁锢。

中华民国　　　年　　月　　日　　　○○○印

据中国国民党中央文化传播委员会党史馆藏一般档案395/23

中华革命党债券①

（一九一五年十一月十三日）

中华革命党债券。第一种。一千元。

一、本债券发行偿还均以日本币为准。

一、本债券利息为照券面价格一倍。

一、本债券于新政府成立后，三年内由财政部定期公告偿还。

一、本债券于财政部公告偿还后，三年内得向革命债券整理局或原经手之筹饷局换取本息。

一、本债券得任意转让。

中华民国四年十一月十三日
中华革命党总理　孙　文

据丁张弓良《袁氏大借款与讨袁护国时期之各种券钞》，载《近代中国》双月刊第二十六期（一九八一年十二月三十一日）

中日组合规约②

（一九一七年六月十一日）

以开发中国富源为目的，中、日两国人组织组合，而订规约如下：

一、本组合员中、日各以　　名组织之；

二、本组合办理中国各省之矿业及主要物产；

---

① 此项债券计分一千元、一百元及十元三种，发行期间约为1914年7月中华革命党成立后起至1916年止。

② 原件标题为《日支组合规约》。

三、本组合之资本定为上海规银二拾万两,必要时按次缴纳之,中、日之出资额同额以　　为限度;

四、非中日两国组合员协议同意后,不得以组合员之权利让与组合以外之人;

五、组合之业务执行,中、日双方协议决定之组合员不得一致之承诺,不得以关于组合之事项漏泄于组合以外之第三者,或与之为交涉商谈;

六、组合之存立期限,自本组合规约签字之日起,二十年为限,至期限满了后,双方协议得延长之;

七、在组合存立期限内发生解散之必要时,双方协议决定之;

八、组合本部置于上海,支部置于东京;

九、组合规约以中、日两国文制定之,组合员各自署名盖印,各执一通;

十、组合之事业经营及其他一切设备别定细则,选定业务执行员担任之。

日　　文

支那富源開発ヲ目的トシ日支両国人ヲ以テ組合ヲ組織ス而シテ規約ヲ定ムルコト左ノ如シ

一、本組合員ハ日支各　名ヲ以テ組織ス

二、本組合ハ支那各省ノ鉱業及主要物産ノ取扱ヲナス

三、本組合ノ出資ハ上海規銀二拾萬両トシ必要ノ都度払込ムモノトス日支出資額ハ同額トシテ両ヲ限度トシ払込ムモノトス

四、日支両国組合員協議全意ノ上ニアラザレバ組合員タル権利ヲ組合以外ノ者ニ譲与スル事ヲ得ズ

五、組合一切ノ業務執行ハ日支双方協議ノ上決定シ組合員ハ一致ノ承諾ナクシテ組合以外ノ第三者ニ組合ニ関スル事項ヲ漏洩若クハ交渉商談ヲ為ス事ヲ得ズ

六、組合ノ存立期限ハ本規約調印ノ日ヨリ向フ弐拾個年トス期限満

了ニ至ヲバ更ニ双方協議ノ上之ヲ延長スルモノトス

　七、組合存立期限内ニ於テ解散ノ必要ヲ見ル場合ハ双方協議ノ上之ヲ決定ス

　八、組合本部ヲ上海ニ支部ヲ東京ニ設置ス

　九、組合規約ハ日支両文ヲ以テ作製シ組合員各自署名捺印シ組合員ハ各自壱通ヲ所持スルモノナリ

　十、組合事業ノ経営其ノ他設備ニ就テハ別ニ細則ヲ設ケ業務執行員ヲ選定シテ担当セシム

民国六年六月十一日

大正六年六月十一日

孙逸仙

张人杰

朱大符

廖仲恺

杨　丙　廖仲恺代署

丁仁杰　朱大符代署

戴传贤

余建光　戴传贤代署

蒋介石

周日宣

大冢信郎

协乐嘉一郎

菊池良一

除名　芳川宪治

据秦孝仪主编《国父全集》第九册（台北近代中国出版社一九八九年版）

中华民国军政府组织大纲

（一九一七年九月十一日前）

第一条　中华民国为戡定叛乱，恢复临时约法，特组织中华民国军政府。

第二条　军政府设大元帅一人，元帅三人，由国会非常会议分次选举之，以得票过投票总数之半者为当选。

第三条　临时约法之效力未完全恢复以前，中华民国之行政权由大元帅行之。

第四条　大元帅对外代表中华民国。

第五条　大元帅有事故不能视事时，由首次选出之元帅代行其职权。

第六条　元帅协助大元帅筹商政务，元帅得兼任其他职务。

第七条　军政府设立各部如下：

一、外交部；

二、内政部；

三、财政部；

四、陆军部；

五、海军部；

六、交通部。

第八条　各部设总长一人，由国会非常会议分别选出，咨请大元帅特任之。前项选举以得票过投票总数之半者为当选，但遇总长缺位，未经选举以前，大元帅得为署理之任命。

第九条　各部总长辅助大元帅执行职务。

第十条　元帅府及各部之组织以条例定之。

第十一条　军政府设都督若干员，以各省督军赞助军政府者任之。

凡有举全省兵力宣布与非法政府断绝关系者，依前项之规定。

第十二条　本大纲至临时之约法完全恢复,国会及大总统之职权完全行使时废止。

第十三条　本大纲自公布之日施行。

据《军政府公报》第一号(广州一九一七年九月十七日)

公布海陆军大元帅府组织条例令

(一九一七年九月十一日)

大元帅令

兹制定海陆军大元帅府组织条例公布之。此令。

大元帅(印)
中华民国六年九月十一日

中华民国军政府海陆军大元帅府组织条例

第一章　总纲

第一条　海陆军大元帅依据《军政府组织大纲》第十条所定,设立大元帅府。

第二条　大元帅府设各处如下:

一、参谋处;

二、秘书处;

三、参军处。

第三条　大元帅府设卫戍总司令,承大元帅府之命,掌理卫戍一切事宜。

第四条　大元帅府得设顾问及参议若干人,以备大元帅之谘询。

第五条　各处因事务之必要,得酌设各科,置科长、科员、差遣员、电报生、技师、书记、录事、供事若干人。

第二章　参谋处

第六条　参谋总长辅佐大元帅参赞机要,统一作战计划,并指挥监督海陆军参谋执行职务。

第七条　参谋处设参谋次长二人,海陆军参谋若干人,承总长之命执行职务。

第八条　参谋处因军事之必要,得酌设调查、编辑、测绘、作战、谍报各科。

第三章　秘书处

第九条　秘书长承大元帅之命,指挥监督各秘书掌管机要文书,管守印信,及重要文书之起草、记录、保存事项。

第十条　秘书处得酌设总务、外交、内政、财政、军事、交通、法制各科。

第四章　参军处

第十一条　参军长承大元帅之命,率同参军掌理内部勤务,传发军令,接见宾客,并办理会计、庶务、警卫、扈从典礼及一切不属他处之事务。

第十二条　参军处设电报总管一人,承参军长之命,指挥电报生办理特别电报事务。

第五章 附则

第十三条 大元帅府各处之组织及办事细则,由各该处长拟定后,呈请大元帅核准施行。

第十四条 本条例有须修改之时,得由各该处长呈请大元帅核夺办理。

第十五条 本条例自公布日施行。

据《军政府公报》第一号(广州一九一七年九月十七日)

公布大元帅府秘书处组织条例令

(一九一七年九月十七日)

大元帅令

兹制定大元帅府秘书处组织条例公布之。此令。

大元帅(印)
中华民国六年九月十七日

大元帅府秘书处组织条例

第一条 秘书处据大元帅府组织条例第二条组织之。

第二条 秘书处设秘书长一人,秘书若干人,书记若干人,差遣若干人。

第三条 秘书长承大元帅之命管理全处事务,并指挥监督所属各职员及雇员。

第四条 本处设各股如下:

总务股；

军事股；

财政股；

外交股；

内政股；

交通股；

法制股。

第五条　总务股掌理事务如下：

一、典守印信；

二、文书函电之起草；

三、保管案卷；

四、委任事项；

五、收发事项；

六、华侨函电事项；

七、国会事项；

八、军政府公报事项；

九、新闻事项；

十、制造印信事项；

十一、本处会计事项；

十二、本处庶务事项。

第六条　军事股掌理批答寻常军事文书及函电之起草。

第七条　财政股掌理关于筹措军饷、会计、出纳一切文件之起草、编制及批答。

第八条　外交股掌理关于外务行政、国际交涉之一切文电。

第九条　内政股掌理关于内务行政一切文书函电之起草及批答。

第十条　交通股掌理关于交通事项之一切文件。

第十一条　法制股掌理事务如下：

一、关于法令条例之起草、审查、立案事项；

二、关于大元帅交议一切法规条例之审查修正事项；

三、关于军政府所属各机关法律疑义之解答。

第十二条　各股设主任一人，以秘书充之。

第十三条　各股秘书由秘书长按事之繁简酌量分配。

第十四条　各股秘书所拟就之文件，应先交由该股主任审定后，再呈请秘书长核定办理。

第十五条　各股主任对于各该股范围内事务，有整理统一之责。

第十六条　书记承秘书长秘书之命，誊写文件、记录、簿籍、表册。

第十七条　差遣承秘书长、秘书之命，从事办理庶务。

第十八条　本处办事细则另定之。

第十九条　本条例自公布日施行。

据《军政府公报》第二号（广州一九一七年九月二十日）

公布特别军事会议条例令

（一九一七年九月十七日）

大元帅令

　　兹制定特别军事会议条例公布之。此令。

大元帅（印）

中华民国六年九月十七日

大元帅府特别军事会议条例

（一）为决定军事上行动纲要，由大元帅召集特别军事会议。

(二)特别军事会议议员以下列之人员充之:

参谋总长;

海军总长;

陆军总长;

广东督军;

海军总司令;

第一军总司令;

卫戍总司令;

由大元帅特指定之军事参议五人。

(三)以上人员如有事不能列席者,不得派人代表。

(四)会议时大元帅为主席,以多数决定。

(五)凡会议时,必有过半数以上之列席,始得开议。

(六)会议之内容及其议决,与议者均须绝对守秘密。

据《军政府公报》第二号(广州一九一七年九月二十日)

公布大元帅府参军处组织条例令

(一九一七年九月十九日)

大元帅令

兹制定大元帅府参军处组织条例公布之。此令。

大元帅(印)
中华民国六年九月十九日

大元帅府参军处组织条例

第一条 参军处按照《大元帅府组织条例》第二条组织之。

第二条　参军处设下列各科：

一、总务科；

二、会计科；

三、庶务科。

第三条　总务科设科长一员，一、二、三等科员若干人，掌理下列事务：

一、关于机密事项；

二、关于文书收发事项；

三、关于统计报告事项；

四、关于典礼仪式、设备扈从并军乐及其他杂务；

五、关于府内卫生事项；

六、关于不属他科主管事项。

第四条　会计科设科长一员，一、二、三等科员若干人，掌理下列事项：

一、关于豫〔预〕算、决算事项；

二、关于收入、支出、簿记及金库事项；

三、关于会计之监查事项。

第五条　庶务科设科长一员，一、二、三等科员若干人，掌理下列事务：

一、关于物品采办、保管事项；

二、关于本府整理、装修及其他杂务。

第六条　参军处设副官若干人，掌理下列事务：

一、关于府内勤务、传达命令及接待宾客事项；

二、关于府内警卫风纪稽查事项；

三、关于管理弁兵、杂役人等事项。

第七条　参军处设电报总管一员，电报员若干人，掌理关于电务事宜。

第八条　参军处因事务之繁简得酌设备等通译、差遣、技师、录事、供事若干员。

附 则

第九条　本条例如有未尽及应行修改之处,由处长随时呈请大元帅核夺。

第十条　本条例自公布日施行。

据《军政府公报》第三号(广州一九一七年九月二十一日)

军政府公报发行章程

（一九一七年九月二十二日）

第一条　军政府公报暂由大元帅府秘书处公报课发行。

第二条　军政府公报按照阳历自九月二十日起,每日出报一号。定购一月者,收回报价大洋八角;三月二元三角;半年四元五角;常年八元。须先交报价,邮费在外,零售每号铜元四枚。

第三条　凡远近订购公报,预缴报费后给予定报收单,即照开明地址分别寄送,如有迁移事故,须随时知照,以便更改。

第四条　如有殷实店铺愿代销售军政府公报者,得由公报课与该店铺商订合同。

第五条　凡内外官绅商民欲在军政府公报刊登广告者,第一日每行二角四分;第二日至第七日,每日每行一角六分;第八日至第十五日,每日每行一角二分;第十六日至一个月,每日每行八分;登至半年,每月每行一元六角。均以两行起码,每行四十字,大字照加。

第六条　本章程有未尽事宜,得随时修正之。

据《军政府公报》第四号(广州一九一七年九月二十二日)

公布军事内国公债条例令

(一九一七年九月二十六日)

大元帅令

国会非常会议议决军事内国公债条例,兹公布之。此令。

大元帅(印)
中华民国六年九月二十六日

军事内国公债条例

第一条 军政府为供给军需,募集公债五千万元。

第二条 此项公债利率定为按年八厘。

第三条 此项公债以每年四月十月为给付利息之期。

第四条 此项公债自发行之日起,二年以内只付利息,第三年起依附表所列每年应付本银数目用抽签法偿还,至第六年全数偿清。

第五条 此项公债财政部实收九成。

第六条 此项公债其最先缴纳之二百万元,财政部特别减收为八成八。

第七条 经手募债人员不另给募债费用,即以折扣充支;但募集多额者,另章奖励。

第八条 此项公债付息偿本,由财政部委托本国外国银行中国殷实商号支付。

第九条 此项公债票面概不记名,其有请求记名者亦准照办。

第十条 公债票面数额定为四种如下:

一、一千元;

二、一百元;

三、十元;

四、五元。

第十一条　此项公债之债票及息票,得自付息及偿本之日起,除海关税外,得用以完纳一切租税及代其他各种现款之用。

第十二条　经理此项债票之官吏人民,对于此项债票如有非法行为,依照法令分别惩罚。

第十三条　本条例自公布之日施行。

中华民国六年九月二十五日

据《军政府公报》第七号(广州一九一七年九月二十六日)

公布承购军事内国公债奖励条例令

(一九一七年九月二十六日)

大元帅令

国会非常会议议决承购军事内国公债奖励条例,兹公布之。此令。

大元帅(印)

中华民国六年九月二十六日

承购军事内国公债[人员]①奖励条例

第一条　凡承购军事内国公债人员,应得奖励分级如下:

一、承购公债满十万元者,由财政部呈请给予三等勋章;

一、承购公债满五万元者,由财政部呈请给予四等勋章;

一、承购公债满一万元者,由财政部呈请给予五等勋章;

一、承购公债满五千元者,由财政部呈请给予六等勋章;

---

① 据《军政府公报》第九号更正栏所作说明修正。

一、承购公债满五百元以上不及五千元者,由财政部酌给奖章。
第二条　前条奖励以独立承购人员为限。
第三条　应得奖励人员,由经募机关报明公债局转咨财政部呈请核奖。
第四条　公共团体承购公债应得奖励,由财政部比照本条例另案呈请核奖。
第五条　独立承购公债十万元以上者,由财政部另案呈请给予特别奖励。
第六条　本条例自公布之日施行。

中华民国六年九月

公债分年偿本表	年　　　期	偿　　本　　数　　目
	第　三　年	一千一百万元
	第　四　年	一千二百万元
	第　五　年	一千三百万元
	第　六　年	一千四百万元
	合　　计	五千万元

据《军政府公报》第七号(广州一九一七年九月二十六日)

公布军政府公报条例令

（一九一七年九月二十六日）

大元帅令

兹制定军政府公报条例公布之。此令。

大元帅(印)
中华民国六年九月二十六日

军政府公报条例

第一条 军政府公报为公布法律命令之机关，凡法令及应行公布之文电统由军政府分分〔公〕①报发行。

第二条 军政府所属各官署通行文书，已由军政府公报公布者，可毋庸再以文书传达。但未便公布之件及并非通行之件，仍由各官署自用文书传达。

第三条 凡军政府一切文电，均以军政府公报公布之文为准；至其他报纸或印刷品钞录或传闻者，不得援据。

第四条 凡法令除有专条别定施行期限者外，军政府所在之地以刊行军政府公报之日起，各地以军政府公报递到该官署之日起，即生一体遵守之效力。其各地先期接有官发印电或文书者，不在此限。

第五条 各官署送刊之件，如钞录字迹难于辨认，以致错误或原钞稿有错误者，概由各官署自负其责。

第六条 本条例自公布日施行。

据《军政府公报》第七号(广州一九一七年九月二十六日)

公布陆军部组织条例令

（一九一八年三月六日）

大元帅令

兹制定陆军部组织条例公布之。此令。

大元帅(印)
中华民国七年三月六日

---

① 据《军政府公报》第八号更正栏之说明订正。

陆军部组织条例

（附陆军部职员表）

第一条　陆军部直隶于军政府，管理陆军军政。

第二条　陆军总长经国会非常会议选出后，由大元帅任命。

第三条　陆军总长承大元帅命管理本部事务，统辖陆军军人、军属，监督所辖各官署。

第四条　陆军部置次长一人，辅助总长整理部务。

第五条　陆军部置秘书四人，参事四人。秘书秉承总、次长之命，掌理机要文书之起草、收发、保存及典守印信等事项。参事秉承总、次长之命，掌理本部，管理法律、命令之审议事项。

第六条　陆军部置总务厅及下列各司：

军衡司；

军务司；

军学司；

军储司；

军医司；

军法司；

军牧司。

第七条　总务厅职掌事务如下：

一、关于机密及陆军文库事项；

二、关于部内军官军佐及军用文官事项；

三、关于公文函电之纂辑、保存及收发事项；

四、关于本部内会计事项；

五、关于编制各统计及报告事项；

六、关于征发物件表及征发报告事项；

七、关于部内风纪事项；

八、关于管理本部官产、官物事项；

九、其他不属各司事项。

第八条　军衡司掌事务如下：

一、关于陆军官佐及军用文官之任免事项；

二、关于调查各兵科人员事项；

三、关于考绩表、兵籍、战时名簿及军用文官名簿事项；

四、关于保管军官、军佐、军用文官及战时职员表事项；

五、关于赏赉、叙勋、配章、褒章及赏给事项；

六、关于编纂年格、名簿事项；

七、关于休假事项；

八、关于陆军军人结婚事项；

九、关于废兵处置事项；

十、关于养赡事项。

第九条　军务司掌事务如下：

一、关于陆军建制编制及训练事项；

二、关于军队配置事项；

三、关于陆军军旗事项；

四、关于整旅计划之准备执行事项；

五、关于陆军礼节、服制、徽章事项；

六、关于各军队之军纪、风纪事项；

七、关于编拟战时各项规则事项；

八、关于戒严各征发事项；

九、关于征募、召集及解兵退伍事项；

十、关于操练场所事项；

十一、关于军队内务、卫戍、勤务及宪兵服务事项；

十二、关于各兵科及军乐队事项；

十三、关于各兵科军官军士以下人员之调用及其补充事项；

十四、关于要塞建筑及其他用地并要塞地带事项；

十五、关于要塞兵备事项；

十六、关于重炮兵之设置及分配事项；

十七、关于运输、通信、电气、电灯、电信、轻气球飞行器事项；

十八、关于要塞司令处、陆地测量部及交通各队事项；

十九、关于水陆交通事项。

第十条　军储司掌事务如下：

一、关于军用枪炮弹药之制式筹画、支给交换及检查事项；

二、关于军火禁令事项；

三、关于各项器具材料之经理及检查事项；

四、关于军用器具材料之制式筹画、支给交换事项；

五、关于要塞备炮事项；

六、关于军队通信各铁道气球、飞行器之器具材料之支给交换事项；

七、关于攻城、守城交通所用兵器、器具材料之备办事项；

八、关于技术审检院、兵工厂、军械局事项；

九、关于军需运用事项；

十、关于各军需处事项；

十一、关于各军需官勤务事项；

十二、关于各军需处人员之教育、考绩及其补充事项；

十三、关于军政经费出纳并预算、决算事项；

十四、关于军政会计稽核事项；

十五、关于管掌出纳之官吏等事项；

十六、关于各种给与及军需规定之审查事项；

十七、关于规定俸给及旅费事项；

十八、关于军服之经理及检查事项；

十九、关于军服粮秣之制造、购买事项；

二十、关于规定及准备平时军服、装具、粮秣等给与事项；

二十一、关于编制整旅之预算事项；

二十二、关于战时装具、炊具及洗马器具事项；

二十三、关于军队用具、消耗品及埋葬用料物等之准备事项；

二十四、关于陆军用地及建筑事项；

二十五、关于管理陆军所属官产事项；

二十六、关于军人祠宇及军用坟地事项；

二十七、关于规定军用金钱箱柜及行李事项。

第十一条　军学司掌事务如下：

一、关于军队教育及训练改良事项；

二、关于规定各兵科操典及教范事项；

三、关于军队校阅及特种兵演习事项；

四、关于所辖各学校一切章程之制定及筹办事项；

五、关于拟定所辖各学校教育纲领及计划，并审查各教科书事项；

六、关于所辖各学校职员奖罚事项；

七、关于所辖各学校学生奖罚及考试事项；

八、关于编订军语、军队符号及各军用之图籍表事项；

九、关于军学之编辑及印刷事项；

十、关于留外学生一切事件并选派高等专门学员事项；

十一、关于其他军事教育及训练一切事项。

第十二条　军医司掌事务如下：

一、关于军医、兽医各种诊疗机关事项；

二、关于伤病等差之诊断事项；

三、关于体格检查事项；

四、关于战时卫生勤务各种规则事项；

五、关于卫生材料及蹄铁事项；

六、关于时疫及卫生试验事项；

七、关于卫生报告统计及调查事项；

八、关于军医、司药、兽医所属各项人员之勤务教育、考绩及其补充事项；

九、关于红十字会及恤兵团体事项。

第十三条　军法司掌事务如下：

一、关于陆军军法事项；

二、关于陆军监狱事项；

三、关于赦免及罪人之处置事项；

四、关于陆军司法官及监狱职员之考绩及其补充事项；

五、关于高等军法会审事项。

第十四条　军牧司掌事务如下：

一、关于军马监及牧场之管理事项；

二、关于军马之供给、喂养、保存及征发事项；

三、关于改良马种及购买军马事项；

四、关于蹄铁术之教育事项；

五、关于军牧人员之教育、考绩及其补充事项。

第十五条　总务厅由次长直辖。

第十六条　陆军部置司长七人，承长官之命，分掌各司事务。

第十七条　陆军部置科长及一等军法官若干员，承长官之命，分掌总务厅及各司事务。

第十八条　陆军部置科员，二、三等军法官及司副官，承长官之命，助理总务厅及各司事务。科长、科员及一、二、三等军法官，得视事之繁简，酌定其员额。

第十九条　陆军部技正四人，技士八人，承长官之命，掌理技术事务。

第二十条　陆军部职员依附表所定。

第二十一条　本条例自公布日施行。

附：陆军部职员表

总长（上中将）	次长（中少将）	秘书参事	（少将及相当文官一 上、中校及相当文官三）四 （少将、上校及相当文官）	说明	总长特任以次 将官简任 校官荐任 尉官委任	
		总务厅	副官（上、中校）六 科长（上、中校或一、二等军需正） 纂译官（上、中校及相当文官）	科员（中、少校；上、中、尉或二三等军需正；一、二等军需）		
		军衡司	司长（少将、上校）一	司副官（少校、上尉）		
				科长（上、中校）	科员（中、少校；上、中尉）	
		军务司	司长（少将、上校）一	司副官（少校、上尉）		
				科长（上、中校）	科员（中、少校；上、中尉）	
		军学司	司长（少将、上校）一	司副官（少校、上尉）		
				科长（上、中校）	科员（中、少校；上、中尉）	
		军储司	司长（少将、上校）一	司副官（少校、上尉）		
				科长（上、中校及相当技术官）	科员（中、少校；上、中尉及相当技术官）	
		军医司	司长（军医监、一等军医正）一	司副官（三等军医正一等军医）		
				科长（一、二等军（兽）医正）	科员（二、三等军（兽）医正；一、二等司药正、一、二等司药）	
		军法司	司长（少将、上校相当文官）一	司副官（少校、上尉，相当文官）		
				二三等军法官（上、中、少校；上、中尉及相当文官）	科员	
		军牧司	司长（少将、上校）一	司副官（少校、上尉）		
				科长（上、中校；一、二等兽医正）	科员（中、少校；上、中尉；二、三等兽医正；一、二等兽医）	
				技正 四	技士 八	

据《军政府公报》第五十三号（广州一九一八年三月九日）

公布陆军部练兵处条例令

(一九一八年四月九日)

大元帅令

兹制定陆军部练兵处条例公布之。此令。

大元帅(印)

中华民国七年四月九日

陆军部练兵处条例

(附陆军部练兵处职员表)

第一条　陆军部练兵处直隶于大元帅,管理练兵事宜。

第二条　练兵处置督办一员,会商陆军总长,总理本处事务并统御所属军队。

第三条　练兵处置参谋长一员,辅助督办,整理处务,监督各科职员。

第四条　练兵处置参议二员,辅助督办赞襄处务。

第五条　练兵处置秘书二员,秉承督办之命,掌理文牍之起草、保存及典守印信等事[事]项。

第六条　练兵处分置三科:

一、总务科;

二、军务科;

三、军储科。

第七条　总务科职掌如下:

一、关于公文函电之纂辑及收发事项;

二、关于处内职员及所属军队官兵名册之保管事项;

三、关于处内军纪、风纪事项;

四、关于庶务及其他不属各科事项。

第八条 军务科职掌如下:

一、关于将校之储备事项;

二、关于征募之筹备事项;

三、关于军队之编组事项;

四、关于军队之训练事项;

五、关于军队驻扎地点之选定事项;

六、关于军队之卫生事项。

第九条 军储科职掌如下:

一、关于稽核经理事项;

二、关于粮饷之预算、决算及给与事项;

三、关于军用建筑事项;

四、关于被服装具之购备及给与事项;

五、关于军械之筹备事项。

第十条 练兵处置科长三员,承督办之命掌理主管事务。

第十一条 练兵处置科员及副官,承长官之命分任职务,但其员额视事之繁简酌定。

第十二条 练兵处职员依附表所定。

第十三条 本条例自公布日实施。

附:陆军部练兵处职员表

督办	参谋长(中、少将)		
	参议(少将、上校)二 限于军事学校毕业富有经验者		秘书(中、少校,相当文官)二
	总务科	科长(上、中校)一	副官(中、少校,上尉) 科员
	军务科	科长(上、中校)一	科员(中、少校,上尉)
	军储科	科长(上、中校)一	科员(中、少校,上尉)
	备考	一、副官、科员之员额,视事之繁简,由督办随时会商陆军总长酌定之。 二、本表因事之繁简得雇用书记及录事	

据《军政府公报》第七十号(广州一九一八年四月十日)

公布大理院暂行章程令

(一九一八年四月二十二日)

大元帅令

兹制定大理院暂行章程公布之。此令。

大元帅(印)

中华民国七年四月二十二日

大理院暂行章程

第一条　大理院为最高审判衙门,于护法期内,依法院编制之规定,暂行设于广州。

第二条　大理院置院长一人、推事五人、候补推事二人。

第三条　大理院暂设一庭,审理民刑诉讼,由院长指定推事一人为庭长。

第四条　总检察厅置检察长一人、检察官一人。

第五条　大理院及总检察厅应置书记官长、书记官、录事、承发吏各员,视事之繁简定之。庭丁、司法警察名额临时酌定。

第六条　大理院、总检察厅各员之职务、权限及办事方法,依法院编制法及各级审判厅试办章程,并按诉讼律管辖各节及其他法令所定办理。

第七条　关于大理院所辖案件,其讼费、抄录费、送达费、传票费等均照现行章程,加倍征收。

附　　则

第八条　本章程施行期间,自大元帅核准大理院开办之日为始,俟国会正式开会议决大理院组织大纲颁行后,本章程即停止施行。

据《军政府公报》第七十五号(广州一九一八年四月二十三日版)

公布外交部组织条例令

(一九一八年四月二十二日)

大元帅令

兹制定外交部组织条例公布之。此令。

大元帅(印)
中华民国七年四月二十二日

外交部组织条例

(附外交部职员表)

第一条 外交部直隶于大元帅,管理国际交涉及关于外国居留民并海外侨民事务,保护在外商业。

第二条 外交部置总长一人,由国会非常会议选出,大元帅特任。

第三条 总长承大元帅命管理部务,监督所属职员及外交官、领事官。凡护法各省区长官,其执行本部主管事务,应受外交总长之指挥、监督。

第四条 外交部置次长一人,秉承总长之命,辅助总长整理部务。

第五条 外交部置参事四人、秘书四人。参事承长官之命,掌拟订关于本部主管之法律、命令案;秘书承长官之命,掌管机要事务。

第六条 外交部置总务厅及下列各司:

一、政务司;

二、通商司。

第七条 总务厅掌事务如下:

一、收藏条约及国际互换文件；

二、调查编纂交涉案件；

三、撰辑、保存、收发或公〈布〉文件；

四、管理本部所管之官产官物；

五、管理本部经费并各项收入之预算决算及会计；

六、稽核直辖各官署之会计；

七、编制统计及报告；

八、记录职员之进退；

九、典守印信；

十、管理本部庶务及其他不属于各司之事项。

第八条　政务司掌事务如下：

一、关于政治交涉事项；

二、关于土地国界交涉事项；

三、关于公约及保和会、红十字会事项；

四、关于禁令、裁判、诉讼、交犯事项；

五、关于在外本国人关系民刑法律事项；

六、关于外人传教、游历及保护、赏恤事项；

七、关于调查出籍、入籍事项；

八、关于国书赴任文凭及国际礼仪事项；

九、关于外国官员觐见及接待外宾事项；

十、关于核准本国官民收受外国勋章及驻在本国之各国外交官、领事官、侨民等叙勋事项。

第九条　通商司掌事务如下：

一、关于开埠、设领事、通商行船事项；

二、关于保护在外侨民工商事项；

三、关于路矿、邮电交涉事项；

四、关于关税、外债交涉事项；

五、关于延聘外人及游学、游历事项；

六、关于各国公会、赛会事项；

七、其他关于商务交涉事项。

第十条　总务厅归次长直辖。

第十一条　外交部置司长二人，秉承长官之命，分掌各司事务。

第十二条　外交部置佥事、主事各若干人，佥事秉承长官之命，分掌总务厅及各司事务；主事秉承长官之命，助理总务厅及各司事务。

第十三条　外交部因特别事件得置雇员。

第十四条　本条例自公布日施行。

附：外交部职员表

总长（特任）	次长（简任）	参　事（荐　任）		
		秘　书（荐　任）		
		总务厅	次长直辖	佥　事（荐任）	主　事（委任）
		政务司	司长（荐任）	佥　事（荐任）	主　事（委任）
		通商司	司长（荐任）	佥　事（荐任）	主　事（委任）

据《军政府公报》第七十五号（广州一九一八年四月二十三日）

公布卫戍总司令部组织暂行条例令

（一九一八年四月二十九日）

大元帅令

兹制定卫戍总司令部组织暂行条例，公布之。此令。

大元帅（印）

中华民国七年四月二十九日

卫戍总司令部组织暂行条例

（附军政府卫戍总司令部职员表）

第一条　卫戍总司令部设于军政府所在地，特任总司令一员，直隶于大元帅，管理一切卫戍事宜。

第二条　卫戍总司令专任维持军民秩序，保卫地方。其关于清乡剿匪事宜，随时会商地方官厅办理，除出征军队外，凡隶属军政府之军队，均有节制调遣之权。

第三条　卫戍总司令得审度地方情形，分设卫戍区域，其施行细则，另以专章定之。

第四条　卫戍总司令部分置参谋、秘书、副官、军需、军法、军医各课长一员，管理应办事务。其下各置属员，以事之繁简，定员数之多寡。

一、参谋长督率各参谋，辅助总司令，参赞戎机，规划关于军政令各事项；

二、秘书长督率各秘书掌管各种公文函电之纂辑、保存、收发及保管印信事宜；

三、副官长督率各副官，办理本部庶务及关于本部军纪法纪事项；

四、军需长督率各军需委员，掌管预算决算之编造，薪饷之支领，并武器被服一切军用品物之购备给与事项；

五、军法长督率各军法官，掌管军事裁判惩罚事项；

六、军医长督率各军医，管理病院及本部人员、各部队伤病之疗治，并所辖区域内卫生事项。

第五条　卫戍总司令部、警备队之编制、饷章及本部人员之薪饷、服务、值日细则均另定之。

第六条　本条例有未尽事宜，得随时呈请修正之。

第七条　本条例自公布之日起施行。

附：军政府卫戍总司令部职员表

总司令	参谋长（中、少将）	参　谋（上、中校）
	秘书长（少将、上校及相当文官）	秘　书（上、中校及相当文官）
	副官长（少将、上校）	副　官（上、中少校）
	军法长（少将、上校及相当文官）	军法官（上、中少校及相当文官）
	军需长 { 一、二等军需正 或相当文官 }	军需委员 { 二、三等军需正 或相当文官 }
	军医长 { 二、三等军医正 或相当文官 }	军 医 员 { 三等军医正或 深明医理之文官 }
备考	一、各科人员之额数另行编制呈报备案。 二、参议、顾问、谘议及军事委员差遣，均无定额，限于有军事学识者，不拘等级。	

据《军政府公报》第七十七号（广州一九一八年五月一日）

中国国民党通告及规约

（一九一九年十月十日）

通　告

启者

　　本党规约及海外总支部通则、海外支部通则，为时势变迁，由本部提出改正案，经长时审议，多数可决，业于民国八年十月十日公布施行。颁寄各总支部、各支部、各分部，务祈各按照新章组织。从前所有中华革命党总章及各支部通则，一律废止。所有印章、图记，一律照本规约所定，改用中国国民党名义，以昭统一，而便进行。除由本部赶制颁发外，特此通告。

中国国民党规约①

第一章　总纲

第一条　本党以巩固共和、实行三民主义为宗旨。

第二章　党员

第二条　凡中华国民成年男女，与本党宗旨相同者，由党员二人介绍，并具愿书于本党，由本党发给证书，始得为本党党员。

第三条　党员入党时，须纳党金十元。

第四条　凡中华革命党党员，皆得为本党党员，以中华革命党证书，领取本党证书，免入党金。

第五条　凡党员须遵守本党宗旨及一切规则。

第六条　党员得被选为本党职员。

第七条　党员得依本党各项规则，享有各项权利。

第八条　党员不得兼入他党。欲脱党时，须提出理由书于本党，并交还党员证书。

第九条　党员如有改变宗旨、违背规约，或以个人行为妨害本党名誉者，经干事会公议后，由本党宣告除名。

第三章　机关

第十条　本党设本部于上海，总理全党事务。

第十一条　本党设总支部、支部、分部于国内及海外华侨所在地；其总

---

① 原文脱漏第十三条，无考。本规约实有条数三十一条。

支部之应设地点,由本部定之。

第四章　职员

第十二条　本党设总理一人,代表本党,综揽党务。

第十四条　本党本部设各部如下:

一、总务部;

二、党务部;

三、财政部;

四、其他各部于必要时得增加之。

第十五条　各部设主任干事一人,总理各该事务;副主任干事一人,辅助主任干事处理各该部事务,主任干事有事故时,得代理其职;干事若干人,由主任荐任,管理各该部事务。

第十六条　总务部之职务如下:

一、掌理本部机要;

二、管理本部庶务;

三、接洽海外总支部、支部、分部;

四、办理不属他部之事。

第十七条　党务部之职务:

一、主管党员入党事务;

二、保管党员愿书及册籍;

三、调查党员履历;

四、招待来宾;

五、传布主义。

第十八条　财政部之职务如下:

一、管理本党度支;

二、接收总支部、支部、分部党捐及义捐。

第五章　职员之选举及任期

第十九条　总理由大会选举之。

第二十条　各部主任干事及副主任干事,由总理任定,任期二年。

第六章　会议

第二十一条　本党每年开大会一次;其有临时特别重大事件,由总理征集临时大会决之。

第二十二条　大会之议决权,依下列之规定,其选举权数,与议决权同:

一、海外各分部不满五百人者,有一议决权;

二、海外各分部过五百人者,有二议决权;

三、海外总支部及各支部不满二千人者,有三议决权;

四、海外总支部及各支部过二千人不满三千人者,有四议决权。

依此递推,每增一千人增一议决权;但一部分不得过十议决权。

第二十三条　本部为保持事务统一,得由总务主任干事随时征集各部干事或各部主任干事会。

第七章　党费

第二十四条　本党党费,以下列各款充之:

一、党员入党金;

二、党员常年捐;

三、党员特别捐;

四、借债。

第二十五条　党员入党金作为本党基本金,非于本党必需时,由总理支拨,不得使用。

第二十六条　党员常年捐一元。

第二十七条　本党遇有特别应办事件,得由总理向各党员募集特别捐;但不愿募者听〈便〉。

第二十八条　本党如急需巨款或党费不敷时,得由总理以本党所有财产作抵,或由党员作保,借款充用。

第二十九条　本党财产应按月由财政主任干事造具清册,汇齐报告大会及海外各支分部。

第八章　附则

第三十条　本部与各总支部、支部、分部之关系,另以规则定之。

第三十一条　本规约经职员二十人以上或党员四十人以上之提议,大会半数之可决,得修改之。

第三十二条　本规约自公布之日施行。

据邹鲁编著《中国国民党史稿》(商务印书馆一九三八年版)

中国国民党总章

(一九二〇年十一月九日)①

第一条　本党以三民主义为宗旨。

第二条　本党以创立五权宪法为目的。

第三条　本党进行分二时期:

(一)军政时期　此期以积极武力,扫除一切障碍,奠定民国基础;同时由政府训政,以文明治理督率国民建设地方自治。

---

① 该日期为总章修正日期。

（二）宪政时期　地方自治完成,乃由国民选举代表,组织宪法委员会,创制五权宪法。

第四条　自革命起义之日至宪法颁布之日,总名曰革命时期。在此时期内,一切军国庶政,悉由本党负完全责任。

第五条　凡中华民国人民成年男女,皆有进本党之权利义务。

第六条　凡进本党者,必须立约宣誓,永远遵守本党信条。

第七条　凡党员,须纳入党金十元,每年年捐一元;但曾效力于革命及现在为革命奔走者,得由本部认可,免纳入党金。

第八条　本党组织本部,置各部如下:

一、总务部;

二、党务部;

三、财政部;

四、宣传部。

第九条　本部总理一人,每部部长一人,副部长一人,干事长及干事若干人。

第十条　总理有全权总揽本党一切事务。

第十一条　各部长、副部长、干事长、干事,悉由总理委任,执行各该部主管事务。

第十二条　本党规约及本部、各部之各种规则,另定之。

第十三条　本党设支分部于国内各省区、各县,及国外之华侨所在地。

第十四条　各地支部长,由各地党员推荐,总理委任。

第十五条　各地支部长得派人创设分部于其所属地方,而指挥监督之。

第十六条　本党由总理召集大会及组织各种会议。大会及各种会议规则另定之。

第十七条　本总章之修改,须由本部职员过半数或支部长十人以上之提议,得开大会修改之。

第十八条　本总章自议决之日施行。

据《中央党务月刊》第一期(南京一九二八年八月)

中国国民党总支部通则

（一九二〇年十一月十九日）

第一条　总支部为谋各支分部与本部统一进行之联络起见,设立于交通主要地点,掌理该特定区域内事务。各支分部事务如下：

一、关于各支分部之交通事务；

二、关于各支分部之联络及招待事务；

三、关于整率各支分部进行事务；

四、关于调查报告各支分部之成绩事务；

五、关于解释各支分部之权限争议事务；

六、关于汇理各支分部之款项事务；

七、关于其他不专属各支分部之管理事务。

第二条　总支部设职员如下：

一、理事七人；

二、总干事一人；

三、主任干事四人,干事若干人。

第三条　理事,由总支部于特定区域内各支分部党员全体,连记〔运用〕无记名投票法选举之,以得票多数者为当选。

理事当选后,由总理加委,组织理事会处置党务。

理事会开会,以五人出席为足数,由理〔各〕各〔理〕事轮流主席。以过半数议决各项规程及事件,交由总干事执行之。但各理事有散处各支分部所在地不及法定人数开会者,得由总干事负责执行,于下次开理事会时提出,请求追认。

第四条　总干事,由本部特派,执行总支部一切事务,对于本部及理事负责任。

第五条　主任干事,依第三条之选举法选举之。当选者,由总理加委,分掌课务,对于总干事负责任。

第六条　干事,由总干事报告本部委任,承主任干事之命,分掌事务。

第七条　总支部设四课如下:

一、总务课;

二、交际课;

三、调查课;

四、会计课。

第八条　总务课掌事务如下:

一、关于庶务;

二、关于党务;

三、关于第一条第五项及第七项事务。

第九条　交际课掌事务如下:

一、关于党外各项交际事务;

二、关于第一条第一项及第二项事务。

第十条　调查课掌事务如下:

一、关于调查该特定区域内之侨商各种情况;

二、关于第一条第三项及第四项事务。

第十一条　会计课掌事务如下:

一、关于总支部收支事务;

二、关于第一条第七项事务。

第十二条　总支部各课办事细则自定之。

第十三条　总支部于该特定区域内,有党员十分之一以上署名,得提起设立、改正、废止总支部一切规程,并罢免理事、总干事以下各职员之案,请求该区全体党员投票。

前项党员数目,以该总支部选举投票数为准。

第十四条　前条提案签名足数后,寄交总支部;总支部即登之于本党机关报,并声明征求赞成或反对之理由。每一案,标明题目。(如无机关报,则印刷分配于各党员。)

前项自登报之日起,以两个月为截止。截止之日,即行投票。

第十五条　投票期,由总支部通告各支分部党员,在就近各支分部投票,用记名投票法。如投票所决不止一案,须于每一案下注明赞成或反对。

第十六条　投票由就近各支分部长监视,其期间不得迟出总支部所定期间一星期之外。每党员有一投票权。

第十七条　投票汇齐后,由各支分部寄交总支部,由理事会监视开票。

第十八条　开票之结果,由理事会宣告。总支部总干事应即执行之。

第十九条　本规则自公布达到之日施行。

据《中央党务月刊》第一期(南京一九二八年八月)"特载"

中国国民党海外支部通则

(一九二〇年十一月十九日)

第一条　本通则适用于海外各支部。

第二条　海外支部之设立,须能担任本部事务所之经费每年千元以上,并具下列资格之一:

一、原有中华革命党支部及洪门,全部党员加入改组者;

二、由本部直接委任组织者;

三、联合原有数分部党员至千人以上者;

四、各种团体人数过千,照章写立愿书,缴入党捐而改组者。

第三条　原有分部,结合数分部,依于前条第三项之规定,直接报告本部,或由总支部请求,得成立为支部。

第四条　凡党员愿书,应由支部直寄本部事务所,领取证书。在有总支部地方,须交总支部汇寄。海外各支部,对于党员,不得自发证书。

第五条　海外支部,直接归本部统辖。如关于交通、党务、财政,须受总支部、党务部、财政部之区处。

第六条　海外支部与支部或支部与分部,有责任不明了或有争执时,应提出本部或总支部审定。

第七条　海外党员,除照本部规约尽义务、享权利外,有下列之权利:

一、享本党共同保护之权利;

二、享本党抚恤之权利;

三、享本党表彰之权利。

第八条　海外支部以执行部、评议部组织之,一律由总理发委任状,以重职守。

一、执行部置下列各职员:

正支部长一人;

副支部长一人;

主任四人、副主任四人;

书记一人或二人;

干事若干人。

二、评议部:

正议长一人;

副议长一人;

书记一人;

评议员十人至三十人(党员达三百人以上者定十人,达六百人以上者定二十人,达千人以上者定三十人)。

第九条　正部长、副部长及主任,由该支部党员选举之。

第十条　书记、干事,由支部长荐任。

第十一条　评议员由该支部党员选举之,评议长由选出之评议员互选之。

第十二条　评议部书记,由评议长于评议员中指定之。

第十三条　海外支部正部长,总管支部全体一切事务,为该支部之代表,对于本部负责任。副部长辅助之;或正部长有事故时,得代理之。

第十四条　主任承支部长之命,掌管一科事务。由副主任辅助之;或主任有事故时,得代理之。

第十五条　书记承支部长之命,掌管文书起草,及保存机要文件,典守印章事务。

第十六条　干事承主任之命,掌理所属事务。

第十七条　海外支部设下之四科:

一、总务科;

二、党务科;

三、交际科;

四、会计科。

第十八条　总务科掌下列事项:

一、关于书报社之管理及整理事项;

二、关于支部内之庶务;

三、关于支部内之文件收发及分配事项;

四、关于支部内办事规则之起草事项;

五、关于支部内之应接事项;

六、调查党员职业及经历,报告于本部及总支部;

七、调查侨胞在该埠之总人数(合男女及土生者),报告于本部及总支部;

八、调查侨胞在该埠之农、工、商、矿事业,报告于本部及总支部;

九、关于不属各科事项。

第十九条　党务科掌下列事项:

一、关于党员入党事项;

二、关于传布主义事项;

三、关于愿书按月汇齐邮寄本部事项;

四、关于党员名册调制事项;

五、关于分部收入党员、按月责成将愿书交支部注册转寄本部事项。

第二十条　交际科掌下列事项:

一、关于招待及联络事项；

二、关于党外交涉事项；

三、关于接洽他支部及分部事项；

四、关于演说事项。

第二十一条　会计科掌下列事项：

一、关于入党捐及年捐征收事项；

二、关于会计报告事项；

三、关于支部内之收支簿记事项；

四、关于捐册调制并收据保管或转发事项。

第二十二条　评议部议决下之事项：

一、支部长交议事项；

二、议决支部内之预算及决算；

三、议决党员之建议案或评议员之建议案；

四、议判党员之处罚事项；

五、对于执行部职员失职或旷职之质问事项。

第二十三条　评议部之开会，通常由评议长召集，以过半数出席。但支部长认为必要时，得请求评议长召集开会。如评议长因有事不能到会时，得由副议长主席。

第二十四条　海外支部机关之经费，由党员负担。其征收法，由支部自定之，但不得挪用入党金及年捐。

第二十五条　海外支部职员之任期，以一年为一任，但得连举连任。

第二十六条　海外支部，每经过三个月，须将办理之成绩报告本部；但关于必要时，须临时报告。

第二十七条　海外支部，须于每半年中召集该支部所辖全体党员开大会一次。每星期开职员会一次。评议会每月一次。演说会无定期。

第二十八条　海外支部办事细则，由支部自定，经评议会之议决。

第二十九条　海外原有中华革命党分部及新进党员满五十人以上者，得成为分部，受该支部之管辖。

第三十条　海外分部通则,除不设副主任外,适用本通则之规定。

第三十一条　海外分部党员人数较少者,得以一人兼两科之主任。

第三十二条　本通则自公布达到之日施行。

附　　则

第三十三条　本通则如有海外十个以上支部之提议,得交本部修改之;但提议须说明理由及应修改之条文。

据《中央党务月刊》第一期(南京一九二八年八月)"特载"

中国国民党规约

（一九二〇年十一月十九日）

第一章　总纲

第一条　本党以实行三民主义为宗旨。

第二条　本党以创立五权宪法为目的。

第二章　党员

第三条　凡中华民国人民成年男女,与本党宗旨相同,愿确守本党信条者,由党员二人介绍,并具誓约于本党,由本党发给党员证书,始得为本党党员。

第四条　党员入党时须纳入党金十元,每年年捐一元;但曾效力于革命及现在为革命效力者,得由本部认可,免纳入党金。

第五条　前经入中华革命党领有党员证书者,得换取或补给新证书。

第六条　凡党员须遵守本党一切规则。

第七条　党员不得兼入他党,并不得自行脱党。

第八条　党员如有违背规约,或以个人行为妨害本党名誉者,经干事会审查确实议决后,得宣告除名;凡已受除名处分者不得再入本党。

第三章　机关及组织

第九条　本党设本部于上海,管理全党事务。

第十条　本党设支分部于国内各省区、各县,及国外之华侨所在地,并因交通上之关系,得设总支部,总支部之应设地点,由本部定之。

第十一条　总支部、支部、分部之通则,另定之。

第十二条　本党总理一人,代表本党总揽党务。

第十三条　本党本部分为总务部、党务部、财政部、宣传部;其他直隶本部之必要机关,得依总理命令创设之。

第十四条　总务部之职务如下:

一、掌理本党机要;

二、管理本部庶务;

三、接洽国内外各总支部、支部、分部;

四、办理不属他部之事。

第十五条　党务部之职务如下:

一、主管入党事务;

二、保管誓约及册籍;

三、调查党员履历。

第十六条　财政部之职务如下:

一、管理部〔本〕党度支;

二、征收党费及义捐;

三、调制预算及决算报告。

第十七条　宣传部之职务如下:

一、书报编纂及译述事项;

二、讲演事项;

三、教育事项。

第十八条　各部部长〈承〉总理之命,综理各该部事务。

第十九条　各部副部长辅助部长处理各该部事务;部长有事故时,得代理之。

第二十条　各部干事长、干事承各该部部长之命令,分掌各科事务。

第二十一条　各部部长、副部长任期二年。

第四章　会议

第二十二条　本党每年由总理召集大会一次;其有特别重大事件,由总理召集临时会。

第二十三条　大会以总理为会长。

第二十四条　大会会期由总理定之。

第二十五条　大会会议,本部各部会议及特种会议,另以规则定之。

第五章　党费

第二十六条　本党党费以下列各款充之:

一、党员入党金;

二、党员常年捐;

三、党员特别捐;

四、借债。

第二十七条　本党财政,按月由财政部长造具清册,汇齐公布。

第六章　附则

第二十八条　本部、支部、分部及总支部间之关系,另以规则定之。

第二十九条　本规约经本部职员过半数或支部长五人以上之提议,得修改之。

第三十条　本规约自公布之日施行。

据《中央党务月刊》第一期（南京一九二八年八月）"特载"

关于文武职官宣誓案①

（一九二〇年十二月二十八日）②

第一条，文武官员及其他依国家法令执行职务之人须宣誓后始得任事；任事在前者于本令公布后即补行宣誓。

第二条，宣誓词如下：

余诚敬宣誓，尽忠本职，确遵国家法令，不得营私舞弊，滥受贿赂，谨守宣誓，决不违背。

第三条，宣誓之仪式如下：（一）宣誓于就职地公开行之；（二）对国旗举右手宣誓；（三）宣誓时最少须有国家职员一人在场作证。

第四条，本令自十年一月一日施行。

据上海《申报》一九二〇年十二月二十八日《广州通信——粤军府之现状》

颁布军政府内政部新官制令③

（一九二一年一月九日）④

军政府令

兹修正军政府内政部官制公布之。此令。

---

① 报载称此系孙中山与伍廷芳联名提出的议案。
② 此件所标时间系《申报》刊出日期。
③ 此系孙中山自兼广州军政府内政部长时制定的官制。
④ 所标时间系上海《民国日报》刊载日期。

内政部官制

第一条　内政部设官如下：

内政部长一人，内政部次长一人，司长二人，秘书二人，司员九人。书记官无定额，由内政部长定之。直辖局所职员另定之。

第二条　内政部长管理内务行政及地方自治、社会事业、劳工、教育、工地、农务、矿务、工业、渔业、商业、粮食、卫生等行政事务。

第三条　内政部次长帮助内政部长整理本部事务。

第四条　秘书承内政部长之命，助理下列事务：

一、钤用及典守本部印信；

二、收发及公布本部文件；

三、草拟不属于各司之文牍；

四、办理本部所管经费，并各项收入之预算、决算及会计；

五、稽核本部所辖各官署之预算、决算及会计；

六、本部职员之任免铨叙等事项；

七、管理本部官产、官物；

八、本部庶务。

第五条　司长承本部长官之命，分理下列事务：

一、人口户籍及国籍事项；

二、选举事项；

三、地方行政事项；

四、地方自治事项；

五、育孤、养老、救灾、收养废疾，及监督慈善各团体事项；

六、警察事项；

七、卫生防疫事项；

八、改良风俗事项；

九、保护劳动事项；

十、筹办普及教育及改良振兴各种学校事项；

十一、著作权及艺术特许事项；

十二、报纸事项；

十三、行政区域及分割变更事项；

十四、国道及桥梁事项；

十五、海、河堤防及水利事项；

十六、振兴工业及监督、奖励各工厂事项；

十七、保护及改良渔业事项；

十八、管理粮食事项；

十九、礼制及国乐事项；

二十、宗教事项；

二十一、地方官吏之任免、奖恤、铨叙等事项；

二十二、土司事项；

二十三、文官考试事项；

二十四、文官惩戒事项；

二十五、统计事项。

司之分置及事务之分配，由内务部长定之。

第六条　司员承长官之命，助理各司及秘书处事务。

第七条　书记官承长官之命，缮写文件，并助理一切庶务。

第八条　本部得设下列各局，分理事务如下：

一、土地局。

甲、测量土地；

乙、规定地价；

丙、登记册籍；

丁、管理公地。

二、农务局。

甲、制造并输入机器肥料；

乙、改良动、植物种类；

丙、保护农民；

丁、开垦荒地；

戊、培植及保护森林；

己、兴修水利；

庚、提倡农会。

三、矿务局。

甲、调查矿区；

乙、考验矿质；

丙、草定矿律；

丁、监收矿税；

戊、监督官业；

己、奖励民业。

四、商务局。

甲、奖励国货；

乙、检查货品优劣；

丙、保护专利及牌号；

丁、奖励海外船业；

戊、监督专卖事业；

己、设立贸易银行及货物保险公司。

第九条　本官制自公布之日施行。

据上海《民国日报》一九二一年一月九日《军政府内政部新官制》

陆海军统率处条例①

（一九二一年三月十六日）②

（一）全粤各军之分配及增募、裁并各事项由统率处规定。
（二）关于各军作战计划及总司令、总指挥由统率处任命。
（三）海军舰队之调遣及各舰军官之任命亦由统率处规定。
（四）分配全省军队担任各区防务。

据天津《大公报》一九二一年三月十六日《孙文自任陆海军大权》

颁布总统府财政委员会组织大纲令

（一九二一年五月十六日）

大总统令

兹制定总统府财政委员会组织大纲公布之。此令。

中华民国十年五月十六日

总统府财政委员会组织大纲

第一条　本会以助政府整顿国内财政积弊，规划新行赋税及筹办工商事业，发展国家富力为宗旨。

第二条　本会直接隶属大总统。

---

① 报载称："孙文现因陈炯明把持全粤军权，对于军事上一切行动均不得自由，特以总裁名义兼摄陆海军统率职权，且规定军事上之数项条例。"此件系报载要点。

② 所标时间为报纸刊出日期。

第三条　本会设委员长一人,副委员长一人,委员若干人,由大总统任命之。

第四条　本会得因事务之繁简,由委员会随时聘请或雇用办事人员。

第五条　本会应办之事,凡关于国家赋税、币制、证券、公债及工商各项实业,或经政府提交,或经人民请求,均得会议呈请政府执行之。

第六条　本会委员于应办事各分股担任,另以规则定之。

第七条　本会应办各事,由各股委员起草提出会议定之。

第八条　本会会议每星期若干次,如有特别事项,得召集临时会议,其规则另定之。

第九条　本会经费及委员薪水、夫马等费,另定之。

第十条　本组织大纲由公布之日施行。

据《广东群报》一九二一年五月十八日

颁布总统府秘书处官制令

（一九二一年五月十六日）

大总统令

兹制定总统府秘书处官制公布之。此令。

中华民国十年五月十六日

总统府秘书处官制

第一条　秘书处置官如下：秘书长一人,秘书十二人,科长五人（以秘书兼充之）,科员十二人,书记官七人。

第二条　秘书处分下列五科：机要科、撰拟科、铨叙科、印铸科、收发科。

第三条　机要科职掌如下：

一、关于国务会议之记录及编存事项；

二、关于典守印信事项；

三、关于法令之公布事项。

第四条　撰拟科职掌如下：关于法令、文书之撰拟事项。

第五条　铨叙科职掌如下：关于官吏之任免及铨叙事项。

第六条　印铸科职掌如下：关于发行公报、铸造印信、勋章、徽章等事项。

第七条　收发科职掌如下：关于文书之收发、传达及保管事项。

第八条　秘书〈长〉承大总统之命，管理秘书处事务。

第九条　秘书承长官之命，襄理秘书处事务。

第十条　科长承长官之命，分掌各科事务。

第十一条　科员承长官之命，佐理各科事务。

第十二条　书记官承长官之命，翻译电报、缮写文件及助理其他事务。

第十三条　秘书长由大总统特任之，秘书由大总统任命之，科长由秘书长指派秘书任之，科员、书记官由秘书长委任之。

第十四条　秘书处办事细则另定之。

第十五条　本官制自公布日施行。

据《广东群报》一九二一年五月十八日

颁布总统府参军处官制令

（一九二一年五月十六日）

大总统令

兹制定总统府参军处官制公布之。此令。

中华民国十年五月十六日

总统府参军处官制

第一条　参军处置官如下：参军长一人，参军十二人，副官二十四人。

第二条　参军长承大总统之命，办理下列事务：

一、关于报告军事、承宣命令及接应宾客事项；

二、关于典礼仪式及扈从事项；

三、关于总统府内警卫、风纪事项。

第三条　参军承长官之命，襄助参军处事务。

第四条　副官承长官之命，助理第三条事项。

第五条　参军长由大总统特任之，参军由大总统任命之，副官由参军长呈请大总统任命之。

第六条　本官制自公布日施行。

据《广东群报》一九二一年五月十八日

颁布总统府各处司官制通则令

（一九二一年六月二十日）

大总统令

兹修正总统府直属机关官制为《总统府各处司官制通则》公布之。此令。

总统府各处司官制通则

第一条　总统府设置下列各处司：

（一）秘书处；

（二）参军处；

（三）庶务司；

（四）会计司。

第二条　各处、司各置长官一人，承大总统之命，受理各处、司事务，并监督所属职员。

第三条　各处司之组织，依各该官制之所定。

第四条　本通则自公布之日施行。

据上海《民国日报》一九二一年六月二十六日《孙大总统命令》

颁布各部官制通则令

（一九二一年六月二十三日）

大总统令

兹制各部官制通则公布之。此令。

各部官制通则

第一条　各部设官如下：总长、次长、司长或局长、秘书、司员、技士、书记官。

第二条　总长承大总统之命，管理本部行政事务，监督本部职员及所辖各官署。

第三条　总长依其职权及特别委任，得发布命令。

第四条　次长辅助总长，整理本部事务，于总长有事故或暂缺时，受大总统之命代理部务。

第五条　司长或局长、秘书、司员，视部务之繁简定其员额。

第六条　技士得以必要时设置。

第七条　书记官无定额，视事之繁简由总长定之。

第八条　参谋、陆、海三部,得因必要时设其他职员。

第九条　总长由大总统特任,次长由大总统简任,司长或局长、秘书,由总长呈请大总统任命。司员、技士、书记官由总长委任。

第十条　本通则自公布日施行。

据上海《民国日报》一九二一年六月二十九日《孙大总统命令》

颁布修正总统府财政委员会条例令

（一九二一年六月二十三日）

大总统令

兹修正总统府财政委员会组织大纲为总统府财政委员会条例公布之。此令。

修正总统府财政委员会条例

第一条　本会对于政府整顿国内财政积弊、规划新行赋税及筹办工商事业等项,备大总统之谘询,并得建议于大总统。

第二条　本会设委员长一人,副委员长一人,委员若干人,由总统任命之。

第三条　本会〈视〉事务之繁简,由委员长随时聘请或雇用办事人。

第四条　本会委员得就财政事项分股调查研究,另以细则定之。

第五条　本会呈复或建议各事,由各股委员起草,以会议定之。

第六条　本条例自公布日施行。

据上海《民国日报》一九二一年六月二十九日《孙大总统命令》

颁布总统府秘书处官制令

(一九二一年六月二十三日)

大总统令

兹修正总统府秘书处官制公布之。此令。

总统〈府〉秘书处官制

第一条 秘书处置官如下:秘书长一人,秘书十二人,科员十二人,书记官无定额。

第二条 秘书处分下列五科:第一科,第二科,第三科,第四科,第五科。

第三条 第一科职掌如下:

一、关于国务会议之记录及编存事项;

二、关于典守印信事项;

三、关于法令之公布事项;

四、关于法律、命令正本之保存事项。

第四条 第二科职掌如下:

一、关于命令之撰拟事项;

二、关于文告之撰发事项。

第五条 第三科职掌如下:

一、关于官吏之任免事项;

二、关于官吏之铨叙事项。

第六条 第四科职掌如下:

一、关于发行公报事项;

二、关于铸造印信、勋章、徽章等事项。

第七条 第五科职掌如下:

一、关于文书之收发、传达及保管事项；

二、其他不属于各科事项。

第八条　秘书长承大总统之命,管理秘书处事务。

第九条　秘书承长官之命,襄理秘书处事务。

第十条　科员承长官之命,佐理各科事务。

第十一条　书记官承长官之命,翻译电报、缮写文件及助理其他事务。

第十二条　秘书长由大总统特任之,秘书由大总统简任之,科员、书记官由秘书长委任之。

第十三条　秘书处办事细则另定之。

第十四条　本官制自公布日施行。

据上海《民国日报》一九二一年六月二十九日《孙大总统命令》

颁布侨工事务局暂行条例令

（一九二一年六月二十五日）

大总统令

兹制定侨工事务局暂行条例公布之。

侨工事务局暂行条例

第一条　侨工事务局直隶于外交、内务两部。

第二条　外交、内务总长认为必要时,得设侨工事务局于各省口岸,其局长即以各该处之交涉员兼任之。

第三条　侨工事务局之职务如下：

一、掌理监督或稽查招募工人事项；

二、掌理保护工人事项；

三、取缔侨工之年龄、体格及女工出洋事项。

第四条　侨工事务局因遇招募工人,必要时得由该局附设临时募工处。

第五条　侨工事务局因保护工人,得填发工人出洋护照;侨工请领护照时,应纳护照费,每张银二元。侨工如由募工承揽人招募者,该护照费由承揽人出资缴纳。

第六条　侨工事务局经费,由所收护照费内开支。

第七条　侨工事务局因办理局务、缮写文件,得酌用局员。

第八条　侨工事务局所办事件,按月呈报外交、内务两部一次,每年终汇报一次。

第九条　侨工事务局办事细则另定之。

第十条　本条例自公布日施行。

中华民国十年六月二十五日
据上海《民国日报》一九二一年七月二、四日

颁布财政部官制令

(一九二一年六月二十五日)

大总统令

兹制定财政部官制公布之。

财 政 部 官 制

第一条　财政部设官制如下:财政总长一人,财政次长一人,司长三人,秘书二人,司员九人,书记官无定额,由财政总长定之。

第二条　财政总长承大总统之命,管理国家之预算、决算、租税、公债、货币、银行及国有产业行政事务。

第三条　财政次长辅助财政总长,整理本部事务。

第四条　秘书承本部长官之命,助理下列事务:

一、钤用及典守本部印信;

二、收发及公布本部文件;

三、管理本部会计及庶务;

四、管理不属于各司之事。

第五条　司长承本部长官之命,分理下列之事务:

一、稽核国税之赋课征收及计算事项。

二、监督及管理印花税事项。

三、编定预算、决算事项。

四、制定货币及监督银行事项。

五、国库现金及官有产业之保管,及收入支出事项。

六、管理内外公债及本部证券事项。

第六条　司员承长官之命,助理各司及秘书处事务。

第七条　书记官承长官之命,缮写文件及助理其他事务。

第八条　本官制自公布日施行。

中华民国十年六月二十五日

据上海《民国日报》一九二一年七月二、四日

颁布内务部官制令

（一九二一年七月十五日）

大总统令

兹制定内务部官制公布之。此令。

内务部官制

第一条　内务部直隶于大总统,管理全国内政,兼管教育、实业、交通等

行政事务。

第二条　内务部置秘书处,及第一、第二、第三等各司。

第三条　秘书处掌事务如下:

一、机密事项;

二、钤用及典守本部印信;

三、本部文件之收发、公布及保存;

四、草拟不属于各司之文告、函电;

五、办理本部所管经费,并各项收入之预算、决算及会计;

六、稽核本部所辖各官署之预算、决算及会计;

七、编制统计及报告;

八、本部职员之任免铨叙等事项;

九、管理本部官产、官物;

十、办理本部庶务及不属于各司之事务。

第四条　第一司掌事务如下:

一、人口户籍及国籍事项;

二、选举事项;

三、地方行政事项;

四、地方自治事项;

五、救济及慈善、公益事项;

六、改良风俗及褒扬事项;

七、保存古物事项;

八、警察事项;

九、卫生及防疫事项;

十、行商区划事项;

十一、土地调查、测绘事项;

十二、土地收用及官地收放事项;

十三、道路及桥梁事项;

十四、海、河堤防及水利事项;

十五、地方官吏之任免、奖恤等事项；

十六、土司事项；

十七、文官考试事项；

十八、文官惩戒事项。

第五条　第二司掌事务如下：

一、礼制及国乐事项；

二、宗教事项；

三、筹办社会教育及学校教育事项；

四、管理粮食事项；

五、农业、林业之保护、监督、奖励及改良事项；

六、工商业之保护、监督、奖励及改良事项；

七、渔业之保护、监督、奖励及改良事项；

八、畜牧业之保护、监督、奖励及改良事项；

九、保护劳动事项；

十、著作权及艺术特许事项；

十一、医院、药房注册及医生、产婆、药剂士特许事项；

十二、报纸事项。

第六条　第三司掌事务如下：

一、筹划铁路建设事项；

二、管理国有铁路业务及附属营业事项；

三、监督地方公有及民业铁路事项；

四、监督陆上运输事项；

五、邮务事项；

六、邮务汇兑及储金事项；

七、电报、电话及其他电气事项；

八、监督地方公有及民业电气事项；

九、航业及航海标志事项。

第七条　内务部置总长一人，承大总统之命管理本部事务、监督所属职员并所管辖各官署。

第八条　内务部置次长一人,辅佐总长整理部务。

第九条　内务部置秘书二人,承总长之命管理秘书处事务。

第十条　内务部置司长三人,承总、次长之命,分掌各司事务。

第十一条　内务部置司员十一人,承长官之命,助理秘书处及各司事务。

第十二条　内务部置技士二人,专理考察、测量、化验等事务。

第十三条　内务部置书记官十二人,承长官之命缮写文件,并助理一切庶务。

第十四条　内务部附设矿务局,其官制另定之。

第十五条　本官制自公布日施行。

据上海《民国日报》一九二一年七月二十九日

颁布内务部矿务局官制令

（一九二一年七月十五日）

大总统令

兹制定内务部矿务局官制公布之。此令。

内务部矿务局官制

第一条　矿务局之职掌如下：

一、调查矿区；

二、考查矿质；

三、草定矿章；

四、监收矿税；

五、监督官业；

六、奖励民业。

第二条　矿务局设局长一人,承内务部长官之命,管理本局事务,监督所属职员。

第三条　矿务局设科员二人,承长官之命分理局务,科员事务之分配,由局长定之。

第四条　矿务局设技士二人,承长官之命办理技术事务。

第五条　矿务局为缮写文件及助理其他事务,得酌用雇员。

第六条　局长由内务总长呈请大总统任命,科员、技士由内务总长任命。

第七条　本官制自公布日施行。

据上海《民国日报》一九二一年七月二十九、三十日

核准公布大本营组织机构

（一九二一年十月二十四日）①

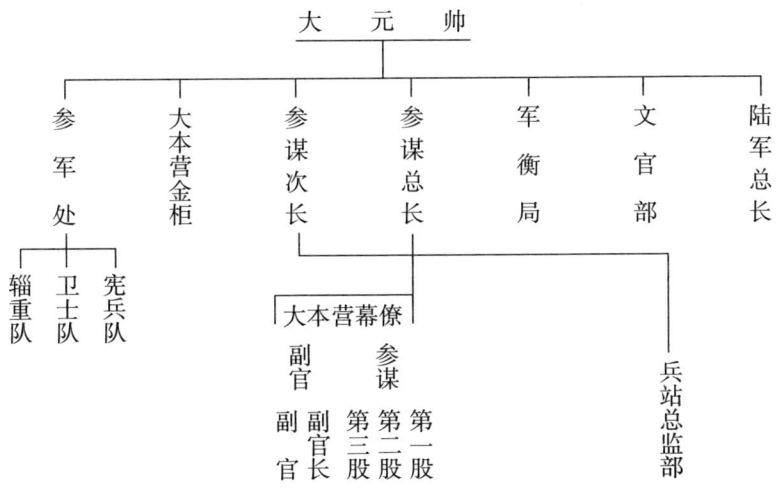

---

① 核准日期不详,所标时间为上海《民国日报》刊载日期。

说　明

一、大本营军衡局　大本营军衡局之设,惟德国有之,由侍卫武官管,直隶于大元帅,掌理战时军官之升选调补事宜。兹为郑重及奖励作战起见,拟宜设专局办理。

二、大本营金柜　大本营原以中央国库为金柜,兹以领地未广,中央国库之收入支出,尚未十分整齐确实,拟划分专部管理。

三、大本营参军处　参军处除服行原有职务外,兼任大本营管理之职务。故以卫士队、宪兵队、辎重队属之。(向例此三部管属大本营管理部)

四、大本营文官部　大本营文官部通常以内务官吏充之。今拟由秘书处、外交部、内政部、财政部简员组成之。凡军事之涉及攻占,及占领地之内政外交财政,并其他文官事项均归掌理。

五、大本营兵站总监部　兵站与作战有直接关系,事务纷繁,其下有经理、卫生局、通信诸长官部,按现状况,暂从略。只设总督〔监〕一员,及所属之要员参谋副官等,并于总督〔监〕部内分设经理、交通、卫生一〔三〕课,监督各军兵站事务。

六、大本营幕僚　分为参谋及副官两部,参谋十二人,副官六人。参谋又分下之三股:第一股、第二股、第三股。

据上海《民国日报》一九二一年十月二十四日

公布军事会议条例令

(一九二一年十二月十二日)

大总统令

兹制定军事会议条例公布之。

军事会议条例

一、军事会议直隶于大总统(大元帅)。

二、军事会议由下列各员组织之:

(一)陆军总、次长;

(二)海军总、次长;

(三)参谋总、次长;

(四)参军长;

(五)各省总司令及不设总司令省份之省长。

三、军事会议平时召集于政府所在地,军事时期召集于大本营所在地。

四、各省总司令或省长得派确有军事学识之曾任高级军官者一人为代表,出席军事会议。

五、军事会议主席由出席会员推举之。

六、本会议有议决下列各项之职责:

(一)关于建设国军及国防事项;

(二)关于作战事项;

(三)关于解决军政事项;

(四)关于军事统一及各省联防事项;

(五)关于政府交议事项;

(六)关于本会议各员提议事项。

七、本会议议决之事项,呈由总统核准发交各该管部及各省总司令、省长执行之。

八、本会议设记录、文件、会计、庶务事〔各〕官,由陆海参三部职员选派充任之。

九、本条例有必要时,得修正之。

十、本条例自公布日施行。

据上海《民国日报》一九二一年十二月十二日《大总统命令》

公布大本营条例令

（一九二二年一月十六日）

陆海军大元帅令

兹制定大本营条例公布之。此令。

中华民国十一年一月十六日

大本营条例

第一条　陆海军大元帅于战时执行最高统帅事务，设置大本营。

第二条　陆军总长、海军总长、参谋总长、大本营文官长，承大元帅之命，综理所主管各事宜。

第三条　大本营置下列各机关，其编制别定之。

幕僚处

兵站处

军事委员会

军务处

军法处

参军处

政务处

建设处

度支处

宣传处

第四条　幕僚处参赞作战军令事宜。

第五条　兵站处专任作战军后方勤务事宜。

第六条　军事委员会赞襄联合作战，并任大本营与各省各军之联结。

第七条　军务处掌管战地军备之补充,及关于战地之军衡各事宜。

第八条　军法处审理并监督关于军法一切事宜。

第九条　参军处掌管大本营之内务及警卫,并战地慰劳、战况督察事宜。

第十条　政务处掌管战地外交、民政诸事宜。

第十一条　建设处规划军事范围外各种新事业之建设。

第十二条　度支处掌管大本营金钱出纳、预算、决算及筹备军队事宜。

第十三条　宣传处秉承大元帅意旨,宣传三民主义及建国方略于军队、人民。

第十四条　各机关之服务规程别定之。

第十五条　本条例由公布日施行。

大本营系统表

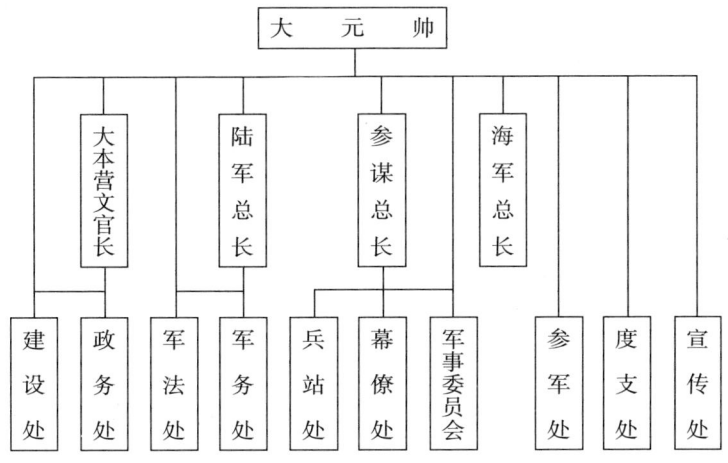

据上海《民国日报》一九二二年一月三十日《大元帅公布大本营条例》、《大本营条例》

大本营供给局条例

(一九二二年一月二十三日)

第一条 供给局主沿兵站线,采办军民需要物品,运到前方,以备军民购买;同时采办沿途重要物产,运回后方营卖。

第二条 供给局组织如下:

局长一人,文牍一人(一等局员),会计员二人(二等局员),庶务员一人(三等局员),营业员二人(三等局员),录事若干人,司事若干人。

第三条 局长由大元帅简任,局员由局长委任。

第四条 局长指挥局员办理局务。

第五条 文牍员专司掌管印信,收发公文,撰拟文稿,保管档案诸事务。

第六条 会计员专司收入、支出、预算、决算诸事务。

第七条 庶务员专司水陆运输、进出仓库诸事务。

第八条 营业员专司采买、发卖诸事务。

第九条 录事承局长、局员之命,司理缮写表册。

第十条 司事承局长、局员之命,司理各庶务。

第十一条 于军源地或沿途认为必要时,得设供给分局,其条例另定之。

第十二条 供给局或供给分局应办之事及营业之盈亏,随时呈报度支处。

第十三条 供给局或供给分局每日应造具报告报销册、买入册、卖出册、存货册,呈报度支处稽核存案。

第十四条 本条例自公布日施行。

据上海《民国日报》一九二二年一月二十三日《大本营供给局条例公布》

颁布大本营管理战地地方民政条例令

(一九二二年五月二十七日)

陆海军大元帅令

兹制定大本营管理战地地方民政条例公布之。此令。

中华民国十一年五月二十七日

大本营管理战地地方民政条例

第一条　大本营为谋战地行政之统一及人民之安全起见,关于该地方之一切事宜悉依本条例管理之。

第二条　本条例所称战地,包括讨贼军驻屯地、作战地及新克复地而言。

第三条　战地地方行政由大本营政务处管理,政务处长有任免及监督该地方行政官吏之权。

第四条　战地地方财政由大本营度支处管理。度支处长有任免及监督该地方行〔财〕政官吏之权。

第五条　战地地方行政、财政相关连者,由政务处长、度支处长会同管理,其所属官吏之任免及监督亦然。

第六条　无论何项军队,不得有在战地任免各项官吏及向征收机关提取或借用款项,或其他迹近干涉地方事务之行为。

第七条　本条例施行后,如遇战地有前条情事时,政务处长、度支处长得以职权请其纠正或撤销之。

第八条　各军克复各地时,由大本营政务处、度支处依第三、第四、第五三条任委各项官吏;但未经委任以前,各军得将各机关印信、卷宗及现存款项由各军司令保管。俟大本营任委人员到后移交。

第九条　各征收机关租税在军事时期,应随收随解,由度支处长掣据批回。其未经缴解者,由度支处长委员催提之。

第十条　各项税率均照各征收机关现行章则办理。

第十一条　政务处长、度支处长处理各事务,得应战地之情况,酌量委托该地方公正绅商助理或采其意见。

第十二条　大本营未移动到该新克复地之前,得由大本营战地民政管理局处理以上各事项,其组织及办事细则另定之。

第十三条　大本营移到新克复地之时,即将大本营战地民政管理局应将其所办各事务,应即分别移交各该主管机关。

第十四条　大总统任命省长及其他行政机关完全成立时,政务处长,度支处长应于半个月内将管理事项分别移交省长及各主管机关接收。

第十五条　本条例如有未尽事宜,或滞碍难行之处,得随时修改。

第十六条　本条例自公布日施行。

据上海《民国日报》一九二二年六月六日《陆海军大元帅令》

颁布大本营战地民政管理局组织条例令

（一九二二年五月二十七日）

陆海军大元帅令

兹制定大本营战地民政管理局组织条例公布之。此令。

中华民国十一年五月二十七日

大本营战地民政管理局条例

第一条　依大本营战地地方管理条例第十二条所定,设立大本营民政管理局,管理新克区民政一切事宜。

第二条　本局分下列各课:

一、政务课

二、财政课

三、总务课

第三条　本局设局长一人、副局长一人。每课设课长一人,课员若干人。

第四条　局长副局长由政务处长、度支处长会同呈请大元帅任命之。

第五条　课长由局长副局长呈请政务处长、度支处长委任之。

第六条　课员由局长副局长委任之。

第七条　局长副局长依照大本营管理战地民政条例综理战地民政一切事务。

第八条　局长副局长综理战地民政事务应随时报告或请示政务处长、度支处长。

第九条　政务课长承局长副局长命处理行政事务。

第十条　财务课长承局长副局长命处理财政事务。

第十一条　总务课长承局长副局长命处理不属政务、财政两课之事务。

第十二条　课员承局长副局长及各该课长之命佐理该课事务。

第十三条　本条例有未尽事宜,得由局长副局长随时呈请政务处长、度支处长会同修改之。

第十四条　本条例自公布之日施行。

据上海《民国日报》一九二二年六月六、七日《陆海军大元帅令》

中国国民党党纲

（一九二三年一月一日）

一、三民主义

（甲）民族主义:以本国现有民族构成大中华民族,实现民族的国家。

（乙）民权主义：谋直接民权之实现与完成男女平等之全民政治，人民有下列各权：

（一）选举权；

（二）创制权；

（三）复决权；

（四）罢免权；

（丙）民生主义：防止劳资阶级之不平，求社会经济之调节，以全民之资力，开发全民之富源，其大要实施如下：

（一）国营实业：凡国中大规模之实业属于全民，由政府经营管理之；

（二）平均地权：由国家规定土地法、使用土地法及地价税法，以谋地权之平均；

（三）改革货币：革新货币制度，以谋国内经济之进步。

二、五权宪法

（甲）立法权；

（乙）司法权；

（丙）行政权；

（丁）监察权；

（戊）考试权。

以五权分立为原则，完成民国更进步之宪法。

据上海《民国日报》增刊一九二三年一月一日《中国国民党党纲》

中国国民党总章

（一九二三年一月二日）①

本党为谋同志之结合，党务之发展，以期三民主义之实施，五权宪法之创立，制定总章如下：

第一章　党员

第一条　凡中华民国之成年男女，赞成本党党纲，并愿确守本党一切规章，有党员二人以上之介绍，填具入党愿书，经本党给与党证者，为本党党员。

第二章　组织

第二条　本党设本部，管理全党事务。

第三条　本党于各省区设总支部，各县设支部，各镇乡设分部，并于国内外重要都市，得应事实之必要，酌设总支部、支部、分部或通讯处。各部处通则及各部处关系之规则另定之。

第四条　本党设总理一人，代表本党，总揽党务。

第五条　本部设参议若干人，辅助总理，由总理任命之。

第六条　本部设置下列机关，分掌职务：

总务部　管理本党机要文件、印信、统计及国内外各部处之接洽；并办理不属于他部事务。

---

① 原件标有"一月二日宣布"字样。另《民信日刊》1923年1月1日公布之件，与本文字句略有不同。

党务部　保管党员愿书、名册,调查党员履历,并办理入党事宜。

财务部　管理本党收支,并调制预算、决算报告。

宣传部　办理本党出版、演讲及教育事项,并检定本党国内外一切出版物。

交际部　办理本党交际上一切事项。

政治委员会　调查国内外之政治经济状况,并研究国内政治经济改革计划。

法制委员会　研究一切法律问题,并编拟各种法案。

军事委员会　调查国内外之军制,并研究国内军制改革计划。

农工委员会　调查国内外农工状况,并研究国内农工之改进计划。

妇女委员会　调查国内外妇女状况,并研究国内妇女问题之解决方法。

如有必要时,得增设其他各委员会。

第七条　各部设部长一人,副部长一人,由全体代表大会选举倍于原额之候补人,陈请总理,分部任命之;但代表大会未成立以前,由总理任命之。

第八条　各部干事若干人,由部长陈请总理任命之。

第九条　各委员会设委员长一人,副委员长一人,委员若干人,均由总理任命之。

第十条　各部及委员会规则另定之。

第十一条　第七条、第八条、第九条所列各职员,均以二年为任期;但再被选任者,得连任。

第十二条　部长、委员长因故不能执行职务时,由副部长、副委员长代理之。若副部长、副委员长俱有事故时,由总理派员署理之。

第三章　会议

第十三条　本党每年开国内外全体代表大会一次,如有特别重大事件,得开临时会。

第十四条　本部设中央干部会议,每月开会一次,规划党务,决定政策,有必要时得开临时会。

第十五条　中央干部会议以各部部长、各委员会委员长及参议组织之。

第十六条　全体代表大会及中央干部会议，均由总理召集之，开会时，总理主席。

第十七条　各部部长、各委员会委员长得召集各该部及各该委员会之常会或临时会、并于必要时，得联合两部或委员会以上开联席会议。

第十八条　代表大会组织规则及各项会议规则另定之。

第四章　经费

第十九条　本党经费以下列各项充之：

一、党员入党金；

二、党员常年捐；

三、党员特别捐；

四、募债。

党员入党金及常年捐，其数目由中央干部会议定之。

第二十条　本党财务，由财务部按年造具预算、决算，提出于代表大会议决之。

第五章　公约

第二十一条　党员有遵守本党党纲及一切规章之义务，有违犯下列各款之一者，被本党党员正式署名揭告，经总理指定惩戒委员，组织惩戒委员会审查确实后，宣告除名。

一、背叛本党者；

二、泄漏本党应守之秘密者；

三、有妨害本党名誉之行为者。

第二十二条　党员已受除名之宣告，非证明有确实忠于本党之行为经总理特许者,不得回〔恢〕复党籍。

第六章　附则

第二十三条　本总章经中央干部会议或国内外全体代表五分一以上之提议,得由总理交付全体代表大会修正之。

第二十四条　本总章自宣布之日施行。

据中国国民党中央文化传播委员会党史馆藏环龙路档案07562

广州成都铁路金币借款合同

（一九二三年四月十二日）

本合同于中华民国十二年四月十二日即西历一九二三年四月十二日订立。其订立之两造,一为中华民国政府,以孙中山博士全权代表国家及地方当局(以下简称"政府");一为加拿大英属哥伦比亚温哥华北方建筑有限公司(以下简称"承造人")。

政府与承造人议定之条款如下:

第一条　承造人或其让受人愿意代中华民国政府募集年息为七厘之金币借款(以下简称"借款"),其数额以建成由广东省之广州至四川省之成都铁路(以下简称"铁路")及其支路,双方估计所需之款为限。

此项借款待第一期债票发行之日起,即称为"中国政府国家铁路七厘金币借款——广州成都铁路借款"。

第二条　此项借款所实得之进款,用于建造此路及购置设备以及关于此项工程一切必需之费用。

第三条　此项借款还本付息,由中华民国政府良好信誉及其总税收担保,并以此路为特别抵押。

此特别抵押,为此路首次抵押,由承造人及其让受人代表债票持有者享有之(以下简称"受托人")。凡此路已建成及正在建造者以及由此路所收之各项进款,连同为此路已购及拟购各种材料、车辆、建筑物皆作为抵押品。

如每半年应还之本息全部或部分期满不能偿还时,受托人有权代表债票持有者履行由特别抵押权而所规定之各种权利。

此特别抵押权应照本条以契约办理。但须特此声明:此路除由中国政府愿意担保及抵押外,实系中国财产。此路所用土地之契约,务须毫无各种纠葛,并应随买随写,用此路名义注册立案。在勘定线内所购地段之报告各件,连同地契,应由此路总办事处送交受托人之代表收执,作为首次抵押之据。在中国政府未收回所有契据之前,照本条下文所载:凡地契存于受托人充作借款部分首次抵押之地亩,如未经中国政府字据允准,无论作何用处,一概不得出租或转售他人。如遇中国政府不能偿还借款本息时,受托人可依照抵押权限处理。所购土地务须毫无各种纠葛,并须依照中国法律规定应有各项契据妥善过契,由受托人之代表注册收执,依照本合同作为债票首次抵押,待借款本息及各项欠款还清后,即交还中国政府。如遇中国政府不能偿还本息时,受托人可依照抵押权限处理。

为进一步保实首次抵押起见,中国政府在债票赎回之前,不得将抵押之地亩、此路及此路产业出售转让与他人,或使其受损害,亦不得稍有损碍首次抵押之权利,但有受托人缮据明确允准除外。允准与否视有无损害债票持有者之利益而定。

又议定,借款本息及各项欠款倘未还清之前,除受托人缮据明确允准外,中国政府不得将上述各产业再行抵押与他人,无论是华人还是外国人。

第四条 如债票每半年之利息不能如期照付,或依照偿还附表所载,分期应还本款不能清还,则全路及其产业抵押与债票持有者之受托人,由受托人依照法律处置,使债票持有者利益得到正当维护。如因有中国政府无力控制之种种原因而不能照付到期之款,或政府要求受托人展期接管铁路,且限期不得超过六个月,可由中国政府与受托人之代表和衷议决。此项借款本息及其他各项欠款还清后,应照本合同各条所载将铁路及其全部产业完好合用交还中国政府收管。

第五条　债票之利息每半年一算,即每年六月一日及十二月一日支付,每次摊还借本及利息之数目,以及经理清还借款之代理人即承造人或其让受人之应得酬金,按每百元得一元之四分一算(按二毫五算),一并如数于期前十四天付给承造人或其让受人。建路期内应付利息之数目及二毫五之酬金,均由发行债票银行应承造人及其让受人之请求,于期前十四天在此借款所得之进项内提支,交给支付此项借款之代理人。建路期内未用之借款转存生息之利息及建成之路段行车后所得之款,皆可充付利息。如尚不足,可从借款本款内提付,此路全线竣工后,债票利息及经理借款之酬金,由中国政府从其收入及铁路进款中交付,于期前十四天一并如数付给承造人或其让受人。

中国政府担任依期清还此项借款之本息,无论何时,如此路进款及借款之现存余款不敷偿还债票利息及依照偿还附表所载分期应还之本款,中国政府应设法从他项进款拨补,以能于每届偿还期至少前十四天,将全数交付承造人或其让受人。

第六条　此项借款之债票应为中华民国政府债票。

第七条　此项借款之期限及其赎回之期限,将由双方互相商定。一俟此项借款全数清还,本合同即无效,抵押亦取消。

第八条　债票式样,应由中国政府与承造人及其让受人于合同签定后迅速确定,如今后票样因加拿大或其他国家银市之需要必须更改,可由承造人或其让受人与中国政府或其代表会商,酌情略改。但债额总数及中国政府负债之责任不得稍有更动。所有改易之处,应由承造人或其让受人呈报中国政府。

债票准用英文刻印。中国政府受权代表之签字及其印信亦均摹刻于上。

此项借款债票须每张编连贯号数,由承造人或其让受人监督刻印,印数酌情而定。中国政府代表签押后再由承造人或其让受人附加签押。

此项债票若有遗失或损毁,则其遗失或损毁之债票可照数补发,惟须有遗失或损毁之确实证据,以通用形式交与承造人或其让受人及中国政府代表,以便查核存案。承造人或其让受人应获得索补债票人必须之担保。索补债票人应负责关于补发债票等一切费用,并担保赔偿中国政府或承造人或其让受人所有因补发债票而受之损失。

第九条　所有借款招帖以及付息还本一切详细办法,本合同未予载明者,均由承造人或其让受人与中国政府代表商定。俟本合同签字后,即准承造人或其让受人迅速发出。此借款招帖遇有需共同办理之事,中国政府令其代表与承造人或其让受人协同酌办,并将此借款招帖签字。

第十条　此项借款债票分两期或数期出售。第一期数目为一百万至一千万美元,应于本合同签押后迅速发行。此债票发行之价额由政府及承造人或其让受人参照同类债票最近之市场价值预先酌定。

此债票发行之实价,除在各国发行之印花税及议定为发行债票应付酬金外,即为中国政府所得之实数。

第十一条　此项借款实得之进款,由承造人指定并担保存放发行债票之银行,列入"广州成都铁路"户下,并按该银行之例价取息。

建筑工程即将开始时,应将在中国六个月内所需之预算款额,汇交双方议定之中国银行,列入"广州成都铁路"户下。中国政府动用此款,须凭总帐房及总工程师之签名支单。此六个月所需之预算款额汇兑后,每月应陆续汇款,以便中国常有六个月预算之款项。中国存放银行应按中国银行利息时价付给利息。

第十二条　承造人或其让受人被任为债票持有者之受托人(以下简称"受托人")。此后,中国政府与受托人有借款交涉之事及由此产生的各种问题,受托人作为债票持有者之代表,有权代表他们行事,将来建筑工程竣工后,受托人仍为债票持有者之代表,并从债票发行之日起至清还之日止,每年获得债票持有者应交五千美元酬金。

第十三条　此路竣工后,如有出售债票剩余之款,此款应由中国政府支配,或照本合同后文所载赎回债票,或存入双方议定之银行,作为偿还借款利息之用,或用于利于此路其他事项,但须由中国政府先期通知受托人。

第十四条　全路所需在勘测界限内之地及岔道、车站、修理厂和车库所需之地,由中国政府照详细计划按实价购买。其购款及关于购地之必需费用,均由借款进项中支付。

第十五条　一俟提供此项借款,中国政府即于广州设立铁路总办事处,其存在时间,到全部债票清还完毕。此办事处设一中国督办,由中国政府委派,配一总帐房为副手(以下称"总帐房"),须加拿大人或英国人,加拿大人之代表或有名望之英国清帐公司代表亦可。工程完竣后,所用之总工程师(以下称"工程完竣后总工程师"),亦须加拿大人或英国人。所有这些雇员及其后继人,由中国政府与受托人共同推荐。当其解雇时,亦得由中国政府与受托人双方同意。当雇员或其后继人因病故或解雇或解职或退休,造成空缺且本条款有效时,则应照上述推荐委用各办法,由英国人及上述有资格者补充。

兹因上述这些雇员职责是为增进政府与债票持有者共同利益。故订明,如遇有争执,均通过政府与受托人代表和衷解决。工程完竣后总工程师及总帐房之薪金及聘用合同之条款由政府与受托人商定,其薪金等费用均由铁路总帐中支付。

为办好此路,所有重要技术人员,应聘用富有经验有才干之外国人。如遇有同样能胜任之中国人应优先聘用。其聘任及其职责,经督办与工程完竣后总工程师协商后呈中国政府核准。聘任总帐房办事处之外籍人员,其手续相同。所聘外籍人员如有不正当行为或不能胜任者,由督办同工程完竣后总工程师商议后,经政府核准可免其职。聘用外籍人员合同应与通行格式相同。

总帐房帐务处所管此铁路建造及行车之收支帐目,应用中英两文书写。总帐房有组织及监督帐务处之责,并应经由督办将其所管之事报告政府,报告(债票持有者代表即)受托人。所有收支款项,得由总帐房签字经督办及工程完竣后总工程师核准,方可作证。

总帐房可雇用中国人员,其主要帐务人员应有熟悉帐务处整个帐务之各种机会。

全路告竣后,所需各种技术人员之安排,由督办与工程完竣后总工程师商定,并及时报告政府。

工程完竣后总工程师之职责,应是与督办商定既有效又经济维护及管理此路之办法。

在工程期内,每年从铁路借款中拨付一定款项,其数额由政府或为此而指派之官员与承造人或其让受人酌定,由政府或某专门负责之部门支配,经政府核定为办公费用。

督办经政府准许,可设立一学校,以教授中国学生铁路知识。

本条所言各节,不仅在工程期内有效,而且在债票未清还之前始终有效。

第十六条　一俟提供此项借款,即由政府与受托人协同推荐,并由政府委任一有名望之加拿大或英国顾问工程师公司(以下简称"顾问工程师")与督办协同办理此路事务。其驻中国代表应是加拿大人或英国人,应是建造期内总工程师(以下即称"建造时总工程师")。建造时总工程师及其后继人之免职或开除得经政府与受托人共同批准方能生效,新任之建造时总工程师亦应是有名望之英国人,其委任办法与上述相同。

建造时总工程师应监督承造人最经济建成此路,以便依照本合同各条款保护政府和债票持有者之利益。

兹因顾问工程师及建造时总工程师负有增进政府与债票持有者共同利益之责。故双方议定:如遇有争执,均由政府与受托人之代表妥善解决,其薪金及聘用合同之条款应由政府与受托人酌定,薪金等项开支均由此路总帐中支付。

顾问工程师及建造时总工程师对于直接或经由督办转达之政府意旨或训令,应予以尊重执行。对于督办关于工程技术之训令,亦应遵守,但同时应视其有无妨碍有效建造此路及其设备之完善,以便使此路成为债票持有者之完好担保品。

此路各线设计书及其他一切图样均由顾问工程师备办,经督办监核,并须注意到工程及设备所需之资本、将来回收资本之能力、当地情形及需要、工程是否经济及此路大概运输量等等,还须顾及到铁路设计合理,并有获利能力,确保此路设备完善等政府之意图,以便使此路成为债票持有者完好之担保品。

此路行车时所需之车辆包括机车应提供充足,其质量及数量,由建造时总工程师会商督办,视此路大概运输量及运输情形而定。

第十七条　如中国政府欲为此路行车、帐目及全路轨道、材料、钢轨等设备,制定统一规章,则此路之管理亦须遵守此规章,并不得有损于债票持有者之利益。

第十八条　兹委任承造人为中华民国负责此工程建筑及装配经理人。承造人应善于选用上等材料,按督办及建造时总工程师意图,依照设计要求建成此路。承造人应遵照由督办转达之政府训令,按建造时总工程师之意勘定线路。

兹委任承造人于建造期内为此铁路局购买所需国外进口一切材料设备经理人。凡督办要求购买一切重要材料要征得建造时总工程师同意。如所购材料系从国外进口,该经理人须用最便宜价格购买,按净价计算费用。兹特声明:所拟购材料及支取费用,得经督办及建造时总工程师核准,否则无效。

承造人应于购买国外材料之前进行查验,其查验费用应照实开支。

督办及建造时总工程师亦应对在国内所购各重要材料进行查验,未经双方查验批准者不得点收。

第十九条　承造人应聘任一名中国政府合意有才干之经理人并正式授予权利,代表承造人驻在工程或其附近,于建造期内代其负责此路工程。亦可酌情随时雇用能胜任之负责工程师、稽查员、监督总管、分管、工头及工人等。承造人还须备医供药为全路工程人员服务。

承造人担保所用外籍职员遵守中国风俗礼教,以及所订通商条约和中华民国政府关于寄居中国外籍人员规定,如上述外籍职员中有行为不正或不服管理或对中国地方官员不尊敬或虐待乡民等事发生,承造人一经通知后,即当根据犯事情形公平处理。

无论何时,如督办指控承造人所用之中外职员有行动不当或品行不端,则应立即查核,以便公平判决。如所指控确有证据,则犯事人应即开除。

建造此路所用之中国技术助手,承造人应为其提供熟悉铁路各部门情况之方便,并令工程人员尽力为其提供有关建路资料。

第廿条　全路所需及建造此路所需之地(包括道碴坑及取土坑),无论久用或暂用,以及便于此路或进入此路之地,均由政府及时备妥,便于承造人随时使用,不致延误工程进行。

第廿一条　中国政府所付承造人建筑、装配此路及工程期内维持此路花费金额,应按承造人实际垫付之金额及为此应付花费百分之五酬金计算。此实际垫付之金额应包括购买设备器械、总管人员薪水、管理及工作等费用及承造人所支一切费用;从欧洲或他处特聘技术师及工人等国内外旅费;以及职员专为本合同事来往旅费;购买设备器械等物品,包括物品原价及运费之实际金额,机械之租金;以及为方便所雇职员而设立之伙食处、诊疗所所需之一切费用。

承造人未得督办及顾问工程师之许可,不得与工人或任何人议定包筑或转包业务,以致有他项垫出费用。如有上述情况,其垫出费用,未经督办及顾问工程师许可,其所垫之款或全部或部分由督办及顾问工程师核定,不得列入承造人之帐。但承造人所雇职员及其薪金不在此例,由承造人自行处置。除承造人之经理人及其属下主要工程师外,其他外籍工程师及办事员之薪水与中国同类铁路人员相等。

所谓此路设备,应包括此路行车时所需一切必须之物,包括备足行车所需车辆、机车。兹特此声明:不包括此路完全建竣并设备齐全交于中国政府后所购一切设备。所有为此路所购地亩费用,督办、总帐房、顾问工程师之薪金,各办事处及其职员所用一切费用,亦不在上述建造和设备范畴内。

中国政府见经督办、建造时总工程师及总帐房核定之支出单据,即付与承造人为上述事百分之五酬金。

第廿二条　中国政府无论何时应为承造人因本合同事提供用款。为此,中国政府应实行随时付款办法。由承造人于每月底至少前七天将下月工程估计用款帐单送交建造时总工程师,政府即于每月一日拨付所估之款,存入承造人所指定之银行,为承造人之存款,如上月有欠承造人之款,应一起拨付,或于承造人处有多余之款,亦可照数扣除。

第廿三条 承造人在建造及装配此路过程中,完全可自由使用此路及工厂。在建造期内,亦可完全自由使用为此路及岔道、车站、工厂、房屋、水塔等所用一切地亩,包括取土坑、采石场、道碴坑、砖窑等用地。俟此路建成后应全数交与中国政府。

第廿四条 勘测完成后,如政府以为可行,则可与承造人议定付给红利办法,根据政府所定用款及所定期限内完成建造及装配此路某段而定。如此项办法议定后,承造人不能用所定用款于所定期限内完成建造及装配此路某段,承造人不负责任,亦不受罚款。

第廿五条 中国政府应防止干预、阻碍和骚扰承造人之事发生,并须采取必要之防范措施,以保护承造人所雇人员及财产安全。

第廿六条 承造人所雇职员之财产及与工程有关之一切人和物,均须由中国政府保护。政府应注意地方安宁,不得有预谋妨碍工程之事发生。如遇有工人缺乏而有碍工程进行,政府应尽力与承造人配合,妥为解决,并全力协助承造人雇到工人。

第廿七条 督办、建造时总工程师及承造人之代理人应就有关工程必须实行之事进行晤商,以求商定维护各自利益及原则;双方满意之办事细则及行动准则。如因有关此路装配、建造而引起之争论(除非另外订定),则应由不满意一方立即向政府提出,政府应迅速作出公正裁决。如某方觉得受亏或不满意,则应立即交双方所推之两中立公正人裁决。该公正人应按加拿大仲裁法调查情况,作出公平判决。如两公正人所判不能一致,再立即交两公正人所推一公断人判决,此公断人之判决即为终判,双方不得再有争执。

第廿八条 承造人于建造期内,应视建造情况而起用临时轨道行车,一切车务应照督办所定之价目单及有关章则办理。行车进款,扣出总帐房为行车支出费用后,承造人应得多余之款之三分之一。

第廿九条 如督办及建造时总工程师认为某路段竣工可行车时,承造人应依照本合同之规定交与中国政府。至于何段为竣,应于完成勘测后划定。

第卅条 为保护全段安全,应设中国铁路巡警队,归督办指挥,其警官均用中国人。所有警饷及维持费用,完全由此路建造及维持费中支付。如此路遇有需请中国政府派兵保护时,应由铁路总办事处申请政府迅速派出,其费用由政府付给。

第卅一条 此路建造及行车所需各种材料,不论由国外进口,还是由各省运至建造工地,如中国其他现存及拟造铁路享有厘税豁免之待遇,则此路亦应享有。此路借款之债票及其息票以及此路进款,均应豁免中华民国政府各税。

第卅二条 中国制造和生产之材料,如价格及质量与进口材料相等,应优先购用,以促进中国工业发展;加拿大材料,如价格及质量与其他各国材料相等,亦应优先购用。

第卅三条 承造人经中国政府同意,可将其各种权利全部或部分转让或委托与其后继人或让受人。

第卅四条 如有必要适当发行为建造此路全部或部分之省债票,广东广西两省依照本合同所定各条款,并以各省总税收及其良好信誉作保,可有权发行。其数额以建造本省境内路段所需款项而定。若各省直接与承造人订立合同,但本合同所定之各省管理与监督之权仍属广州政府或中华民国统一政府。各省应由稽核员向督办报告各省经费开支情况。

如日后需发行中华民国债票取代上述省债票,政府即行同意发行中华民国债票取代之(如有必要的话),并以中华民国总税收及其良好信誉担保。

如本合同签订后十二个月内工程尚未开始,中国政府可终止本合同,双方均不为本合同付代价。但虽已期满,而正为财政事进行交涉,则可延长六个月,再展期得经双方互相商定。

第卅五条 一俟成立统一政府,中华民国政府及广东广西省政府,保证中华民国统一政府批准并采纳本合同,若统一政府即为此约原执行者,此种"批准"及"采纳"即为本合同发行债票之保证,并以中华民国总税收及良好信誉作担保。

第卅六条 本合同共缮写英文中文五份。中国政府留存三份,送交英驻华大使或英驻广州总领事一份,承造人收执一份。如有疑义之处,应以英文为准。

本合同于中华民国十二年四月十二日即西历一九二三年四月十二日,由两造在广州签字。

中华民国十二年四月十二日

西历一九二三年四月十二日

孙中山(签字)(印)

加拿大北方建筑有限公司副董事长 卡明(签字)

见证人 陈友仁

据中国第二历史档案馆藏英文原件译稿(孙修福译)

宣布西江临时戒严条例等令

(一九二三年七月四日)

大元帅令

兹宣布西江为戒严区域,并制定《西江沿岸警备区域临时戒严条例》、《西江船舶检查所组织条例》、《西江船舶检查所执行规则》公布之。此令。

西江沿岸警备区域临时戒严条例

第一条 警备区域内之集会、结社、新闻杂志、图画、广告等,须先受戒严司令官之检查,违者拘究。

第二条 警备区域内之民有枪炮、弹药、兵器、火具及一切军用危险物品暨其制造之机械,由戒严司令官随时检查,在军事必要时押留或没收之。

第三条　警备区域内之民有物品,可供军需之用者,得禁止向桂边输去,违者押留拘究。

第四条　警备区域内之邮信、电报,由戒严司令官检查之。

第五条　警备区域内各城镇、墟市、村落之家宅、建造物、船舶等,戒严司令官随时检查之;嫌疑人物得押留拘究。

第六条　警备区域内出入船舶,非经戒严司令官之许可,绝对不得运载枪炮、弹药、兵器、火具及一切军用危险物品暨其制造之机械,违者没收拘究。

第七条　凡出入或停泊于警备区域内之船舶,其所载之一切物品由戒严司令官随时检查,如有违禁物品时,得押收之,并分别令其船舶退出或押留之。

第八条　戒严司令官在军事必要时,得停止西江沿岸水上之交通。

第九条　警备区域内行政、司法事务之与军事有关系者,戒严司令官执行职权时,各该行政官及司法官须受其指挥。

第十条　本条例所规定事项,戒严司令官有强制执行权,因其执行所生之损害,概不负赔偿之责。

第十一条　本条例自布告日施行,于宣告戒严日废止。

西江船舶检查所组织条例

第一条　西江沿岸自三水河口起,迄粤桂边界止,定为警备区域,宣告特别戒严,特设船舶检查所,执行戒严条例检查船舶。

第二条　西江船舶检查所,得设职员如下:
所长一人,检查员若干人。

第三条　所长依戒严条例及命令,执行检查船舶之任务。
其检查方法另以规则定之。

第四条　检查员承所长之命执行其职务。

第五条　所长执行检查时，法令有未备者，得以职权便宜行之。前项之检查，随时报告戒严司令官。

西江船舶检查所执行规则

第一条　检查所得随时检查西江通航或停泊中之各船舶，并没收其所偷载之武器及军用一切危险物品或扣留之。但船舶自卫武器，向经呈报有案者，不在此限。

第二条　检查所得随时限制西江通航或停泊中各船舶之出入去留。

第三条　检查所对于西江渔业，得以命令禁止其一部或全部。

第四条　检查所对于西江沿岸各船舶碇泊场所，得以命令变更之。

第五条　西江通航或停泊中之各船舶，有不服从检查所指导及命令，该所得先行扣留，电报戒严司令官核饬办理。

第六条　检查所对于通航或停泊中之各船舶，所用检查办法，及其他事项，另行规定公布之。

第七条　西江通航或停泊中之军用船舶，检查所依戒严司令官之指令，得能免其检查或制限。

第八条　本规则自公布日施行，于西江宣布解严日废止。

中华民国十二年七月四日

据大本营秘书处编《陆海军大元帅大本营公报》第十九号（广州一九二三年七月十三日）

中国国民党海外总支部通则

（一九二三年七月二十日）①

第一条　海外总支部依本党总章第三条之规定、并经本部之核准，设立

---

①　该日期为批准日期。

于海外重要都市。

第二条 海外总支部设理事九人，组织理事会，议决规程，处置党务。

第三条 理事由海外总支部统辖区域内全体党员用无记名连记投票选举之，以得票比较多数者为当选，当选后陈由总理任命之。

第四条 理事会以每月第一星期日为常会会期，如有理事三人以上之同意，得开临时会。理事会议案以理事过半数之出席，出席人员过半数之同意决定之；其主席由各理事逐次轮任之。

理事会议议决事件，交由总干事执行之。

第五条 海外总支部设总干事一人，由本部特派，执行总支部一切事务；但遇有应由理事会议决案件而理事会因故不能开会时，总干事于负责执行后，至理事会开会时，须提出请求追认。

第六条 国内总支部通则第二条、第三条、第六条至第八条、第十一条至第十四条之规定，海外总支部适用之；但各项职员之任用，由总干事得理事会之同意，陈请总理任命之。

第七条 本通则自公布到达之日施行。

据罗家伦主编《革命文献》第八辑（台北一九五五年版）

中国国民党海外支部通则

（一九二三年七月二十日）[①]

第一条 本通则适用于海外各支部。

第二条 海外支部之设立，须能担任本部事务所之经费每年千元以上，并具下列资格之一：

原中华革命党支部及洪门全部党员加入改组者；

由本部直接委任组织者；

---

① 该日期为批准日期。

在无支部地点联合原有数分部党员至千人以上者；

各种团体人数过千,照章写立愿书缴入党金而改组者。

第三条　凡党员愿书由支部汇送总支部,寄陈本部领取证书,其直辖于本部之支部,则与本部直接办理。

第四条　海外支部直隶于本部所指定之总支部,受该总支部之监督指挥,处理管辖区域内一切党务；但因他种关系,经本部之许可,得直隶于本部。

第五条　海外支部、分部、通讯处有责任不明了、或有互相争执时,应由总支部或本部审定之。

第六条　海外党员除照本部规约尽义务享权利外,有下列之权利：

享本党共同保护之权利；

享本党抚恤之权利；

享本党表彰之权利。

第七条　海外支部以执行部、评议部组织之。执行部置下列各职员：

部长一人；

副部长一人；

书记一人或二人；

主任五人；

副主任五人；

干事若干,但不得超过十二人；

委员长四人；

副委员长五人；

委员若干。

评议部置下列各职员：

正议长一人；

副议长一人；

书记一人；

评议员五人；但党员在三百人外者,每三十人得增评议员一人。

第八条　支部部长、副部长及主任、副主任、委员长、副委员长,由该支部党员选举,陈由总支部呈报总理任命之。

第九条　书记、干事、委员,由支部部长荐任。

第十条　评议员由该支部党员选举,评议长由选出之评议员互选,均陈由总支部呈报总理任命之。

第十一条　评议部书记,由评议长于评议员中指定,陈由总支部呈报总理任命之。

第十二条　支部部长总管支部一切事务,为该支部之代表,对于本部负责。副部长辅助之,部长有事故时得代理之。

第十三条　主任、委员长承支部长之命,掌管一科及委员会事务。副主任、副委员长辅助之;主任、委员长有事故时得代理之。

第十四条　书记承支部部长之命,掌管文书起草及保存机要文件、典守印章事务。

第十五条　委员会为缮写文件、处理庶务,得酌用雇员。

第十六条　执行部各科及委员会分设如下:

总务科;

党务科;

财务科;

宣传科;

交际科;

政治委员会;

法制委员会;

农工委员会;

妇女委员会;

如有必要时,得设立其他委员会;但须经本部之核准。

第十七条　总务科掌下列事项:

关于支部内之庶务;

关于支部内之文件收发及分配事项;

关于支部内办事规则之起草事项；

关于支部内之应接事项；

调查党员职业及经历报告于本部及总支部；

调查侨胞在该埠之总人数（合男女及土生者），报告于本部及总支部；

调查侨胞在该埠之农工商矿事业，报告于本部及总支部；

关于不属各科事项。

第十八条　党务科掌下列事项：

关于党员入党事务；

关于愿书按月汇齐邮寄本部事项；

关于领发证书事项；

关于党员名册调制事项；

关于分部收入党员、按月责成将愿书交支部注册转寄本部事项。

第十九条　财务科掌下列事项：

关于入党金及年捐征收事项；

关于会计报告事项；

关于支部内之收支簿记事项；

关于捐册调制并收据保管或转发事项。

第二十条　宣传科掌下列事项：

关于书报出版事项；

关于学校教育及社会教育事项；

关于演讲事项；

关于该支部所管范围内一切出版物检查事项。

第二十一条　交际科掌下列事项：

关于招待及联络事项；

关于党外交涉事项；

关于接洽他支部及分部事项。

第二十二条　政治委员会掌下列事项：

调查当地之政治状况；

调查当地之经济状况；

调查当地之社会风俗,并研究以上三项得失之点。

第二十三条　法制委员会掌下列事项：

调查当地之现行法制及一切条例；

研究一切法律问题。

第二十四条　农工委员会掌下列事项：

调查当地之农界状况；

调查当地之工界状况；

调查当地之侨民生计职业状况并研究其改进计划。

第二十五条　妇女委员会掌下列事项：

调查当地之妇女状况；

研究妇女问题之解决方法。

第二十六条　评议部议决下之事项：

支部长交议事项；

议决支部内之预算及决算；

议决党员之建议案或职员之建议案；

议决党员之处罚事项；

对于本支部职员失职或旷职之质问事项。

第二十七条　评议部之开会,通常由评议长召集,以过半数出席；但支部长认为必要时,得请求评议长召集开会；如评议长因有事不能到会时,得由副议长主席。

第二十八条　海外支部机关之经费,由所属党员负担,其征收法暂由支部自定之；但不得挪用入党金及年捐。所定征收法,须经本部核定。

第二十九条　海外支部职员之任期,以二年为一任；但得连举连任。

第三十条　海外支部每经过三个月,须将办理之成绩报告总支部,由总支部汇报本部；但关于必要时,须临时报告。

第三十一条　海外支部须于每半年中召集该支部所辖全体党员开大会一次,每星期开职员会一次,评议会每月一次,演说会无定期。

第三十二条　海外支部办事细则由支部自定,经评议会之议决。

第三十三条　凡海外非总支部、支部驻在而又无分部之地方,新进党员满五十人以上者,得成立分部;满二十人以上者,得成立通讯处;均受指定支部之管辖。

第三十四条　海外分部职员适用海外支部之组织;但不设副主任及委员会。

第三十五条　海外通讯处设处长一人,各科及评议部适用海外支部之组织;但不设副主任、副议长及委员会。

第三十六条　分部及通讯处党员人数较少者,得以一人兼任两科或委员会事务。

第三十七条　海外分部及通信处,除第三十四条、第三十五条、第三十六条别有规定外,悉适用本通则之规定。

第三十八条　本通则自公布达到之日施行。

第三十九条　附则

本通则如有海外五个以上支部、或十个以上分部之提议修改,得呈请总理交中央干部会议议决之。

据罗家伦主编《革命文献》第八辑(台北一九五五年版)

大本营党务处条例

(一九二三年八月十四日)[①]

第一条　本处专理大本营管辖地中国国民党党务事宜。

第二条　本处附设于大元帅行营驻在地。

第三条　本处设职员如下:主任一人、科长二人、干事六人、办事员若干人。

---

① 此条例批准日期不明,所标时间为《广州民国日报》刊载日期。

第四条 本处主任由大元帅以中国国民党总理名义任命人〔之〕,科长、干事由主任呈请总理任命之,办事员由主任委任之。

第五条 本处主任承总理之命,管理本处一切事宜。

第六条 科长受主任之指挥,监督专管各本科事宜。

第七条 干事受科长之指挥监督,办理各本管事务。

第八条 办事员勷助干事办事各项事务。

第九条 本处设第一、第二两科。

第十条 第一科管理本处文件印信、接洽各地党务,及本处收支并调制预算决算、报告各事宜。

第十一条 第二科管理党员愿书名册、调查党员履历,并办理入党。

第十二条 本处职员以中国国民党党员中历来办党确有成绩资格较深者任之。

第十三条 本处办事细则另定之。

第十四条 本条例自总理批准之日施行。

据《广州民国日报》一九二三年八月十四日

征收广东全省爆竹类印花税暂行章程

(一九二三年九月十九日)

第一条 爆竹类印花税暂由广东省先行试办,其试办区域应暂以广东全省为限。凡爆竹及烟花火箭等皆为爆竹类。

第二条 爆竹类印花税由财政部另设广东全省爆竹类印花分处,或招商承办,除呈报大元帅备案外,并分行广东省长、财政厅、各关监督、公安局转令所属协助办理。其商人承办办法,即由承办商人拟具章程,呈请财政部核准施行。

第三条 爆竹类印花税之征收办法,援照烟酒类印花税征收办法,暂行减半征收,定为值百抽十,即依附表所定,按其价格百分之十贴用爆竹类印花税票。

前项附表,应由爆竹类印花税分处调查市价,平均规定,呈请财政部核准后定期施行。

第四条　爆竹类之印花税票,在未经另行规定新票以前,暂行领用普通印花税票,除由财政部加盖大本营财政部小印外,并由部加盖爆竹类三字小印,颁发行用,以示区别。

至该项税票,仍须由该分处加盖戳记后发行。

第五条　凡制造及贩卖爆竹类者,非遵照本章程贴用爆竹类印花税票,不准在广东全省境内转运销售。

第六条　凡爆竹类在本章程未施行以前制造或贩卖者,应自本章程施行之日起,由制造之工场商店或贩运零卖之商人,补贴爆竹类印花税票后,方可转运贩卖,并将存数报告爆竹类印花税分处,转报财政部。

第七条　凡爆竹类在本章程施行后制造者,应责成制造爆竹类之工场或商店,于爆竹类制成时,均须逐件贴足爆竹类印花税票,方可发行或转运出卖。

第八条　凡在本章程施行后贩卖爆竹类者,务须要求制造爆竹类之工场或发行商店,照本章程贴足印花税票,方可贩运出卖。如未贴用印花税票或贴不足数者,该贩运及出卖之商人或商店,应负补贴印花税票之责任。

第九条　凡由他处贩运爆竹类入广东省境内者,应照本章程补贴印花税票后,方可发卖。

第十条　凡由广东省境内贩运爆竹类出境或出口者,应照本章程贴足印花税票后,方可起运。

第十一条　此项爆竹类印花税,在广东全省境内只征一次。

第十二条　凡已贴足印花税票之爆竹类,准其在广东全省境内,无论贩运,或大宗发行,或零卖,或出口,均可自由运销。

其未贴印花税票或贴不足数者,必须补贴后方可运销。

第十三条　此项爆竹类印花税,应由购用爆竹类之人负担之,并准由制造爆竹类之工场,或贩运及零卖商人或商店,于发行或出卖时,将应征印花税数目并入价格内发卖。

第十四条 爆竹类之印花税票发行时,应照票面价额核收,不得有所增减。

第十五条 凡贴用爆竹类印花税票者,应于贴用时加盖印章,或画押于印花税票与爆竹骑缝之间。

第十六条 凡整包出卖之爆竹类,以每包为单位,所有印花税票应贴于封口之处。其逐件出卖者,以每件为单位,应以印花税票封贴于火药引线上。

第十七条 凡贩运零卖商人或用户,对于未贴印花税票之爆竹类,不得贩卖或购买,违者除责令补贴印花税票外,卖者与买者均处以下列之罚金:

(一)初犯者处以五元以上五十元以下之罚金。

(二)二次违犯者处以五十元以上一百元以下之罚金。

(三)违犯在二次以上者,处以一百元以上二百元以下之罚金。

以上罚金数目系专指单位而言,如在一包或一件以上,应依前项各款照数伸计处罚。

第十八条 凡在柜面陈列之爆竹类,务须照章粘贴印花税票,如有不贴印花陈列者,处以十元以上二十元以下之罚金。

第十九条 如商家贩卖或用户购买时,发见漏贴印花税票之爆竹类,能当时举发或报告于警察及爆竹类印花税分处者,除免受同罚外,应准将举发人由爆竹类印花税分处酌量奖励之。

第二十条 如制造爆竹类者不贴印花税票即行出卖,或贩卖大宗未贴印花税票之爆竹类及贩运进口或贩运出口者,均作私制私贩论,应由地方官厅或警察区署及各关卡,随时分别查明扣留,呈报财政部没收充公,并仍照章处罚。

第二十一条 如有下列情事之一者,应依下列之规定,分别处罚治罪:

(一)贴不足数者,处以五元以上十元以下之罚金。

(二)贴后未经盖章或画押者,处以十元以上二十元以下之罚金。

(三)业经贴用之印花税票揭下再贴者,处以二十元以上一百元以下罚金。

（四）伪造或改造印花税票者，按照刑律伪造通用货币例治罪。

前项第一款至三款除处罚外，仍须责令补贴并盖章画押。其第四款除处罚外，并应将伪造或改造之印花税票没收之。

第二十二条　如以无效之旧印花税票或普通印花税票，伪造财政部加盖之大本营财政部六字小印及爆竹类三字小印，私自加盖后发售或贴用者，依前条改造印花税票例治罪。

如办理印花税人员有前项情事，应从重治罪。

第二十三条　财政部或广东全省爆竹类印花税分处，得随时派员检查制造或贩运贩卖零卖爆竹类之各工场商店，对于本章程有无违背行为，但须由各该员预先通知地方官厅或警察区署或商会，派员协同前往检查。

第二十四条　如按照本章程规定应行处罚者，应知会该管地方官厅或警察区署执行处罚；其应行治罪者，应将人犯送交法庭处理，仍一面将实在情形详细呈报财政部核办。

第二十五条　本章程如有修正之必要时，由财政部修正之。

第二十六条　本章程自广东全省爆竹类印花税分处开办之日起施行。其开办期由财政部以部令定之。

据大本营秘书处编《陆海军大元帅大本营公报》第三十号
（广州一九二三年九月二十八日）

招商承办广东全省爆竹类印花税暂行章程

（一九二三年九月十九日）

第一条　依征收章程之规定，广东全省爆竹类印花税招商承办时，得用认额包征办法，由承办商人呈请财政部核准后，委任该商承办，并由部呈报大本营备案及分行各机关查照。

第二条　财政部核准后，准由承办商人设立广东全省爆竹类印花税分处于广州省城，并准其在广州市省河地方及广东全省各属分设支处及专员或代办处呈报财政部备案。

第三条　承办商人得推举总办及会办各一员,呈请财政部以部令委任。其支处长及专员,即由总办委派呈部备案,并得由总办委派劝销、稽查、调查若干员,分途劝销,或赴制造场所及贩运商店酌量检查,但须由总办或该员照章知会地方官厅或警察区署,或商会派员协同转往办理。如有充公罚办等情事,须照章呈报财政部,并送交该管官厅或法庭,分别处治,该总办等及其所委各员,不得私自罚办。

第四条　承办商人对于征收爆竹类印花税及售票查验各项手续,除遵照章程特别规定外,均应遵照征收广东全省爆竹类印花税暂行章程及其他印花税之法令办理。

第五条　依征收章程第三条规定之附表,应由承办商人调查市价平均规定,呈报财政部核准施行,如市价有特别变更或格外增减时,每年得改订一次。

第六条　此项爆竹类印花税,准由承办商人包办三年,自呈报开办之日起计,扣除三年为期,并依粤省推行新税向例,自开办日起给予三个月之试办期限。

前项所称三个月试办期限,系自九月十六日起至十二月十五日为止。

承办商人如无短销税票及其他违章情事,财政部于包办期内不再另委他人承办。

第七条　承办商人每次向财政部请领爆竹类印花税票,均须先行照章缴足票价,方准颁发,不得借口拖欠。

第八条　承办商人向财政部请领爆竹类印花税票时,准按票面价额七成以现毫银加一三计,先行缴价请领,但于三个月试办期内,暂准以广州市通用现毫银核计,免其加缴补水,售票时亦同。其余三成,即作为承办商人办理广东全省爆竹类印花税一切办公经费及奖励等项,概不另行开支。

在试办期内,财政部为事属创办,承办商人于事前调查等项需费较巨起见,特准暂支公费一成,按六成缴部领票。但此项办法,应以开办日起三个月内为限。

第九条　此项爆竹类之印花税票,应由承办商人每年包销票价十二万元,其票额应照分条办法,以票面价额伸计,至每月应销若干,得按月平均计算。

第十条　如承办商人每年销售爆竹类印花税票超过前条规定票价十分之二以上时,由财政部另定奖励办法奖励之。

第十一条　承办商人如行销爆竹类印花税票不及定额,或违背征收爆竹类印花税章程及本章程之规定时,得由财政部另行招商承办,并责令承办商人按照认额包征办法,补缴足额,或予罚款。但遇有地方不靖以及天地灾变情事,曾呈报财政部核准酌减税收定额者,不在此限。

第十二条　承办商人遇有地方不靖以及天地灾难妨碍地方秩序致爆竹类之营业受其影响者,得详叙情形,呈请财政部查明,酌减其包征定额。但只系一部分地方有上列情事发生,或系为时短促,与爆竹类营业及时期无重大关系者,不得借口请减。

第十三条　爆竹类之印花税票,得由承办商人转发各支处及专员,或其他商会商店照章代销,但代销者如有违章情事,须由承办人负连带责任。

其因而短缴票价者,由承办商人自行处理,负完全责任,不得藉为口实,但得呈请财政部饬令其他官厅代为追缴。该承办商人对于代销处如有饬缴保证金之必要时,应另订办法呈部核准,并将所收保证金报部备案。

第十四条　承办商人所领印花税票如有毁损或虫蛀不能行销者,其声明理由,照章按票面价额缴价十分之一,一并解由财政部换发,但如因水火灾无税票缴回者,财政部不能补发税票。

第十五条　承办商人每月应将实销爆竹类印花税票之票额,分别票类,汇总列表报告财政部查核。

第十六条　所有未尽事宜,悉照现行印花税票各项法规办理时,由承办商人随时呈请财政部核示。

第十七条　本章程如有修正之必要时,由承办商人呈请财政部体察情形随时修订之。

第十八条　本章程自爆竹类印花税开办日起施行。

据大本营秘书处编《陆海军大元帅大本营公报》第三十号

(广州一九二三年九月二十八日)

大本营筹饷总局组织办法

（一九二三年十月三十日）

一、筹饷总局系于军事期内特别设置，专理筹饷事宜，遵照帅令在省会设立，名为大本营筹饷总局，由省长总司其事，省长为总办，财政厅长为会办。

一、所属各县分别酌设筹饷局，专管各县正什税捐及一切收入，由县查案划交筹饷局会同催收。

一、各县筹饷局缴解款项，统由总局核收，听候命令指拨。

一、各县筹饷局解款，由总局先发临时收据，汇行财政厅转交金库补收，另发正印收，发回备案。

一、各县筹饷局应将专管正什税捐及一切收入款目名称额收，先行列表呈报总局备查。

一、各县筹饷局按日派解数目，应由总局指定照办，如逾定限或任意延玩，核明情节轻重，分别记过撤惩。

一、各县由筹饷局员正杂税捐统负责批解，无论何项机关不得截留，违者以抗阻命令呈请帅府惩处。

一、筹饷总局组织办法，呈明帅府核定，如有未尽事宜，或有应议增修之处，均由总局随时呈核办理。

至筹饷总局设置员司简章如下：

一、筹饷总局，遵奉明令，由省长总司其事，省长为总办，财政厅为会办。

一、局内设置员司，照下列之支配：

（甲）设总稽核一员。

（乙）设文案二员。

（丙）设会计一员。

（丁）设书记二员。

一、筹饷总局,专理筹饷,对于规划监督,由总办总其成。

一、总稽核秉承总办,查催考核各属筹饷局收解款目一切事宜。

一、文案会计,秉承总办,分理撰拟文牍、核算收支事宜。

一、局内设置员司,拟由省署财政科,及原充会计人员,选派兼任,酌发津贴,不支薪俸,以节经费。

一、局内经费杂支,均从节省,按月核实报销。

各县筹饷局设置员司简章:

一、各县筹饷局,由省长署遴员专管,名为筹饷局专员。

一、各筹饷局办事进行,直接隶于大本营筹饷总局。

一、局内设置员司,照下列之支配:

(甲)设文牍一员;

(乙)设会计一员;

(丙)设书记一员。

一、文牍会计,秉承专员分理撰拟文牍、核算收支事宜。

一、局内经费照支列规定支销:

(甲)专员月薪一百五十元;

(乙)文牍会计月支六十元;

(丙)书记月支四十元;

(丁)杂支五十元。

一、局经费杂支,按月应呈明总局核饬支拨,不得任意报销。

据《广州民国日报》一九二三年十月三十一日

中国国民党总章

(一九二四年一月二十八日)

中国国民党第一次全国代表大会为促进三民主义之实现,五权宪法之创立,特制定中国国民党总章如下。

第一章　党员

第一条　中国国民党不分性别,凡志愿接收〔受〕本党党纲,实行本党议决,加入本党所辖之党部,依时缴纳党费者,均得为本党党员。

第二条　党员入党时,须有本党党员二人以上之介绍,填具入党志愿书,经向所请求之区分部党员大会之通过,区党部执行委员会之认可,方得为本党党员。

第三条　凡本党党员须在所属党部领取党员证书;其证书由中央执行委员会制定之。

第四条　党员移居时,须即时在原住地方之区分部报告,向所到地方之区分部登记,同时即为所到地方之党员。

第二章　党部组织

第五条　范围包括一个地方之党部,为上级机关;范围包括该地方一部分之党部,为下级机关。

第六条　各党部以全国代表大会、地方代表大会、地方党员大会为各该党部之高级机关。

第七条　地方党员大会、地方代表大会及全国代表大会须各选出执行委员,组织执行委员会,执行党务。

第八条　本党党部之组织系统如下:

(甲)全国　全国代表大会——中央执行委员会。

(乙)全省　全省代表大会——全省执行委员会。

(丙)全县　全县代表大会——全县执行委员会。

(丁)全区　全区党员大会或代表大会——全区执行委员会。

(戊)区分部　区分部党员大会区分部执行委员会——区分部为本党基本组织。

第九条　本党之权力机关如下：

（甲）全国代表大会，但闭会期间为中央执行委员会。

（乙）全省代表大会，但闭会期间为全省执行委员会。

（丙）全县代表大会，但闭会期间为全县执行委员会。

（丁）全区党员大会或代表大会，但闭会期间为全区执行委员会。

（戊）区分部党员大会，但闭会期间为区分部执行委员会。

各权力机关对于其上级机关，应执行党之纪律及决议，但得提出抗议。

第十条　中央执行委员会得分设各部，执行本党之通常或非常党务。各部受中央执行委员会之管理。各部之职务及组织法，由中央执行委员会决定之。省及等于省之党部应设各部，由中央执行委员会决定之。

第十一条　各下级党部执行委员会须受上级党部执行委员会管辖。

第十二条　各下级党部之成立、启用印信，须经上级机关之核准。

第三章　特别地方党部组织

第十三条　热河、察哈尔、绥远三特别行政区域及蒙古、西藏、青海等处之党部组织与省同。

第十四条　各地关于党务有设置特别区之必要者，由最高党部决定之。

第十五条　特别区党部之组织，与省党部同等，直接受最高党部之指挥监督。

第十六条　重要市镇党部之组织，与县党部同等，直接受省党部之指挥监督。

第十七条　重要市镇党部之设置，由各该省党部开具计划，经中央执行委员会之许可，方得设立。

第十八条　国外党部组织，总支部等于省，支部等于县，分部等于区，通讯处等于区分部。

第四章　总理

第十九条　本党以创行三民主义、五权宪法之孙先生为总理。

第二十条　党员须从总理之指导,以努力于主义之进行。

第二十一条　总理为全国代表大会之主席。

第二十二条　总理为中央执行委员会之主席。

第二十三条　总理对于全国代表大会之议决,有交复议之权。

第二十四条　总理对于中央执行委员会之议决,有最后决定之权。

第五章　最高党部

第二十五条　本党最高机关为全国代表大会,常会每年举行一次;但中央执行委员会认为必要,或有省及等于省三分之一以上请求时,得召集临时全国代表大会。

第二十六条　全国代表大会常会开会日期,重要议题,须于两个月前通告各党员。

第二十七条　全国代表大会之组织法及选举法,及各地方应派代表之人数,得由中央执行委员会规定之。

第二十八条　全国代表大会之职权如下：

(甲)接纳及采行中央执行委员会及其他中央各部之报告。

(乙)修改本党政纲及章程。

(丙)决定对于时事问题应取之政策及政略。

(丁)选举中央执行委员、候补执行委员与监察委员、候补监察委员。

第二十九条　中央执行委员及监察委员之人数,由全国代表大会决定之。

第三十条　中央执行委员会委员遇故离任时,由候补委员依次充任。

第三十一条　中央执行委员会之职权如下：

(甲)代表本党对外关系。

（乙）组织各地方党部并指挥之。

（丙）委任本党中央机关报人员。

（丁）组织本党之中央机关各部。

（戊）支配本党党费及财政。

第三十二条　在政府机关、俱乐部、会社、工会、商会、市议会、县议会、省议会、国议会等内部特别组织之国民党党团，中央执行委员会得指挥之。

第三十三条　中央执行委员会每两星期至少开会一次；候补委员得列席会议，但只有发言权。

第三十四条　中央执行委员会互选常务委员三人，组织秘书处，执行日常党务。

第三十五条　全国代表大会闭会期间，中央执行委员会应召集各省执行委员会及其他直辖党部之代表，开全国会议一次。

第三十六条　中央执行委员会须将其活动经过情形，通告各省执行委员会及其他直辖党部，每月一次。

第三十七条　中央执行委员会得遣派中央执行委员于指定地点，组织执行部；其组织及职权，由中央执行委员会另定之。

第三十八条　中央监察委员会之职权如下：

（甲）稽核中央执行委员会财政之出入。

（乙）审查党务之进行情形及部员之勤惰；训令下级党部，审核财政与党务。

（丙）稽核在党中央政府任职之党员，其施政之方针及政绩是否根据本党政纲及本党制定之政策。

第六章　省党部

第三十九条　全省代表大会六个月举行一次；但遇中央执行委员会训令，或县执行委员会三分之一以上请求时，得召集临时全省代表大会。

第四十条　省执行委员会认为必要，或全省党员半数请求时，亦得召集临时全省代表大会。

第四十一条 全省代表大会组织法、选举法及人数,由省执行委员会规定之。

第四十二条 全省代表大会接纳及采行省执行委员会及本党省机关各部之报告,决定本省党务进行之方策,选出执行委员并监察委员。

第四十三条 省执行委员会之职权如下:

(甲)互选常务委员三人,组织秘书处。

(乙)设立全省各地方党部,并指挥其活动。

(丙)任命该省党机关报人员。

(丁)组织本省机关各部。

(戊)支配党费及财政。

第四十四条 省执行委员会每月须将其活动经过情形,报告中央执行委员会一次。

第四十五条 省执行委员会每星期至少开会一次;候补委员得列席会议,但只有发言权。

第四十六条 省执行委员会委员遇故离任时,由候补委员依次充任之。

第四十七条 省监察委员会稽核省执行委员会财政之收支;及审查省执行委员会之党务及部员之勤惰;稽核在党省政府任职之党员,其施政方针及政绩是否根据本党政纲及本党制定之政策。

第七章 县党部

第四十八条 县代表大会每三个月举行一次;若遇省执行委员会训令及各区执行委员会三分之一请求时,得召集临时全县代表大会。

第四十九条 县执行委员会认为必要、或有该县党员半数请求时,亦得召集临时全县代表大会。

第五十条 县代表大会之组织法、选举法及人数,由县执行委员会审定后,经省执行委员会核准决定之。

第五十一条　县代表大会接纳及采行县执行委员会及其他本党县机关各部之报告,决定本县党务进行之方策,选举县执行委员、候补委员及监察委员。

第五十二条　县执行委员会选举常务委员一人,执行日常党务。

第五十三条　县执行委员会设立全县各地方党部而指挥其活动;任命该县党部机关报职员,但须经省执行委员会之核准;组织全县性质之事务各部;支配县内党费及财政。

第五十四条　县执行委员会须每两星期将其活动经过情形,报告省执行委员会一次。

第五十五条　县执行委员会每星期会议一次;候补委员得列席会议,但只有发言权。

第五十六条　县执行委员会委员遇故离任时,由候补委员依次充任之。

第五十七条　县监察委员稽核县执行委员会财政之收支及审查县执行委员会之党务,稽核在党县政府任职党员之政绩。

第八章　区党部

第五十八条　区之高级机关为全区党员大会或代表大会。区以下为乡、为村。全区党员大会包括乡村党员在内;但因乡村离市区太远或党员太多,不能召集党员时,得召集全区代表大会,此全区代表大会即作为该区高级权力机关;但于可能时,须召集全区党员大会。

第五十九条　区党员大会或代表大会每月举行一次,讨论党务,其范围如下:

(甲)接纳及采行区执行委员会之报告。

(乙)代表大会之代表及党员大会之党员,在会议内报告区内党务之进行,解决党务之困难,及发表关于政治经济之意见。

(丙)训练党员问题、党员补习教育问题。

(丁)征求党费问题、讨论县执行委员会决议案之实行方法。

(戊)选举该区执行委员会委员。

第六十条　区执行委员会之职权如下：

(甲)指挥区内各区分部或其下各特别党务机关之活动事宜。

(乙)召集全区党员大会或全区代表大会。

(丙)组织区分部；但须得县执行委员会核准。

(丁)支配党费及财政。

第六十一条　区执行委员会互选常务委员一人执行日常党务，每两星期须将活动经过情形，报告县执行委员会。

第九章　区分部

第六十二条　区分部为本党之基本组织，由区执行委员会或其他代理机关组织之，或自组织之；但须经县执行委员会之核准。区分部人数无定，但须在五人以上。

第六十三条　区分部作用，为党员间或党员与本党主要机关间之联络；但在只有区分部成立之地方，区分部可作为主要机关。其职务如下：

(甲)执行党之决议。

(乙)征求党员。

(丙)帮助区执行委员会进行党务。

(丁)分配本党宣传品。

(戊)收集党捐，分售本党印花、本党纪念相片、本党表记等。

(己)选派出席区大会、县大会之代表及初选省大会、全国大会之代表。

(庚)执行上级机关之命令。

第六十四条　区分部党员大会，至少两星期开会一次。

第六十五条　区分部须选举执行委员三人，组织区分部执行委员会，由执行委员会中互选常务委员一人，执行日常党务。每两星期须将其活动经过情形，报告区执行委员会一次。

第十章 任期

第六十六条 代表于会期终了时,其任务即为终了;但须向所代表之党部,报告大会之经过及结果。

第六十七条 中央执行委员、省执行委员、县执行委员、区执行委员任期定为一年;区分部执行委员任期定为六个月。

第六十八条 中央及各省各县监察委员任期定为一年。

第六十九条 各省、各区、各县执行委员人数,与各省、各县监察委员人数,由中央执行委员会规定之。

第七十条 党部执行委员、监察委员不得兼任其他党部执行委员、监察委员。

第十一章 纪律

第七十一条 凡党员须恪守纪律,入党后即须遵守党章,服从党义;其在本党执政地方及在军事时期,尤须严行遵守。党内各问题,各得自由讨论;但一经决议定后,即须一致进行。

(注意)本党为历史的使命而奋斗,我国领土之完全自由及和平,全赖本党奋斗之成功;欲求此次成功,必赖纪律之森严。党之成败,全系于此,望共勉之。

第七十二条 凡不执行本党决议者、破坏本党章程者、违反本党党义及党德者,须受以下处分:党内惩戒;或公开惩戒并在党报上详细登出原委;及暂时或永久开除党籍。已开除党籍之党员,不得在本党执政地方之政府机关服务。如地方全部有上述行动者,须受以下处分:

(甲)全部党员再行登记,分别去取。

(乙)全部解散,并在党报上登出原委。

第七十三条 凡党员个人或全部被弹劾时,须由该部监察委员会详细审查后,由该部执行委员会判决处分。对于执行委员会之处分,如认为不当时,得上控于上级执行委员会以及全国代表大会;但未得全国代表大会表示意见以前,此处分仍须执行。全国代表大会得判决个人或全部恢复党籍;但中央执行委员会尚未执行时,此判决仍不发生效力。

第十二章　经费

第七十四条　本党党费由党员所纳之党费、党之高级机关之补助及其他收入充之。

第七十五条　党费每月每人应缴银二角。党员遇失业、疾病等事故时,经在所属党部登记后,得免缴党费;但该部须将此情由,报告上级执行委员会。

第七十六条　党员未得允许而不缴纳党费至三个月者,即停止其党员资格。

第十三章　国民党党团

第七十七条　在秘密、公开或半公开之非党团体,如工会、俱乐部、会社、商会、学校、市议会、县议会、省议会、国议会之内,本党党员须组成国民党党团,在非党中扩大本党势力,并指挥其活动。

第七十八条　在非党团体中本党党团之行动,由中央执行委员会详细规定之。

第七十九条　党团须受所属党部执行委员会之指挥及管辖;例如省议会内之党团,受该省党部执行委员会之指挥及管辖;国议会内之党团,受中央执行委员之指挥及管辖;俱乐部等团体内之党团,受该地党部执行委员会之指挥及管辖。

第八十条　执行委员会各党团间意见有不合时,须开联合会议解决之;不能解决时,得报告上级委员会决定;未得上级委员会决定时,党团须执行所属党部执行委员会之议决。

第八十一条　党团内党员个人得党团允许时,得于所在活动之团体内受职,并得调任他职。国会内党团之委员受委阁员时,必须先得所属党团及中央执行委员会之允许。

第八十二条　党团内须选举职员,组织干部,执行党务。

第八十三条　所在活动之团体一切议题,须本本党政策政略,先在党团内讨论,以决定对各问题应取之方法。所定方法,并在该团体议场上一致主张及表决。党团在所在活动之团体内,须有一致及严密之组织,各种意见,可在党团秘密会议中发表;但对外须有一致之意见行动;如违反时,即作为违反党之纪律,须受党之处分。

第八十四条　党员在议会者,须先自具向议会辞职书,贮在所属党部执行委员会处;如与党之纪律大有违反时,其辞职书即在党报上发表,并且须本人脱离该议会。

附　则

第八十五条　本章程解释之权在最高党部。

第八十六条　本章程由全国代表大会议决,及公布之日起,发生效力。

据《中国国民党第一次全国代表大会宣言及决议案》(一九二四年二月中央执行委员会出版)

关于发国民党党证之规定

(一九二四年四月七日)

一、自四月一日起至十二日止,每日上午九时至十二时,下午二时至五时,为发党证时间,四月十八日以后则随到随发。

二、凡党员必先到区分部,将党员调查表照式填妥,由区分部发回调查完毕证,即携此完毕证到本会领取党证。

三、除自行到会领取外,如因职务上关系不能自行到会领取时,可将本人相片及调查完毕证交与所属之区党部或区分部常务委员,由常务委员汇齐,到会代领。①

四、凡党员领党证者,必须携备本人半身二时软胶相片一张,由本会发党证处将相片贴入党证之内,打一水印,编列号数,随即发还本人。

五、领党证者到本会发党证处挂号,按次发给,庶免拥挤。

六、违反以上规定者,概不发给党证。

中国国民党中央执行委员会

据《近代史资料》总第七十六号《国民党第一届中央执行委员会第十八、十九次会议录》(一九二四年三月三十一日、四月七日)

公布陆海军审计条例令

(一九二四年四月二十日)

大元帅令

兹核定陆海军审计条例公布之。此令。

(中华民国陆海军大元帅之印)

中华民国十三年四月二十日

陆海军审计条例

第一条 军政部审查手续,依本法施行。

---

① 1924年3月31日,在国民党第一届中央执行委员会第十八次会议上,由组织部提出"发党证之规定草案"。第三条原为:"凡党员必须亲到本会领取党证,不能假手别人",4月7日中央第十九次会议,经由孙中山决定改第三条,以"中国国民党中央执行委员会"名义发表此规定。

第二条　军政部对于陆海军各种经费出纳及军用物品与军有产业之保管处理,应行审定之事项如下:

一、各陆海军及机关会计年度之预算、决算;

二、各陆海军及机关每月现金之收支概算、计算;

三、陆海军特别会计之收支概算、计算;

四、各陆海军及机关军用品之收支概算、计算;

五、军有产业之保管、处理及买卖建筑事项;

六、命令特定应经军政部审定之收支概算、计算。

第三条　军政部审定各陆海军及机关之计算、决算、编制、审计报告书呈报大元帅,必须记载之事项如下:

一、各陆海军及机关呈报预算、决算之金额,与发款机关报告支付之金额是否相符;

二、各陆海军及机关岁出之支用,并官有物品之买卖及利用,是否与帅令之核定及预算相符;

三、有无超过预算及预算外之支出;

四、有无不经济之支出。

第四条　军政部审定各陆海军及机关之计算、决算,应将其审计之成绩呈报大元帅。其认为法令上或经理上有应行改正事项者,得并呈其意见于大元帅。

第五条　中央军需处及其他发款于陆海军及机关之官署,于每月经过后,应将上月支付各陆海军及机关之金额,列表送军政部审核备查。

第六条　各陆海军及机关,于每月五号以前,编造本月份预算送军政部备核。

第七条　军政部审核各陆海军及机关月份计算书,如有疑义,得行文查询之。

第八条　各陆海军及机关遇有前项之查询,须迅速答复。

第九条　军政部审计局之审查,由部长核定之。

第十条　军政部审计支出款项,认为应负赔偿之责者,须分别呈报大元帅核夺,或由军政部行知该机关主管长官限期追缴。除大元帅特免外,该主管长官不得为之减免。

第十一条　军政部关于审计事项,得编定关于审计上之各种证明及书式,分别呈报大元帅核定或分〔颁〕行之。

第十二条　军政部审查完竣事项,自议决之日起五年内,发见其中有错误、遗漏、重复等情事者,得为再审查;若发见诈伪之证据,虽经过五年后,亦得为再审查。

第十三条　军政部对于审查事项,认为必要时,得行委托审查。受委托之军官,须将其审查情形报告备核。

第十四条　军政部之审计报告书,随时呈报大元帅,发交审计院存查。

第十五条　本条例自奉大元帅核定之日施行。

据大本营秘书处编《陆海军大元帅大本营公报》第十一号（广州一九二四年四月二十日）

照准农民协会章程

（一九二四年六月二十四日）

大本营秘书处公函第三四四号:径启者,顷奉大元帅交下贵会为拟定农民协会章程乞批准施行呈乙件,奉批照准等因奉此相应录批函达,希即查照为荷。此致中央委员会。

农民协会章程

前　　文

农民协会为本三民主义解放劳动阶级之志意,合全国受压迫之贫苦农民而组织之。其目的在谋农民之自卫,并实行改良农村组织,增进农人生活。其会章如下。

第一章　总则

第一条　本章程所称为农民者如下：

自耕农、半自耕农、佃农、雇农、农村之手工业者及在农村为体力的劳动者。

第二条　各级协会组织之程序：

先由任何农民联合同居一县之有会员资格者五十人以上，发起临时县农民协会。各发起人最先须依章填写愿书，开一发起人会，共同审查资格，得发起人总数过半数之承认者，方得为会员。开组织会选举本章程所列县农民协会各项职员，成立临时县农民协会。县农民临时协会成立后，即着手分别组织本县各乡农民协会。有三个乡民协会成立者，即组织区农民协会。三个区农民协会成立后，即组织县农民协会，接收临时县农民协会之任务。五个县农民协会成立后，即组织省农民协会。最先成立之省农民协会，兼摄全国农民协会职权。俟三个省农民协会成立时，即组织全国农民协会。

第二章　农民协会会员

第三条　凡居住中国之人，不论国别、性别，凡年满十六岁而愿履行第四条所列入会手续者，皆得为本会会员。但有下列条款之一者得拒绝之：

（一）有田地百亩以上者；

（二）以重利盘剥农民者；

（三）为宗教宣教师者，如神甫、牧师、僧、道、尼、巫等类；

（四）受外国帝国主义操纵者；

（五）吸食鸦片及嗜赌者。

第四条　入会手续：

（一）填写入会志愿书；

（二）承认、遵守本会章程；

（三）承认、恪守本会纪律；

（四）缴纳入会金与月费。

第五条　凡农民入会之许可,应由该乡会员全体大会过半数之通过。若非农人请求入会,必须会员全体大会四分三之通过。但无论何种新会员入会,均须经区农民协会执行委员会之批准,始能正式发生效力。

第六条　开除会员,须由所属乡农民协会之纪律裁判委员会判决,经本乡农民协会全体会员大会四分三之通过行之。

第三章　会员之权利与义务

第七条　农民协会会员在各级全体会员大会中,均有发言权、表决权及控告权。但所控告之案件,无论文书或口头,必须经过大会之审查始能向上级提出。又如控告该会职员或呈请查办军队骚扰、官吏土豪专横等事,亦必由大会讨论通过,始能向上级提出。

第八条　会员于大会缺席时,不得由他人代表发言。

第九条　会员对于自己提出之议案,不得参加表决。

第十条　会员有依章选举或被选举为农民协会职员及代表之权。

第十一条　会员须遵守本会章程与纪律,并须服从本会之决议案。如有违背及破坏之者,均受纪律裁判委员会之审判。

第四章　农民协会之组织

第十二条　本会以乡农民协会为基本组织,自区协会层级而上,其组织系统如下：

（一）全国农民协会代表大会、中央执行委员会。

（二）全省农民协会代表大会、全省执行委员会。

（三）全县农民协会代表大会、全县执行委员会。

（四）全区农民协会代表大会或会员大会、全区执行委员会。

（五）乡农民协会会员大会、乡执行委员会。

第十三条　本会之权力机关如下：

（一）全国代表大会。但闭会期间为中央执行委员会,管理全国。

（二）全省代表大会。但闭会期间为全省执行委员会,管理全省。

（三）全县代表大会。但闭会期间为全县执行委员会,管理全县。

（四）全区代表大会或会员大会。但闭会期间为全区执行委员会,管理全区。

（五）乡会员大会。但闭会期间为乡执行委员会,管理全乡。

第十四条　各下级会执行委员会须受上级会执行委员会管辖。

第十五条　各级会代表大会或会员大会须选出执行委员会,组织执行委员会执行委员会务,并选出候补执行委员。

第十六条　各级会开执行委员会,候补委员亦得列席但只有发言权。

第十七条　各级会之执行委员遇故缺席或离任时,即以候补委员依次充任。

第十八条　各级会执行委员会均得聘请专门家为顾问,但区会以下不得过三人。

第五章　全国农民协会

第十九条　本会最高机关为全国代表大会,常会每年举行一次。但中央执行委员会认为必要,或有省会三分一以上之请求时,得召集临时全国代表大会。

第二十条　全国代表大会常会日期及重要议题,须于三个月前通告各会员。

第二十一条　全国代表大会之组织法、选举法及各地方应派代表之人数,由中央执行委员会规定之。

第二十二条　全国代表大会之职权如下：

（一）接纳及采行中央执行委员会及其他中央各部之报告；

（二）修改本会章程；

（三）决定对于农民运动之计划；

（四）选举中央执行委员会及候补委员并决定其员额。

第二十三条　中央执行委员之职权如下：

（一）对外代表本会；

（二）组织各下级会并指导之；

（三）组织中央机关各部；

（四）支配会费及财政。

第二十四条　中央执行委员会每星期至少开会一次。

第二十五条　中央执行委员会互选委员长一人、副委员长一人、秘书一人，执行日常会务。

第二十六条　中央执行委员会得分设各部，分配职务及组织法由中央执行委员会决定之。

第二十七条　全国代表大会闭会期间，中央执行委员会应召集各省执行委员会及其他直辖县区乡执行委员会开联席会议或代表会议一次。

第二十八条　中央执行委员会须将其活动经过情形通告各省执行委员会及直辖县区乡会，每月一次。

第二十九条　中央执行委员会得遣派中央执行委员于指定地点帮助该地农民组织农民协会。

第六章　省农民协会

第三十条　全省代表大会每年举行一次。但遇中央执行委员会训令或所辖县执行委员会三分一以上请求时，得召集临时全省代表大会。

第三十一条　全省代表大会组织法、选举法及人数，由省执行委员会审定后，经中央执行委员会核准施行。

第三十二条　全省代表大会接纳及采行省执行委员会及该委员会内各部之报告,决定本省会务进行之方策,选举执行委员及候补委员,并选派赴全国代表会议之代表。

第三十三条　省执行委员会及候补委员之人数,由中央执行委员会规定之。

第三十四条　省执行委员会之职权如下:

(一)二〔互〕选委员长一人、副委员〈长〉一人、秘书一人;

(二)设立全省各县区乡会并指挥其活动;

(三)组织省执行委员会内各部;

(四)支配会费及财政。

第三十五条　省执行委员会每月须将活动经过情形报告中央执行委员会一次。

第三十六条　省执行委员会每星期至少开会一次。

第三十七条　全省代表大会闭会期间,省执行委员会应召集各县委员会及其他直辖区乡执行委员会开联席会议或代表会议一次。

第七章　县农民协会

第三十八条　县代表大会每半年举行一次。若遇省执行委员会训令或所属各区执行委员会三分一请求时,得召集临时全县代表大会。

第三十九条　县执行委员会认为必要或有该县会员半数之请求时,亦得召集临时全县代表大会。

第四十条　县代表大会之组织法、选举法及人数,由县执行委员会审定后,经省执行委员会核准施行。

第四十一条　县代表大会接纳及采行县执行委员会及该委员会内各部之报告,决定本县会务进行之方策,选举县执行委员及候补委员,并选派赴省代表会议之代表。

第四十二条　县执行委员及候补委员之人数,由直辖上级机关执行委员会规定之。

第四十三条　县执行委员会互选委员长一人、副委员长一人、秘书一人，执行会务。

第四十四条　县执行委员会设立全县各区乡会并指挥其活动，组织该委员会内各部（但须经省执行委员会之核准），支配会费及财政。

第四十五条　县执行委员会须每两星期将其活动经过情形报告省执行委员会一次。

第四十六条　县执行委员会每星期开会二次。

第四十七条　县代表大会闭会期间，县执行委员会应召集本县内各区执行委员会及其他直辖乡执行委员会开联席会议或代表会议若干次。

第八章　区农民协会

第四十八条　区之高级机关为全区会员大会。但因乡离区太远或会员过多不能召集时，得召集全区代表大会。每半年举行一次。若遇上级机关训令及所属乡执行委员会三分一之请求时，得召集临时大会。

第四十九条　区代表大会之组织法、选举法及人数，由区执行委员会审定后，经县执行委员会核准施行。

第五十条　区会员大会或区代表大会会务之范围如下：

（一）接纳及采行区执行委员会之报告；

（二）选举该区执行委员会委员及候补委员，与选派赴县代表会议之代表；

（三）核计及批准乡执行委员会之决算；

（四）训练会员之工作，并帮助乡会设立各种学校及其他文化机关；

（五）讨论及批准乡农民协会本任期内之进行计划。

第五十一条　区执行委员会之职权如下：

（一）指挥本区内各组织之活动；

（二）召集全区会员大会或全区代表大会；

（三）组织与批准本区内之乡农民协会及各种机关；

（四）保管本区会员之登记与履历；

（五）发给本区会员证书；

（六）支配会费及财政。

第五十二条　区执行委员及候补委员之人数，由直辖上级机关执行委员会规定之。

第五十三条　区执行委员会互选委员长一人、副委员长一人、秘书一人，执行日常会务。每星期开会二次，并将每星期内活动经过情形报告县执行委员会。

第五十四条　区代表大会或会员大会闭会期间，区执行委员会应召集本区乡执行委员会或乡执行委员会委员长开联席会议若干次，解决重要问题。

第九章　乡农民协会

第五十五条　乡农民协会为本会最重要之基本组织，会员人数须在二十人以上。

第五十六条　乡农民协会为农民直接之机关，应亲向民间，实行下列任务：

（一）实行协会之决议及口号；

（二）宣传三民主义之农民政策，并从事于三民主义建设的工作；

（三）说明农民与工商间经济之关系及联络扶助之方法；

（四）提倡合作事业；

（五）励行禁止烟赌。

第五十七条　全乡会员大会每月由乡执行委员会召集开会一次，决定本乡会务进行计划，选举该乡执行委员，并选派出席区代表大会之代表。

第五十八条　乡执行委员至多不过三人。

第五十九条　乡执行委员会之职权如下：

(一)互选委员长一人、副委员长一人、秘书一人；

(二)指挥乡会员之活动；

(三)执行上级机关之命令；

(四)创设农民学校或冬期学校、夜学及其他文化机关；

(五)调查及统计乡中农民生活及教育之状况；

(六)征求新会员。

第六十条　乡执行委员会每星期开会二次，并将两星期内活动经过情形报告区执行委员会一次。

第六十一条　在各小乡会员不及二十人者，得组织一小组，互选组长一人，受附近乡农民协会之管辖。其会员有千人以上之大乡，得设特别区会。

第六十二条　乡农民协会遇有特别事件，得组织特殊团体以处理之。其大要如下：

(一)农民自卫团；

(二)农业改良部；

(三)雇农部；

(四)佃农部；

(五)手工业部。

第十章　纪律裁判委员会

第六十三条　为增加农民协会团结之实力及维持内部之纪律与秩序起见，在各乡农民协会中应有纪律裁判委员会之组织。

第六十四条　纪律裁判委员会对于任何会员有破坏纪律者均得审判之，并审查该级执行委员会之勤惰及财政之出入。

第六十五条　关于破坏会中纪律可分下列数种：

(一)不能履行章程中各种规定；

(二)不能举〔奉〕行会中之命令；

（三）赌博与吸鸦片；

（四）破坏本协会之根本原则者；

（五）作反革命运动者。

第六十六条　关于处罚之方法如下：

（一）判词之宣布；

（二）警告；

（三）除名：甲在定期内除名,乙永远除名,丙执行犹豫。

第六十七条　纪律裁判委员会之判决,须经乡会全体会员大会过半数之通过及执行之。有不服判决者,准其上诉,上诉机关为区执行委员会。

第六十八条　纪律裁判委员会如经两造愿意,得受理会员与非会员之仲裁案。

第六十九条　纪律裁判委员会裁判本乡案件或两乡争执案件之细则,由省执行委员会规定之。

第十一章　任期

第七十条　代表于会期终了时,其任务即为终了。但须向所代表之该会报告大会之经过及结果。

第七十一条　中央执行委员、省执行委员、县执行委员任期为一年。区执行委员、乡执行委员任期为半年。

第七十二条　纪律裁判委员任期为半年。

第十二章　纪律

第七十三条　农民协会各级大会或执行委员会之决议,经该大会或执行委员会多数公意之通过,会员须一致服从。

第七十四条　下级委员会须服从上级委员会,否则上级委员会得取消或改组之。

第七十五条　会员对于下级执行委员会决议有抗议时,有五分一之赞成者,得联署提出于上级委员会判决之。但在抗议期间,仍须服从各该下级委员会之决议。

第十三章　经费

第七十六条　农民协会经费如下:
(一)入会费;
(二)会员月费;
(三)会员所得捐;
(四)特别捐与借款。

第七十七条　会员入会费之多寡及贫苦会员会费之减免,由省执行委员会议定之。

第七十八条　乡会收得之会费百分之六十用于本乡会,百分之四十用于其余高级各会。

第十四章　农民协会与他机关之关系

第七十九条　农民协会对于行政机关、立法机关、教育机关、合作社等应有相当的势力,以顾全农民之利益。

第八十条　农民协会会员在前条所列各机关中有三人以上者,应组织会员团,以拥护农民协会之利益。

第八十一条　农民协会得派遣相当会员作代表到行政官厅及各机关,以解决农民各种问题。

第十五章　章程之实施

第八十二条　本章程自公布日施行。

第八十三条　本章有未尽妥善之处,得于广东第一次农民协会代表大会或全国农民协会代表大会时修正之。

据大本营秘书处编《陆海军大元帅大本营公报》第十八号
（广州一九二四年六月三十日）

颁布军人宣誓词及条例令

（一九二四年六月二十八日）

令:大本营军政部长程潜呈为拟具军人宣誓词及宣誓条例请核定公布施行由

呈悉。军人以服从命令捍卫国家为天职,非经宣誓,实不足表示至诚,所拟宣誓条例九条暨宣誓词,均尚妥协,应准如所拟施行,仰即由部通行遵照可也。条例及誓词均存。此令。

军 人 宣 誓 词

某誓以至诚实行三民主义,服从长官命令,捍卫国家,爱护人民,克尽军人天职。此誓。

军人宣誓条例

第一条　军人宣誓礼节及方法依本条例施行。

第二条　军政部各级司令部及各军事机关,由各该官长先行宣誓,然后监督所属各员依次行之。

第三条　各部队每团或每营连为一组,由团长或营连长先行宣誓,然后监督各员兵依次行之。

第四条　军人宣誓时,向国旗军旗脱帽行三鞠躬礼,高声宣读誓词,宣毕行一鞠躬礼退下。

第五条　部队宣誓时,整队向国旗及军旗脱帽行三鞠躬礼,由右翼第一名起依次高声宣读誓词,读宣毕,行一鞠躬礼退下。

第六条　各部队宣誓后,将宣誓日期并造箕斗名册报告直属长官。

第七条　各级司令部及各军事机关长官于所属全部宣誓完毕后,将箕斗册汇送军政部存案。

第八条　军政部长于全体宣誓完毕后,将办理情形呈报大元帅。

第九条　本条例自公布日施行。

据大本营秘书处编《陆海军大元帅大本营公报》第十九号
（广州一九二四年七月十日）

军队点验条例

（一九二四年七月七日）

第一条　凡大本营所辖之军队,须遵照本令受军政部呈派定之委员,施行严格认真之验点,即以点得枪炮实数,为编制该部之基础。

第二条　凡军队遵照本令实行点验,经大元帅核定编制饷额者,按月发给饷项,按季给与戎装。

第三条　点验日期,由大元帅明令定之。

第四条　凡被派充点验军队任务者,概称为点验委员,由军政部长就下列机关中选择陆军出身人员,呈大元帅明令派充之。

一、军政部部员。

二、参谋处之高级参谋。

三、参军处之参军副官。

四、各军之参谋顾问参议。

第五条　点验委员之验组,及其点验之部队,由军政部长开单定之,但每组须指定资深者一员为长,以资领率。

第六条　点验委员,须遵照大元帅令定之时日,到达指定之部队,认真点验。

第七条　凡部队于点验委员到达时,应听该组点验委员长区处,严格施行。

第八条　各部队长官于点验委员到达时,即须呈出所部官兵花名枪炮种类号码册于点验委员长,或点验委员,花名册式样(略)。

第九条　各军长官于点验该军部队时,宜亲自莅临监受点验,并有事先严切督率准备点验之责,如各军队散处各地除在最前线任警戒勤务者外,宜按营预为集合,并派遣要员,随同点验委员前往军队驻扎地,指挥各部遵照受点。

第十条　各军长官,于点验日期及人员派定后,即宜派出要员与该组点验委员长,商定关于点验之事项。

第十一条　凡在同一方向之部队,须分头同时点验。

第十二条　点验委员,宜注意军队枪炮之种类号码,按册点验明确,有注记之必要者,应详加注记。

第十三条　官兵花名册内应将枪炮种类号码填写清楚,如无号码之枪炮各部队长官应饬于未点验前于枪壳上用火印烙编号码造册点验。

第十四条　点验之枪枝,以五响单九响村田驳壳左轮各式机关枪为限,其他用粉药之枪、猎枪等,概不列册报点,炮须有炮闩装置者方能合格。

第十五条　点验所得之枪炮号码,如有重复时,以先点者为实,后点者为虚。

第十六条　各组点验委员长应于点验后即将名册点验情形呈报大元帅及军政部长。

第十七条　官兵花名册,步炮工兵以每营为册,其他无营编制者,以及总军师旅团部各为一册。

第十八条　点验委员之旅费,按照陆军旅行章程办理,由大元帅令拨款项交军政部分别发给。

第十九条　各点验委员有徇情虚冒行为,致枪炮数目不实在时,治以溺职之罪。

第二十条　本令由公布日施行。

据《广州民国日报》一九二四年七月八日

大本营收解新币章程

（一九二四年七月三十日）

第一条　政府为杜绝私铸起见，中央征政机关对于商民缴纳田赋税捐及其他公款，均须一律收用造币厂新铸之十三年国币，除该项新币外，不得收纳他种银币。

第二条　各征收机关或承商公司，将公款呈解主管厅时，应一律以十三年新币呈解，如以凭单或支票呈解者，仍应商定该付款处以新币交付，并单于据内注明十三年新币字样。

第三条　各征收机关对于田赋税饷厘捐及其他公款，如系官厅自行直接征收者，由该管长官或县长或总办派员查察，如由承商公司征收者，即由主管官厅所派之监办员或收款员随时查察。

第四条　各征收机关或各承商公司如有兼收旧币情事，应即由各该主管长官或监办员等随时举呈报最高级主管官长，科五十元以上五百元以下之罚金。

第五条　如解款机关违反第二条之规定者处以五元以上五十元以下之罚金。私收旧币缴款者，该经收职员应处以十元以上百元以下之罚金。

第六条　凡初次违犯本章程者，照章处罚，再犯时，除处罚外，再将该职员撤革，如系承商公司，应即将其承办案取消所缴预饷充公。

第七条　各查察人员，如有扶同徇玩不予举发者，应将该查察员一并处罚，并免其职。

第八条　各征收机关或承商公司，如有违反本章程所规定情事，得由该区地商民告发，如查明属实，除照章处罚外，即以罚款之二成为告发人奖金，但挟嫌诬告者反坐。

第九条　本章程自八月一日起施行。本章程如有未尽事宜,得随时修改。

据《广州民国日报》一九二四年七月三十一日

公布中央银行条例令

（一九二四年八月七日）

大元帅指令第八七四号

　　令:中央银行行长宋子文呈送中央银行条例清折请鉴核公布施行由,呈折均悉,所拟中央银行条例尚属可行,应准予公布。折存。此令。

中华民国十三年八月七日

中央银行条例

第一条　中华民国中央政府(下文简称政府)为发展国内实业,调剂国内金融,补助国民经济,促进国际贸易起见,设立中央银行,由政府筹备资本经营之。

第二条　中央银行资本第一次定为毫银一千万元,由募集国外债款一千万元充之,俟将来业务推广,再呈请政府继续增加。

前项债款,除依本条例第七条规定外,其募集及还本付息办法另订之。

第三条　中央银行设总行于政府所在地,各省会及商工业繁盛都市均得设立支行分行,或与他银行订立代理合同,但须呈请政府核准备案。

政府视为必要时,得令中央银行增设支行分行或代理处。

第四条　中央银行之业务年限以三十年为期,期满时呈请政府核准得延长之。

第五条　中央银行之业务规定如下:

一、买卖有价证券、商务确实期票及汇票或贴现。

二、办理汇兑及发行期票支票及汇票。

三、买卖生金、生银及各种货币。

四、经收各种存款,并代人保管证券票据契约及其他贵重物品。

五、贷放定期或活期有确实担保或抵押品之借款。

六、代其他银行、公司、商号或个人收取各种票据之款项。

七、买卖经政府担保之有息债票证券及本国铁路公司商场工厂等之优先股票。

八、其他关于银行应经营之业务。

前项业务,另由中央银行分别以专章规定之。

第六条 中央银行如贷款于政府,应以有确实抵押品或担保而用诸生利事业者为限,其款额不得超过资本总额百分之二十,偿还期并不得逾六个月。

第七条 中央银行由政府授予下列之特权:

一、代政府募集内外实业债款。

二、发行货币。

三、代理金库现金之出纳及代收各项公款。

中央银行办理前项事务,应遵守政府所颁之法令办理,如法令未有明文规定者,应随时呈请政府核准,仍将办理情形分报各主管官署备案。

第八条 中央银行受政府及地方官厅或其他团体公司之委托,得经理发行或偿还内外公债或公司债事务,但须遵守各原订契约规章办理。

第九条 中央银行不得经营下列诸项及有投机性质之营业:

一、除营业上必要之不动产外,购入或承受不动产及以不动产作放款之抵押品。

二、购入或承受置产公司及其他非经政府担保之各项公司股票暨证券债票。

三、购入或承受各项货物。

前项规定如遇清还欠款由债主交出变卖或由审判断归中央银行承受或管业者,不在此限。

第十条　中央银行置行长一人,副行长二人,任期各六年;董事长一人,董事八人,任期各三年;监事一人,任期二年,均由政府任命,在职期内,均不得兼任他银行职务。其余职员之组织及任用,另以规章定之。

第十一条　行长代表中央银行总理行务,监督指挥所属各职员,但遇有重要事项须先经董事会之议决。

副行长辅助行长勷理行务,受行长之委托或行长有事故时得代行其职权。

董事长及董事对于行务有监督行务议决重要事项及建议之职责。

监事掌稽核账目查察库存现金及有价证券暨财产契据等事项。

第十二条　关于下列事项应由董事会议决后由行长执行之:

一、资本之增加。

二、支行分行之设立地点及其存废。

三、营业计划及预算决算。

四、贷借于政府款额期限及条件。

五、购入证券股票之限制。

六、货币之发行额。

七、合同契约之签订。

八、关于业务各项专章及各项办事规章暨账簿表册格式之规定或修正。

九、抵押品担保品之处分。

十、总行各科及各支行分行重要职员之进退。

十一、公积金及行员奖励金之分配。

前项议决事项,其重要者,仍由行长随时呈请政府核示。

第十三条　董事会以董事长及董事组织之,由行长召集,每星期至少开会一次,其议事规则由董事会自定之。

第十四条　中央银行营业年度以每年一月至十二月为一总决算期,应编具下列表册书类,经监事复核提交董事会议决后呈报政府查核备案并公布之:

一、财产目录。

二、贷借对照表。

三、营业报告书。

四、损益计算书。

五、盈利分配案。

六、行员奖励金分配案。

每月月终,应编具营业统计书及贷借对照表经监事复核呈报政府备案。

第十五条　中央银行收入存款,由政府负完全责任,并于每年终盈利项下提出十分之四为银行公积金。

前项公积金专备补充资本弥补损失之用,此外无论何项要需不得动支。

第十六条　本条例自公布日施行。

本条例有修正之必要时,得由政府修正之,但中央银行认为应行修正时,亦得由董事会议决呈请政府核示。

据大本营秘书处编《陆海军大元帅大本营公报》第二十二号(广州一九二四年八月十日)

中央银行公债条例

(一九二四年八月十二日)①

第一条　中华民国政府(以下简称政府)为拨充中央银行资本起见,发行公债,以广东省通用毛银一千万元为额,定名曰中央银行基金公债。

第二条　此项公债,十足收款,并无折扣。

第三条　此项公债,自发行后,定为年息六厘。

第四条　此项公债,自发行后,前五年只付利息,自第六年起,用抽签法,每年还本十分之二,至第十年,本息一律还清。(届抽签时,每年于五月一日,由中央银行行长董事监事,并由债权者临时推举代表会同执行之。)

---

① 核准日期不明,此处所标时间为《广州民国日报》刊载日期。

第五条　此项公债,每年付息还本一次,即定为每年六月一日。

第六条　此项公债,还本付息之款,由政府如期拨交,中央银行转付。

第七条　此项公债之发行及还本付息,由政府指定中央银行经理之。

第八条　此项公债,以中央银行之资产为抵押。

第九条　此项公债之票额,概定为一千元。

第十条　此项公债,概不记名,遗失后概不补给。

第十一条　此项公债,由财政部长合同中央银行行长署名盖印。

第十二条　此项公债,得自由买卖抵押。

第十三条　此项公债,如有伪造及毁损其信用者,依律治罪。

第十四条　本条例自大元帅核准施行。

据《广州民国日报》一九二四年八月十二日

公布大学条例令

（一九二四年八月十三日）

大元帅令

兹制定大学条例公布之。此令。

（中华民国陆海军大元帅之印）

中华民国十三年八月十三日

大　学　条　例

第一条　大学之旨趣,以灌输及讨究世界日新之学理、技术为主,而因应国情,力图推广其应用,以促社会道义之长进,物力之发展副之。

第二条　大学之规模、实质须相称。其只适于设一单科者,得以一单科为大学;其适于并设数分科者,得合数分科为一大学。

第三条　大学得设研究院。

第四条　大学除国立外,并许公立及私立。

第五条　私立大学须设定财团,有大学相当之设备,及足以维持该大学岁出之基金。

第六条　公立及私立大学之设置及废止,须经政府认可。分科之增设或废止亦同。

第七条　公立及私立大学均受政府监督。

第八条　大学得授各级学位。

据大本营秘书处编《陆海军大元帅大本营公报》第二十三号(广州一九二四年八月二十日)

公布中央督察军组织条例令

（一九二四年八月十三日）

大元帅令

兹制定中央督察军组织条例公布之。此令。

（中华民国陆海军大元帅之印）
中华民国十三年八月十三日

中央督察军组织条例

第一条　本军定名为中央督察军,以巩固中央威信为主旨。

第二条　本军由滇、湘、粤、桂、豫五军各派兵一团（每团计枪一千杆）编成之。

第三条　本军直隶于军事委员会。

第四条　大元帅所有命令,本军负监督各机关及各军队严切奉行之责。

第五条　本军择定广州市附近为驻扎地点。

第六条　本军给养即就各军指派各团之原有给养费给与之。

第七条　本军识别，除各军指派各团原有识别外，加一识别证（用蓝色布制成四生的径长之圆形青天白日章，于白日上缀一红色字，佩于右臂）。

第八条　各军所指派之团，其管理、教育、勤务各事，仍由各该团各级官长负责。

第九条　各军所派出之团，各级官长应绝对服从军事委员会之节制调遣。

据大本营秘书处编《陆海军大元帅大本营公报》第二十三号（广州一九二四年八月二十日）

公布考试院组织条例令

（一九二四年八月二十六日）

大元帅令

兹制定考试院组织条例公布之。此令。

（中华民国陆海军大元帅之印）

中华民国十三年八月廿六日

考试院组织条例

第一条　考试院直隶于大元帅，管理全国考试及考试行政事务。

按五权宪法精神，考试权系与行政权分离独立，宜特设机关掌理该项事务。

第二条　考试院置下列各员：

一、院长一人，特任；

二、副院长一人，简任；

三、参事六人至十人，简任；

四、秘书长一人，荐任；

五、秘书三人，荐任；

六、事务员若干人，委任。

按考试院系掌理考试之机关，且系直隶于大元帅，故院长宜由大元帅特任；副院长以下各员，系辅佐院长办理试政之人，亦应分别设置。

第三条　院长综理考试行政事务，并监督指挥所属各职员。

按院长所掌者，限于考试行政事务。至考试事务，则由考试委员会掌理；监试事务，则由监试委员会掌理。故特设本条，以明其权限。

第四条　副院长辅助院长办理院务，院长因故不能执行职务时，副院长代理之。

按副院长为院长之佐，应受院长之指挥监督，赞襄试政，故特设本条，以明其旨。

第五条　参事计划考试科目，审议考试程序及考试标准。

参事组织参事会，处理其职务。

按计划考试科目、审议考试程序及考试标准均属重要事务，故特设参事会掌理之。

第六条　秘书长承院长之命，掌理秘书厅事务。

秘书厅置下列各科：

第一科掌文牍、印信，及职员任免考成事项；

第二科掌试卷制作、资格审查、统计、保管事项；

第三科掌会计、庶务、考册及其他不属各科事项。

第七条　秘书承长官之命，分掌秘书厅各科事务，每科以秘书一人为主任。

第八条　事务员承长官之命，佐理秘书厅各科事务。

第九条　考试院于举行考试时，分别设置下列考试委员会，掌理考试事务，考试完竣，即行裁撤。

一、荐任文官考试委员会；

二、委任文官考试委员会；

三、外交官及领事官考试委员会；

四、司法官考试委员会；

五、律师考试委员会；

六、法院书记官考试委员会；

七、荐任警官考试委员会；

八、委任警官考试委员会；

九、监狱官考试委员会；

十、中等学校教员考试委员会；

十一、小学校教员考试委员会；

十二、医生考试委员会；

十三、其他特种考试委员会；

按考试委员会所掌者为考试事务，于举行考试时始有设立之必要，故特设本条以明其旨。

第十条　前条各种考试委员会置下列各员：

一、委员长一人，特任；

二、委员若干人，简任。

按考试委员会应设委员长一人，以总其成。委员额数则视考试事务之繁简定之。

第十一条　考试院于举行考试时，置监试委员会，掌理监试事务，考试完竣后即行裁撤。

按考试关防宜严，故特设监试委员会，掌理监试事务。

第十二条　监试委员会置下列各员：

一、委员长一人，特任；

二、委员若干人，简任。

第十三条　各省区置考试分院，管理各该省区之考试及考试行政事务。

按我国地方辽阔，交通不便。若各种考试均在中央举行，窒碍殊多。故在各省区设置考试分院，掌理各种考试及考试行政事务。

第十四条　考试分院得就各该省区酌划区域，组织各委员会巡回考试。

巡回考试章程由各分院拟订，呈请考试院核定。

按各省区管辖区域亦甚辽阔,如中小学校教员考试等均在省会举行,窒碍仍多,故特设本条以资救济。

第十五条　考试分院关于考试行政,受考试院之监督指挥。

按考试分院关于考试行政,宜受考试院之监督指挥,期收统一之效,故特设本条以明其旨。

第十六条　考试分院置下列各员:

一、分院院长一人,简任;

二、参事若干人,简任;

三、秘书长一人,荐任;

四、秘书三人,荐任;

五、事务员若干人,委任。

第十七条　考试分院院长掌理各该省区之考试行政事务,并监督指挥所属各职员。

考试分院院长委任事务员时,应呈报考试院备案。

第十八条　考试分院参事,适用本条例第五条之规定。

第十九条　考试分院秘书厅,适用本条例第六条至第八条之规定。

第二十条　考试分院于举行考试时,分别设置本条例第九条第二款、第六款及第八款至第十三款之考试委员会,掌理其考试事务,考试完竣后即行裁撤。

第二十一条　前条各种考试委员会置下列各员:

一、委员长一人,简任;

二、委员若干人,荐任。

第二十二条　考试分院于举行考试时,置监试委员会,掌理监试事务,考试完竣后即行裁撤。

第二十三条　考试分院监试委员会,置下列各员:

一、委员长一人,简任;

二、委员若干人,荐任。

第二十四条　考试院、考试分院为缮写文件及办理庶务,得酌用雇员。

第二十五条　考试院、考试分院办事细则,由考试院、考试分院自定之。

第二十六条　本条例自公布日施行。

据大本营秘书处编《陆海军大元帅大本营公报》第二十四号(广州一九二四年八月三十日)

公布考试条例及考试条例施行细则令

（一九二四年八月二十六日）

大元帅令

兹制定考试条例及考试条例施行细则公布之。此令。

（中华民国陆海军大元帅之印）

中华民国十三年八月廿六日

考 试 条 例

第一章　总纲

第一条　凡考试除法令有特别规定外,依本条例之规定。

按《考试条例》系规定考试之种种法则,各种考试除其他法令有特别规定外,应适用本条例之规定。

第二条　考试分类如下:

一、荐任文官考试;

二、委任文官考试;

三、外交官及领事官考试;

四、司法官考试;

五、律师考试;

六、法院书记官考试;

七、荐任警官考试；

八、委任警官考试；

九、监狱官考试；

十、中等学校教员考试；

十一、小学校教员考试；

十二、医生考试；

十三、其他特种考试。

按考试分类宜有一定，庶办理试政人员事前易于筹划；而人民应试，亦得依类研求，本条之设以此。

第三条　前条第一款、第三款至第五款及第七款考试，每三年举行一次；第二款、第六款、第八款及第九款考试，每二年举行一次；第十款至第十二款考试，每一年举行一次。

前条第二款、第六款及第八款至第十二款考试，得在考试分院举行。

前条第十三款考试，其举行时期及地点，由考试院酌定，或由考试分院呈请考试院核定。

第四条　考试日期在中央举行者，应于四个月前由考试院公布。在各省区举行者，应于三个月前由考试分院公布。

按我国地方辽阔，考试事务甚繁，考试日期应预先公布，俾应试人易于齐集，而办理试政之人，亦得为种种筹备，本条之设以此。

第五条　凡中华民国人民具有本条例所定各种考试资格者，得与各种考试。

第六条　有下列各款情形之一者，不得与各种考试：

一、褫夺公权尚未复权者；

二、有精神病者；

三、亏欠公款尚未清结者；

四、吸食鸦片者；

五、为宗教之宣教师者。

第七条　应试人违背考试规则者，不得与试。

考试及格后于六个月内发现有前项情弊经证明者,其及格无效,并追缴证书。如有贿托嫌疑,移送法院审理。

第八条　考试委员与应试人有亲属关系者,于口试时应声明回避,违者其口试无效。

第二章　考试办法

第九条　考试分第一试、第二试、第三试。

按考试科目种类纷繁,性质亦异,故有第一试、第二试、第三试之区分。

第十条　第一试之科目为国文、三民主义、五权宪法。

第十一条　应试人非经第一试及格后,不得与第二试及第三试。

按第一试系甄别试性质,非经及格,不得应第二试、第三试,以省劳费。故特设本条,以示制限。

第十二条　第一试、第二试以笔试行之,第三试以口试行之。

第十三条　笔试、口试应用中国文字、言语作答。但关于特种考试或专门科学,得以外国文字、言语作答。

第十四条　本条例规定各种考试之第二试科目,应由考试院或考试分院选定六科以上考试,于考试日期前两个月公布之。

考试院或考试分院认为必要时,得于本条例规定之外增加其他科目,与前项选定之科目同时公布。

第十五条　各科试题应由考试委员拟订,于考试日期前一日召集委员会议决定之。

前项会议应严守秘密,除列席委员外,无论何人不得参与。

第三章　成绩评定

第十六条　考试成绩应由考试委员评定,无论何人不得干涉。

按本条规定,所以明考试权独立之精神。

第十七条　第一试以考试各科目平均满六十分者为及格。

第二试、第三试之考试，各科目合计平均满六十分者为及格。但第二试有一科不满五十分者不录。

第四章　及格待遇

第十八条　考试及格人员，由考试院或考试分院给与及格证书。

第十九条　考试及格人员，由考试院呈报大元帅，发交各主管官署分别任用或注册。

第五章　荐任文官

第二十条　凡年满二十二岁以上有下列各款资格之一者，得与荐任文官考试。但应考医科者，依本条例第五十九条之规定。

一、本国国立大学或高等专门学校习各专门学科三年以上毕业者；

二、经政府认可之外国大学或高等专门学校习各专门学科三年以上毕业者；

三、经政府认可之本国公、私立大学或高等专门学校习各专门学科三年以上毕业者；

四、委任文官考试及格后，经在行政官署服务四年以上者；

五、习政治、经济、法律之学与第一款至第三款各学校毕业，有同等之学力，并有荐任以上相当资格，经考试院甄录试验及格者。

第二十一条　荐任文官第二试之科目如下：

一、政治科

比较宪法　政治学　经济学　社会政策　经济学史　行政法　国际法　财政学　政治史

二、经济科

经济学　财政学　统计学　经济政策　社会政策　经济史　民法　商

法　银行学　货币学　经济学史

三、法律科

比较宪法　行政法　民法　商法　刑法　国际法　民事诉讼法　刑事诉讼法　国际私法　比较法制史　社会学

四、哲学科

论理学　心理学　伦理学　哲学　哲学史　美学　科学方法论　生物学　宗教学　社会学　人类学及人种学

五、史学科

史学原理　地理学　史学研究法　社会学　史学史　中国史　世界史　考古学　言语学　人类学及人种学

六、文学科

文学　论理学　心理学　伦理学　美学　文字学　文学史　言语学　修辞学　词章学　学术史　哲学概论

七、教育科

论理学　心理学　伦理学　教育学　教育史　教授法　社会学　学校管理法　教育行政教育测验法　教育统计学

八、数学科

代数　三角　几何　微积分　物理学　函数论　解析几何　微分方程式　数学史

九、物理学科

代数　三角　几何　微积分　解析几何　微分方程式　力学　物理化学　热学　光学　电学　声学　原子论　相对论　电子论　物理学史

十、化学科

代数　三角　几何　微积分　解析几何　无机化学　有机化学　卫生化学　应用化学　物理化学　化学史　物理学　分析化学

十一、地质科

代数　三角　几何　解析几何　微积分　地质学　矿物学　古生物学　地文学　测量学　结晶学　地质学史

十二、土木工科

代数　三角　几何　解析几何　微积分　力学　测量学　水力学　图法力学　河海工学　卫生工学　桥梁学　道路学　建筑材料学　铁筋三合土混合构造学　铁路学

十三、机械工科

代数　三角　几何　解析几何　微积分　力学　机械制造学　机关车学　热力学　热机关学　机械学　水力学　电气工学　蒸汽学　图法力学

十四、采矿科

代数　三角　几何　解析几何　微积分　地质学　矿物学　矿山机械学　采矿学　矿床学　岩石学　测量学　分析化学　矿山法规　选矿学

十五、冶金科

代数　三角　几何　解析几何　微积分　分析化学　冶金机械学　燃料学　冶金学　试金术　选矿学　采矿学　冶铁学　金组学　矿山法规

十六、电工科

代数　三角　几何　解析几何　微积分　力学　机械构造学　电工学　电气学　电气化学　电报电话学　热力学　热机关学　无线电学

十七、建筑工科

代数　三角　几何　解析几何　微积分　力学　建筑学　各国建筑法　建筑材料学　建筑意匠学　配景法　装饰法　图法力学　铁筋三合土混合构造学

十八、织染科

物理学　化学　工艺学　漂染法　纺织法　染色学　电气工学　绘画法　染料制造法　机织及意匠学

十九、医科

解剖学　生理学　病理学　药物学　诊断学　医化学　外科总论　内科概要　细菌学　卫生学

二十、药科

药化学　药用植物学　细菌学　制剂学　分析化学　生药学　植物化

学 药品工业 动植物成分研究法 卫生化学 裁判化学

廿一、农科

地质学 气象学 动物生理学 植物生理学 肥料学 园艺学 昆虫学 植物病理学 蚕桑学 兽医学 细菌学 农艺化学 农艺物理学 土壤学 畜产学 有机化学

廿二、林科

森林化学 森林工学 森林测量 森林动物学 森林植物学 土壤学 气象学 林政学 树病学 造林学 昆虫学 森林保护及管理法 植物生理学

廿三、蚕桑科

气象学 害虫学 细菌学 蚕体解剖学 养蚕学 蚕体病理学 桑树栽培法 制丝学 桑树病理学 蚕体生理学 蚕种改良学

廿四、水产科

水产动物学 水产植物学 气象学 海洋学 远洋渔业论 养鱼法 捕鱼论 水产化制品论 鱼病论

廿五、兽医科

解剖学 生理学 组织学 胎生学 病理学 动物学 寄生动物学 细菌学 蹄铁学及蹄病学 内科学 外科学 动物疫论 乳肉检查法 药物学及调剂法

廿六、商业科

商业史 商业通论 经济学 簿记学 银行学 货币学 商法 关税学 保险学 财政学 统计学 商业地理 商业数学 国际法

第二十二条 除前条各科考试外,其他各科考试第二试之科目,于考试日期前由考试院临时定之。

第二十三条 荐任文官第三试,就应试人曾经笔试之各科目口试之。

第六章　委任文官

第二十四条　凡年满二十岁以上、有下列各款资格之一者,得与委任文官考试:

一、有第二十条第一款至第三款资格之一者;

二、经政府认可之技术专门学校毕业者;

三、习政治、经济、法律之学与专门学校毕业有同等之学力经甄录试验及格者;

四、曾任委任文官一年以上者。

第二十五条　委任文官第二试令〔分〕行政职与技术职两种。

行政职之科目如下:

法制大意　经济大意　行政法规　现行法令解释　文牍　历史　地理

技术职就考试所需技术,按照应试人之学业分别考试之。

第二十六条　委任文官第三试,就应试人曾经笔试之各科目口试之。

第七章　外交官及领事官

第二十七条　凡年满二十二岁以上、有下列各款资格之一者,得与外交官及领事官考试:

一、第二十条第一款至第三款毕业学生之习政治、经济、法律、商业各科者;

二、在外国语专门学校三年以上毕业,兼习政治、经济、法律、商业之学者。

第二十八条　外交官及领事官第一试之科目,除依本条例第十条规定外,加试外国语。

第二十九条　外交官及领事官第二试之科目如下:

国际法　国际私法　经济学　各国政府论　政治学　政治史　外交史

国际组织论　商法商业史　商业学　民法　商业地理　统计学　税则论

第三十条　外交官及领事官第三试,就应试人曾经笔试之各科目口试之。但除第一试之外国语外,应兼试第二种外国语。

第八章　司法官

第三十一条　凡年满二十二岁以上、有下列各款资格之一者,得与司法官考试:

一、本国国立大学或高等专门学校习法政学科三年以上毕业者;

二、经政府认可之外国大学或高等专门学校习法政学科三年以上毕业者;

三、经政府认可之本国公、私立大学或高等专门学校习法政学科三年以上毕业者;

四、在外国大学或高等专门学校习速成法政学科一年半以上毕业,曾充推事、检察官一年以上,或曾在第一款或第三款所列各学校教授法政学科二年以上经报告政府有案者。

第三十二条　司法官第二试之科目如下:

比较宪法　民法　刑法　民事诉讼法　刑事诉讼法　行政法　法院编制法　商法　国际私法　经济学　社会学

第三十三条　司法官第三试,就应试人曾经笔试之各科目口试之。

第三十四条　司法官考试及格人员,分发地方以下审检各厅或法官学校学习。

学习规则及法官学校规程另定之。

第三十五条　前条学习人员于学习期满后,由该管长官或校长呈报上级官厅咨送考试院再试,但在法官学校毕业成绩在七十分以上者,以再试及格论。

第三十六条　司法官再试,分笔试、口试两种。

第三十七条　司法官再试之笔试,以二件以上诉讼案件为题,令应试人详叙事实及理由,拟具判词作答。

第三十八条　司法官再试之口试,就应试人学习期内所得之经验口试之。

按司法官与一般之官吏不同,非经一番实地练习,则于手续上多未谙练,贻误匪浅。故各国考试司法官均分两次,名曰初试、再试。于初试后练习若干时期,然后再试。本条例于第一、二、三试及格后,分发各厅或法官学校,即仿各国初试之例。其练习后之考试,即仿其再试之例也。

第九章　律师

第三十九条　律师之应试资格,准用本条例第三十一条之规定。

第四十条　律师第二试及第三试,准用本条例第三十二条、第三十三条之规定。

第十章　法院书记官

第四十一条　凡年满二十岁以上、有下列各款资格之一者,得与法院书记官考试:

一、有应司法官考试资格之一者;

二、在本国或外国大学或高等专门学校预科毕业者;

三、在本国或外国中等以上学校毕业者;

四、有与委任职以上相当资格,曾办理行政或司法行政事务一年以上,或曾习法政学科一年以上者;

五、曾办理各级审检厅书记官事务一年以上者。

第四十二条　法院书记官第二试之科目如下:

法学通论　民法概要　刑法概要　民事诉讼法概要　刑事诉讼法概要　公文程式　统计学

第四十三条　法院书记官第三试,由考试委员口演,令应试人速记之。

第十一章　荐任警官

第四十四条　凡年满二十二岁以上、有下列各款资格之一者,得与荐任警官考试:

一、经政府认可之本国或外国警察学校三年以上毕业者;

二、第二十条第一款至第三款毕业学生之习法政学科者;

三、在本国或外国军官学校毕业,曾在本国军队服务二年以上者;

四、警官传习所一年以上毕业,曾受委任办理警察事务二年以上者;

五、曾充委任警官五年以上者。

第四十五条　荐任警官第二试之科目如下:

行政法　警察学　户籍法　刑法　刑事诉讼法　国际法　统计学　军事学　市政论

第四十六条　荐任警官第三试,就应试人曾经笔试之各科目口试之。

第十二章　委任警官

第四十七条　凡年满二十岁以上、有下列各款资格之一者,得与委任警官考试:

一、有应荐任警官考试资格之一者;

二、在警官传习所毕业,或在警官传习所相当之学校毕业者;

三、曾充委任警官一年以上者;

四、在中等以上学校毕业者;

五、在警察教练所毕业,曾在警察官署服务二年以上者。

第四十八条　委任警官第二试之科目如下:

警察学　违警罚法　卫生行政　消防行政　勤务要则　统计学

第四十九条　委任警官第三试,就应试人曾经笔试之各科目口试之。

第十三章　监狱官

第五十条　凡年满二十岁以上、有下列各款资格之一者,得与监狱官考试:

一、经政府认可之本国或外国监狱学校或警监学校毕业者;

二、在本国或外国法政学校毕业者。

第五十一条　监狱官第二试之科目如下:

监狱学　刑法　刑事政策　监狱统计学　刑事诉讼法　现行监狱法规　指纹法

第五十二条　监狱官第三试,就应试人曾经笔试之各科目口试之。

第十四章　中等学校教员

第五十三条　凡年满二十二岁以上、有下列各款资格之一者,得与中等学校教员考试:

一、有第二十条第一款至第三款资格之一者;

二、经政府认可之中等学校毕业,曾任中等以上学校教员一年以上者;

三、曾在优级师范学校选科速成科或同等学校一年半以上毕业者;

四、曾任中等以上学校教员五年以上者。

第五十四条　中等学校教员第二试之科目如下:

教育学　教育史　教授法　伦理学　历史　地理　论理学　心理学　应试人志愿担任教授之学科

第五十五条　中等学校教员第三试,就应试人曾经笔试之各科目口试之。

第十五章 小学校教员

第五十六条 凡年满二十岁以上、有下列各款资格之一者,得与小学校教员考试:

一、有第五十三条所列各款资格之一者;

二、曾在初级师范学校本科速成科或同等学校毕业者;

三、经政府认可之中等学校毕业者;

四、曾充小学校长或教员三年以上者;

五、曾受小学校教员检定者。

第五十七条 小学校教员第二试之科目如下:

公民学 历史 地理 数学 教授法 学校管理法 教育学 儿童心理学

第五十八条 小学校教员第三试,就应试人曾经笔试之各科目口试之。

第十六章 医生

第五十九条 凡年满二十五岁以上、有下列各款资格之一者,得与医生考试:

一、本国国立医科大学或高等医学专门学校毕业者;

二、经政府认可之外国医科大学或高等医学专门学校毕业者;

三、经政府认可之本国公、私立医科大学或高等医学专门学校毕业者。

第六十条 医生第二试之科目,准用本条例第二十一条第十九款关于医科考试之规定。

第六十一条 医生第三试,就应试人曾经笔试之各科目口试之。

第十七章　其他特种考试

第六十二条　其他特种考试之应试资格及考试科目，由考试院定之。

第十八章　附则

第六十三条　本条例施行细则及考试规则另定之。

第六十四条　本条例自公布日施行。

考试条例施行细则

第一条　举行考试前，考试院或考试分院应遵照考试条例第四条之规定，以考试之种类及日期电知各省区长官及驻外公使，分别通告。

第二条　举行考试条例所规定之甄录试验时，其科目由考试院或考试分院定之。

第三条　应试人于考试前，应赴考试院或考试分院领取履历书、志愿书及保证书，并缴纳卷费，其费额由考试院定之。

第四条　前条之履历书应填二份，详写年岁、籍贯、履历，并粘连应试人最近之四寸像片。

前条之志愿书应填明愿受何种何科考试，或何种外国语。

前条之保证书应声明所具履历书确无虚伪，并确无本条例第六条所列之各种情形，其保证书须由现任官吏或学校校长、教员署名盖章。

第五条　应试人如有虚冒，或前条之保证有不实时，在考试前发觉者，应予扣考。在考试及格后于六个月内发觉者，除撤销及格证书外，其保证不实之保证人，由各该主管机关分别惩戒。

第六条　应试人于报名时，应分别呈验下列各项文书：

一、履历书；

二、志愿书；

三、保证书；

四、学校毕业文凭或证明书；

五、成绩证明书；

六、曾任官吏之公文书；

七、其他证明资格之文件。

第七条　举行考试时，其预备试验日期，依下列次第行之：

一、应试人领取履历书、志愿书及保证书，截止期以第一试前十日为限；

二、报名截止期以第一试前七日为限；

三、宣布与试合格人名期，以第一试前三日为限。

第八条　每试入场时间及考试时间，由考试院或考试分院先期公布。

第九条　所有试卷概于卷角编号弥封，在卷面上另贴浮签一纸，书明应试人姓名及坐号。

卷面浮签于交卷时由监试委员揭去。

应试人姓名编号册应送监试委员会严缄保管，非经评定试卷后，无论何人不得拆阅。

第十条　所有试卷均由监试委员会就弥封及骑缝处加盖印章。

第十一条　考试条例第九条规定之第一、第二、第三各试，每试为一场，如一场不能考竣时，得分场考试。

第十二条　举行口试如应试人过多时，准用前条之规定。

第十三条　举行口试时，考试人与应试人有亲属关系声明回避者，由考试委员长易员考试。

第十四条　口试问答，应派员笔录，当场由应试人及考试委员、监试委员署名盖章。

第十五条　考试委员、监试委员应于考试三日前迁入试场不得与外人交通，发榜后始行迁出。

第十六条　考试委员会评定试卷后，应汇送考试院长或考试分院长会同监试委员会开封，填名造册发榜。

第十七条 各种考试及格者,于领取及格证书时,应缴证书费,其费额由考试院定之。

第十八条 本细则自公布日施行。

据大本营秘书处编《陆海军大元帅大本营公报》第二十四号(广州一九二四年八月三十日)

私铸治罪条例草案

(一九二四年八月)

第一条 私铸银币者,处死刑、无期徒刑,或一等有期徒刑,行使自己私铸之银币,或意图行使而交付于人者,亦同。(犯本条之罪,处无期徒刑或一等有期徒刑者,并科三千元以下罚金。)

第二条 包揽他人私铸之银币,而为行使数在千元以上,或虽未及千元,而行使不止一次者,处无期徒刑。或二等以上有期徒刑,并科二千元以下罚金。

第三条 意图行使而受他人私铸之银币者,处一等至三等有期徒刑,并科千元以下罚金。

第四条 收受后方知为他人私铸之银币,而仍行使,或意图行使,而交付于人者,处其价额三倍以下价额以上之罚金,若三倍之数未满百元,处百元以下价额以上之罚金。

第五条 因私铸银币之原料,而溶毁通用银币者,处一等至三等有期徒刑,并科千元以下罚金。

第六条 意图私铸银币,而预备各项器械或原料者,处二等至四等有期徒刑,并科五百元以下罚金。

第七条 第一条至第三条及第五条之未遂罪罪之。

第八条 犯第一条之罪,科死刑者枪毙。

第九条 犯本条例之罪,宣告二等有期徒刑以上者,褫夺公权,其余得褫夺之官员犯者,并免现职。

第十条　犯本条例之罪,所有私铸之银币,及供犯罪所用之物,没收之。

第十一条　本条例自公布日施行。

据《广州民国日报》一九二四年八月十九日

公布工会条例令

（一九二四年十月一日）

大元帅令

兹修正工会条例公布之。此令。

（中华民国陆海军大元帅之印）
中华民国十三年十月一日

工 会 条 例

第一条　凡年龄在十六岁以上,同一职业或产业之脑力或体力之男女劳动者,家庭及公共机关之雇佣,学校教师职员,政府机关事务员,集合同一业务之人数在五十人以上者,得适用本法组织工会。

第二条　工会为法人工会。会员私人之对外行为,工会不负连带之责任。

第三条　工会与雇主团体立于对等之地位,于必要时得开联席会议,计划增进工人之地位,及改良工作状况,讨论及解决双方之纠纷或冲突事件。

第四条　工会在其范围以内,有言论、出版及办理教育事业之自由。

第五条　工会组织之区域范围,如有超过现行之行政区域者,须呈请高级行政官厅指令管辖机关。

第六条　工会以产业组织为主,但因特殊之情形,经多数会员之同意,亦得设职业组织。

已设立之同一性质之工会有两个或两个以上者,应组织工会联合会,以谋联合或改组。

工会或工会联合会,得与别省或外国同性质之团体联合或结合。

第七条　发起组织工会者,须由从事于同一之业务者五十人以上之连署,提出注册请求书,并附具章程及职员履历各二份,于地方官厅请求注册。

注册之管辖,为县公署或市政厅。

未经呈请注册之工人团体,不得享有本法所规定之权利及保障

第八条　工会之章程内须载明下列各款:

一、名称及业务之性质;

二、目的及职务;

三、区域及所在地;

四、职员之名称、职权,及选任、解任之规定;

五、会议组织及投票之方法;

六、经费征收额及征收之方法;

七、会员之资格限制及其权利义务。

第九条　工会每六个月应将下列各项造具统计表册,报告于主管之地方行政官厅:

一、职员之姓名及履历;

二、会员之姓名、人数、加入年月、就业处所及其就业、失业、变更职务、移动、死亡、伤害之状况;

三、财产状况;

四、事业经营成绩;

五、有无罢工或别种冲突事件,及其事实之经过或结果。

第十条　工会之职务如下:

一、主张并拥护会员间之利益;

二、会员之职业介绍;

三、与雇主缔结团体契约;

四、为会员之便利或利益而组织之合作银行、储蓄机关及劳动保险;

五、为会员之娱乐而组织之各项娱乐事务、会员恳亲会及俱乐部；

六、为会员之便利或利益而组织之生产、消费、购买住宅等各种合作社；

七、为增进会员之智识技能而组织之各项职业教育、通俗教育、劳工教育、讲演班、研究所、图书馆，及其他定期不定期之出版物；

八、为救济会员而组织之医院或诊治所；

九、调解会员间之纷争；

十、关于工会或工会会员对雇主之争执及冲突事件，得对于当事者发表并征集意见，或联合会员作一致之行动，或与雇主之代表开联席会议，执行仲裁，或请求雇主方面共推第三者参加主持仲裁，或请求主管行政官厅派员调查及仲裁；

十一、对于有关工业或劳工法制之规定、修改、废止等事项，得陈述其意见于行政官厅、法院及议会，并答复行政官厅、法院及议会之谘询；

十二、调查并编制一切劳工经济状况，及同业间之就业、失业暨一般生计状况之统计及报告；

十三、其他种种之有关于增进会员之利益、改良工作状况、增进会员生活及智识之事业。

第十一条　工会职员由工会会员按照本工会选举法选出之职员充任之，对外代表本会，对会员负其责任。

第十二条　工会会员无等级之差别。但对于会费之收入，得按照会员之收入额而定征收之标准。

会员对工会负担之经常费，其额不得超过该会员收入百分之五。但特别基金及为会员利益之临时募集金或股份，不在此限。

第十三条　工会会员于必要时，得选派代表审核工会簿记，并调查财政状况。

第十四条　工会在必要时，得根据会员多数决议，宣告罢工。但不得妨害公共秩序之安宁，或加危害于他人之生命财产。

第十五条　工会对于会员工作时间之规定、工作状况，及工场卫生事务之增进及改良，得对雇主陈述其意见，或选出代表与雇主方面之代表，组织联席会议,讨论及解决之。

第十六条 行政官厅对于管辖区域内之工会对雇主间发生争执或冲突时,得调查其冲突之原因,并执行仲裁,但不为强制执行。

关于公用事业之工人团体与雇主冲突状况扩大或延长时,行政官厅经过公平审慎之调查及仲裁手续以后,如双方仍相持不下者,得执行强制判决。

第十七条 工会中关于拥护会员利益之基金、劳动保险金、会员储金等之存贮于银行者,该银行破产时,此类存款得有要求优先赔偿之权利。

第十八条 工会及工会所管理之下列各项财产不得没收:

一、会所、学校、图书馆、俱乐部、医院、诊治所以及关于生产消费,住宅购买等之各项合作事业之动产及不动产;

二、关于拥护会员利益之基金、劳动保险金、会员储蓄金等。

第十九条 关于本条例第八条、第九条之事项,工会发起人及职员之呈报不实不尽,或不呈报者,该主管之行政官厅,得命令其据实呈报或补报;在未据实呈报或补报以前,该工会之行动不受本法之保障。

第二十条 凡刑律违警律中所限制之聚众集会等条文,不适用于本法。

第廿一条 本条例自公布日施行。

据大本营秘书处编《陆海军大元帅大本营公报》第二十八号(广州一九二四年十月十日)

附录 工会条例理由书[①]

在中国今日大机械工业尚极幼稚之时代,大部分之手工业工人又多不感觉于组织团体之切要,故本草案注意之点,即首在确认劳工团体之地位,次在允许劳工团体以较大之权利及自由,三在打破其妨碍劳工运动组织及

---

① 此系向孙中山呈报《工会条例草案》时所附说明书,由国民党中央执行委员会工人部提供。

进行中之障碍,使劳工团体得渐有自由之发展。基于此种种理由,故对于本草案中,特列入十大要点如下:

一、承认工会与雇主团体立于对等之地位(第三条)。

二、承认工会以言论出版及办理教育事业之自由(第四条)。

三、承认工会对雇主之团体契约权(第十条第三款)。

四、承认工会对于与雇主争执事件发生时,有要求雇主开联席会议仲裁之权,并得请求主管行政官厅派员调查及仲裁(第十条第十款)。

五、承认工会之罢工权(第十四条)。

六、承认工会对雇主方面有参与规定工作时间及改良工作状况与工场卫生之权(第十五条)。

七、行政官厅对于非公用事业(草案中所指之公用事业系指一切有关于日用交通如电灯、电话、煤气、自来水、电车、铁道、航船等而言)之雇主或工人间冲突只任调查及仲裁,不执行强制判决,以养成工会自动之能力(第十六条)。

八、予工会以公共财产之保障(第十七、十八条)。

九、特别声明对于刑律及违警律中所禁止之聚众集会等条文不得适用于工会法,以免法院、警厅之比附而妨碍工会之进行(第二十条)。

十、工会以产业组织为主;但中国大部分之工业仍系手工业,故职业组织亦未绝对废止,以求事实上之适用(第六条)。

以上规定各点系按工会法上必要之条件,参以中国工业实际之情形,以期得适合之应用与实施。

据《工会条例理由书》,载《孙大元帅公布工会条例》(广州中国国民党中央执行委员会编印,一九二四年油印本)

大本营政治训练部组织大纲

(一九二四年十月二日)

第一条　本部为应付时局,根据本党北伐目的宣言,在大元帅指挥之下，而为政治的宣传及训练之机关。

第二条　凡关于政治动作上之事件，经本部部务会议决定并得大元帅核准，可向各军政机关及民众组织团体协同实行其政治宣传与训练之职务。

第三条　本部应注意事项：

一、灌输三民主义于军民人等，使了解此次北伐之重要意义；

二、宣布本党政纲于军民方面，使确定国民革命观念，完成本党之使命；

三、为免除军民之阂隔，阐明革命运动，主要在革命前锋与革命群众联合一致，使政府与人民发生密切关系而利进行；

四、组织及训练民众团体，使趋向国民革命，赞助革命政府，为北伐后盾；

五、组织及训练军政机关党团，使拥护革命政府，为北伐效命。

第四条　本部设主任一人，由大元帅指派之，部员若干人，由主任与军政机关协商派员择优委任。

第五条　本部设秘书一人，由主任在部员中选任之。

第六条　主任为本部之主干，主理本部一切事务。

第七条　秘书管理文件、往来公函，及召集开会，如主任因事离职时，得代其职务。

第八条　凡经部务会议决定一事件，各部员应切实执行。

第九条　如遇必要时，得在部务之下，设立特种委员会。

第十条　如遇必要时，得招待军政机关及民众组织团体派代表开联席会议。

第十一条　本部部务会议每星期某日某午某时至某时开常会一次，如遇特别事故发生，得由秘书召集临时会议。

第十二条　本部部务会议如与或种机关及团体发生关系时，得请其举派代表参与，但只有发言权。

第十三条　本组织大纲由大元帅批准施行。

第十四条　本组织大纲得由部务会议决定修改之。

据上海《民国日报》一九二四年十月七日

公布赣南善后条例等令

（一九二四年十月十日）

大元帅令

兹制定赣南善后条例、赣南善后会议暂行细则、江西地方暂行官吏任用条例、赣南善后委员会各职员之职责及公费暂行细则、赣南征发事宜细则，公布之。此令。

（中华民国陆海军大元帅之印）

中华民国十三年十月十日

赣南善后条例

第一条　赣南区域，由军政时期至训政时期，设赣南善后委员会，直隶于大元帅，办理赣南全区一切善后事宜。

第二条　赣南善后委员会委员长，由大元帅任命之。

第三条　赣南善后委员会得于所辖区域十七县内，每县遴选委员一人，由委员长呈请大元帅任命之。

第四条　关于赣南善后委员会议决各行政事项，由委员长督率各委员分别处理。

第五条　关于善后重大事件，得随时呈请大元帅核示遵行。

第六条　善后会议议决各事项，以到会委员过半数之决定，由委员长分别执行，遇有紧急事件，委员长得径以命令行之。

第七条　任用知事及关税厘卡各员，遵照《江西地方暂行官吏任用条例》办理。

第八条　关于征发各事项,由委员长督率各委员分别负责处理。

第九条　关于应办一切善后行政事宜,须经委员会议议决,再行斟酌缓急,次第施行。

第十条　委员会会议规则及施行细则另定之。

第十一条　本条例自公布之日施行。

赣南善后会议暂行细则

第一条　本会未到赣城以前,以委员长所在地为善后会议地点,先由秘书通知,下列人员均得列席:

一、善后委员;

一、县知事;

一、各县各乡法定团体之代表;

一、本地声望素著之正绅。

督催员、宣传员、调查员及关系人,均得到会声明事实。

第二条　凡有下列资格之一者,得呈请为善后委员会委员:

一、地方声望素著、曾在高等专门大学毕业者;

一、曾任省议会议员者;

一、曾任县知事以上无劣迹者。

第三条　善后会议由秘书处先列议题,会议时由书记官作议事大略。

江西地方暂行官吏任用条例

第一条　江西地方大小官吏,除简任职外,由江西善后委员会就下列人员中,选择资格相当者,分别荐请大本营委署:

一、大元帅发交任用者;

二、各军从军官佐有相当资格、学力〔历〕、劳绩者,但现职军官不得兼任;

三、在江西地方素著声望，曾在高等专门大学毕业，情殷为本军效力者。

第二条　凡官吏之不称职者，委员会得随时呈报大本营撤换。

第三条　官吏任期以十个月为一任。

第四条　官吏有贪赃枉法者，以军法惩治。

第五条　本条例如有未尽事宜，得随时呈请修正。

第六条　本条例于公布日施行。

赣南善后委员会各职员之职责及公费暂行细则

第一条　大军未到赣州以前，各军分道出发，路线太多，由委员长先行选定各级人员，开单咨呈建国军北伐总司令部分送各军，以便与地方接洽。其普通勤务：

甲、宣传大元帅之建国主义；

乙、宣告借垫之必要及偿还之担保；

丙、调查经过该地军队若干，与地方商定何处设征发所，何处转运所，夫役若干，米食若干，运至何处等事；

丁、调查该段地丁、杂税总额及被征发之总额；

戊、地方与军队设有言语隔阂致生误会，速行调解；

己、该段地点如给养不足，速向无敌兵处之附近各乡赶办征发所、运转所，以资补助；

庚、每日作详细笔记，随时报告大略。

第二条　无论何县知事，如有借端规避、办事不力、延误军机情节，善后委员得随时呈报委员长，听候审查。

第三条　无论何级职员，如有借端骚扰、舞弊中饱各不法情节，被害人得随时控告于知事或委员长。

督催员、调查员、宣传员如有以上情弊，县知事得先行拘留，呈请查办。

征发所所长、运转所所长及其职员，如有上二项情节，各级职员随时声请县知事查办。

第四条　各级职员如有贪赃枉法及关于军事之犯罪，县知事先行拘押，呈请委员长咨呈大本营总执法处处治。

第五条　出发之夫马费，以道里之远近为标准。二级、三级职员，每百里不得过十元，四级之督催员、调查员、宣传员，每百里不得过四元。均先自垫。各县法团以下及五级、六级无夫马费。

职员阶级表

一级	委员长		公费	据实开报
二级	善后委员		公费	据实开报
三级	县知事		公费	据实开报
四级	督催员、调查员、宣传员	各县法定团体会长、各保卫团团长	公费	每员每日不得过一员〔元〕
五级	各征发所所长、运转所所长		公费	每员每日不得过八角
六级	征发员、督察员及该所之干事各员		公费	每员每日不得过五角
			月薪	暂定公费到赣州城后再议

赣南征发事宜细则

第一条　此次大军北伐，大元帅既有军令令各军保卫地方秩序，不准直接拉夫、筹款，骚扰人民。所有行军必需之夫役、米食等件，凡军队经过之地方，绅商先行办妥，方不贻误军机，并可维持地方秩序；军队不经之地，预筹款项，以裕军饷。所有一切征发事宜，悉照下则办理：

第二条　此次征发之物品,均系有偿性质,其种类如下:

甲、现洋;

乙、夫役;

丙、米食;

丁、草鞋、柴木、厨具、房舍等,因地方之力量,妥为预备。

第三条　上列各种之征发物品,除现洋外,由经过之军队长官与地方知事或法定团体代表、正大绅耆、征发所所长、运转所所长,及赣南善后委员长派出之督催员、调查员等,当时估定价格,填三联单,以昭信用。必须现洋给付之处,由法定团体代表、正大绅耆、征发所所长、运转所所长先向公款公堂或借商民私款垫付,务使劳力小民,踊跃从公,地方秩序,实深利赖。

第四条　此次征发之现洋及垫款,指定民国十四年度、十五年度赣南十七属之地丁、钱粮、关厘、税卡各项收入以为担保,分四期匀数清偿,不足之数,由赣南善后委员会设法筹足。

第五条　征发票由大元帅印刷,交付各军长官及赣南善后委员长,遵照下开手续办理。但由军队自办者,只征发夫役、米食、其他物品,不征现金。

大元帅发官印刷所用此式:

|收据|　由征发、运转所所长交债权人收执。

|存查|　由征发、运转所所长登记于簿,两所长另立登记簿之后,原票交县署保存;

|存根|

甲、由各军办理者,由该军队呈交该军总部转交赣南善后委员会保存;

乙、由赣南善后委员长交各知事办理者,仍由该知事呈送赣南善后委员会保存。

格上左侧填"某军总司令部"字样者,大元帅将征发票交各军总部,各军总部先盖某军字样,再发交该军前方长官。

由知事办理者,不填。

骑缝中

甲、交各军自办者,各军总部于收到此票,先盖"某军"字样,再行发下。

乙、由知事办理者,填各县县名(如定南县,则填定南二字)。

骑缝中县知事印及县知事名章,可于收到后补盖。

某地征发、运转所所长名章,临时签盖。

未收之物品栏内,当时圈破(如仅收现洋一种,其余三种未收,当时圈破)。一栏中未收之数格,当时圈破(如仅收二元,则元上之百千字、元下之毫字上一格,当时圈破)。

凡赔偿损害之物品价格,皆在其他栏内。

知事私章,既经存有印鉴,凡未盖县印先盖私章之征发票,概生效力。但以后必须补盖县印。债权人收到收据,有要求征发所所长、运转所所长将其收据号码登记之权利,该所长有必须登记之义务。如该票遗失,债权人(本人或其直系亲属,别人无效)到所长处声明,其票即作无效,债权人之债额仍属有效。

征发、运转所所长保存登记簿至全数偿清为止。

存查、存根万一有一联遗失,只存一联,其号码、债额与登记簿相符者,仍有效力。

存查、收据两联,连同交付征发、运转所所长。

第六条　各军前线长官、赣南善后委员会委员、各县知事、各督催员、调查员(统称"甲方")等初到一地,先将大元帅布告、各军布告、赣南善后委员长布告同时张贴一方,速觅商会、教育会、农会、保卫团(自治局等地方团体名义均同)、正绅殷富(统称"乙方")商定经过军队前后共约若干,该县该区设征发所几处,运转所几处,预备长夫若干名,短雇若干名,谷米若干斤,运交何处,行李送至何处。其征发所、运转所即时成立,不得延迟。

上述各军前线长官、善后委员、知事、督催员、调查员等不必同时皆到,但有一军队长官(不限阶级)或一委员、一知事、一督催员、一调查员到时,即可遵章行使全部职权。

上述商会、教育会、农会、保卫团(自治局等同),正绅殷富等,不必同地皆有,但有一商会或一教育会、一农会、一保卫团、一正绅、一殷富,甚至一村、一族、一家以上,皆有遵章组织征发所、运转所之义务,无商量延宕余地。

军队过多、地方居民太少之地,各军队自当特别原谅,不使求过于供。但(甲方)须急派人向军队附近之五十里内促其急设征发所、运转所,(乙方)有将四围五十里内之(乙方)姓名、住址开示于(甲方),及派人同去寻觅之义务。

(甲方)如已两次派人至各(乙方)催促成立征发所、运转所,(乙方)尚怀疑延宕,不即照章成立,(甲方)可要求派军队同往催促。

第七条　督催员、调查员初到一地照上办理之后,即归其地之征发、运转所所长负责照约办理。该员速分向五十里内之地方催促成立;五十里内既成立,速向百里以内之地催促成立;至该县境全体成立为止。

第八条　离军队经过地点之五十里内,对于夫役、米食两种征发居多,不另征现洋;百里以内,对于米食、现洋两种居多,百里以外现洋居多;便于运输之处,略征谷米,务使全县平均负担。所征之现洋,悉数缴解于善后委员长所在地(或待提解),夫役悉数送于军队经过之要地(何处居民较多,由甲乙两方临时指定)。如派定之米谷,军队过尽,尚有余存,责成征发、运转所所长运至赣城,交赣南善后委员会查收。

凡派垫之数,悉合现洋价格。

甲、现洋自一元以上者,皆填征发票,均以毫洋为本位,大洋照时价升水;

乙、夫役一名,每日不得过五角;

丙、五十里内来往以一日计算,五十里以上百里以内,来往以二日计算。

运输之长夫名额及时期,由征发所所长酌定。军队过尽,即须裁撤。夫站设置地点,由前方军队长官酌定,通知于督催员及征发所、运转所所长照办(夫站即夫住宿处)。

夫站距离,由四十里至六十里为度,按照指定地点递送,不与军队同行,由输送队长督责。如有遗失,惟输送队长是问。

各军用品、行李等件,为数过多,可分次运送,至运完为止。

军队自雇之长夫,不得扯夫役代运。士兵之一枪一炮,不得勉强拉运或搭载。

凡甲站运至乙站,须即时放回,不得扣留阻碍。如军队违章,所长可不负责任。

因军事变化,须将征发所、运转所、夫站徙至他处时,军队长官须先一日通知。

丁、米谷:

子米每百斤之价不得过八元;

丑谷每百斤之价不得过四元。

米谷之价,由督催员、调查员斟酌地方米谷时价定之。

送米挑力,照上五十里内、百里内之夫价办理。

运米船费及押运人员之公薪,据实开报。

如须军队保护同行,所长得请求驻扎该地之军队长官,或请求县知事,转请派相当兵数保护。

第九条　地方设备招待长官之一切器具,及兵士暂用之锅甑、水桶、铺板等零星物件,不得任意搬去,致损军队名义。

第十条　住屋之门窗、户壁,兵士不得拆作焚具。

第十一条　草鞋一双不得过二角,能力可及,则代办。

第十二条　柴木定价,由所长酌量本地情形定之。

第十三条　本细则未定之损失,非经县知事查验属实,不得擅请赔偿。

第十四条　各军领取夫役、米食等,由现经过军队长官开具人数,官佐、士兵夫,每员每日领米一斤,夫役若干。地方力量不及借办之物品,不得强索。

第十五条　善后委员、知事、督催员等,可先与军队长官商定大军必由之地,何处设征发所,何处设转运所,何处设夫站,以便上站、下站,一气联络。

第十六条　因战事变化,军队至未立征发等所之地,又无善后委员、知事、督催员在场,该军队长官得照章邀同乙方办理。

第十七条　非大军通过之县,照章同一办理。地方如有借端延宕情节,知事得请驻扎该县之军队派兵协同催促,如期成立,如额征发。

第十八条　宣传员所到之地,即时聚众(不拘人数)演说,务使群众知革命有益于己,富者出钱,贫者出力,以助革命事业之成功。每日至少演说二次,地点自行酌定。

第十九条　征发所所长一人,干事如庶务、会计、征发员(现金)、催夫员(派定夫役,必使到所)、催粮员(派定米数,速使运所)、运粮队长(押送米谷)、输送员(如有多数米谷必间数人,不使夫役逃走,米谷遗失)需若干员,由所长酌定。并可指派某人为某员。所长之产出,公推(二人以上公推有效)、自任均可。其姓名、年岁、乡里、有无出身经验之履历,以一份自交县知事注册,以一份交督催员转交赣南善后委员会注册。一切人员之公费,不得超过六级职员之数(即每日公费不得超过五毫,其公费或由自垫,或向人借垫,由所长填征发票为凭)。一切簿记,由所长负责保存。

征发所所在地点,由所长布置一切。

第二十条　运转所所长一人,公推(二人以上有效),自任或由征发所长指定均可。干事如输送队长(押运行李负收交之责)、督夫员(每队行李,必间数人,以防行李遗失,夫役逃走)若干,由所长酌定,并可指定每人为每员。

一切人员之公费,一切簿记,照上条办理。

运转所及夫站所在地,或由军队长官指定,或由运转所长酌量地势报告于军队长官均可。

运转所长之履历,照上条办理。

运转所长办理运转各事,可要请征发所长协助。

第廿一条　应加添夫役,或裁减夫役,两所长可先向军队长官,或县知事,或督催员请示办理,不得擅自添减。

第廿二条　两所至何时裁撤,应俟最后经过军队长官之命令,及赣南善后委员会最后派出之督催员到时,方准裁撤。

第廿三条　善后委员会收到各军、各县交呈之票,已填额者,照额核计数目榜示各县;未填额者,截角备案。

第廿四条　甲所夫役愿再至乙所应役,乙所所长愿承受。甲乙两处所长可随时协商。

第廿五条　征发员(专管征发现洋、夫役、米食等事)、监察员(专催各所现洋、夫役、米食),县知事随时酌定名额。

第廿六条　善后委员会无论在何县境,与知事同处办事。遇特别情形,不妨分任一方。县知事一切布置,事先禀承善后委员之意处理,事后报告情节。

第廿七条　善后委员无论经过何县,有纠察一切,并防范流弊权限。

第廿八条　善后委员关于征发事宜交办之事,县知事随时执行。

第廿九条　各县及各乡、区商会会长、保卫团团长等,县知事可委为该县一等督催员;未受督催员名义者,县知事得随时呈请发本会各名义(参议、咨议)。

第三十条　凡各所及各级人员公费、夫马,概先筹垫。填征发票时,填明某县某区某所职员姓名、办公日期、合计洋若干,不得与现洋、夫役、米食等混填,致难稽核。

第卅一条　预计必须作战之地,由军队长官先通知该地之知事或督催员、征发、运转所所长,将两所及夫站,预移于离作战若干里之地。

第卅二条　征解得力之各级人员,酌予升奖;

甲、呈请传令嘉奖;

乙、呈请奖给徽章;

丙、最得力者(上述督催员及商会会长等皆在内),以尽先派署知事税差存记;次得力者,以候补知事税员存记;再次得力者记大功一次;

大功三次者,保候补知事税差存记。小功三次者,为一大功。

第卅三条　征解不力或办理不善人员,分别惩戒:

甲、撤差;

乙、记过。

如有卷逃、侵吞、中饱各情弊,照江西地方官吏任用暂行条例办理外,仍照数追缴。有保证人者,并向保证人追缴。

各上级人员发现各下级人员以上情弊,得随时报告知事、委员,或委员长查办。

第卅四条　本细则未尽事宜,善后委员及县知事,得随时因地制宜,酌定细则,但不得与本细则相抵触,并随时呈报。

履历式方八寸

姓名	籍贯	住所	年岁	出身	经验	附记	中华民国　年　月　日
						现任何事 印鉴	

据大本营秘书处编《陆海军大元帅大本营公报》第三十号

（广州一九二四年十月三十日）

公布赣中善后条例暨其他三种细则令

（一九二四年十二月四日）

大元帅令

兹制定赣中善后条例、赣中善后会议暂行细则、赣中善后委员会各职员之职责及公费暂行细则、赣中征发事宜细则公布之。此令。

（中华民国陆海军大元帅之印）

中华民国十三年十二月四日

赣中善后条例

第一条　赣中区域，由军政时期至训政时期，设赣中善后委员会，直隶于大元帅，办理赣中全区一切善后事宜。

第二条　赣中善后委员会委员长，由大元帅任命之。

第三条　赣中善后委员会，得于所辖区域，即吉安、泰和、吉水、永丰、安福、遂川、万安、永新、宁冈、莲花、清江、新淦、新喻、峡江、宜春、分宜、萍乡、万载、高安、上高、宜丰二十一县内，每县遴选委员一人，由委员长呈请大元帅任命之。

第四条　关于赣中善后委员会议决各行政事项，由委员长督率各委员分别处理。

第五条　关于善后重大事件，得随时呈请大元帅核示遵行。

第六条　善后会议议决各事项，以到会委员过半数之决定，由委员长分别执行。遇有紧急事件，委员长得径以命令行之。

第七条　任用知事及关税厘卡各员，遵照江西地方暂行官吏任用条例办理。

第八条　关于征发各事项，由委员长督率各委员分别负责办理。

第九条　关于应办一切善后事宜,须经委员会议议决,再行斟酌缓急,次第施行。

第十条　委员会会议规则及施行细则另定之。

第十一条　本条例自公布之日施行。

赣中善后会议暂行细则

第一条　本会以委员长所在地为善后会议地点,先由秘书通知,下列人员均得列席:一、善后委员;

一、县知事;

一、各县各乡法定团体之代表;

一、本地声望素著之正绅。

督催员、宣传员、调查员及关系人,均得到会声明事实。

第二条　凡有下列资格之一者,得呈请为善后委员会委员:

一、地方声望素著或在高等专门大学毕业者;

一、曾任省议会议员者;

一、曾任县知事以上无劣迹者。

第三条　善后会议由秘书处先列议题,会议时由书记官作议事大略。

赣中善后委员会各职员之
职责及公费暂行细则

第一条　大军未到赣中区域以前,由委员长先行选定各人员,开单咨呈建国军北伐总司令部分送各部,以便与地方接洽。其普通勤务:

甲、宣传大元帅之建国主义;

乙、宣告借垫之必要及偿还之担保;

丙、调查经过该地军队若干,与地方商定何处设征发所、何处设转运所、夫役若干、米食若干、至何处等事;

丁、调查该段地丁、杂税总额,及被征发之总额;

戊、地方与军队设有言语隔阂,致生误会,速行调解;

己、该段地点如给养不足,速向无敌兵处之附近各乡赶办征发所、运转所,以资补助;

庚、每日作详细笔记,随时报告大略。

第二条　无论何县知事,如有藉端规避、办事不力、延误军机情节,善后委员得随时呈报委员长,听候查办。

第三条　无论何职员,如有藉端搔扰、舞弊中饱各不法情节,被害人得随时控告于知事或委员长,督催员、调查员、宣传员如有以上情弊,县知事得先行拘留,呈请查办。征发所所长、运转所所长及其他职员,如有上二项情节,各职员随时声请县知事查办。

第四条　各职员如有贪赃枉法及关于军事之犯罪,县知事先行拘押,呈请委员长,咨呈大本营总执。

职员公费表

委员长		公费	据实开报
善后委员		公费	据实开报
县知事		公费	据实开报
督催员、调查员、宣传员	各县法定团体会长、各保卫团团长	公费	每员每日不得过一元
各征发所所长、运转所所长		公费	每员每日不得过八角
征发员、督察员及该所之干事各员		公费	每员每日不得过五角
		暂定公费,到月再议薪吉城安	

第五条　出发之夫马费,以道里之远近为标准。善后委员、县知事每百里不得过十元,督催员、调查员、宣传员每百里不得过四元,均先自垫,各县法团以及其他职员无夫马费。

赣中征发事宜细则

第一条　此次大军北伐,大元帅既有军令令各军保卫地方秩序,不准直接拉夫、筹款、搔扰人民。所有行军必需之夫役、米食等件,凡军队经过之地方,绅商先行办妥,方不贻误军机,并可维持地方秩序。军队不经之地,预筹款项以裕军饷,所有一切征发事宜,悉照下则办理。

第二条　此次征发之物品均系有偿性质,其种类如下:

甲、现洋;

乙、夫役;

丙、米食;

丁、草鞋、柴木、厨具、房舍,因地方之力量,妥为预备。

第三条　上列各种之征发物品,除现洋外,由军队长官与地方知事或法定团体代表,正大绅者、征发所所长、运转所所长及赣中善后委员长派出之督催员、调查员等,当时估定价格,填三联单以昭信用。必须现洋给付之处,由法定团体代表、正大绅者、征发所所长、运转所所长,先向公款公堂,或借商民私款垫付。务使劳力小民,跃踊从公,地方秩序,实深利赖。

第四条　此次征发之现洋及垫款,指定民国十四年度、十五年度赣中二十一属之地丁、钱粮、关厘、税卡、各项收入以为担保,分四期匀数清偿。不足之数,由赣中善后委员会设法筹足。

第五条　征发票由大元帅印刷交付各军长官及赣中善后委员长,遵照下开手续办理。但由军队自办者,只征发夫役、米食及其他物品,不征现金。

大元帅发官印刷所用此式:

收据　由征发、运转所所长交债权人收执。

|存查| 由征发、运转所所长登记于簿，两所长另立登记簿之后，原票交县署保存。

|存根|

甲、由各军办理者，由该军队呈交该军总部，转交赣中善后委员会保存；

乙、由赣中善后委员长交各知事办理者，仍由该知事呈送赣中善后委员会保存。

格上左侧填（某军总司令部）字样者，大元帅将征发票交各军总部，先盖某军字样，再发交该军前方长官。

由该知事办理者不填。

骑缝中：

甲、交各军自办者，各军总部于收到此票，先盖（某军）字样，再行发下；

乙、由知事办理者，填各县县名（如遂川县，则填遂川二字），县知事名章，可于收到后补盖。

某地征发、运转所所长名章，临时签盖。

未收之物品栏内，当时圈破（如仅收现洋一种，其余三种未收，当时圈破）；一栏中未收之数格，当时圈破（如仅收二元，则元上之千百字，元下之豪字上一格，当时圈破）。

凡赔偿损害之物品价格，皆在其他栏内。

债权人收到收据，有要求征发所所长、运转所所长，将其收据号码登记之权利，该所长有必须登记之责任。如该票遗失，债权人（本人或其直系亲属，别人无效）到所长处声明，其票即作无效，债权人之债额仍属有效。

征发、运转所所长，保存登记簿至全数偿清为止。

存查、存根，万一有一联遗失，只存一联，其号码债额与登记簿相符者，仍有效力。

存查、收据两联，连同交付征发、运转所所长。

第六条　各军前线长官、赣中善后委员会委员、各县知事、各督催员、调查员（统称"甲方"）等初到一地，先将大元帅布告及各军布告、赣中善后委员长布告,同时张贴;一方速觅商会、教育会、农会、保卫团(自治局等地方团体,名义均同)、正绅殷富(统称"乙方"),商定经过军队前后共约若干、该县该区设征发所几处、运转所几处,预备长夫若干名、短雇若干名、谷米若干斤、运交何处、行李送至何处、其征发所、运转所即时成立,不得迟延。

上述各军前线长官、善后委员、知事、督催员、调查员等,不必同时皆到,但有一军队长官(不限阶级)或一委员、一知事、一督催员、一调查员到时,即可遵章行使全部职权。

上述商会、教育会、农会、保卫团(自治局等同)、正绅殷富等,不必同地皆有,但有一商会或一教育会、一农会、一保卫团、一正绅、一殷富,甚至一村、一族、一家以上,皆有遵章组织征发所、运转所之义务,无商量延宕之余地。

军队过多地方居民太少之地,各军队自当特别原谅,不使求过于供,但(甲方)须急派人向军队附近之五十里内,促其急设征发所、运转所,(乙方)有将四围五十里内之(乙方)姓名住址开示于(甲方),及派人同去寻觅之义务。

(甲方)如已两次派人至各(乙方)催促成立征发所、运转所,(乙方)尚怀疑延宕,不即照章成立,(甲方)可要求派军队同往催促。

第七条　督催员、调查员初到一地照上办理之后,即归其地之征发、运转所所长负责照约办理,该员速分向五十里内之地方催促成立,五十里内既成立,速向百里以内之地催促成立,至该县境全体成立为止。

第八条　所征之现洋,悉数缴解于善后委员长所在地(或代提解),夫役悉数送于军队经过之要地(何处居民较多,由甲乙两方临时指定)。如派定之米谷,军队过尽,尚有余存,责成征发、运转所所长运交赣中善后委员会查收。

凡派垫之数,悉合现洋价格:

甲、现洋自一元以上者,皆填征发票,均以大洋为本位;

乙、夫役一名,每日不得过五角;

丙、五十里内来往以一日计算;五十里以上百里以内,来往以二日计算。

运输之长夫名额及时期,由征发所所长酌定,军队过尽即须裁撤。夫站设置地点,由前方军队长官酌定,通知于督催员及征发所、运转所所长照办(夫站即夫住宿处)。

夫站距离由四十里至六十里为度,按照指定地点递送,不与军队同行,由输送队长督责,如有遗失,惟输送队长是问。各军用品行李等件为数过多,可分次运送至运完为止。

军队自雇之长夫,不得拉夫役代运,士兵之一枪一炮,不得勉强拉运或搭载。

凡甲站运至乙站,须即时放回,不得扣留阻碍。如军队违章,所长可不负责任。

因军事变化,须将征发所、运转所夫站徙至他处时,军队长官须先一日通知。

丁、米谷;

子、米每百斤之价,不得过八元;

丑、谷每百斤之价,不得过四元。

米谷之价,由督催员、调查员斟酌地方米谷时价定之。

送米挑力,照上五十里外百里内之夫价办理。

运米船费及押费人员之公薪,据实开报。

如须军队保护同行,所长得请求驻扎该地之军队长官,或请求县知事转请派相当兵数保护。

第九条 地方设备招待长官之一切器具,及兵士暂用之镬甑、水桶、铺板等零星物件,不得任意搬去,致损军队名誉。

第十条 住屋之门窗、户壁,兵士不得拆作焚具。

第十一条 草鞋一双不得过二角,能力可及,则代办。

第十二条 柴木定价,由所长酌量本地情形定之。

第十三条 本细则未定之损失,非经县知事查验属实,不得擅请赔偿。

第十四条 各军领取夫役、米食等,由现经过军队长官开具人数,官佐、士兵夫、每员每日领米一斤,夫役若干,地方力量不及借办之物,不得强索。

第十五条 善后委员、知事、督催员等,可先与军队长官商定大军必由之地,何处设征发所,何处设运转所,何处设夫站,以便上站下站一气联络。

第十六条 因战争变化,军队至未立征发所等之地,又无善后委员、知事、督催员在场,该军队长官得照章邀同乙方办理。

第十七条 非大军通过之县,照章同一办理,地方如有藉端延宕情节,知事得请驻扎该县之军队,派兵协同催促,如期成立,如额征发。

第十八条 宣传员所到之地,即时聚众(不拘人数)演说,务使群众知革命有益于己,富者出钱,贫者出力,以助革命事业之成功,每日至少演说二次,地点自行酌定。

第十九条 征发所所长一人,干事如庶务、会计、征发员(现金)、催夫员(派定夫役,必使到所)、催粮员(派定米数,速使运所)、运粮队长(押送米谷)、输送员(如有多数米谷、必间数人不使夫役走逃,米谷遗失)需若干员,由所长酌定,并可指派某人为某员。所长之产出,公推(二人以上公推有效)、自任均可。其姓名、年岁、乡里、有无出身经验之履历,以一份自交县知事注册,以一份交督催员,转交赣中善后委员会注册。一切人员之公费,每日不得超过五毫(其公费或由自垫,或向人借垫,由所长填征发票为凭)。

一切簿记,由所长负责保存。

征发所所在地点,由所长布置一切。

运转所所长如不暇自筹公费开办,征发所所长有代筹借之义务。

第二十条 运转所所长一人,公推(二人以上有效)、自任,或由征发所长指定均可。干事如输送队长(押运行李负收交之责)、督夫员(每队行李必间数人,以防行李遗失,夫役走逃)若干,由所长酌定,并可指定某人为某员。

一切人员之公费,一切簿记,照上条办理。

运转所及夫站所在地,或由军队长官指定,或由运转所长酌量地势报告于军队长官均可。运转所长之履历,照上条办理。

运转所长办理运转各事,可邀请征发所长协助。

第二十一条 应如何添夫役或裁减夫役,两所长可先向军队长官,或县知事,或督催员请示办理,不得擅自添减。

第二十二条　两所至何时裁撤,应俟最后经过军队长官之命令,及赣中善后委员会最后派出之督催员到时,方准裁撤。

第二十三条　善后委员会收到各军各县所交之票,已填额者,照额核计数目,榜示各县,未填额者,裁角备案。

第二十四条　甲所夫役愿再至乙所应役,乙所所长愿承受,甲乙两处所长可随时协商。

第二十五条　征发员(专管征发现洋、夫役、米食等事)、督察员(专催各所现洋、夫役、米食)随时酌定名额。

第二十六条　善后委员无论在何县境,知事同处办事,遇特别情形,不妨分任一方,县知事一切布置,事先禀承善后委员之意处理,事后布告情节。

第二十七条　善后委员无论经过何县,有纠察一切并防范流弊权限。

第二十八条　善后委员关于征发事宜,交办之事,县知事随时执行。

第二十九条　凡各人员公费夫马,概先筹垫。填征发票时,填明某县、某区、某所职员姓名,办公日期,计合洋若干,不得与现洋、夫役、米食等混填,致难稽核。

第三十条　预计必先作战之地,由军队长官先通知该地之知事或督催员,征发、运转所所长,将两所及夫站预移于离作战若干里之地。

第三十一条　征解得力之各人员,酌予升奖：

甲、呈请传令嘉奖；

乙、呈请奖给徽章；

丙、最得力者(上述督催员及商会会长等皆在内),以尽先派署知事税差存记；次得力者,以候补知事税差存记；再次得力者,记大功一次。大功三次者,保候补知事税差存记。小功三次者,为一大功。

第三十二条　征解不力或办理不善人员,分别惩戒：

甲、撤差；

乙、记过。

如有卷逃、侵吞、中饱各情弊,照江西地方官吏任用暂行条例办理外,仍照数追缴。有保证人者,并向保证人追缴。

第三十三条　本细则未尽事宜,善后委员及县知事得随时因地制宜,酌定细则,但不得与本细则相抵触,并随时呈报。

履历式方八寸

姓名	籍贯	住所	年岁	出身	经验	附记	年月日
						现任何事 印鉴	

据大本营秘书处编《陆海军大元帅大本营公报》第三十五号(广州一九二四年十二月二十日)